UMA MULHER
singular

JANNY SCOTT

UMA MULHER
singular

Tradução de
MILA BURNS e FRANCISCO QUINTEIRO PIRES

1ª edição

EDITORA RECORD
RIO DE JANEIRO • SÃO PAULO
2012

CIP-BRASIL. CATALOGAÇÃO NA FONTE
SINDICATO NACIONAL DOS EDITORES DE LIVROS, RJ

Scott, Janny
S439in   Uma mulher singular / Janny Scott; [cotradução de Mila Burns e
Francisco Quinteiro Pires]. – Rio de Janeiro: Record, 2012.

Tradução de: A singular woman
ISBN 978-85-01-09983-9

1. Dunham, S. Ann (Stanley Ann). 2. Obama, Barack, 1961- – Família.
3. Mãe e filho – Estados Unidos. 4. Mães – Estados Unidos – Biografia.
5. Presidentes – Estados Unidos – Biografia. I. Título.

12-4368
CDD: 923.173
CDU: 929:32(73)

Título original em inglês:
A SINGULAR WOMAN

Copyright © Janny Scott 2011

Texto revisado segundo o novo Acordo Ortográfico da Língua Portuguesa.

Todos os direitos reservados. Proibida a reprodução, armazenamento ou transmissão de partes deste livro através de quaisquer meios, sem prévia autorização por escrito. Proibida a venda desta edição em Portugal e resto da Europa.

Direitos exclusivos de publicação em língua portuguesa para o Brasil
adquiridos pela
EDITORA RECORD LTDA.
Rua Argentina 171 – 20921-380 – Rio de Janeiro, RJ – Tel.: 2585-2000
que se reserva a propriedade literária desta tradução

Impresso no Brasil

ISBN 978-85-01-09983-9

Seja um leitor preferencial Record.
Cadastre-se e receba informações sobre nossos
lançamentos e nossas promoções.

EDITORA AFILIADA

Atendimento direto ao leitor:
mdireto@record.com.br ou (21) 2585-2002.

Às vezes acho que, se soubesse que ela não sobreviveria à doença, eu teria escrito um livro diferente — menos uma meditação sobre o pai ausente, mais uma celebração daquela que foi a única constante em minha vida.

— BARACK OBAMA, *A origem dos meus sonhos*,
prefácio à edição de 2004.

Sumário

Prólogo 9

1. Sonhos da Savana 17
2. Virando adulta em Seattle 47
3. Oriente-Ocidente 73
4. Iniciação em Java 99
5. Invasores serão comidos 127
6. No campo 153
7. Organização comunitária 175
8. A Fundação 197
9. "Sobrevivendo e prosperando contra todas as expectativas" 237
10. O frio de Manhattan 267
11. Voltando para casa 287

Epílogo 309
Agradecimentos 319
Notas 323
Bibliografia 333
Nota sobre as imagens 335

Prólogo

Eu sou o filho de um homem negro do Quênia
e de uma mulher branca do Kansas.

— BARACK OBAMA, 18 de março de 2008

A fotografia mostrava o filho, mas o meu olho gravitava em direção à mãe. A primeira visão foi surpreendente — uma mulher robusta, de pele clara, usando sandálias, posicionada um passo à frente da suave figura de pele escura ao seu lado esquerdo. O corpo elástico dele transparecia disciplina, até ascetismo. As formas dela eram firmemente acolchoadas, território há muito dominado pelos prazeres do apetite e pelas forças do destino anatômico. Ele tinha a casualidade calculada de um modelo profissional, em calças cáqui, à vontade de frente para as lentes. Ela encarava a câmera, vestida em uma bata bordada à mão e tingida de índigo, com um brinco de prata parcialmente escondido pela cortina dos seus cabelos escuros. Posicionava o queixo um pouco acima do ponto em que a maioria costuma posicionar. A mão direita dele descansava suavemente nos ombros dela. A fotografia, tirada em um terraço de Manhattan, em agosto de 1987, e enviada a mim por e-mail vinte anos mais tarde, era a última peça de um quebra-cabeça. O homem era Barack Obama, aos 26 anos de idade, o organizador comunitário de Chicago, em uma visita a Nova York. A mulher era Stanley Ann Dunham, sua mãe. Era impossível não se chocar com as semelhanças e diferenças entre eles. Era impossível não questionar, naquele momento, o estereótipo a que ela havia sido insistentemente reduzida: a mulher branca do Kansas.

A mãe do presidente foi encaixada em uma série de úteis simplificações exageradas. Na versão resumida da história de Obama, ela é a mãe branca do Kansas casada com o pai negro do Quênia. É a caipira, a burguesa, qualquer coisa que o Quênia não seja. Em *A origem dos meus sonhos*, livro de memórias que ajudou a impulsionar a ascensão política de Obama, ela é a tímida garota do interior que se apaixona perdidamente pelo africano brilhante, carismático, que rouba a cena. No capítulo seguinte, ela surge como a idealista ingênua, uma inocente vivendo no exterior. Na campanha presidencial de Obama, era a mãe solteira batalhadora que recebia ajuda do governo para alimentar a família, vítima do falido sistema de saúde norte-americano, implorando ao plano de saúde que cobrisse as suas despesas hospitalares enquanto a vida lhe escapava. E, no febril imaginário dos tabloides e da internet, aparece como a ateia, a marxista, a hippie, a mãe que "abandonou" o filho ou enganou o estado do Havaí expedindo uma certidão de nascimento para o seu bebê nascido no Quênia, com a expectativa de que um dia ele pudesse querer se tornar presidente.

A figura de aparência natural da fotografia não se encaixava em nenhum desses estereótipos.

Alguns meses depois de receber a foto, escrevi um artigo sobre Dunham para o *The New York Times*. Era a primeira de uma série de reportagens biográficas sobre o então senador Obama que o *Times* publicara durante a campanha presidencial. Era longa para um jornal, mas curta para uma vida, ainda que muitos leitores tenham sido arrebatados pela história. Alguns disseram terem sido levados às lágrimas. Como resultado desse artigo, recebi o convite para escrever um livro sobre Dunham e passei dois anos e meio seguindo as suas pegadas. Atravessei as montanhas de Flint Hills, no Kansas, rumo às antigas cidades que floresceram com a exploração de petróleo, onde os pais dela cresceram durante o período da Grande Depressão. Passei várias semanas no Havaí, onde ela engravidou aos 16 anos, casou-se aos 18, divorciou-se e casou-se novamente aos 22. Viajei duas vezes à Indonésia, para onde ela levou o filho, aos 6 anos, e de onde ela o mandou de volta, sozinho, aos 10 anos, para viver com os avós no Havaí. Visitei vilas poeirentas em Java, onde, como jovem antropóloga, ela fez pesquisa de campo para a sua tese de doutorado sobre ferreiros camponeses. Conheci banqueiros em torres de vidro em Jacarta, onde, cerca de duas décadas antes de Muhammad Yunus e o Grameen Bank dividirem o Prêmio Nobel da Paz por seu trabalho com microcrédito, Dunham integrou o maior programa de microfinanciamento autossustentável do mundo. Mergulhei em cadernos de anotações esfarrapados, documentos profissionais e pessoais, cartas a amigos, álbuns de fotos, nos arquivos da Fundação Ford, em Manhattan, e na tese de mil páginas que Dunham levou 15 anos para completar. Entrevistei cerca de duzentos colegas de trabalho, amigos, professores, empregados, conhecidos e parentes, incluindo os seus dois filhos. Sem a generosidade de todos, eu jamais poderia ter escrito este livro.

Descrever Dunham como uma mulher branca do Kansas é tão esclarecedor quanto descrever o filho dela como um político que gosta de golfe. Intencionalmente ou não, o rótulo obscurece uma história extraordinária — a de uma garota com nome de menino que cresceu nos anos que antecederam o movimento pelos direitos civis, o feminismo, a Guerra do Vietnã e a pílula anticoncepcional; que casou com um africano em uma época em que quase duas dúzias de estados norte-americanos ainda tinham leis contra o casamento inter-racial; que, aos 24 anos, se mudou para Jacarta com o filho no despertar de uma batalha anticomunista sangrenta em que, acredita-se, centenas de milhares de indonésios foram mortos; que passou mais da metade da vida adulta no país com a maior população muçulmana do mundo, um lugar com uma cultura antiga e complexa, praticamente desconhecido da maioria dos norte-americanos; que trabalhou anos em vilas onde uma mulher ocidental solteira era uma raridade; que imergiu no estudo de um artesanato sagrado praticado há tempos exclusivamente por homens; que, como uma mãe que trabalhava fora e, na maior parte do tempo, solteira, criou duas crianças birraciais; que adorava os filhos e acreditava que o seu filho, em particular, tinha potencial para ser um grande homem; que o criou para ser, como ele costuma brincar, uma combinação de Albert Einstein, Mahatma Gandhi e Harry Belafonte; e que morreu, aos 52 anos, sem jamais saber quem ou o que ele se tornaria.

Se estivesse viva, Dunham teria completado 66 anos no dia 20 de janeiro de 2009, quando Barack Obama foi sacramentado como o 44º presidente dos Estados Unidos.

Dunham era uma pessoa discreta, com mistérios que não eram facilmente decifráveis. Em uma conversa no Salão Oval, em julho de 2010, o presidente Obama a descreveu para mim como uma mulher a um só tempo ingenuamente idealista, sofisticada e inteligente. Ela era extremamente séria em relação ao trabalho, ele disse, mas mantinha uma doçura e uma generosidade de espírito que por vezes faziam com que fosse ludibriada. Tinha uma abertura pouco comum, que parece ter sido tanto intelectual quanto emocional. "Na origem de sua força estava a capacidade que tinha de se deixar mudar", disse-me uma vez a sua filha, Maya Soetoro-Ng. Ela era, ao mesmo tempo, dura e engraçada. Debulhava-se em lágrimas pelo sofrimento de estranhos, mas era rígida na hora de motivar os filhos. Chorava no cinema, mas podia disparar uma piadinha em um alvo com tanta precisão que quem a ouvisse jamais esqueceria. Dedicou anos de sua vida a ajudar pobres, em grande parte mulheres, a ter acesso ao crédito, mas não sabia administrar o próprio dinheiro. Pedia empréstimos seguidamente à sua mãe, que trabalhava em um banco, e acumulava dívidas. De toda forma, viveu bravamente. Ainda assim, temia os médicos, possivelmente em detrimento próprio. Tinha medo de pegar o metrô de Nova York e jamais aprendeu a dirigir. No auge de sua carreira, colegas de trabalho se lembram de Dunham como uma presença suntuosa — enrolada em tecidos prateados, tingidos em batique, entrando em vilas javanesas com uma *entourage* de jovens banqueiros indonésios; conhecedora profunda de tecidos indonésios, de arqueologia, do simbolismo místico da *cris*, uma adaga de lâmina ondulada javanesa; carregando uma bolsa preta lotada de cadernos de anotações e uma garrafa térmica com café puro; conhecedora de iguarias como *tempeh* e *sayur lodeh*, um guisado de berinjela; presenteando os seus colegas com histórias cheias de senso de humor, fazendo piada sobre um dia reencarnar como um ferreiro indonésio, mas sempre, ao longo do caminho, lembrando que era "apenas uma garota do Kansas".

Nos documentos que deixou para trás e na lembrança dos amigos e colegas de trabalho, há poucas evidências de que Dunham estivesse determinada a mudar o mundo. Ela era admiravelmente, comovedoramente, às vezes exasperantemente humana. A sua vida não era simples, o que talvez explique por que foi tão mal compreendida, mal interpretada ou simplesmente relegada às sombras. Envolvia tensões e escolhas com que os leitores vão se identificar, sobretudo as mulheres. Era uma improvisação, marcada por tropeços e saltos. "No fim das contas, não sou uma crítica severa; eu mesma, por vezes, fiz besteiras solenes", ela escreveu jocosamente a um amigo quando tinha 30 anos, já divorciada do seu primeiro marido, separada do segundo e a caminho de se tornar a mãe solteira de dois filhos. Ela era persistente. Como um de seus amigos diz, Dunham vivia "deslocando o centro". Tinha como base valores fortes, que passava a seus filhos. Era idealista e pragmática. Não era uma visionária ou uma santa; acreditava que a vida das pessoas podia ser melhor e que era importante tentar. Direta ou indiretamente, chegou mais perto desse objetivo do que a maioria de nós jamais chegará. Até que, de repente, no meio do caminho, se foi. "Ela não se arrependeu de nenhuma de suas escolhas", Maya me contou. "Ela só queria mais tempo. Mais tempo para cometer erros, mais tempo para fazer coisas boas..."

Qualquer pessoa que escreva sobre a vida de Dunham deve se perguntar como chamá-la. Ela era Stanley Ann Dunham no nascimento e Stanley quando criança, nome que abandonou assim que se formou no ensino médio. Passou a ser Ann Dunham, depois Ann Obama, depois Ann Soetoro até o seu segundo divórcio. Posteriormente, manteve o sobrenome do segundo marido, modernizando-o para Sutoro.[1] No início dos anos 1980, era Ann Sutoro, Ann Dunham Sutoro, S. Ann Dunham Sutoro. Em conversas, indonésios que trabalharam com ela entre o fim dos anos 1980 e o início dos 1990 a chamavam de Ann Dunham, enfatizando a segunda sílaba do sobrenome. Caminhando para o fim da vida, ela assinou sua tese como S. Ann Dunham e a correspondência oficial como (Stanley) Ann Dunham. Ao começar o primeiro capítulo deste livro, decidi seguir as escolhas dela e usar o nome que ela adotou em cada momento.

Durante a campanha presidencial, as pessoas que conheciam Dunham ficaram perplexas pelo aparecimento do que acreditavam ser caricaturas dela. Na fila do caixa do supermercado, uma amiga de Dunham, Kadi Warner, chorou ao ver o que lhe parecia uma injustiça na manchete de um tabloide: "Obama abandonado pela própria mãe!" Os seus amigos estavam certos de que podiam enxergá-la no intelecto de Obama, no seu temperamento e humor — sem falar no seu longo queixo, o sorriso cheio de dentes, o ângulo de suas orelhas. Ainda assim, ele, que já havia escrito um livro centrado no fantasma de seu pai ausente, parecia falar mais dos seus avós do que da mãe. Alguns amigos acreditavam conhecer os motivos para isso. "Ele está concorrendo à presidência dos Estados Unidos, não da Indonésia", um antigo colega de Dunham, Bruce Harker, me disse duas semanas antes da eleição. "Quanto do Produto Interno Bruto os norte-americanos gastam em assistência a outros países? Você realmente acredita que ele poderia se eleger dizendo: 'Minha mãe era mais indonésia do que norte-americana.' Ele joga o jogo de que precisa: 'Eu fui criado por uma mãe solteira, à base de auxílio social do governo; fui criado pela minha avó, como muitos outros companheiros negros.'"

"Falar de sua mãe como uma mulher que fazia o bem, ajudando comunidades estrangeiras, como uma antropóloga interessada na paz na Indonésia?", ele completou, fazendo uma pausa para deixar claro que estava sendo sarcástico. "Onde fica a Indonésia? É perto da Índia? Sem chance."

Este não é um livro sobre o presidente Obama. É um livro sobre a mãe dele. Mas ela o formou em um grau de que ele parece, cada vez mais, ter consciência. No prefácio da edição de 2004 de *A origem dos meus sonhos*, lançada nove anos depois da primeira edição e nove anos depois da morte de Dunham, Obama se rendeu a uma confissão reveladora: se soubesse que a sua mãe não sobreviveria à doença, ele talvez tivesse escrito um livro diferente — "menos uma meditação sobre o pai ausente, mais uma celebração daquela que foi a única figura constante em minha vida".[2] Dois anos mais tarde, em *A audácia da esperança*, ele voltou ao assunto. Apenas fazendo um retrospecto de sua vida, Obama escreveu, ele pôde compreender com que profundidade o espírito "invisível dela guiava o caminho que eu escolheria por fim". Se as suas ambições foram estimuladas pelos sentimentos que nutria pelo pai, incluindo o ressentimento e um desejo de conquistar o seu amor, essas mesmas ambições foram direcionadas pela crença da sua mãe na bondade das pessoas e no valor de cada vida. Ele seguiu em frente nos estudos de filosofia política à procura da confirmação dos valores dela e se tornou um organizador comunitário para tentar pôr tais valores em prática.[3] Ele dedicou o livro, o seu segundo, "à mulher que o criou" — a sua avó materna, Tutu, "que tem sido uma rocha de estabilidade ao longo da minha vida", e à sua mãe, "cujo espírito amoroso ainda me sustenta".

Isso a teria agradado. Dunham, de quem uma correspondência enviada a Jacarta por seu filho nos Estados Unidos podia levantar o ânimo durante todo o dia, certamente tentava entender o seu lugar nesta vida. Em raras ocasiões, ela dava indicativos — dolorosa e avidamente — a amigos próximos. Mas jamais se permitira expor com exagero o seu caso. Como disse a Obama, com o humor seco que parece próprio do Kansas: "Se eu não tiver feito nada mais, pelo menos lhe dei uma vida interessante."[4]

1

Sonhos da Savana

No fim do inverno de 2009, Charles Payne concordou, de modo relutante, que eu o visitasse em Chicago. Ele tinha 84 anos e era o mais velho dos três irmãos de Madelyn Payne Dunham, a indômita avó que, notoriamente, ajudou a criar Barack Obama e viveu o suficiente para acompanhar os dois anos de campanha presidencial de seu apartamento em Honolulu até falecer, aos 86 anos, dois dias antes da eleição. O irmão dela, um pioneiro na informatização de dados bibliotecários que se aposentara em 1995 como diretor assistente da biblioteca da Universidade de Chicago, havia escolhido ignorar a carta que enviei à sua casa, por correio expresso, e também uma mensagem que deixei em seu telefone. Em uma manhã, quando ele se distraiu e atendeu um telefonema meu, disse que havia feito uma promessa a si mesmo de jamais conversar com pessoas como eu. Ele afirmou que, nas raras ocasiões em que abriu uma exceção, acabou se metendo em problemas. Conversamos por dez minutos, rodeando um ao outro. Até que ele disse que eu poderia visitá-lo, garantindo-me que a visita provavelmente não valeria a pena. Então, em uma fria manhã de fevereiro, quando o vento soprava com força do Lago Michigan e a neve cobria o aterro ao longo dos trilhos, no caminho do aeroporto O'Hare, fui recebida na porta do apartamento do sr. Payne, na Lake Shore Drive, por um octogenário magro, de cabelos grisalhos e aparência jovem (que recentemente havia resolvido um problema antigo de ganho de peso, como me informou mais tarde, eliminando de sua vida o almoço). Ele tinha um olhar agradável, mas cético. Era o olhar de alguém com temperamento muito cortês e treinado para dizer a um visitante intrometido que desse o fora.

Nós nos sentamos um de frente para o outro, a uma mesa redonda na sua cozinha limpíssima e organizada. O apartamento tinha uma construção única. Acreditava-se que havia sido projetado pelo arquiteto como uma caixinha de joias e um ninho para si mesmo; homens que certa vez reformaram a cornija da sala disseram ao sr. Payne que a estrutura parecia ser europeia, com séculos de idade. O sr. Payne começou com uma história preventiva. Em 2000, ele havia organizado a sua festa de aniversário de 75 anos, a pedido do seu filho, e convidou os seus três irmãos. Era a virada do milênio, afinal; a última vez em que todos haviam estado juntos fora no funeral da mãe deles, 32 anos antes. Madelyn, aposentada como vice-presidente de um banco, veio de Honolulu; Arlene, a pesquisadora universitária em educação e estatística, também aposentada, veio de Chapel Hill, na Carolina do Norte; Jon, o ex-diretor de planejamento municipal, veio de Littleton, no Colorado. O sr. Obama, então senador pelo 13º distrito do estado de Illinois, veio com a sua mulher, Michelle, e a filha deles, Malia. "O que mais me impressionou é que, depois de todos estes anos, as memórias da nossa infância eram muito diferentes, ainda que sendo memórias do mesmo incidente", disse sr. Payne. "Madelyn se lembrava de uma coisa; Arlene se lembrava de outra. E nenhuma das duas estava correta, segundo o modo como eu recordava a história." Ele havia percebido a mesma coisa alguns anos antes, quando lia um relato do trabalho da força-tarefa da Biblioteca do Congresso que desenvolveu os primeiros padrões legíveis à máquina para dados bibliográficos — uma força-tarefa de que ele havia participado. "Fiquei impressionado com o quão distorcidas eram as memórias das pessoas a respeito daquilo", ele disse. "E o que me deixou particularmente encantado foi que, a cada relato que eu ouvia, o narrador acabava sendo, mais ou menos, o herói da história: eles haviam inovado nisso, havia sido ideia deles fazer isso ou aquilo, eles eram os líderes e por aí vai."

Ele fez uma pausa, olhando para mim calmamente. Estava sendo claro? "Tudo isso é apenas para lhe dizer: não confie na memória."

Era impossível reconstruir os primeiros anos de vida de Stanley Ann Dunham e as histórias dos seus pais, Stanley Armour Dunham e Madelyn Lee Payne, sem confiar na memória das pessoas que os conheceram. Não há uma história definitiva das famílias Dunham e Payne, tampouco dos acontecimentos que as levaram à região de Flint Hills, no Kansas, nas primeiras décadas do século XX. Genealogistas traçaram os seus ancestrais em mais de dois séculos em Indiana, Missouri, Virgínia, Arkansas, Oklahoma, Ohio, Kentucky, Tennessee, Nova Jersey, Pensilvânia, Delaware e Massachusetts. Mas a credibilidade de tais árvores genealógicas é incerta. Há anúncios de nascimentos em jornais, documentos de batismo, diplomas do ensino médio, cartões de registro militar, certidões de casamento, dados do censo, diretórios de cidades, artigos de jornais, obituários, avisos de falecimento e anúncios de funerais. Mas as informações de domínio público oferecem apenas um ângulo sem cor, textura ou emoções, como os vestígios de uma moldura adesiva, deixada para trás em antigos álbuns de fotografia depois que os retratos já se desbotaram ou caíram das páginas. Há o doce e lírico relato que o presidente Barack Obama faz em seu livro de memórias de 1995, *A origem dos meus sonhos*, tecendo histórias que ouviu quando criança, recontadas com a discrição que um filho e neto empregaria ao narrá-las em uma época em que sua mãe e a avó ainda eram vivas. Há alguns poucos parentes distantes, com memórias que mais parecem sótãos recheados de coletâneas da família, e antigos colegas de classe, em número cada vez menor, com lembranças fragmentadas do envelhecimento no estado Girassol* durante a Grande Depressão. Na época em que eu escrevia este livro, os pais de Stanley Ann já haviam morrido. A sua mãe, Madelyn, concordou em ser entrevistada em setembro de 2008 — sob a condição de que a entrevista

---

*O apelido mais famoso do estado do Kansas é The Sunflower State, por causa de suas extensas plantações de girassóis. [N. dos T.]

ocorresse depois das eleições presidenciais. O pai de Stanley Ann, Stanley, morreu de câncer de próstata em 1992. Todos os irmãos dela estavam vivos, entretanto, e falaram em detalhes sobre tudo o que lembravam. A ajuda deles tornou possível trazer à tona a história da família que gerou, em Wichita, em um dia invernal de novembro de 1942, Stanley Ann.

Há algo novo e essencialmente norte-americano na árvore genealógica que estende os seus galhos através e ao redor do filho de Stanley Ann, o presidente Obama. Sim, havia a mãe branca do Kansas e o pai negro do Quênia. Havia, ainda, o padrasto javanês, Lolo Soetoro, com quem o sr. Obama viveu por quatro anos em Jacarta, quando criança; há a esposa afro-americana do presidente Obama, Michelle, uma descendente de escravos. Há sua meia-irmã, filha de pai indonésio, Maya Soetoro-Ng; o marido sino-canadense dela, Konrad Ng; e os meios-irmãos quenianos do presidente, espalhados por lugares como Nairóbi e Beijing. A família que se reuniu em Washington, D.C. para a posse do primeiro presidente negro dos Estados Unidos, em janeiro de 2009, parecia singularmente norte-americana e, ao mesmo tempo, completamente nova. Em sua mistura de raças, etnias, nacionalidades e culturas, ela parecia abrigar, ao mesmo tempo, as aspirações dos pais fundadores do país de criar um lugar de oportunidade para todos os povos, a promessa do país de ser um farol para imigrantes em uma cultura crescentemente global e o progresso da luta atual para superar a história racial dos Estados Unidos.

Menos conhecida, mas classicamente norte-americana, em um sentido mais antigo, é a árvore genealógica que gerou Stanley Ann Dunham. Os seus ancestrais eram fazendeiros, professores, abolicionistas, pastores metodistas, batistas, veteranos da Guerra Civil e veteranos de duas Guerras Mundiais. Eram pessoas com uma enorme longevidade, muitas tendo chegado à casa dos 80 ou até dos 90 anos. Foram batizados em homenagem a patriotas e poetas: Ralph Waldo Emerson Dunham, Christopher Columbus Clark e George Washington Clark (irmãos de Thomas Jefferson Clark e Francis Marion Clark). Várias gerações atrás, acreditaram na educação dos filhos de uma maneira pouco comum. Em uma época em que eram raros os norte-americanos que recebiam educação formal além do ensino médio, os avós paternos de Stanley Ann fizeram faculdade, segundo o tio dela, Ralph Dunham. Por gerações seguidas, membros dos dois lados da família foram professores. Há tempos existe o rumor, não comprovado, de que há sangue dos índios Cherokees na família. De acordo com a crença familiar, um tataravô de Madelyn Payne Dunham teria se casado com uma tia de Wild Bill Hickok.* Dizem que o avô dela teria apertado a mão do presidente Lincoln, do ombro de seu pai, e visto o seu irmão ser assassinado por capangas no sul do Missouri, seis anos mais tarde. A sua tia, Ruth McCurry, uma professora de colégio, teria dado aulas a Mickey Mantle** em Commerce, Oklahoma. Ralph Dunham lembrava-se de, quando criança, passar a noite na casa de William Allen White, o Sábio de Empória, depois que o pai de Dunham, um funcionário da El Dorado Garage, entregou ao sr. White o seu carro modelo Pierce-Arrow. Charles Payne serviu na 89ª Divisão de Infantaria que libertou Ohrdruf, um subcampo de Buchenwald e o primeiro campo de concentração nazista na Alemanha desmantelado por tropas dos Estados Unidos, em abril de 1945. A família já existia há bastante tempo e se interessava por história o suficiente para acumular vários relatos. "Você provavelmente sabe que nós somos parentes dos Bushes, de Dick Cheney", Ralph Dunham me disse, com convicção. "Mark Twain também é um parente distante. Se você quiser voltar ainda mais no tempo, temos parentesco com algumas pessoas da realeza. E outra coisa: tirando a diferença de tempo, eu seria primo de primeiro grau de Jefferson Davis. Sabe, a mãe do meu bisavô Clark era uma Davis, prima de primeiro grau de Jefferson Davis..." Apesar de todos os esforços para fazer Barack Obama parecer exótico, até imigrante, ele pode reivindicar uma herança das mais norte-americanas possíveis. Há algo norte-americano, no melhor sentido da palavra, até mesmo na marcha de transição de várias gerações, no último século e meio, de pequenas fazendas para cidades de médio porte, para grandes cidades, para áreas

---

*Apelido dado a James Butler Hickok, famoso pistoleiro do Velho Oeste norte-americano, morto em 1876. [*N. dos T.*]

**Mantle é considerado um dos maiores jogadores de beisebol dos Estados Unidos. Ganhou fama defendendo o New York Yankees nas décadas de 1950 e 1960. [*N. dos T.*]

metropolitanas, para distâncias culturais vastas e interoceânicas e para lugares como Jacarta, Yogyakarta e Kalimantan.

Quando criança em Augusta, Kansas, Charles Payne, tio de Stanley Ann, conheceu ambos os seus avôs. O seu avô materno, Thomas Creekmore McCurry, tinha uma fazenda em Peru, no Kansas, uma cidade com cerca de cem habitantes perto da fronteira sul do condado de Chautauqua, na altura de Oklahoma. O seu avô paterno tinha uma fazenda em Olathe, no condado de Johnson, no nordeste do Kansas. Eles aravam a terra como mandava a tradição — sem água encanada, eletricidade ou tratores. Thomas C. McCurry se orgulhava da retidão dos sulcos que abria com o seu arado puxado a cavalos, conforme sua filha, Leona McCurry Payne, costumava contar aos filhos dela. Ela dizia que o pai plantava batatas "na escuridão da lua". Cada casal de avós criou mais ou menos meia dúzia de crianças. Essas crianças cresceram, estabeleceram-se em cidades, encontraram empregos e não cultivaram a própria comida. Os filhos delas, por sua vez, fizeram faculdade, deixaram o Kansas e acabaram em agradáveis áreas metropolitanas espalhadas pelos Estados Unidos. Os quatro Paynes — Madelyn, Charles, Arlene e Jon — não tiveram mais que uma ou duas crianças cada. Duas delas se tornaram antropólogas que fizeram trabalho de campo na Indonésia. Richard Payne, filho de Charles Payne e primo de primeiro grau mais jovem de Stanley Ann, passou muitos anos na parte indonésia de Bornéu, agora chamada Kalimantan. Na última noite da Convenção Nacional Democrática em Denver, em agosto de 2008, Richard Payne e seu pai pegaram uma carona, de volta para o hotel onde estavam hospedados, em um carro utilitário com Maya Soetoro-Ng, a meia-irmã do presidente Barack Obama, e outros membros da família. "De repente, Maya e Richard começaram a falar em bahasa indonésio", Charles Payne se lembrou, referindo-se à língua nacional indonésia. "Eles seguiram numa conversa longa. Quando terminaram — exibindo-se, claro —, Maya disse para Richard: 'Você tem um sotaque meio caipira.' E ele respondeu: 'É, eu sei.'"

Kalimantan fica muito longe do Kansas, o estado onde começa a história de Stanley Ann. Mas o Kansas também é muito distante do estereótipo que o seu nome pode implicar. Ele é mais complexo, contraditório e surpreendente — um lugar de extremos. Craig Miner, historiador e autor de *Kansas: The History of the Sunflower State, 1854-2000* [Kansas: a história do estado Girassol, 1854-2000], descreveu a região como um lugar de tempestades de mil milhas de diâmetro e nuvens de verão capazes de cegar um aviador, com "o triplo da altura das montanhas de Pikes Peak". Por muito tempo, o estado manteve o título da maior chuva de granizo já registrada. Desde 1880, teve mais tornados de intensidade F5 do que qualquer outro estado. Há épocas, escreveu Miner, em que à noite o céu é esplendidamente claro: a Galáxia de Andrômeda, a mais de 2 milhões de anos-luz, surge nítida como a lua. Mas a poeira do solo por vezes é tão grossa que as pessoas têm de dirigir com os faróis acesos em plena luz do dia. No verão em que a mãe de Stanley Ann, Madelyn, tinha 11 anos, a temperatura em Augusta, sua cidade natal, alcançou os 49,4 graus centígrados em 18 de julho — a mais alta já registrada. O verniz sobre os bancos da igreja metodista amolecia. A temperatura mais baixa de todos os tempos foi 40 graus negativos. O Kansas é um lugar onde o idealismo da savana muitas vezes coexistiu, escreveu Miner, com elementos do antissemitismo, anti-intelectualismo, isolacionismo e a Ku Klux Klan. No que diz respeito à escravidão, a população do Kansas era amargamente dividida. O estado passou a fazer parte da União em 1861, depois de quatro anos de um conflito de guerrilha de pequena escala, mas brutal, que incluiu massacres, incursões, destruição de máquinas de impressão de jornais e saques a casas. O lema do estado é *Ad astra per aspera*: Até as estrelas, através das dificuldades. É uma ideia que os antepassados de Stanley Ann teriam entendido.

Se tivesse vivido para ver as eleições presidenciais de 2008, Stanley Ann talvez também tivesse evocado a frase.

Há uma forma de pensar que alguns dizem ser típica do Kansas. Um mês antes de Barack Obama costurar a candidatura democrata, Craig Miner me sugeriu que o "tipo de idealismo exultante" de Obama era descendente do "idealismo prático" promovido por William Allen White, o editor de jornais e político de Empória, que idealizava promover reformas. Historicamente, o povo do Kansas tem sido idealista, progressista e pragmático. Tentou fazer coisas sobre as quais outros povos apenas falaram; acreditara na possibilidade de mudança. "É claro que a população do Kansas discorda violentamente quanto ao conceito de 'melhor'", disse Miner. "Eles tendem a extremismos de esquerda e de direita, todos baseados na crença de que as coisas podem ser melhores. Então, tivemos o maior jornal socialista em circulação nos Estados Unidos, publicado em Girard, Kansas. Você pensa no Kansas como um estado republicano, e em grande parte ele o foi, mas era a ala mais liberal do Partido Republicano, os republicanos de Theodore Roosevelt." O estado começou cedo a regulamentar as corporações, com uma das primeiras comissões reguladoras de ferrovias. Na Escola Normal estadual, em Empória, era parte da formação de professores serem enviados como missionários para cidades pequenas. O Kansas talvez tenha sido, por um período, o estado com o maior percentual de moradores capazes de ler e escrever, disse Miner. Até mesmo a Lei Seca, adotada com mais vigor e por mais tempo no Kansas do que em qualquer outro lugar, veio de um impulso idealista de resolver problemas como o crime e a violência doméstica, combatendo o subjacente problema da embriaguez. "O resto do país disse: 'Não se pode fazer isso, as pessoas não vão mudar'", Miner me contou. "Eu, às vezes, digo que as pessoas do Kansas não são do tipo que fala: 'Se eu estou bem, todos estão bem.' Eles preferem: 'Se todos não estiverem bem, eu não estou bem e eu sei como resolver o problema. Eu posso fazer as coisas melhorarem.'"

Os pais de Stanley Ann vieram da região de Flint Hills, uma sequência de pastagens de mais de 320 km de comprimento que são o maior resquício de mato alto virgem das savanas que outrora dominaram a região central da América do Norte. Deixadas para trás quando os mares interiores desapareceram, dando origem às Grandes Planícies, as montanhas foram batizadas por Zebulon Pike, por causa do material das rochas, semelhante ao sílex,* um tipo de quartzo que contém sílica, tornando o solo

---

*Em inglês, sílex é *flint*, daí o nome da região. [*N. dos T.*]

impossível de arar. O lugar é como um vasto oceano de flores selvagens e gramas — capim-indiano, capim-búfalo, capim-andropogon de mais de dois metros e meio de altura, "o pau-brasil das gramas". Há centenas de espécies de flores selvagens, 150 espécies de pássaros, 10 milhões de insetos por acre. Por pelo menos 8 mil anos, a região foi ocupada por índios, que caçavam os abundantes bisões, alces, renas e antílopes. No começo do século XIX, caravanas cruzaram a região, seguidas, mais tarde, pelas ferrovias. Colonos do leste dos Estados Unidos fincaram raízes ao redor dos postos de comércio em Augusta, onde a família de Madelyn também se estabeleceria, e ao longo do rio Walnut, em El Dorado, onde a família de Stanley vivia. Os colonos tentaram plantar milho, mas ele retirava os nutrientes do solo e morria durante as repetidas temporadas de seca. Havia epidemias que atingiam o gado e tempestades de areia. Em Augusta, no dia 8 de agosto de 1874, gafanhotos cobriram o chão, com trinta centímetros de profundidade em alguns lugares.[1] Eles devoraram as linhas dos varais, os mosquiteiros das janelas, as cascas de árvores, os cabos de madeira de ferramentas. Tudo, exceto as cebolas, dizia-se.

Flint Hills era uma área difícil para o cultivo, mas ideal para o pasto. Vaqueiros guiavam o gado do Texas ao Kansas durante as pastagens de verão e depois até as cidades com ferrovia, de onde seria enviado para a engorda e o abate. À medida que as ferrovias se expandiram, pequenas cidades se tornaram pontos de distribuição do gado, que embarcava em trens para Kansas City e Chicago. Cidades pecuaristas como Wichita, cerca de 50 quilômetros a oeste de El Dorado, floresceram. Em 1886, o condado de Butler descobriu o milho kafir, uma variedade de sorgo típica da África tropical, usada para alimentar os rebanhos e as aves domésticas e perfeitamente adequada ao clima do Kansas. O produto era resistente às secas e ao calor, e prosperava em climas áridos. À medida que os fazendeiros do condado de Butler se dedicavam mais à pecuária, o preço do milho kafir disparava. Em 1911, cerca de 25 mil hectares tinham plantações do grão.[2] Para comemorarem, os Cavaleiros de Mapira, uma confraria, organizaram o primeiro Carnaval do Milho Kafir, uma celebração de três dias no centro de El Dorado que incluía paradas, espetáculos e concursos. Um grande arco feito de milho kafir e outras palhas atravessava o primeiro bloco da Avenida East Central. Vinte e nove distritos do condado construíram banquinhas decoradas com animais, mapas municipais e o símbolo do Kansas, tudo feito de milho kafir. Os homens participavam de concursos de construir cercas, martelar pregos e chamar porcos. As mulheres, de chamar galinhas, pegar gansos e fazer manteiga. Havia, ainda, uma corrida de tartaruga e uma competição de carros alegóricos. Em outubro de 1926, o título de Miss El Dorado do carnaval daquele ano foi para a tia-avó de Stanley Ann, Doris Evelyn Armour, que se formara, em 1923, no ensino médio da El Dorado High School, que havia estudado no Kansas State Teachers College, em Empória, e que o jornal local descreveu como "uma garota genuinamente bela, com cabelo castanho-escuro na altura dos ombros, olhos castanhos e uma cor de pele delicada que é inteiramente natural e cai bem".

O condado de Butler tinha outra fonte de riqueza, ainda melhor do que o milho kafir e muito mais inquietante. Alguns anos antes do nascimento de Stanley Dunham e Madelyn Payne, uma descoberta maciça de petróleo afetou drasticamente a região da noite para o dia. Nas porosas rochas ao longo da fronteira leste do Nemaha Ridge, no sudeste do Kansas, havia reservatórios de petróleo e gás natural. Em 7 de outubro de 1915, a Wichita Natural Gas Company encontrou petróleo na terra de propriedade de John Stapleton, cerca de 8 quilômetros a noroeste de El Dorado. Foi uma das maiores descobertas de petróleo da época. Choveram companhias de petróleo e empreendedores. Em 1918, o ano em que Stanley nasceu, o campo de El Dorado produziu 29 milhões de barris, um número que Craig Miner diz ser mais de nove vezes a produção total do Kansas três anos antes. El Dorado era o campo mais produtivo dos Estados Unidos. Também era época de guerra, e por isso o preço do petróleo estava alto. Havia mais descobertas perto de Towanda e Augusta. Surgiram parques industriais para depositar o petróleo extraído. Em pouco tempo havia oito refinarias em cidades como El Dorado, Augusta, Wichita e Potwin. A população de El Dorado e das cidades das redondezas saltou de 3.262 em 1915 para 14.459 em 1920, mais do que quadruplicando em cinco anos. Centenas de tendas e cabanas de um cômodo foram erguidas, enquanto proprietários de casas em El Dorado alugavam os seus quintais e jardins e construíam casas em terrenos baldios para alugar. Companhias de petróleo fundavam cidades instantâneas, com nomes como Oil Hill e Midian, repletas de quadras de tênis, piscinas, times de beisebol e tanques de areia com pedaços de pau onde se brincava de lançar ferraduras. As casas arrendadas pelos campos de petróleo tinham paredes de compensado de madeira, não possuíam saneamento nem eletricidade, e o aquecimento vinha de uma única fornalha, alugada em média por 7 dólares por mês. Os empregados dos campos de petróleo trabalhavam em turnos de doze horas seguidas. As farmácias ficavam abertas até tarde da noite. Até que a euforia passou. Em 1925, ano em que Madelyn completou 3 anos e a família dela se mudou de Peru para Augusta, o crescimento teve o seu auge. Nos anos 1930, as companhias petroleiras já haviam voltado a sua atenção para outros lugares. A população do condado de Butler diminuiu novamente. Largada no rastro da prosperidade, ficou a memória da fartura que atravessou a cidade como um trem desgovernado.

Em dezembro de 2008, visitei Ralph Dunham, irmão de Stanley Dunham e tio de Stanley Ann, em uma comunidade para aposentados em Springfield, Virgínia, onde ele estava vivendo com a esposa, Betty. Stanley Dunham havia falecido havia 16 anos; então me voltei para Ralph, o seu único irmão, à procura de ajuda. Ralph, cujo nome completo é Ralph Waldo Emerson Dunham, disse-me que o seu avô, que estudou na Universidade Estadual do Kansas para se tornar farmacêutico, era um grande admirador de Emerson. Então, batizou o filho de Ralph Waldo Emerson Dunham, que, por sua vez, passou o nome ao seu filho mais velho. Ralph me disse que sua mãe admirava Henry Morton Stanley, o jornalista e explorador que encontrou David Livingstone no Lago Tanganica, em 1871. Por isso ela batizou o segundo filho de Stanley. Ralph, um ano e meio mais velho que Stanley, era o mais estudioso e menos extravagante dos dois irmãos Dunham. Cursou o ensino médio na El Dorado High School em 1934, com a intenção de se tornar professor. Formou-se em matemática no Kansas State Teachers College, em Empória, e fez doutorado em psicologia educacional na Universidade da Califórnia em Berkeley, em 1950. Deu aulas em faculdades no sul do país, trabalhou na marinha dos Estados Unidos, na U.S. Naval Personnel Research Activity, fazendo treinamento e qualificações para o programa Polaris, para a Agência Federal de Aviação e para a Secretaria de Educação, que mais tarde se tornaria o Departamento de Educação. Serviu como tenente do exército durante a Segunda Guerra Mundial e, após o dia D, estava na Normandia e na Renânia, tendo depois continuado na reserva e se aposentado como tenente-coronel. Enquanto recebia treinamento em fogo rápido com um rifle Enfield, impressionou o sargento ao disparar os seus dois cartuchos de munição em 35 segundos e acertar o alvo todas as vezes. Aos 17 anos, aprendera com o pai como atirar com um rifle bolt action calibre 22.

O segredo sombrio da infância dos meninos Dunham envolvia uma viagem de caça com o pai deles. O velho Ralph Dunham, nascido em Argonia, Kansas, em 1894, havia chegado a Wichita aos 20 anos e casado com Ruth Lucille Armour no ano seguinte. De acordo com a certidão de casamento deles, preenchida pelo tribunal no condado de Sedgwick em outubro de 1915, Ruth tinha 18 anos. Mas a lápide dela no Cemitério Sunset Lawns, em El Dorado, onde foi enterrada onze anos mais tarde, aponta como ano de nascimento 1900. Se a lápide estiver correta, ela não tinha mais de 16 anos quando se casou. O seu filho mais velho, Ralph, nasceu em 1916; Stanley, um ano e meio mais tarde, em 1918. O pai deles era impetuoso, pelo que dizia a família. O seu histórico de profissões sugere que era inquieto. Em um cartão de registro militar, preenchido em junho de 1917, ele se descreve como um autônomo dono de um café em Wichita. Em 1923, ele aparecia no diretório municipal de El Dorado como funcionário do setor de vendas da El Dorado Garage. Alguns anos depois, era proprietário de uma loja de compra e venda de automóveis, oficina mecânica e garagem em Topeka. Quando o negócio fracassou, administrou com os seus pais uma farmácia em Wichita. O seu obituário, no jornal *The Wichita Eagle*, em 1970, o descreve como um funcionário aposentado da Boeing. Era um padrão não muito diferente do que o seu filho mais novo, Stanley, seguiria alguns anos mais tarde. Talvez tenha sido um antepassado distante na sede por viagens que Maya Soetoro-Ng um dia disse ter herdado de sua mãe aventureira, Stanley Ann.

No dia de Ação de Graças de 1926, o casal Dunham — com seus dois meninos — viajou de sua casa em Topeka a Melvern para caçar e passar o feriado com uma irmã e um irmão de Ralph. Uma descrição detalhada do dia apareceu na primeira página do *The Topeka State Journal* na tarde seguinte. O artigo afirmava que o casal tivera um "desentendimento" depois de chegar a Melvern. Quando Ralph e seu irmão saíram com as crianças para caçar, Ruth partiu de volta para Topeka. Ela seguiu para uma farmácia que ficava perto de casa e também da garagem do escritório do marido. Disse ao farmacêutico, George W. Lawrence, que um cachorro havia sido atropelado por um carro e que queria comprar algo para sacrificá-lo. "Lawrence recomendou clorofórmio", o jornal reportou. "A sra. Dunham disse que não queria o produto, pois o cheiro do clorofórmio a deixava enjoada. Ela finalmente persuadiu Lawrence a vender-lhe dez gramas de estricnina. Ficou na loja por vários minutos, Lawrence disse, aparentando estar de ótimo humor e brincando com o proprietário."

Mais tarde, o dono de uma oficina de pintura de automóveis no mesmo prédio da garagem de Ralph Dunham percebeu que Ruth estava no escritório, aparentemente escrevendo, quando ele foi tirar o seu carro. Meia hora depois, George Lawrence, que também estacionara na garagem, a viu. Enquanto isso, em Melvern, Ralph havia voltado da caçada e percebeu que a sua esposa partira. Ele retornou a Topeka, não encontrou ninguém em casa e começou uma busca. Pouco antes das 2 da madrugada, encontrou o corpo da esposa no andar do escritório da garagem, afirmava o artigo. Apesar de a ambulância ter levado o corpo para o Hospital St. Francis, o jornal citou uma declaração do legista do condado, que teria dito que Ruth Dunham estava morta havia duas horas e que teria se suicidado. Segundo o jornal, ela escreveu uma carta dizendo que tomara veneno porque o seu marido não a amava mais. Ela tinha 26 anos de idade.

Uma versão bastante diferente da morte de Ruth apareceu no mesmo dia na segunda página do jornal de El Dorado, onde os pais dela, Harry e Gabriella Armour, moravam com a irmã de Ruth, Doris, a recentemente eleita Miss El Dorado. De acordo com esse relato, usado a partir desse momento sempre que o assunto tinha de se tornar público, Ruth morrera em casa, em Topeka, por envenenamento com ptomaína. Ela havia falado com os seus pais por telefone algumas horas antes, de acordo com o jornal, "e estava, aparentemente, no melhor de sua saúde". Um artigo no *The Wichita Eagle* disse ainda: "A sra. Dunham estava se sentindo bem até tarde da noite, no dia de Ação de Graças, e acredita-se que a comida do jantar tenha sido responsável pela morte dela."

Stanley Dunham, aos 8 anos, e o seu irmão, Ralph, aos 10, foram viver com os avós maternos — o que também aconteceria 45 anos mais tarde com o neto de Stanley, Barack Obama, então com 10 anos de idade. O pai de Stanley e Ralph se mudou para Wichita para administrar uma farmácia com o pai dele; ele morava em frente à residência dos pais, em um apartamento acima da loja. Aparentemente, os meninos perguntavam por que não estavam vivendo com ele. "A resposta do meu pai para isso era que os meus avós nos amavam profundamente e que ele não queria nos tirar deles", Ralph Dunham me contou. "No entanto, o fato é que estava sem um tostão na época e não podia arcar com os custos de tomar conta da gente. E o meu avô tinha um bom emprego." Depois que o pai deles se casou novamente e teve duas outras crianças, Stanley e Ralph mal o viam. "Nós o víamos de vez em quando, se estivéssemos em Wichita ou algo assim", Ralph disse. "A gente o encontrava. Mas muito raramente." Perguntado se ele e Stanley conheciam as suas meias-irmãs naquela época, ele disse: "Não, não mesmo."

Lembrando esse período oitenta anos depois, Ralph passou rapidamente pelo assunto da morte da mãe e não mencionou o suicídio. A sua mãe morreu, a Grande Depressão aconteceu, os negócios do pai dele entraram em colapso e ele e Stanley se mudaram para a casa dos avós em El Dorado. Quando descrevi o artigo do jornal de Topeka, ele disse simplesmente: "Eu tinha apenas 10 anos de idade. É claro que a mim foi contada a história do envenenamento por ptomaína. Mas a outra versão pode ser possível." Ele sabia que a mãe havia deixado um bilhete, mas, afirma, nunca soube o que estava escrito. Ele parecia ter guardado uma memória distorcida, de criança pequena, daquele dia — detalhes ampliados, o drama central relegado às sombras. "Na verdade, ela foi para o hospital e morreu no hospital. Eu sei disso", ele disse. "Os meus avós vieram à nossa casa. É claro que ficamos felizes ao vê-los. Nós não nos demos conta de que a minha mãe estava no hospital ou algo assim. A gente havia visto um jogo — eu lembro que era um jogo de tabuleiro chamado Uncle Wiggily. Eles nos deram algum dinheiro para ir à farmácia comprar esse jogo. E, quando voltamos de lá, eles nos disseram que a nossa mãe havia morrido."

Os meninos se mudaram para o que se tornou, com a chegada deles, um lar de quatro gerações. Ele incluía os avós deles, a tia, Doris, e o bisavô, Christopher Columbus Clark, um veterano da Guerra Civil, na época com seus 80 e poucos anos. Os Armours sempre foram professores, disse Ralph Dunham. Mas o sr. Armour, um apaixonado por matemática e por enigmas matemáticos, descobriu que podia ganhar mais dinheiro como funcionário de um campo de petróleo, usando o seu talento com números para calcular o nível de petróleo nos tanques. Ele trabalhava em turnos de doze horas, sete dias por semana. Alguns anos depois de Stanley e Ralph irem viver com eles, os Armours se mudaram, exceto a tia Doris, para um imóvel alugado pela companhia de petróleo, a cerca de 13 quilômetros de El Dorado, ao qual se chegava por uma estrada de chão. Ralph, que disse ter herdado de seus avós o interesse por matemática e por lecionar, recordou afetuosamente a vida com a família reconfigurada. A sua avó, que tinha cerca de 40 anos quando a filha morreu, era jovem o bastante para ser mãe de seus netos — assim como Madelyn seria quando o seu neto se mudou pela primeira vez para viver com ela e Stanley em Honolulu, em 1971. Doris Armour era suficientemente jovem para ser irmã dos meninos. Stanley e Ralph desenvolveram uma paixão por jogos, particularmente dama, herdada de seu avô e bisavô. Muitos anos depois, quando Stanley e Madelyn já haviam se tornado grandes mestres em bridge duplicado, no Havaí, ele queria jogar dama em suas visitas ocasionais à casa de Ralph, na Virgínia. Da última vez em que eles jogaram, estava ficando tarde, Ralph estava cansado e Stanley tinha um voo para pegar. Ralph sugeriu que eles parassem, mas Stanley perdia por uma partida. "Ele bateu o pé e disse que não iria desistir", Ralph relembrou. "Então, eu realmente me concentrei e ganhei dele nas três disputas seguintes. Só assim ele foi embora."

Stanley tinha cabelos escuros e era bonito como o pai. Ele amadureceu mais cedo que Ralph e se orgulhava de sua aparência. Aos 23 anos, tinha quase 1,80 m e pesava por volta de 75 kg, segundo os registros militares. O traço mais marcante do seu grande rosto era um queixo poderoso, alongado — que Stanley Ann herdaria e passaria a seu filho. Nas fotos para o livro de formatura, em 1936, do ensino médio da El Dorado High School, *The Gusher*, o queixo de Stanley parece duas vezes maior que o de qualquer outro. Cachos dos cabelos grossos e negros emolduram a sua testa em ondas brilhantes. A boca é compacta. Na ocasião, ele tinha uma ligeira inclinação de cabeça, meio burlesca, um traço familiar que eu notei pela primeira vez um dia, quando assistia a um vídeo doméstico de Stanley Ann gravado alguns anos antes de sua morte. Naquele momento, eu me lembrei de ter visto o mesmo traço em Obama. "Quando ele faz um discurso, como dizia Madelyn, 'Ele é a cara de Stanley, só que negro'", observou Ralph Dunham sobre seu sobrinho-neto.

Quando menino, Stanley não se encaixava nos padrões: é assim que Ralph explica. Ralph era o escoteiro que havia se formado em primeiro lugar na sua classe no El Dorado Junior College. Stanley, um ano e meio mais novo, era, segundo Ralph, "um estilo Denis, o Pimentinha". Ele gostava de fazer coisas pouco comuns, talvez porque quisesse atenção. Aos 3 anos, fugiu de casa com o vizinho. Tinha uma enorme habilidade para entrar em apuros. "Ele era um inconformado, eu dizia", afirmou Ralph. "Não gostava de seguir regras pelo simples fato de serem regras. Ele queria ter uma razão para segui-las. Gostava de ser um pouco audacioso." Para um adolescente em uma cidade pequena do Kansas, Stanley se vestia de maneira extravagante. Dava para perceber que ele era um vendedor nato: parecia capaz de manter uma conversa com qualquer pessoa. Era cheio de opiniões, ocasionalmente até pomposo e arrogante. Tinha o temperamento forte. "Se as pessoas discordassem dele, ele poderia ser bem desagradável", disse Ralph. "Ele conseguia tornar as coisas muito desconfortáveis." Era um grande contador de histórias, algumas das quais pareciam ter como objetivo mostrar o seu charme e sofisticação. Ele não estava livre de abrilhantar as suas histórias ou até mesmo de inventar algumas delas. Peguemos, por exemplo, uma sobre o dia em que ele e um amigo arrumaram uma carona com o presidente Herbert Hoover. Hoover estava visitando El Dorado, a caminho da costa oeste, e toda a cidade parou para assistir. Pelo modo como Stanley e o seu amigo contaram a história mais tarde, eles não foram à parada e estavam caminhando pela estrada quando o carro do presidente passou e apanhou os dois. Depois de se acomodarem, o amigo de Stanley acendeu um cigarro. Ralph Dunham me contou que, de acordo com a história, Hoover se inclinou e se apossou do restante assim que o amigo de Stanley terminou. O presidente, segundo Stanley, disse: "Vamos até a guimba com isso."

Ralph disse ter dúvidas a respeito de outra história de Stanley, contada em *A origem dos meus sonhos*. De acordo com tal história, Stanley foi expulso do colégio aos 15 anos por dar um soco no nariz do diretor e passou os três anos seguintes vivendo de empregos estranhos, levando carros de corrida para Chicago, para a Califórnia e de volta para casa e "se banhando de lua, cartas e mulheres".[3] Ralph Dunham se lembrou de tudo isso de maneira diferente. Disse que Stanley largou a El Dorado High School em 1935, em seu último ano, provavelmente porque não estava indo bem academicamente, e voltou, alguns anos mais tarde, para se formar. "Eu não vou dizer que ele não se meteu em problemas, e talvez tenha sido chamado pelo diretor", disse Ralph. "Mas acho que essa história foi inventada. O meu irmão pode ter contado isso ao Barack, claro. Meu irmão nem sempre era confiável em coisas desse tipo."

A AVÓ MATERNA DE STANLEY ANN, Leona, foi a sexta dos sete filhos de Margaret Belle Wright e Thomas Creekmore McCurry. Leona cresceu na fazenda McCurry, em Peru, e se tornou professora, assim como a sua irmã solteira, Ruth, que lecionou por cinquenta anos no Kansas e em Commerce, Oklahoma. O irmão delas, Frank W. McCurry, que brincava de escalar guindastes quando criança, em Peru, e se tornou farmacêutico, engenheiro químico e vice-presidente de uma companhia de petróleo, conquistou certo grau de fama, quando adulto, graças a um hobby pouco comum. Por mais de 45 anos ele construiu, aperfeiçoou e continuamente atualizou uma maquete completa de uma refinaria de petróleo, feita principalmente de vidro. O modelo de refinaria, que tinha duas unidades de craqueamento catalítico e produzia gasolina de verdade a partir do petróleo, era levado para colégios e universidades em todo o país. A filha de Frank McCurry, Margaret McCurry Wolf, me disse, em um dia de verão escaldante, em sua cozinha em Hutchinson, Kansas: "Além da piedade e da limpeza, o meu pai prezava a educação."

A mente de Leona também alcançava muito além das quatro paredes da pequena casa em Augusta, onde ela e o marido, Rolla Charles Payne, criaram a mãe de Stanley Ann, Madelyn, e os seus três irmãos entre os anos 1930 e 1940. Para os seus filhos, Leona parecia extraordinariamente brilhante. Ela os levava para o lado de fora da casa, sob o vasto céu noturno, e os ensinava a encontrar as constelações. Enchia a casa com bons livros e planejava viagens de carro durante as férias de um mês de seu marido durante o verão — viagens a campos de batalha da Guerra Civil no Missouri; ao Parque de Yellowstone; a Black Hills; ao Arkansas, Kentucky, Tennessee, Mississippi e Louisiana; a Washington. No verão de 1934, durante a Grande Depressão e antes de o mais jovem Payne nascer, a família foi de carro até Chicago, com duas tias solteiras que eram professoras, para ver a World's Fair [Feira Mundial]. "Acho que a World's Fair foi um evento transformador para todas as três crianças", disse Charles Payne, irmão de Madelyn. "Aquilo ia tão além da experiência de Augusta, Kansas, que abriu os nossos horizontes. Tivemos contato com arte, antropologia, conteúdo intelectual. Eu me lembro de almoçar em uma cervejaria alemã a céu aberto — com todas aquelas dançarinas com sotaque alemão. No pavilhão sueco, a gente viu pessoas fazendo um açucareiro e uma cremeira de cerâmica com um design elegante, moderno. A gente ainda tem esse conjunto, e é incrivelmente bonito. Eu me lembro de ver maquetes de navios — o Field Museum* já estava aberto naquela

---

*Museu de História Natural localizado em Chicago. [*N. dos T.*]

época? — com detalhes tão requintados, até nos menores parafusos e botões, e ficar pensando, maravilhado, no fato de que qualquer pessoa podia fazer aquilo. Houve provavelmente um movimento para nós três, depois daquilo, de sair daquela pequena cidade do Kansas para uma realidade mais cosmopolita. Eu me lembro de tentar contar a alguns amigos sobre o que tinha visto e me dar conta de que não era capaz de expressar verbalmente a magnitude de tudo aquilo."

Aquela viagem, ele disse, provavelmente assegurou a ele e às suas irmãs a certeza de que deixariam Augusta para trás "tão cedo quanto possível".

O pai de Madelyn, Rolla Charles Payne, havia crescido na fazenda da família em Olathe e tinha ido trabalhar na petroleira Sinclair Oil and Gas Company como escriturário e mais tarde como escrevente distrital em Augusta. (O nome Rolla, que rima com "wallah",* estava entre os quinhentos nomes mais populares para meninos por volta do final do século XIX. Rolla Payne, no entanto, não gostava. Ele usava as iniciais R.C. ou simplesmente Payne, nome pelo qual Leona o chamava.) Veterano da Primeira Guerra Mundial, R.C. Payne parece ter conhecido Leona McCurry em Independence, onde ambos moravam e trabalhavam. Eles se casaram em dezembro de 1921, e a sua primeira filha, Madelyn Lee, nasceu em 26 de outubro de 1922, em Peru. Na época em que Charles e Margaret Arlene nasceram, muitos anos mais tarde, a família havia se mudado para Augusta, outra antiga comunidade de fazendeiros transformada pelo petróleo, 30 quilômetros a sudoeste de El Dorado. No fim da Primeira Guerra Mundial, existiam três refinarias em Augusta e 10 mil pessoas vivendo em um raio de 8 quilômetros — havia famílias de executivos das petroleiras, trabalhadores das concessionárias de petróleo e até uma pequena comunidade de mexicanos empregados das ferrovias de Atchison, Topeka e Santa Fé vivendo em um enclave que tinha como limites o rio Walnut, a rua South Osage e os trilhos de Santa Fé. Uma estrada de chão de duas pistas para Wichita foi aberta em 1924, ano em que um tornado passou pela cidade, rasgou um pedaço da escola e demoliu uma igreja católica. Jon Payne, o

---

Wallah significa funcionário encarregado de alguma função específica, em inglês. [*N. dos T.*]

mais jovem dos quatro filhos dos Paynes, que viveu toda a sua infância em Augusta, até os seus pais se mudarem durante o seu último ano no ensino médio para uma minúscula comunidade de campos de petróleo chamada Thrall, disse que nunca havia conhecido uma pessoa negra antes de deixar a região para estudar na Universidade do Kansas.

O condado de Butler era quase inteiramente branco e cristão quando Madelyn Payne crescia em Augusta e Stanley Dunham em El Dorado, nos anos 1920 e 1930. Recrutadores da Ku Klux Klan chegaram ao condado no início dos anos 1920, divulgando a Klan como uma associação cristã patriótica e caridosa. Roxie Olmstead, que cresceu no condado de Butler e mais tarde fez algumas pesquisas sobre a Klan, descobriu que a organização avançou para o norte por Oklahoma, recrutando o que eles chamavam de cidadãos "nativos, brancos, protestantes, pagãos, norte-americanos". Divisões da Klan se reuniam em igrejas, faziam cerimônias de iniciação usando vestes e montando cavalos e queimavam cruzes. O foco eram questões morais, conforme reportou Roxie Olmstead, em um estudo disponível na Butler County Historical Society, tais como "maridos e esposas infiéis em Augusta". Houve um desfile da Klan em Augusta, em setembro de 1923. Já um encontro em El Dorado, em agosto de 1924, teria atraído 3 mil pessoas. O nome do Carnaval do Milho Kafir foi mudado, apenas no ano de 1924, para Kafir Korn Karnival.* William Allen White, que escrevia editoriais contrários à Klan desde 1921 na *The Emporia Gazette*, concorreu como candidato independente a governador em 1924, em uma campanha caracterizada por uma plataforma anti-Klan. Ele ficou em terceiro, entre três candidatos, mas historiadores afirmam que a sua campanha enfraqueceu a Klan.[4] No ano seguinte, a Suprema Corte estadual baniu as operações da seita no Kansas.

Durante boa parte da infância de Madelyn, a família viveu em uma casa de madeira de um único andar, de propriedade da petrolífera Sinclair Oil and Gas Company, e ao lado do escritório onde o pai dela, R.C. Payne, tra-

---

*Trata-se de uma adaptação do nome original, em inglês, para que as três palavras começassem com a mesma letra da Ku Klux Klan. [*N. dos T.*]

balhava. O imóvel tinha três quartos, um banheiro, uma sala de estar, uma sala de jantar, uma cozinha e uma varanda protegida por uma tela, onde Charles às vezes dormia em um berço. O espaço era apertado. Tia Ruth McCurry, a professora, vinha passar todos os verões na casa, abrigando-se no quarto das meninas. Stanley Ann, quando criança, viveu lá durante a Segunda Guerra Mundial, enquanto o seu pai estava no exército e a sua mãe viajava regularmente para Wichita a trabalho. Nos fundos, havia um tubo e uma rede para o "basquete à luz da lua". O beisebol era jogado em um terreno baldio próximo. Jon Payne se lembrou de ajudar sua mãe a lavar a roupa em duas máquinas Maytag redondas, equipadas com espremedores, e de ver os lençóis congelarem no inverno. Era uma caminhada fácil ao longo de ruas de paralelepípedos ladeadas por árvores, onde havia farmácias com bebedouros de refrigerante e mesas com pequenos sofás, duas delas com jukeboxes recheadas, no fim dos anos 1930, com a música de Glenn Miller, Benny Goodman e Tommy Dorsey, e até um pequeno espaço para dança. Nas mesas, alguns dos estudantes do ensino médio jogavam bridge. Durante a Grande Depressão, as pessoas de Augusta iam ao cinema várias vezes por semana. Havia filmes de caubói no Isis Theatre, nos fins de semana, e o Augusta Theatre, que abriu no verão em que Madelyn tinha 12 anos, foi o primeiro a ser inteiramente iluminado com luzes de néon. As pessoas se arrebanhavam em sessões de filmes estrelados por Bette Davis, com quem as adolescentes pegavam um verniz de sofisticação e aprendiam a segurar um cigarro do jeito mais glamouroso. Por um tempo, um instrutor de uma escola de dança em Wichita ia ensinar dança de salão e *jitterbug* a uma dúzia de crianças no palco do cinema. Aos domingos, os Paynes iam à igreja metodista. Eles não eram pobres — o sr. Payne trabalhava durante a Grande Depressão —, mas nunca tiveram muito dinheiro. O irmão de Madelyn, Charles, trabalhou em um armazém até vinte horas por semana e em período integral durante o verão, por todo o ensino médio. Jon estava provavelmente na 8ª série, ele disse, quando vestiu pela primeira vez "calças compradas em loja". Leona fazia muitas das roupas das crianças. Charles Payne, um entusiasta do Partido Democrata de longa data, me disse que a família da mãe dele votava nos republicanos, mas o pai dele era um democrata. Ele se lembrou da família ouvindo pelo rádio a transmissão da posse do presidente Franklin D. Roosevelt em 1933 e, mais tarde, batendo papo ao pé da lareira. Quando Alf Landon, então governador do Kansas, se tornou o candidato à presidência pelos republicanos, concorrendo com Roosevelt na eleição de 1936, os Paynes o apoiaram: "Nós estávamos flamulando bandeiras de girassóis."

Augusta, com uma população de alguns milhares, não era o "fim de mundo" que o estereótipo de uma pequena cidade do Kansas talvez sugira. Mack Gilkeson, que cresceu em Augusta e conheceu ambos — Madelyn Payne, quando criança, e Stanley Dunham, quando adolescente —, se tornou professor de engenharia química na Califórnia e consultor em lugares como Papua-Nova Guiné. Cerca de metade dos colegas de classe, ele disse, acabou se mudando da cidade. Os professores incentivavam os alunos que eram academicamente mais fortes. Perguntado sobre quando ele sentiu pela primeira vez a necessidade de se mudar do condado de Butler, ele disse: "Fui levado por esse caminho." Integrantes da geração de Stanley e Madelyn não apenas deixaram Augusta para trás como abandonaram a visão política dos seus pais. Os pais de Mack Gilkeson eram republicanos, assim como todos os que eles conheciam. Quando foram a Topeka para visitar um parente que trabalhava para uma cadeia de jornais de propriedade do senador republicano pelo Kansas Arthur Capper, Mack recebeu ordem expressa de não tocar no nome de Roosevelt. Esse tipo de rigidez não o seduzia. "Eu simplesmente achava aquilo intragável", ele disse. "Quando me deparava com isso, pensava: 'Não é o que eu vou fazer.'" Como não havia escolas privadas ou paroquiais, todo mundo em Augusta ia ao mesmo colégio — os filhos dos presidentes de bancos, executivos de petroleiras, médicos, fazendeiros e trabalhadores de campos de petróleo. "Acredito que isso me transformou em uma pessoa mais igualitária do que seria em outras circunstâncias", Gilkeson disse. Crianças educadas em Augusta tinham certo entendimento das diferenças sociais. Virginia Dashner Ewalt, filha de um operador de bomba de uma petroleira que cresceu nas casas arrendadas da Sinclair Oil, a sudeste de Augusta, e era da mesma sala de Madelyn no último ano da Augusta High School, foi para a escola elementar com vinte outras crianças em um colégio com apenas uma sala de aula, aquecido por um único fogareiro a carvão. "As crianças do campo eram um pouco diferentes", disse. Às vezes, ela tinha impressões diferentes das que tinham aqueles que cresceram em Augusta.

Leona e R.C. Payne tinham expectativas em relação aos seus filhos. Eles seriam bons, estudariam muito, tirariam boas notas e chegariam longe. "A minha mãe tinha grandes aspirações", disse Margaret Arlene Payne, que tem um diploma de bacharel pela Universidade do Kansas, um mestrado na Faculdade de Educação da Universidade de Columbia e um doutorado na Universidade de Chicago. Segundo Arlene, a mensagem era: "Vocês vão para a faculdade. E não se questiona isso." Jon, o irmão mais novo de Madelyn, disse: "Eu não acho que eles tinham qualquer expectativa de que nós ficássemos no Kansas. Acho que eles esperavam muito mais de nós — chegar à universidade e, depois, fazer tudo o que pudéssemos." Mas a Grande Depressão e a sombra da guerra delinearam a noção de futuro das crianças. Clarence Kerns, historiadora da classe de 1935 da El Dorado High School, disse que havia tão poucos empregos disponíveis quando a sua turma se formou que nove dos seus colegas se tornaram pastores de igrejas. Muitos outros viraram professores de colégios com apenas uma sala de aula espalhados pelo Kansas. Poucos foram diretamente para a faculdade. Planejamentos de longo prazo pareciam vãos. "Mês após mês, as notícias eram ruins", disse Mack Gilkeson, lembrando os anos que antecederam a Segunda Guerra Mundial e o período da guerra. "Você se levantava e pegava o jornal às 7 da manhã para dar uma olhada na manchete principal. Ela seria: 'Os alemães invadiram a Noruega. Os alemães invadiram a Grécia. Os Aliados estão perdendo força. As coisas estão indo mal no Norte da África.' O futuro era muito incerto. Então, você tomava uma decisão: 'Eu vou fazer isso.' E não se preocupava com o que a vida traria dois anos mais tarde." Algumas pessoas se casaram cedo, ansiosas por perenidade. Garotas que acreditavam que iriam diretamente para a faculdade acabavam tendo de procurar emprego. "Eu me lembro de Madelyn preocupada com o fato de que alguns dos amigos dela, que eram mais bem de vida que nós, planejavam ir para universidades renomadas e ela sabia qɩ e não podia", Charles lembrou. "Então a pergunta era: ela iria para a faculdade pública da região? Ou deveria trabalhar? Esse tipo de coisa." Ele disse sobre si mesmo: "Eu sabia desde a 7ª série que haveria uma guerra e que eu estaria nela. Então, nunca pensei muito a respeito da faculdade, porque me dei conta: 'Ok, vou crescer e vou para a guerra.' A verdade é que eu não esperava verdadeiramente que sobreviveria a ela."

R.C. Payne tinha uma ligação particular com a sua filha mais velha, de acordo com o seu irmão Jon, que nasceu 15 anos mais tarde. Ela era a única filha nascida em Peru antes de o trabalho do sr. Payne levar a família para Augusta. Uma nota publicada no *Sedan Times-Star*, em 22 de novembro de 1922, anunciava: "Charles R. Payne [sic] e esposa estão comemorando a chegada da pequena Madelyn Lee, filha que nasceu com 3,6 kg." Ela era inteligente, alegre e determinada. Segundo Charles Payne, tirava notas boas se quisesse, mas ocasionalmente matava as aulas da tarde com amigos, para depois se desentender com a mãe, que exigia que os filhos dessem o melhor de si o tempo todo, não apenas quando tinham vontade. Magra, arrumada e bem-apessoada, Madelyn impunha certa sofisticação, pelo menos aos olhos de seus irmãos. "Madelyn sempre tinha namorados no colégio — normalmente dois, às vezes três diferentes", disse Charles. "Ela era bonita o suficiente, nenhuma beleza extraordinária, e muito cheia de vida, alegre, divertida. Os seus vários namorados a deixavam meio entediada, para dizer a verdade. Eram meninos do Kansas. Ela tendia a se ver mais como um tipo Bette Davis." No seu último ano no colégio, com o país atolado na Grande Depressão e uma guerra no horizonte, as opções de Madelyn para o ensino superior pareciam limitadas, pelo menos no curto prazo. "Eu acho que ela estava à procura de uma vida mais excitante, queria escapar da pequena cidade do Kansas", Charles disse. "E eu acho que ela realmente não enxergava o próprio futuro. Não via nada além de ir para a faculdade e conseguir um certificado de professora, algo que a minha mãe supôs que ela faria, porque era o que ela própria havia feito. Era isso ou ser balconista no armazém."

Stanley Dunham, com o seu estilo extravagante e aparentando certo cosmopolitismo, deve ter parecido ser o tipo ideal. Depois de largar o colégio, ele pegou a estrada por um tempo. De acordo com Ralph, Stanley, que era quatro anos mais velho que Madelyn, havia se mudado para a Califórnia e passado algum tempo com um amigo do Kansas que, mais tarde, se tornou roteirista em Hollywood. Dizem que ele voltou para o Kansas contando grandes histórias, falando que tinha se tornado amigo próximo de John Steinbeck, de vários autores de teatro e outros escritores da Califórnia dos anos 1930. Ele parecia ter deixado a impressão, pelo menos em Madelyn, de ter um caminhão repleto de peças e a possibilidade de uma carreira literária — mesmo que, naquela época, estivesse trabalhando em construção na refinaria de Socony, em Augusta. "Ele escreveu peças e poesia; vinha até a nossa casa e as lia para nós", lembrou Arlene Payne. "Era tudo, tenho certeza, muito exótico para ela." Apesar de El Dorado e Augusta serem arquirrivais no futebol americano e no beisebol, não era raro que rapazes de El Dorado namorassem meninas de Augusta e vice-versa. Não é muito claro exatamente como e quando Stanley e Madelyn se conheceram. Quando perguntei a Ralph Dunham o que ele achava que havia atraído Madelyn em seu irmão, ele disse: "Ele era um jovem bem-apessoado e não escapava de contar uma..." Parando no meio da frase, ele mudou o curso da conversa: "Você sabe, ele era ok." Quando perguntei o que ia dizer, ele continuou, com cuidado: "Bem, Stanley nem sempre contava as coisas exatamente como elas eram. Mas nem todo mundo conta. E, quando está cortejando alguém, você primeiro tenta apresentar o seu lado bom, as suas esperanças, ambições e todo o resto." Confrontado com a mesma questão, Jon Payne declarou, rindo: "Ah, você sabe, o Kansas dos anos 1930, tempestades de areia, Grande Depressão, Hicksville, EUA. Eu acho que ela estava olhando para Stanley como uma maneira de sair de Dodge."

Os pais de Madelyn não ficaram muito impressionados. Stanley parecia, aos olhos deles, um fanfarrão, um jovem errante — a antítese dos Paynes, disse Jon. Em suas memórias, Obama descreveu a sua atitude usando o apelido pelo qual ele e Maya chamavam a avó: "A primeira vez em que Toot trouxe o vô à casa dela para conhecer a família, o pai dela deu uma olhada no cabelo preto puxado para trás do meu avô e no seu inalterável

UMA MULHER SINGULAR • 41

sorriso de garoto esperto e avaliou sem nenhuma polidez: 'Ele parece um carcamano.'"[5] A desaprovação deles não passou despercebida a Madelyn. Na tarde do banquete de formatura da Augusta High School em maio de 1940, Madelyn, aos 17 anos, e Stanley, aos 22, escaparam do evento e se casaram em segredo. Mantiveram o casamento em sigilo até Madelyn se formar no mês seguinte para evitar que os pais dela tentassem anular a união, acreditavam alguns colegas de classe dela. As notícias chegaram ao irmão de Stanley, Ralph, alguns meses mais tarde. Charles Payne estava fora, em um acampamento dos escoteiros, na época em que o segredo se tornou público.

"Os meus pais ficaram devastados pelo fato de a filha deles ir embora com alguém por quem realmente não tinham muito respeito", ele me disse. "Mas aceitaram." Tentando manter as aparências e encarar a situação da melhor maneira possível, Leona Payne enviou comunicados impressos sobre a união.

Vinte anos mais tarde, Madelyn Dunham certamente se lembrou da sua rebelião romântica juvenil, do seu casamento secreto e da reação de seus pais, quando a filha dela, aos 17 anos, descobriu que estava grávida de um carismático homem mais velho, com quem casaria alguns meses mais tarde. Talvez Madelyn tenha se surpreendido com as semelhanças entre ela e Stanley Ann — adolescentes de personalidade forte, arrebatadas por galanteadores que pareciam sofisticados, propondo novos horizontes, uma possibilidade de aventura e a certeza da liberdade. Talvez ela tenha pensado, também, na falecida mãe de Stanley, Ruth Armour, que, em uma idade ainda mais jovem, havia feito algo similar. Para qualquer um que desconhecesse a história, a paixão de Stanley Ann, a gravidez e o casamento precipitado com um estudante negro do Quênia pareceriam uma ruptura inexplicável com a história de sua família presumivelmente puritana, de classe média branca do Kansas. Mas Madelyn e Stanley sabiam que havia um precedente na decisão da própria Madelyn de passar por cima das reservas dos pais dela e abreviar qualquer discussão sobre o seu futuro, casando com Stanley e escapando, de repente, para a costa dos Estados Unidos.

Paradoxalmente, pode ter sido à beira do Pacífico que Madelyn percebeu pela primeira vez que a vida com Stanley talvez se provasse menos deslumbrante do que imaginava. Assim que saíram da escola, os recém-casados se mudaram para a Califórnia, o lugar óbvio para um aspirante a escritor com um caminhão repleto de trabalhos inéditos. Mas, depois de se estabelecerem na área da baía de São Francisco, Madelyn se viu fazendo bicos em vários estabelecimentos corriqueiros, incluindo uma lavanderia a seco, para ajudar a pagar o aluguel, como lembrou o seu irmão, Charles. Anos mais tarde, ela viria a se arrepender profundamente do fato de nunca ter feito faculdade. Ela garantiria que a sua filha, deparando-se com uma mudança súbita semelhante nas circunstâncias de vida, seria capaz de continuar estudando. Madelyn seria aquela que subsidiaria, também, a educação dos netos em uma das escolas particulares mais respeitadas do Havaí. Mas, se ela chegou a pensar em voltar a estudar naquela época, na Califórnia, essa não era sequer uma opção. Ela precisava ganhar dinheiro.

Como se não bastasse, depois do bombardeio em Pearl Harbor, em 7 de dezembro de 1941, ela e Stanley voltaram ao Kansas, apenas 18 meses depois de terem partido. Seis semanas depois de Pearl Harbor e a alguns meses do seu aniversário de 24 anos, Stanley alistou-se, em 18 de janeiro de 1942, como soldado do exército dos Estados Unidos. De acordo com os dados do seu alistamento, ele informou "quatro anos do ensino médio" como o seu nível educacional e "músico de banda, oboé ou balconista de oficina, automóvel" como a sua ocupação civil.

A guerra arrancou o sudeste do Kansas da Grande Depressão do mesmo modo que a descoberta de petróleo em Stapleton Number One, o poço do campo de El Dorado, havia sacudido o condado de Butler 25 anos antes. Lucros do crescimento do petróleo financiaram uma indústria de aviação iniciante em Wichita, onde pioneiros da aviação como Clyde Vernon Cessna, Walter Beech e Lloyd Stearman ajudaram a dar ao lugar o título de A Capital Aérea do Mundo. A Stearman Aircraft Company, então uma subsidiária da Boeing, tinha fechado o seu primeiro grande contrato militar em 1934. Agora o ataque a Pearl Harbor fortalecia a tese da necessidade de descentralizar a indústria de defesa, e Wichita se tornou um dos maiores centros de aviação militar do país. Em 1941, o governo começou a cons-trução de uma nova sede da Boeing em Wichita e escolheu a empresa para produzir o B-29 Superfortress, a aeronave que mais tarde seria usada na campanha de bombardeio contra o Japão. O número de vagas de emprego na Boeing alcançou 29.795 em dezembro de 1943 — saltando dos 766 de dois anos e meio antes, segundo o Wings over Kansas, um website sobre a aeronáutica do Kansas. A fábrica funcionava 24 horas. A população do condado de Sedgwick quase dobrou ao longo de cinco anos. Imensos conjuntos habitacionais temporários com nomes como Planeview e Beechwood foram erguidos. Perto da sede da Boeing, somente Planeview tinha uma população de mais de 20 mil pessoas. A Boeing tinha 56 times de boliche. Havia um campo de golfe de nove buracos e quadras de tênis, badminton e *shuffleboard*.* A companhia transportava, de ônibus, trabalhadores de lugares tão distantes quanto Winfield, Kansas e Ponca City, Oklahoma. Outros dividiam caronas de carro de lugares como El Dorado e Augusta. O crescimento da indústria de aviação militar, assim como a prosperidade do petróleo, se provaria efêmero. Em 1945, após a suspensão da produção do B-29, a Boeing demitiu 1.600 trabalhadores em um único dia. A nova fábrica foi fechada, e as vagas de emprego na Boeing de Wichita caíram para cerca de mil. Mas, enquanto a guerra durou, os salários eram altos, e, com muitos homens combatendo na guerra, quase metade dos trabalhadores na produção de aeronaves eram mulheres. Em nível nacional, 18 milhões de mulheres entraram no mercado de trabalho entre 1942 e 1945, muitas delas influenciadas pelas campanhas do governo para transformar donas de casa em funcionárias de período integral em empregos relacionados à guerra. Elas se tornaram financeiramente independentes e passaram a assumir responsabilidades masculinas, em muitos casos pela primeira vez. Madelyn Dunham foi parte dessa mudança.

Com Stanley longe, no exército, Madelyn se mudou com os pais para Augusta e ia de carro, com amigos, até o trabalho de inspetora do turno da noite na Boeing de Wichita. Durante a campanha presidencial em 2008, o sr. Obama descreveu a avó nesse período como Rosie the Riveter [Rosie, a rebitadeira] — o ícone da situação da mulher no período da guerra, em

---

*Jogo comum nos Estados Unidos, praticado em uma quadra de madeira. [*N. dos T.*]

um macacão, pintada por Norman Rockwell para a capa do *The Saturday Evening Post*. A prodigiosa ética trabalhista que permitiria que Madelyn, décadas mais tarde, trilhasse o seu caminho de empregada de baixo escalão de um banco a vice-presidente do Banco do Havaí devia estar em evidência na Boeing. Ela se tornou supervisora, lembrou Charles Payne, e logo estava ganhando mais que o pai deles. Madelyn guardava o seu dinheiro, mas também tinha impulsos consumistas. Como um personagem de um filme de Bette Davis, ela se deu de presente um casaco de pele.

Davis, que havia ajudado meninas de cidades pequenas, como Madelyn, a atravessar idilicamente a Grande Depressão, agora era uma das maiores estrelas das bilheterias de cinema. O filme *A estranha passageira* se tornou um sucesso em todo o país em novembro de 1942, sendo exibido a plateias formadas basicamente por mulheres. O filme marcou uma mudança na imagem de Davis. Enquanto o governo fazia campanha para recrutar donas de casa para trabalhar em fábricas, Davis abandonava o que Martin Shingler, um estudioso de cinema, havia descrito como a sua aparência andrógina anterior e emergia como "a principal porta-voz da feminilidade, do batom e do glamour". A transformação se iniciara seis meses antes, Shingler sugeriu, com o lançamento, em maio de 1942, de *Nascida para o mal*, em que Davis representava Stanley Timberlake, uma beldade sulista.[6]

Naquela primavera, Madelyn Dunham, 19 anos, estava grávida. Em 29 de novembro de 1942, um mês depois de seu 20º aniversário, deu à luz uma filha de olhos e cabelos castanhos e com a mesma coloração delicada tão admirada em sua tia-avó Doris, a Miss El Dorado. Em *A origem dos meus sonhos*, Obama escreve que a sua mãe nasceu em Fort Leavenworth, a base do exército onde Stanley estava servindo. Mas Ralph Dunham disse que visitou Madelyn e o bebê no Hospital de Wichita quando Stanley Ann tinha um ou dois dias de idade. Tempos depois, Ann diria que quase chegou ao mundo em um táxi em alta velocidade. Correndo para o hospital durante uma tempestade de neve, ela contou a Maya, Madelyn quase deu à luz no táxi. Quando Ann narrou a história à filha, havia um paralelo em relação ao nascimento de Maya, 28 anos mais tarde. Naquela ocasião, Madelyn estava chegando a Jacarta de avião e o pai de Maya, Lolo Soetoro, havia ido ao aeroporto buscá-la. Era a tarde do Dia da Independência (na Indonésia), e Ann, esperando em um hospital católico em Jacarta para dar à luz, cada vez mais impaciente, saiu até a rua para procurar o marido e a mãe. Segundo a história que contou, ela estava prestes a entrar em um jinriquixá, chamado *becak*, quando Madelyn e Lolo finalmente chegaram. Apesar de ter vindo ao mundo em um hospital, Maya, a herdeira da paixão por viagens da mãe, quase nasceu em um *becak*. E Ann, cujo impulso aventureiro veio por meio de seus pais do Kansas, quase chegou ao equivalente de Wichita.

Eles a chamaram Stanley Ann.

Nos anos seguintes, a explicação mais frequente era a de que o seu pai, Stanley, queria um menino. "Uma das ideias menos sensatas do vô — ele queria um filho", escreveu Obama.[7] Mas parentes duvidavam que essa história fosse verídica. Ralph Dunham disse que o seu irmão "provavelmente estaria satisfeito com qualquer criança saudável". Talvez ele só gostasse do nome. Ou talvez aquela história tenha surgido como uma piada, feita de um jeito implicante pelo próprio grande confabulador. O fato era que, segundo os irmãos de Madelyn, ela estava em total controle de assuntos como o nome e os cuidados com o bebê. Stanley não teria poder de veto. "Quando eu perguntei à minha avó sobre isso, ela disse: 'Oh, eu não sei por que eu fiz isso'", Maya me contou. "Porque foi ela quem deu o nome de Stanley. E isso era tudo o que ela dizia: 'Oh, eu não sei.'"

Em pelo menos uma ocasião, Madelyn pareceu sugerir que havia tirado o nome da beldade sulista do filme que apenas seis meses antes havia assinalado a transformação da imagem de Betty Davis nas telas. Quando perguntada sobre o nome não muito depois do nascimento de Stanley Ann, Madelyn disse, de modo enigmático: "Você sabe, Bette Davis interpretou uma personagem chamada Stanley."

2

Virando adulta em Seattle

Não deve ter sido fácil ser uma garota chamada Stanley crescendo na trilha de um pai inquieto. Na época de seu 14º aniversário, Stanley Ann já havia se mudado mais vezes que muitos norte-americanos naquela época que mudavam durante toda a vida. Aos 2 anos, havia saído do Kansas para a Califórnia, onde Stanley Dunham passou dois anos como estudante na Universidade da Califórnia, em Berkeley; mudou da Califórnia para o Kansas, onde, depois de abandonar Berkeley, seu pai se inscreveu em dois cursos na Universidade de Wichita; do Kansas para Ponca City, Oklahoma, onde ele trabalhou como vendedor de móveis; de Ponca City para o Texas, para vender móveis novamente; do Texas de volta a El Dorado; de El Dorado para Seattle; e de Seattle para Mercer Island, Washington, onde a família se fixou por quatro anos antes de seguir para o oeste novamente, dessa vez para o Havaí, onde Stanley e Madelyn finalmente fincaram raízes. Na época em que Stanley Ann entrou na Mercer Island High School, aos 13 anos, no outono de 1956, ela estava acostumada a ser uma forasteira e perpétua estranha no ninho. Tinha alguns dos atributos de filhos de pais peripatéticos. Adaptava-se facilmente e era autossuficiente. Acostumada à arte de se apresentar aos outros, ela tinha uma resposta favorita para a inevitável pergunta que se seguia. "Eu sou Stanley", dizia. "Meu pai queria um filho, mas me teve." A réplica, verdadeira ou não, revelava algo sobre a oradora. Na época em que era adolescente, Stanley Ann era espirituosa e decidida, com um senso de humor meio torto. Tinha outras qualidades que se sobressaíam: era curiosa em relação às pessoas e era tolerante, alguém que não julgava indevidamente. Charles Payne me contou que ela possuía a capacidade pouco comum, mesmo quando criança, de rir de si mesma. Também tinha uma relação complicada com o pai. Havia aprendido cedo a tirá-lo do sério.

Fisicamente, ela se parecia com ele. Tinha o queixo alongado, a boca compacta e o cabelo dele. Quando criança, ela era, de certa maneira, desajustada, como uma asmática em uma casa de fumantes. Quando adolescente, não tolerava as indignidades e a arregimentação das aulas de educação física do colégio. Não tinha as qualidades de um atleta, mas era inteligente. Quando Ralph Dunham era estudante do doutorado em psicologia educacional na Universidade da Califórnia em Berkeley e vivia nos alojamentos da faculdade em Richmond, Califórnia, com o seu irmão, Madelyn e Stanley Ann, ele aplicou em sua sobrinha de 4 anos um teste de inteligência. "Não se devem aplicar testes de inteligência em pessoas com quem você tem alguma relação, mas eu acho que este foi bastante objetivo", ele me disse. Quando perguntei como Stanley Ann havia se saído no teste, ele disse com orgulho e admiração visíveis: "Muito bem, na verdade." Ela era curiosa e alegre, com a plenitude de sua mãe. "Ela decidia fazer alguma coisa e fazia, independentemente de os outros quererem que fizesse ou não", disse Charles Payne. Até Mercer Island, ela raramente esteve em um lugar tempo suficiente para fazer amizades duradouras. Em um período em que meninas recebiam nomes como Mary, Betty e Barbara, muitos implicavam com Stanley Ann por causa do nome dela. (Ela desejava ter sido batizada Deborah, segundo relato de Maya anos mais tarde.) Ela ficava bastante sozinha e adorava ler; costumava passar horas a fio com exemplares antigos da *National Geographic*, "sempre viajando na mente dela", como diz Maya. Ela tinha uma maneira de pensar independente — mas não a ponto de ser poupada das ansiedades da adolescência e da vontade de se encaixar.

Como adolescente, ela tinha consciência de sua aparência; no ano em que usou aparelho nos dentes, um velho amigo disse, ela raramente arriscava um sorriso. Tinha um olhar apurado para disparates e pouca tolerância à falsidade e loquacidade. O seu humor era astuto, às vezes cortante, mas nunca canalha. Um olhar de humor negro estava frequentemente em seu rosto. No final do anuário de 1960 da Mercer Island High School, há uma foto de Stanley Ann e uma colega de classe, Marilyn McMeekin, pedindo, na Petram's Ten Cent Store, um anúncio no anuário. Marilyn se posicionava, na frente e no centro, perto da caixa registradora e de um suporte onde havia gomas de mascar da marca Wrigley. Ela está sorrindo ansiosamente, conversando com um caixa que está em algum lugar fora do retrato. No fundo, levemente fora de foco, Stanley Ann foi capturada pela câmera, visivelmente virando os olhos. Ela era boa em virar os olhos, contou-me John Hunt, amigo de escola.

O pai dela, Stanley, era considerado pelos amigos da filha jovial, tempestuoso e falador. Ele podia ser charmoso e barulhento, e o seu humor frequentemente envolvia deboches. Comparados a outros pais de Mercer Island, ele e Madelyn pareciam, pelo menos para alguns, mais aventureiros e antenados. Eram inteligentes e pouco convencionais, apesar de terem um nível educacional inferior e estarem mais para classe média do que para classe média alta. Madelyn era o cérebro da família, segundo a maioria dos relatos, e o ganha-pão mais confiável. Mas Stanley tomava pelo menos algumas das decisões. Em seu conversível branco, ele levava Stanley Ann e os seus amigos para jogos de basquete e futebol americano do colégio, e os buscava no final. Ocasionalmente, deixava alguns deles tomarem o volante, sentados no seu colo. Eles gostavam da atenção que ele dava; ele gostava da atenção que eles davam. "Chegava um momento em que ele meio que sugava todo o ar de dentro do carro", contou-me Susan Botkin Blake, uma colega de sala e amiga de Stanley Ann. "Era uma daquelas pessoas que, se tivessem uma plateia, a conquistariam." Ele deixava a sua filha constrangida, inclusive por causa dessa familiaridade com os amigos dela. Era rígido e superprotetor, disse Ralph Dunham. Pelas costas dele, com amigos que a chamavam de Stan, ela se referia a

Stanley, meio de deboche, como "Grande Stan". Kathy Sullivan, uma amiga chegada do colégio, lembrava-se de Stanley Ann dando olhadelas para o lado no carro de Stanley Dunham, sem que ele visse, e fazendo caras e bocas. Kathy tinha o seu próprio fardo em termos de constrangimentos paternos. A mãe dela, que havia crescido em uma comunidade de fazendeiros em Illinois, ainda pendurava as roupas lavadas da família em um varal. Ela não sabia, aos olhos da sua filha adolescente, a maneira certa de conversar. A sua mãe não se encaixava em Mercer Island, sentia Kathy, tampouco o pai de Stanley. Kathy se sentiu melhor quando ela e Stanley passaram a dividir essas angústias. "Stanley odiava o pai dela na época em que a conheci", ela me disse. "Ela odiava o pai de um modo que apenas uma adolescente pode odiar."

O tempo e a geografia do lugar deram forma à experiência de se tornar adulta em Mercer Island, na última metade dos anos 1950. Quando os Dunhams chegaram, em 1956, Mercer Island era quase rural — uma "prancha" de 16 km² de terra arborizada, no formato de um bife, logo a leste de Seattle, em Lake Washington. A população era de cerca de 8 mil pessoas, a maioria dispersa ao longo do perímetro urbano, em belas casas à beira do lago ou em residências mais modestas, com detalhes em madeira. Todos, praticamente, eram brancos. Colegas de classe de Stanley Ann se lembravam de um estudante negro em toda a escola, até o ano em que eles se formaram. O jornal local, o *Mercer Island Reporter*, era repleto de notícias sobre bufês da Associação de Pais e Mestres, aulas de dança de salão e almoços entre pais e filhas da organização Camp Fire Girls* [Garotas da Fogueira]. Anúncios na seção pessoal diziam coisas como "Senhora respeitável interessada em formar um clube de cartas". Editoriais opinavam seriamente sobre assuntos como "Nossa moral está desaparecendo". Quando a professora de francês da escola, Madame White, acompanhou um grupo de estudantes à Europa em um verão, as

---

* Fundada em 1910, foi a primeira organização não sectária para meninas dos Estados Unidos. O nome escolhido representa o senso de comunidades, igual ao do grupo que se reúne ao redor de uma fogueira. A instituição organizava acampamentos e encontros ao ar livre entre meninas de todo o país. Em 1975, as atividades foram estendidas aos rapazes. [*N. dos T.*]

garotas embarcaram nos aviões usando chapéus, escarpins e luvas brancas. Praticamente não existia criminalidade. Crianças podiam passar a noite em sacos de dormir à beira do lago ou desaparecer no meio da floresta por um dia inteiro. A família de Susan Botkin não tinha sequer a chave de casa. Ela conta que, quando tiravam férias, a mãe colocava o ferrolho na porta da frente, apertava o botão de trancar na maçaneta da porta de trás, já a caminho da rua, e deixava uma fresta da janela aberta para o seu irmão passar quando eles voltassem. O único transporte direto para Seattle era uma balsa, visto que só em 1940 a "ponte flutuante" entre Seattle e a ilha foi aberta. As estradas eram escuras e de cascalho. Mercer Island tinha um pequeno centro da cidade, algumas poucas lojas, pouco transporte público, nenhum cinema, poucas televisões. "Eu posso me lembrar de ir com alguns dos meus colegas de faculdade para Mercer Island. Era quase a sensação de estar em outro país", disse Jim Sullivan, que dirigia o seu Alfa Romeo conversível da Universidade de Washington, passando pela ponte flutuante, para buscar a sua namorada, Kathy Powell, amiga de Stanley Ann. "Havia muitos controles sutis ditados pela geografia."

Ainda assim, mudanças estavam a caminho. O grande crescimento dos subúrbios na América do pós-guerra estava próximo e as comunidades a leste de Seattle, à sombra da cordilheira das Cascatas, se expandiam. A Boeing, com o seu pátio de construção de aeronaves em Renton, Washington, construía uma divisão de aeronaves comerciais, entrando na era do jato. O condado de King estava a todo vapor. Em Mercer Island, escavadeiras e máquinas de misturar cimento roncavam ao longo da Island Crest Way, a estrada que traçava a espinha dorsal da cidade como um zíper. O primeiro grande complexo de apartamentos foi aberto em 1949, e subdivisões se seguiram. Jovens profissionais se mudavam para lá à procura de residências de preços moderados, boas escolas e uma ligação fácil com Seattle. Muitos tinham nível superior, eram bem-sucedidos, ricos e dedicados a fazer com que os seus filhos tivessem boas oportunidades de vida. "Clube dos recém-chegados dá boas-vindas a oito residentes", lia-se na manchete de um artigo do *Mercer Island Reporter* que cumprimentava mulheres recém-chegadas pelos nomes de seus maridos: "Mesdames Richard Friedenrich,

Paul Hindman" e assim por diante. O pai de Kathy Powell, que se mudou com a família para Mercer Island no mesmo ano em que os Dunhams chegaram, era um engenheiro da Lockheed que havia virado gerente de empresa de seguros; a sua mãe era técnica em enfermagem. Chip Wall, que chegara dois anos antes, era filho de um comandante de um batalhão do projeto de mísseis Nike que estava estipulando um perímetro de defesa de mísseis para Seattle. A sua mãe se formara em uma escola de taquigrafia. Susan me disse que a mãe de Susan Botkin foi enviada do Missouri para a região oeste do país pela "Girl Scouts"* [Meninas Escoteiras] para pesquisar como desenvolver o escoteirismo na área. Fora do perímetro de Mercer Island, o movimento pelos direitos civis havia começado, a pílula anticoncepcional estava sendo desenvolvida, e John F. Kennedy anunciaria, no dia 2 de janeiro de 1960, a sua candidatura à presidência. "Havia um clima de mudança no ar", lembrou Bill Byers, colega de classe e amigo de Stanley Ann. "E a gente sentia isso na escola. Nós não sabíamos o que estávamos sentindo. Mas era o fim dos anos Eisenhower, e tudo estava exageradamente estável. Estava simplesmente quieto demais. E jovens não aguentam quando tudo fica quieto demais."

A Mercer Island High School tinha toda a energia e ambição de uma escola nova. Até meados dos anos 1950, não havia ensino médio na ilha; estudantes tinham de viajar até Bellevue ou Seattle. A turma de 1958 foi a primeira a se formar na escola nova, que surgiu em meio aos pinheiros perto da nova subdivisão, Mercerwood, na região central da ilha. Os alunos costumavam ser jovens e dedicados. "Tudo era fresco, todos queriam trabalhar duro, todos os pais queriam que desse certo", disse Jim Wichterman, que chegou em meados dos anos 1950 como professor de meio período de estudos sociais, técnico de futebol americano e instrutor de caminhadas. "Era apenas uma ideia: 'Vamos ter um bom sistema educacional.'" Maxine Hanson Box, uma amiga próxima de Stanley Ann que acabou se

---

*Fundada por Juliette "Daisy" Gordon Low em Savannah, Georgia, em 1912, a "Girls Scouts" organiza encontros entre meninas em lugares distantes de suas casas. O grupo conta, atualmente, com mais de 3,2 milhões de integrantes nos Estados Unidos. [N. dos T.]

tornando professora da escola elementar em Bellevue e em Renton por 27 anos, me disse que a grade curricular da Mercer Island High School foi concebida para ser desafiadora. Na época, distritos com apenas uma escola podiam arrecadar dinheiro do pagamento de impostos locais para aumentar os salários dos professores e construir instalações, e os contribuintes de Mercer Island acompanharam esse movimento com entusiasmo. Pais viravam força de trabalho nas noites de "volta às aulas". Eles organizavam festas de formatura e sabiam quem era filho de quem entre os aprovados em Harvard. O jornal publicava artigos sobre as últimas semifinais do programa de bolsa de estudos National Merit. Os pais de Maxine, que tiveram o acesso à educação abreviado pela Grande Depressão, mudaram-se para Mercer Island em 1957, em parte por causa das escolas. Como outros pais de Mercer Island, eles deixavam as suas expectativas claras para as crianças. "Você vai dar o máximo de si, vai enfrentar desafios e trabalhar para chegar lá", contou-me Maxine Box. "Fazia muita diferença em que universidade os estudantes se inscreviam, e isso ampliava os horizontes sobre o que eles poderiam ser. Não havia limites."

Os Dunhams se mudaram para os Shorewood Apartments antes de as aulas começarem, em 1956. Era o primeiro grande complexo de apartamentos para alugar na ilha e havia sido inaugurado sete anos antes, feito sob medida para famílias de classe média. Eram prédios de dois ou três andares, de tijolos e madeira, localizados em amplos gramados em declive, que levavam até a beira de um lago privativo. Os apartamentos tinham piso de madeira, sancas e vista para a cordilheira das Cascatas. As portas da frente davam diretamente em um gramado. O complexo tinha quadras de tênis, centro comunitário e loja de conveniência. Nos dois anos seguintes à inauguração de Shorewood, o número de alunos inscritos em colégios de Mercer Island quase quadruplicou. Os recém-chegados à ilha, esperando que as suas casas ficassem prontas, também se instalavam em Shorewood. O mesmo faziam ex-esposas, escapando dos últimos vestígios de casamentos fracassados. A maioria das famílias de Mercer Island vivia em casas exclusivas — de bangalôs e construções de dois andares a casas de frente para o lago, onde um botão embutido no chão, embaixo da mesa de jantar, era usado para chamar a empregada doméstica. Mas Shorewood tinha as suas próprias atrações, incluindo a grande quantidade de crianças. Do apartamento de dois quartos dos Dunhams na East Lexington Way, era uma curta caminhada até a 90th Avenue SE, de onde, cruzando a SE 40th Street, chegava-se à Mercer Island High School. Chip Wall, um amigo de Stanley Ann, vivia em Shorewood. Steve McCord, outro amigo, vivia em uma casa no meio das árvores, perto da passarela que conectava a parte baixa à parte alta de Shorewood. Maxine Hanson morava em Mercerwood, a três quadras da escola. Como a maioria das mães de Mercer Island, a de Maxine não trabalhava fora, então Stanley Ann frequentemente ia para a casa dela depois das aulas. "Nunca vou esquecer o bolo de chocolate da sua mãe", escreveu Stanley Ann na parte de trás de uma cópia de sua foto de formatura no 1º ano do Ensino Médio, do tamanho de uma carteira, que ela deu a Maxine. "Amor + sorte, Stanley."

Elas haviam se conhecido no primeiro dia de aula de Maxine, em setembro de 1957, na assembleia de boas-vindas, durante o ginásio. Pela hierarquia de Mercer Island, os rapazes mais populares eram as estrelas do esporte. Eles se vestiam bem, usavam botas de esquiar e raramente faziam comentários em voz alta durante as aulas. As garotas mais populares eram bonitas, esbeltas e usavam saias de pregas de lã e *twin sets*. Cérebro não era necessariamente uma moeda valiosa. Havia um grupo de garotos inteligentes e divertidos — autointitulados intelectuais do contra, em oposição à cultura em voga no colégio — que liam livros mesmo que não fossem pedidos pelos professores e consideravam a maioria dos atletas uns idiotas. Um deles, Bill Byers, foi eleito pelos colegas o que mais provavelmente alcançaria o sucesso. Outro, Chip Wall, foi eleito o mais talentoso. Os amigos de Stanley Ann não eram facilmente catalogáveis, mas estavam mais fora do que dentro dos padrões. Eles a chamavam de Stanley. Um dia, em 1957, ela estava sentada com um grupo de garotas (sete das quais ainda estariam jantando juntas uma vez por mês mais de cinquenta anos mais tarde). Elas convidaram Maxine para se juntar a elas — um gesto que, ela me disse, talvez não estivesse desconectado do fato de seu irmão mais velho, Bill, ter mais de 2 metros de altura e estar destinado ao sucesso no basquete. "Stanley só havia chegado um ano antes de mim; então ela sabia bem como era ser uma pessoa nova na escola", lembrou Box. "Eu acho que esse foi um dos motivos pelos quais nos aproximamos tão rápido. Eu me lembro de Stanley rindo quando se apresentou e disse que o seu nome era Stanley. E logo em seguida ela falou: 'Meu pai queria um filho.'"

"Rindo, como?", eu perguntei.

"Bem, rindo como se ri de si mesmo, quando não se tem vergonha de nada", ela sentenciou.

O humor de Stanley Ann era rápido, ácido e irônico. A futura antropóloga era uma observadora-participante da cultura do colégio e dos pontos fracos de seus habitantes. O seu senso de humor, disse Chip Wall, era no espírito de Peter Sellers em *The Goon Show*. Ela achava graça em coisas que os outros simplesmente não percebiam. Podia ser sarcástica e falsa, e tinha particular desdém por colegas de classe que arremedavam a opinião dos pais. Iona Stenhouse, uma colega de classe, descreveu a sensibilidade de Stanley Ann como uma "perspectiva 'você pode acreditar nisso?'". Ela era direta. "Pagava para ver o nosso blefe, a nossa pretensão intelectual", disse John Hunt. "Ela era assim mesmo... brusca." E era nova em relação ao restante da turma — mais madura intelectualmente do que socialmente, mais confiante em sua inteligência que em sua aparência. Ela tinha o que Steve McCord chamava de uma atitude levemente monárquica: quieta e serena, ela posicionava o queixo um pouquinho acima da maioria. Vestia saias de pregas ou rodadas e blusas arrumadas, mas resistia ao impulso de usar marcas de maior status. "Ela ria de mim e dizia: 'Sessenta dólares por uma saia?'", disse Kathy Powell, que desperdiçava em saias Evan Picone o que ganhava trabalhando, nos fins de semana, na lanchonete Pancake Corral, em Bellevue. Steve McCord disse: "Ela não era uma dessas meninas lindas, mas burras, que ficam mascando chicletes e piscando os olhos, uma tola usando suéter de caxemira." Ele a considerava uma pessoa que não julgava os outros e tinha os pés no chão. Era uma das amigas com quem McCord, um ano mais velho e colega do clube de francês, se sentiu confortável para confidenciar a crescente certeza de que era gay — um fato de sua vida que, ele diz, os seus pais leais e devotos acreditavam que poderia ser curado. Na companhia de pessoas que não conhecia bem, Stanley Ann era reticente e avessa a chamar a atenção para si mesma. Entre amigos, ela era alegre e mais extrovertida. Era discreta nas aulas, mas, quando estimulada por alguma ideia, falava o que vinha à cabeça. Tinha uma seriedade que fez Jim Wichterman, o professor de estudos sociais, lembrar-se dela meio século depois. Ela parecia interessada no material, interessada em ideias. Nem notoriamente rebelde nem maria vai com as outras, ela encontrou o seu caminho em círculos majoritariamente masculinos, de não conformistas de grande talento acadêmico, fora do campo de força que circundava as estrelas do esporte. "Havia essa tensão constante na vida dela", Susan Botkin Blake me disse. "Era esse senso de precisar se encaixar e, ao mesmo tempo, se diferenciar."

Havia festas do pijama, festas dançantes, viagens para esquiar, poucas bebidas, nenhuma droga, pouca paquera e menos ainda sexo. Se havia alguma educação sexual na escola, ninguém com quem eu falei parecia se lembrar anos mais tarde. Maxine Box disse que as estudantes de Mercer Island na época do colégio "haviam sido alertadas por um professor: 'se algum dia você sentar no colo de um garoto, certifique-se de estar sentando em um jornal'". As meninas eram avisadas de que ficar no carro com o namorado ou fazer carinho podia levar a outras coisas. Mas quem sabia que coisas eram essas? Conversar com estranhos, diziam, era arriscado. Mas que riscos eram esses, ninguém declarava. Era difícil falar com a mãe sobre sexo, e muitas garotas não tiveram as suas primeiras consultas ao ginecologista até fazer 18 anos ou mais — ou até se casarem. Ainda demoraria um ano ou dois para que a pílula anticoncepcional fosse aprovada pelo órgão que regula remédios e alimentos nos Estados Unidos, a Food and Drug Administration, e muitos outros anos até que ela estivesse amplamente disponível em lugares como *campus* de universidades. A única forma de controle de natalidade que os adolescentes pareciam conhecer era a camisinha. Um dos irmãos proprietários do posto de gasolina onde Bill Byers tinha um emprego depois do colégio comprou camisinhas para os jovens funcionários. Querendo chocar quem passava, ele saiu da farmácia com uma fita de pacotes de camisinhas em cima do ombro como uma bandoleira. Uma garota de Mercer Island azarada o suficiente para ficar grávida antes da formatura encarava um triste destino: algumas desapareciam abruptamente, despachadas para viver com um parente ou para terminar, anônimas, a escola em algum outro lugar; outras escondiam a gravidez, algumas se casando secretamente antes da formatura. Quando um desses atletas desejados e bonitões engravidou uma estudante, o desaparecimento repentino dela não escapou à atenção de Kathy Powell Sullivan e Stanley Ann. Elas ficaram indignadas, conforme me disse Kathy, com o fato de a garota ter sido mandada para longe e a família do rapaz ter organizado tudo. Judy Ware, cujos pais eram parceiros de bridge de Madelyn e Stanley Dunham, me disse que ficou grávida no seu último ano. Um aborto, ainda contra a lei e frequentemente inseguro, teria requerido um pedido para que intermediários tomassem providências. Judy, temendo desagradar os pais, demorou a contar para eles que estava grávida. Eles organizaram tudo para que ela se casasse em segredo — sem os irmãos, com poucas fotografias — em um lugar afastado de Seattle. Ela se formou aos cinco meses de gravidez.

"A gente estava crescendo numa sociedade no estilo *'Leave it to Beaver'*,* bem June Cleaver", Ware me disse. "A gente simplesmente não era bem preparado."

Os Dunhams não eram, no entanto, os Cleavers. Eles até jogavam bridge com os Hansons e os Farners, mas não se encaixavam em nenhum padrão de Mercer Island. Steve McCord se lembrou de uma tarde que passou com os Dunhams no verão de 1959. Bom aluno, ele não era um atleta e nunca se sentiu parte daquele universo. Preferiria ter crescido em uma fazenda ou algum lugar onde, imaginava, as pessoas fossem "mais relaxadas e menos inibidas, menos tensas em relação a si mesmas". Madelyn e Stanley o impressionaram por serem mais vívidos, interessantes, liberais. "Boêmios disfarçados, talvez", ele disse. Naquela tarde, eles fumaram vários cigarros

---

*Seriado de TV transmitido nos Estados Unidos entre o final dos anos 1950 e início dos 1960. Os personagens centrais eram a família Cleaver, entre eles a mãe, June Cleaver, os quais representavam o ideal da família dos subúrbios americanos na época. [*N. dos T.*]

e conversaram. "Ele tinha um senso de humor ligeiramente podre que eu adorava, uma mente suja", McCord lembrou, falando de Stanley Dunham. "Eles não tinham nada daquele padrão Ozzie e Harriet* sem graça, de jeito nenhum. Eu lembro que em um ponto a conversa estava ficando meio boba. A gente conversou sobre muitas coisas. Eu disse algo sobre pé preênsil. E Stanley se virou e disse 'picolé pretenso', fazendo uma espécie de referência fálica. Foi uma piadinha boba e suja. Imediatamente, eu acho que Madelyn fingiu estar ofendida e sibilou 'Stanley!'" Havia uma discussão sobre a possibilidade de os Dunhams saírem de Mercer Island depois da formatura de Stanley Ann. Madelyn não se importava de deixar tudo para trás e começar do zero?, McCord perguntou a ela. Em uma resposta que o impressionaria anos mais tarde, como um presságio do que se tornaria a filha de Madelyn, ela disse: "Nós, Dunhams, costumamos nos virar."

Isso, certamente, era verdade para Madelyn. Quando Stanley se matriculou na Universidade da Califórnia em Berkeley, ela conseguiu um emprego no escritório de admissões na universidade. Stanley Ann ainda era uma criança pequena. De volta ao Kansas, trabalhou numa imobiliária em Wichita. Mack Gilkeson, que a conhecia de Augusta, lembrou-se de encontrá-la em um restaurante onde ela trabalhava como recepcionista. Em Ponca City, apesar de Stanley estar ganhando dinheiro suficiente para que Madelyn não precisasse trabalhar, ela confidenciou a um parente que estava voltando à labuta. "Se eu não trabalhar, vou virar uma alcoólatra." Ela fazia modelagem de sapatos, fazia a transmissão de notícias comunitárias no rádio, talvez tenha trabalhado em um jornal, e conseguiu o seu primeiro emprego em bancos no Texas, segundo me contou Charles Payne. Quando a família se mudou para Seattle, ela jogou com a sua experiência no setor bancário para conseguir um emprego no departamento de contratos de uma agência de aplicações e empréstimos. Estava elegante, magra, bem-vestida, e gostava do trabalho. Ao mesmo tempo, acompanhava de perto as notas de Stanley Ann. Parecia determinada a incentivar a filha a

---

*Personagens do seriado *The Adventures of Ozzie and Harriet* [As aventuras de Ozzie e Harriet], que foi ao ar na TV norte-americana entre 1952 e 1966. [*N. dos T.*]

ir muito além do que ela e Stanley haviam conquistado. Madelyn herdou a inteligência da sua mãe, disse Charles Payne. Ralph Dunham a descreveu como brilhante. Mas, se era mais inteligente que Stanley, alguns dizem, ela era cuidadosa para não exibir essa vantagem em nome de manter a paz.

Stanley havia trazido a família para o oeste do país para que ele pudesse conseguir um emprego vendendo móveis em uma loja de departamentos no centro de Seattle. Mas ele parecia estar mais disponível que Madelyn. Para os amigos de Stanley Ann, ele era bonito e divertido, apesar de Maxine Box tê-lo descrito como "se descreveria um vendedor de carros usados — chamativo, mas o que estava por trás daquilo tudo?" Ele ia um pouco longe demais para fazer os amigos de Stanley Ann rirem. Ela estava do lado de quem era alvo, de uma maneira desproporcional, da implicância dele. Ele não era avesso a dar ordens. "Eu não posso fazer isso por causa do meu pai", Iona Stenhouse se lembrou de ouvir Stanley Ann falando. "Eu tenho que ir para casa por causa do meu pai." Desde muito cedo ela dava voltas em torno dele. Ela o enganava, ele ficava furioso, ela se fazia de inocente, ele batia o pé. "Se ela quisesse fazer alguma coisa, ele dizia 'não', sem nenhum motivo", um parente disse. "Ela dizia coisas que sabia que iriam irritá-lo. E conseguia, com uma cara séria, debochar de modo que ele não percebesse em princípio, e ele ficava furioso." No colégio, quando queria sair com os amigos, ela convocava John Hunt para fingir que eles tinham um encontro e, assim, tirá-la de casa sem dar tempo para interrogatórios paternos. "Quando eu me via envolvido em alguma conversa com o Stanley, ela virava os olhos: 'Não!'", John Hunt me contou. Ele disse: "O Grande Stan queria saber da vida dela, dos amigos. Mas ela o mantinha trancado do lado de fora." Ela era como vários de seus amigos, segundo Chip Wall: "A gente queria sair de baixo da saia dos nossos pais." Ralph Dunham admirava a sua sobrinha, a qual ele conheceu bem quando criança, enquanto estavam todos vivendo em Richmond, Califórnia. Anos mais tarde, Stanley Ann disse a Ralph que talvez tivesse sido mais fácil se ele fosse o seu pai. "Ele era superprotetor", Ralph classificou Stanley. Ele tentava controlar aonde ela ia, a que horas chegava, com quem ela estava. E mais: "Stanley era muito rigoroso. Essa provavelmente é a razão de ela talvez ter tentado fugir do padrão quando ficou mais velha."

O casamento de Stanley e Madelyn era cheio de conflitos. Ele, por vezes, era teimoso e inflexível e tinha o que Obama descreveria anos mais tarde como um temperamento violento. Não gostava de perder nas discussões e não costumava aceitar discordância. Não era raro ele ou Madelyn arruinarem um feriado em família por travarem uma briga prolongada por horas na presença de parentes de fora da cidade. Ralph Dunham me disse que o irmão dele abandonou a Universidade da Califórnia em Berkeley por causa de uma exigência de domínio de idiomas, mas outros dizem que Madelyn reclamava que ela escrevia vários dos trabalhos finais de Stanley, enquanto ele ficava esparramado no sofá, lendo livros de suspense e histórias de assassinatos. Ela desistiu de Berkeley, segundo dizem, e ele não a perdoou por insistir em voltarem para o Kansas. "O que é que você pode fazer se sua esposa não o apoia para conseguir uma educação?", ele reclamou mais de uma vez. No verão de 1957, os pais de Madelyn, a sua tia Ruth e o seu irmão mais novo, Jon, pararam em Seattle na sua habitual viagem de verão. Jon, alguns anos mais velho que Stanley Ann e mais para primo que para tio, havia deixado a Universidade do Kansas e iria se apresentar à Aeronáutica no próximo mês de fevereiro. Ele conseguiu um emprego vendendo roupas masculinas em uma loja de departamentos em Seattle e passou quatro meses dormindo no sofá dos Dunhams. Para ele, o casamento de Madelyn e Stanley parecia estremecido àquela época. Eles discutiam em voz alta, não raramente sobre dinheiro. Stanley Ann algumas vezes fugia do apartamento ou se trancava no quarto. "Eu acho que talvez ela apenas não quisesse ouvir", Jon Payne me contou. Kathy Powell disse que Stanley Ann chegou cedo à conclusão de que o casamento dos pais não era um modelo que desejava seguir.

Mercer Island era politicamente conservadora, mas não ao extremo. Na primavera de 1955, um ano antes de os Dunhams se mudarem para lá, John Stenhouse, um membro do conselho escolar e pai de Iona Stenhouse, que se tornaria colega de classe de Stanley Ann, foi intimado a testemunhar em um subcomitê da Comissão de Atividades Antiamericanas da Casa Branca (HUAC), que investigava atividades comunistas na área de Seattle. Nascido na China e educado na Inglaterra, ele disse que compareceu a aproximadamente cinco encontros de discussão do Partido Comunista em Los Angeles, em 1943, e em Washington, D.C., em 1946, mas que não tinha contato com o partido desde então. Ele havia se mudado para Mercer Island em 1949 e passou a fazer parte do conselho escolar em 1951. Trabalhava para uma companhia de seguros em Seattle e, com a sua esposa, era bastante ativo na campanha por uma área para a construção de parques em Mercer Island e também pela fundação de uma cooperativa de saúde. Naquela primavera, conselhos escolares em Bremerton e Tacoma estavam demitindo professores que usassem a 5ª Emenda da Constituição dos Estados Unidos, quando intimados pelo subcomitê, e a lei estadual tornou crime ser membro do Partido Comunista. No caso de Stenhouse, Mercer Island ficou dividida. Marilyn Bauer, uma amiga próxima de Iona, me disse que o pai dela falava constantemente, de forma mais ou menos jocosa: "Nós não vamos receber esses comunistas aqui, vamos?" Iona Stenhouse, no entanto, se lembrou de se sentir protegida e abrigada pela comunidade e de ser levada para clubes com famílias de amigos, por exemplo, quando repórteres ou advogados estavam na casa dos pais dela. Em março, duzentas pessoas foram a uma reunião do conselho escolar para debater o destino de Stenhouse. Depois de duas horas de audiência, o conselho concordou em deixar a escolha a cargo de Stenhouse, que decidiu não sair. Para Jim Wichterman, que chegou não muito depois disso para lecionar no colégio, a maneira como a ilha se portou em relação ao caso refletia um senso de proporção e equilíbrio fundamental que Wichterman acreditava ter prevalecido naquela época, em Mercer Island.

A religião à qual Stanley Ann estava exposta quando adolescente era cristã e liberal. Como os Stenhouses, os Dunhams faziam parte de um grupo de famílias em Mercer Island que frequentava a East Shore Unitarian Church, em Bellevue, conhecida, naquele período, como "a igrejinha vermelha na montanha". Ela havia sido inaugurada por várias famílias, inclusive os parceiros de bridge de Stanley e Madelyn, os Farners, no fim dos anos 1940, em um antigo prédio onde funcionava um jardim de infância em Mercer Island. Depois se mudou para uma capela funerária em Bellevue. Cansadas de viajar até uma igreja unitária em Seattle, as famílias fundadoras estavam interessadas em aulas de religião e em ensinar às crianças certos valores morais. Os fundadores eram "inteligentes, liberais e agitadores", como a filha mais velha dos Farners, Judy Ware, os descreveu. A sua mãe, a diretora de ensino religioso da igreja, incentivou Judy a ler *Hiroshima*, de John Hersey, quando ela tinha 12 anos. O reverendo Dr. Peter J. Luton, o ministro superior na época em que visitei a igreja, em 2009, me disse que as famílias originais haviam saído da Segunda Guerra Mundial confiantes na possibilidade de construir uma comunidade justa, racional e amável. Eles eram religiosos humanistas, ele disse, com a fé mais enraizada em "experiências vividas" do que em coisas sobrenaturais ou revelações. Eles tinham um senso de respeito e admiração, uma apreciação pelo que ele chamava de experiência não racional — o idealismo, o mistério do amor, o poder comovente da música — sem atribuí-la a um deus tradicional. O ministro, Chadbourne A. Spring, fazia sermões com títulos como "Em louvor aos hereges". No Natal, as crianças encenavam o nascimento de Jesus Cristo, Confúcio e Buda. A igreja incentivava o serviço comunitário e a tolerância, e clamava por justiça social. Eles encamparam as lutas contra o preconceito e a favor do desarmamento nuclear. A legislação do condado de King, que passou a proibir qualquer tipo de discriminação em contratos habitacionais, surgiu em reuniões na igreja. Os seus grupos de jovens de que Stanley Ann participava frequentavam as celebrações em outras igrejas e sinagogas, e depois "voltavam para fazer religião comparada", disse Iona Stenhouse. Eles "falavam sobre religiões de todo o mundo, práticas que funcionavam, o que poderíamos fazer no mundo quando nos tornássemos mais velhos". Jane Waddell Morris, que frequentou o grupo de jovens com Stanley Ann, me disse que ela mesma havia se tornado, a partir da experiência em East Shore, "uma pesquisadora para a vida inteira", consciente em relação à espiritualidade que a cercava, mas sem se comprometer com nenhuma religião (da mesma forma que Stanley Ann seria descrita muitos anos mais tarde, quando adulta). Jane Morris contou que a sua casa em Taos, no Novo México, era repleta de ícones religiosos — um guerreiro da costa noroeste, um *kachina* da tribo Hopi, um *guanyin*, vários retábulos e bultos e um antigo Ganesha de pedra.

Jim Wichterman, que foi professor de Stanley Ann durante o seu último ano, era estudante de filosofia na Universidade de Washington quando foi contratado para dar aulas em Mercer Island. O diretor da escola o convidou para ensinar "problemas mundiais contemporâneos" aos alunos do último ano, que eram pouco mais de 10 anos mais novos que ele. Já que os problemas mundiais contemporâneos eram de ordem filosófica, ele pensou, por que não ensinar filosofia? E fez isso por 17 anos, passando por Platão, Aristóteles, Santo Agostinho, Descartes, Hobbes, Locke, Mill, Marx, Kierkegaard, Sartre e Camus. Depois de Mercer Island, ele ensinou filosofia em uma escola privada em Seattle por outros 22 anos. Nunca concluiu o seu doutorado, mas isso havia deixado de ter importância. Quando eu o conheci, no verão de 2008, ele estava perto dos 80 anos e ainda dava aulas de filosofia no Women's University Club, em Seattle, além de uma aula noturna para adultos em Mercer Island. "Eu tinha uma plateia maravilhosa quando lecionava", ele disse. "Eu devia ter pagado a eles." O sentimento parece ter sido mútuo. Nos anuários da escola no fim dos anos 1950, os estudantes de Mercer Island escreveram mais sobre Wichterman do que sobre qualquer outro professor. Em conversas meio século depois, os colegas de classe de Stanley Ann descreveram as aulas dele como um momento de amadurecimento intelectual.

O seu método, moldado por seus cursos no doutorado, era de imersão total. Os alunos liam constantemente e em enormes quantidades. A cada seis semanas, havia trabalhos de pesquisa. Em seminários, os alunos criticavam os trabalhos uns dos outros. O conhecimento está nas questões, Wichterman dizia a eles. O mundo é absurdo? Deus existe? O que constitui o bom? Como essas ideias se relacionam com o presente? Susan Botkin Blake relembrou ter ouvido o sr. Wichterman perguntar: "O que você acha que isso significa, senhorita Botkin? Senhorita Dunham?" Maxine Box lembrou que datilografava até às 3h da madrugada. "Nós éramos o grupo de alto percentual", disse Steve McCord. "A gente se achava mais inteligente que a maioria das pessoas, na maioria das escolas. Nós tínhamos certeza de que éramos especiais, fosse isso realidade ou a nossa imaginação."

No fundo do corredor, Val Foubert, o professor de humanidades, pedia que eles lessem *The Organization Man*, *The Hidden Persuaders*, *A revolta de Atlas* e *Coming of Age in Samoa*. Kathy Powell Sullivan lembrou: "Nós devorávamos Jack Kerouac. *On the Road* era a nossa bíblia." O conformismo era desprezado; a ideia da diferença era sedutora. Foubert, um veterano da Segunda Guerra Mundial que, alguns diziam, fazia um bico à noite como baterista em uma banda, teria desertado para um outro distrito em discordância com a maneira como Mercer Island lidou com as reclamações de alguns pais sobre a sua lista de leituras. Os pais reclamavam, também, que Wichterman não deveria estar ensinando um curso com viés universitário em um colégio. As aulas estavam causando problemas em casa. "Você sabe como são garotos e garotas. Eles pegam uma ideia que aprendem na sala de aula e lançam na mesa do jantar com o 'bom e velho papai'. O papai dá um salto da cadeira. É claro que adolescentes adoram isso. Mas causar problemas no jantar da família não é o objetivo; o que ele queria era instigar os alunos: 'Se você não gosta deste argumento, refute-o. Me dê razões para não gostar. Você tem de *pensar*.'"

Talvez tenha sido no 1º ano do Ensino Médio, durante a aula de biologia de Art Sullard, que Stanley Ann se aproximou do grupo de rapazes que se tornariam os seus amigos mais próximos em seus dois últimos anos em Mercer Island. Sullard, também jovem, era músico. Ele fazia piadas com alguns alunos e volta e meia os provocava com observações sarcásticas. Nas aulas de dissecação, com os estudantes divididos em grupos, o humor tendia ao negro. A sensibilidade de certa forma sarcástica de Stanley Ann se sobressaía. "O meu colega de grupo era um velho amigo atleta, muito inteligente", John Hunt recordou. "Eu lembro que ele fazia comentários sobre Stanley, meio que tentando entender o que se passava com ela. Ela era tão diferente." No ano seguinte, em uma aula de química, ela ficava em uma mesa ao lado daquela onde estavam Hunt, Bill Byers e Raleigh Roak. Eles todos se tornaram amigos. Consideravam-se pensadores, do mais alto nível cultural. Byers era ligeiramente mais velho que os outros, já dirigia e havia visto de relance um mundo mais amplo: Seattle e Bellevue. Ele tinha amigos de fora da ilha, e aos 16 anos começou a namorar uma garota em Seattle. Filho do gerente de uma companhia de bebidas que havia abandonado uma tese de doutorado sobre Chaucer para trabalhar, durante a Grande Depressão, Byers lia Dostoiévski, ouvia Pete Seeger e pegava emprestados antigos discos clássicos com o bibliotecário do colégio. Fora da escola, ele e um amigo se divertiam fazendo pólvora a partir de salitre, carvão e enxofre e provocando pequenas explosões na floresta — não para destruir, apenas pela diversão. Na sala de aula, ele era do contra por princípio. Byers se lembrou de Raleigh Roark como alguém com "um tipo muito original de inteligência. Você podia apostar que ele faria ou diria algo que fosse completamente oposto às normas aceitas". Roark tinha uma meia-irmã vivendo no esplendor boêmio do distrito universitário de Seattle, que apresentaria os amigos dele à contracultura. Eles descobriram os filmes estrangeiros em cinemas de Seattle. "*A Trilogia de Apu*, de Satyajit Ray, foi o que nos arrebatou com mais força", Hunt lembrou. "Era totalmente diferente de qualquer coisa que a gente já tivesse visto — a pobreza do Terceiro Mundo, um abismo cultural completo. Não tínhamos nenhuma experiência, nem sequer havíamos lido sobre aquilo. Nós sentávamos e conversávamos. O que aquilo significava? O que tinha a ver com a gente? Tentávamos correr atrás de informações de segunda e terceira mão e nos perguntávamos o que fazer com aquilo." No distrito universitário, havia pequenos cafés onde era possível passar horas tomando expresso, comendo babá ao rum, sentando em almofadas e ouvindo violão clássico e jazz. "A gente entrava no carro do Bill e fazia qualquer coisa, piqueniques — qualquer coisa para ficar longe das nossas famílias e conversar", disse Hunt. "Nós todos tínhamos uma necessidade enorme de falar sobre coisas que não falávamos em casa". O livro *On the Road*, de Kerouac, invocava sonhos de fuga, lembra Roark. São Francisco era Meca.

Stanley Ann, frequentemente a única garota do grupo, compartilhava com os rapazes as pretensões intelectuais e o que Byers descreveu como o olhar nós contra eles em relação à "cultura dominante, às pessoas não muito profundas fazendo coisas não muito profundas". Ele disse: "Eu acho que isso era uma grande questão para ela — esse tipo de pessoa de que ela não gostava. A minha sensação é de que ela se sentia em ostracismo, percebia que jamais poderia ter sido uma delas, mesmo que quisesse ser." Pouco convencional em vários sentidos, ela também tinha um lado conservador.

Certa vez Byers a levou até Bellevue para conhecer alguns amigos dele que estavam no processo de se tornarem, de fato, hippies precoces. O estilo de vida deles fascinava Byers. Stanley Ann olhou a cena de longe. "Você sabe, eu não conseguiria viver naquele lugar", ela lhe disse mais tarde. "É imundo." E era verdade. "Em algum lugar, fundamentalmente, ela tinha um olhar sólido, realista, até conservador", Byers disse. "Eu acho que ela sabia onde esta linha ficava. Ela tinha razão sobre essas pessoas. Na própria interpretação, eles viviam afastados de todas essas amarras. Mas é claro que isso significava estar afastado da..."

Ele fez uma pausa.

"... higiene".

Em seu último ano de colégio, a amizade de Stanley Ann com Kathy Powell havia esfriado. No Pancake Corral, Kathy tinha conhecido Jim Sullivan, um homem de uma fraternidade da Universidade de Washington. Como ele era cinco anos mais velho, ela mentiu sobre a sua idade. Passou a usar o broche da fraternidade dele. Kathy Sullivan me disse que Stanley Ann considerava que ela havia se vendido. Stanley Ann se definia pelo seu intelecto. Se tinha qualquer interesse romântico em algum dos meninos, não demonstrava. Na primavera de 1959, Jim Sullivan sugeriu a Kathy que ele apresentasse alguns de seus amigos da fraternidade às amigas dela. Quando ela propôs incluir Stanley Ann, Jim a cortou da lista. Preferiu uma outra garota, considerada a mais bonita da escola. "Ela não era uma beldade radiante de forma alguma", Byers disse sobre Stanley Ann. "Mas era muito intelectualizada e às vezes menosprezava as pessoas. Ela não era muito tolerante com os mais tolos." Kathy sentia que ela precisaria de alguns conselhos para não ser altiva e desdenhosa com os amigos de fraternidade de Jim.

No início de 2009, eu ouvi o nome Allen Yonge. Se Stanley Ann teve algum namorado na época do colégio, disseram-me, teria sido Allen. Ele era um ou dois anos mais velho que ela e morava em Bellevue, apesar de ninguém se lembrar de como eles teriam se conhecido. Amigos disseram que, por um tempo, ele teve uma queda por Stanley Ann. Ela parecia disposta a tentar. Eu encontrei o endereço do sr. Yonge e lhe enviei uma carta perguntando se ele poderia falar comigo. No início de março, recebi um e-mail da esposa dele, Penelope Yonge. O marido dela ficara embasbacado ao receber minha carta, ela disse: "Allen é um entusiasta de Obama, mas jamais havia conectado a sua amiga Stanley, de Mercer Island, ao presidente; então isso surgiu como uma tremenda surpresa." No entanto, ele estava se recuperando de um acidente e não tinha condições de conversar. Ela disse que ele entraria em contato comigo quando estivesse recuperado. Muitos meses mais tarde, eu escrevi a ela para dizer que ainda estava interessada se o seu marido se sentisse disposto a conversar. Ela me enviou um e-mail dois dias depois para dizer que ele havia morrido. "Ele estava ansioso para falar com você sobre Stanley", ela disse. "Ele se lembrava dela com grande afeto e admiração — ele a chamou de 'esperta', 'intelectual', 'aventureira' e 'um bocado divertida' (descrições que não costumam ser usadas juntas, pelo menos não na época do colégio)."

Stanley Ann era realmente aventureira. No verão de 1959, Steve McCord propôs uma escapadela nada usual, tarde da noite. Em uma época em que a homossexualidade era mantida bem escondida, ele estava apaixonado por um garoto mais novo e confidenciou isso a Stanley. Ele sugeriu que saíssem à noite, caminhassem até a casa do rapaz na outra ponta da ilha e o observassem da janela, enquanto ele dormia. Quando me contou a história, McCord disse que Stanley Ann gostava de correr riscos. Era uma pessoa "a fim de aventuras". (E se ela em algum momento se sentiu insegura em relação a uma decisão, Byers me disse, nunca demonstrou: "Quando ela decidia fazer alguma coisa, ela decidia e pronto.") Então, em uma noite quente, com uma leve brisa, na hora marcada, ela pulou a janela do quarto para o gramado do conjunto habitacional de Shorewood, iluminado apenas pela lua. McCord estava esperando, e eles saíram em direção ao sul da ilha. Caminharam vários quilômetros até a casa, encontraram a janela, executaram a missão sem serem vistos, depois andaram todo o trajeto de volta para casa — para dar de cara com o Grande Stan parado na janela do quarto, com as mãos nos quadris, esperando que eles voltassem. A reação dele foi austera, mas não explosiva, pelo que lembra McCord: "Foi assim: 'Senhorita, entre já aqui. E *você*, vá para casa!'" O episódio foi esquecido, ao que parece, sem consequências drásticas para Stanley Ann. Mas acabou sendo o precursor de uma aventura muito mais ousada poucos meses depois — uma ruptura espontânea que estremeceu os códigos de conduta escritos e não escritos que mantinham os adolescentes de Mercer Island na linha. Foi um ato de rebeldia que o pai de Stanley Ann jamais esqueceria.

Cinquenta anos mais tarde, ninguém parecia concordar em quando exatamente a fuga havia ocorrido. Bill Byers achava que tinha sido durante o outono, mas John Hunt se lembrava inicialmente de ter sido na primavera. Qualquer que seja o caso, era noite e eles voltavam para Mercer Island, talvez vindo de um café em Seattle, com Stanley Ann. Eles estavam no carro dos pais de Hunt, que estava no volante. A conversa foi ficando negativa, pessimista — uma daquelas conversas de adolescente, do tipo "Isso é mesmo uma droga, a escola é irrelevante, para que ir para casa?", como Hunt descreveu. De repente, alguém sugeriu não ir para casa: eles poderiam continuar dirigindo. Podiam dirigir até São Francisco. Hunt parou, assustado com a sugestão. Ele disse, mais tarde, que talvez esperasse isso de Bill, mas não tinha ideia de que Stanley Ann "tivesse chegado a ponto de querer jogar tudo para o alto". Eles começaram a discutir. A briga se tornou acrimoniosa e com algumas lágrimas. Visivelmente angustiado pela memória de meio século atrás, Hunt me contou que tentou dissuadir os dois. Eles imploraram que ele se juntasse ao grupo. Mas a brincadeira lhe parecia sem sentido: eles iriam ter problemas por faltar às aulas; seriam fugitivos; se os outros dois fossem sem ele, teria de mentir para ocultar o rastro deles. "Ele estava despedaçado", Byers lembrou. "Mas ele era uma pessoa sensível. Nunca faria uma coisa daquelas — que era totalmente irresponsável e totalmente maluca, além de perigosa e nem sequer prática." Quanto a Stanley, "ela estava super a fim. Caso contrário, isso nunca teria acontecido. Eu garanto. Ela teria dito: 'Não. Me levem para casa'. Mas ela não disse". Então estava combinado. Hunt deixou os outros dois na garagem dos Byers, onde havia estacionado o Cadillac conversível verde-metálico de 1949, que o pai dele não usava mais. A garagem era ao lado da estrada, no alto da ladeira, e fora da visão de quem estava na casa. "Por favor, não façam isso", Hunt pediu. "Vocês vão arruinar as coisas para todo mundo."

Byers e Stanley Ann seguiram em direção ao sul no Cadillac. Só tinham o dinheiro do bolso e as roupas que vestiam. Quando Byers e eu conversamos, as memórias dos detalhes da viagem eram confusas. Ele disse que havia esquecido a maior parte do que acontecera, inclusive o caminho que eles pegaram, quanto dirigiram e sobre o que conversaram no carro. Mas deixou claro: tratava-se de uma viagem de aventura, e não de uma escapada romântica. Ele se lembrava de poucos episódios em detalhes. Eles deram carona para um jovem bem-educado que fez o favor de retirar o som do carro do painel e vendê-lo a um funcionário de um posto de gasolina quando eles ficaram sem dinheiro. Byers se lembrava de ter saído da estrada para dormir — os dois homens nos bancos da frente, Stanley Ann atrás — e de ter sido acordado no meio da noite por um barulho de choro. O caroneiro havia contornado o banco e estava se movendo lentamente em direção a Stanley Ann, "pedindo docemente que ela 'fosse legal' com ele, enquanto ela se encolhia para o mais longe possível dele", Byers me contou. Byers gritou com o homem, que voltou para a frente do carro e murmurou um pedido de desculpas. "Eu não me lembro de sentir medo. Acho que estava só com raiva mesmo. Não costumo ser uma pessoa corajosa. Acho que eu era ingênuo o suficiente para não considerar a possibilidade de ter um estuprador ou um maníaco homicida em nossas mãos." Já Stanley Ann, que teve de encarar os avanços indesejados de um estranho, estava visivelmente com medo. Foi a única vez, Byers me disse, que ele se lembrava de tê-la visto em uma situação fora de seu controle e se sentindo acuada.

Mais tarde, eles se despediram daquele caroneiro e pegaram um outro — um rapaz sem casa que deleitou Byers com histórias de homens que se prostituem e outras estratégias de sobrevivência para jovens na cidade. Eles chegaram à área da Baía de São Francisco e encontraram o caminho até a casa da meia-irmã de Raleigh Roark, que havia deixado Seattle e estava vivendo perto do *campus* da Universidade da Califórnia em Berkeley. Byers, Stanley Ann e o jovem caroneiro chegaram e se acomodaram.

Enquanto isso, em Seattle, Hunt mal tinha dormido à noite. Logo cedo, quando ele ainda estava na cama, o telefone tocou. Eram os pais de Byers.

"A minha história foi: 'Cara, eu não sei. Eu os deixei na casa do Bill. Eu achei que o Bill fosse levá-la para casa'", ele me disse. Enquanto isso, no Kansas, o telefone também tocava na casa de Leona e R. C. Payne, lembrou Charles Payne. Pensando que Stanley Ann e Byers talvez tivessem ido para o Kansas, Madelyn ligou para a mãe. As famílias abriram uma denúncia, avisando que os dois adolescentes estavam desaparecidos. Hunt, que não tinha o costume de mentir para os pais sobre coisas que importassem, recebeu a visita de um oficial do escritório do xerife do condado. Aos poucos, fragmentos da história foram surgindo. Eles haviam dito: "Não seria divertido dirigir até São Francisco?" Talvez os pais de Byers tenham se lembrado do filho falando sobre a meia-irmã de Roark na área da Baía de São Francisco. Alguém ligou para a polícia da região de Berkeley e do condado vizinho. Policiais apareceram na casa. O jovem caroneiro tentou, sem sucesso, escapar por uma janela aberta. Os três fugitivos foram levados em custódia e deixados brevemente no centro de detenção juvenil, divididos por gênero. Stanley Dunham chegou de avião de Seattle e, de algum jeito, conseguiu recuperar o carro, que havia sido apreendido. Depois ele trouxe, de carro, Byers e Stanley Ann de volta para casa. Segundo a descrição de Bill, Stanley Dunham parecia suspeitar, erroneamente, que Bill e Stanley tinham fugido para namorar. Byers me disse: "Eu me lembro que ele falou, em um estranho monólogo, que 'sexo não é essa coisa toda que dizem, sabem?'"

Existe uma tentação em ver na viagem pela estrada, em plena madrugada, um prenúncio dos eventos que ainda estavam por vir na vida de Stanley Ann. Ela certamente sugere uma predisposição para correr riscos, uma aptidão que flui, como um *leitmotiv*, através da história dos Dunhams e dos Paynes. Madelyn, quando adolescente, havia desafiado os seus pais e se casado em segredo. Stanley, ainda jovem, havia saído em disparada para a costa. Eles talvez parecessem convencionais à primeira vista, mas havia uma inquietação ali — a inquietação que levara tantos norte-americanos para a costa oeste e, cedo ou tarde, levaria os Dunhams para o mais oeste que eles poderiam alcançar. Talvez pareça exagero conectar esse impulso a uma inconsequente escapadela noturna de uma jovem em seu último ano de colégio. Mas a verdade é que Stanley Ann continuaria viajando pelo resto de sua vida.

Hunt relembrou que, quando ela reapareceu no colégio, não quis falar sobre o que tinha acontecido. As pessoas não compreendiam, ele disse, e ela não conseguia explicar. Uma fuga como aquela era inédita. Kathy Sullivan me disse que se lembra de ter pensado: "Meu Deus, isso é pior do que ficar grávida." Talvez Stanley Ann tivesse a intenção, como acredita Charles Payne, de "sacudir o pai dela". Ninguém parecia se lembrar se ela havia sido punida. Mas, à medida que o último ano do colégio ia terminando, foi ficando claro que os Dunhams estavam de mudança. O trabalho de Stanley como vendedor de móveis em Seattle estava cada vez mais devagar. O Havaí, com toda a sua novidade, cortejava forasteiros. O prefeito de Honolulu e uma delegação de empresários do Havaí estiveram na Câmara de Comércio de Seattle, em outubro, para falar sobre oportunidades de negócios. Madelyn teria ficado feliz em permanecer como estava, como lembrou seu irmão Charles. A sua carreira no setor bancário estava florescendo. Stanley Ann também não tinha nenhum interesse em se mudar. Alguns dizem que ela queria estudar na Universidade de Washington, para onde muitos dos seus amigos mais próximos foram. Ou que talvez ela quisesse ir para leste, na Universidade de Chicago. Arlene Payne, que estava na universidade, fazendo doutorado em educação, lembrou de Stanley Ann ter ficado com ela naquele ano, provavelmente se informando sobre universidades. Em *A origem dos meus sonhos*, Obama escreve que a sua mãe recebeu uma oferta de admissão na Universidade de Chicago, mas "o meu avô a impediu de ir, alegando que ainda era muito nova para viver por conta própria".[1] Qualquer que tenha sido o caso, algum tempo depois da formatura, em 1960, Stanley Ann desapareceu. "Ela estava chateada por ter de se mudar", lembrou Maxine Box. "Ela realmente não tinha escolha."

Os amigos dela — o primeiro grupo de amigos próximos que teve — se mudaram também. Kathy Powell, que engravidara no seu último ano, havia se casado com Jim Sullivan e terminado o colégio na Escola Técnica Edison, em Seattle. Steve McCord estava estudando artes em São Francisco. Bill Byers abandonou a Universidade de Washington e se inscreveu por um período em uma faculdade no México, onde, pelo que tinha ouvido falar, William Burroughs passara uma temporada radical. Mais tarde, ele voltou para Seattle, conseguiu um diploma em engenharia elétrica e foi trabalhar na Boeing. Chip Wall passou a fazer parte dos Corpos da Paz depois de se formar na Universidade de Washington. Ele morou dois anos na Índia, ajudando a fundar cooperativas de criadores de galinha em uma vila no Ganges, em Bihar, e trabalhando em Hyderabad. Quando voltou para casa, foi destacado para servir no Vietnã. Marilyn McMeekin foi para a Coreia com os Corpos da Paz; Iona Stenhouse, para Serra Leoa. O orador da classe de 1959, a turma acima da deles, se tornou antropólogo, trabalhando na Polinésia Francesa. No contexto de Mercer Island, onde a ideia de conformidade era, pelo menos em alguns círculos, fora de moda, Stanley Ann talvez possa ser vista, em retrospecto, como parte de uma tendência.

Exceto por alguns encontros casuais, poucos dos seus amigos a viram ou ouviram falar dela novamente. "Disseram que ela tinha ido para a África e se casado com um rei negro", Kathy Sullivan lembrou. "Todos nós pensamos que fosse verdade por anos e anos."

3

Oriente-Ocidente

Em algumas ocasiões, a capital do Havaí traz à mente a imagem esquálida das cidades praianas do sul da Califórnia, desbotadas pelo sol. Mas, em um rápido passeio fora de Honolulu, o quinquagésimo Estado parece outro planeta. Deixando a cidade para trás, a estrada de Pali corta o nordeste até o que restou do vulcão Ko'olau, seguindo na direção do barlavento pela costa da ilha de O'ahu. A estrada sobe muitos milhares de metros pela Pali Pass, desaparece brevemente em um túnel, depois mergulha em direção à cidade praiana de Kailua. Cristas vulcânicas entalhadas se exibem contra o céu como a coluna vertebral de um dinossauro, as encostas mergulhando para longe da linha do cume das montanhas em cortinas escuras, onduladas. Nuvens sujas, de um cinza profundo, se congregam contra o vento das montanhas, o brilho do sol pontilhando as colinas em um verde luminoso. No quintal da frente de uma casa em uma rua quieta de Kailua, eu conheci Marilyn McMeekin Bauer, colega de colégio de Stanley Ann. Bauer se mudou para o Havaí em 1968, logo depois de passar dois anos na Coreia com os Corpos da Paz e oito anos depois da chegada da Stanley Ann. Ela declarou que, olhando para trás, não poderia imaginar o que significava para Stanley Ann, aos 17 anos, ser lançada da insularidade monocromática de Mercer Island para o *campus* da Universidade do Havaí. No mínimo, deve ter sido um choque.

No verão de 1960, o Havaí tinha pouca semelhança com El Dorado, Ponca City ou qualquer outro lugar onde a família Dunham houvesse fincado raízes. Como estado, era um infante, admitido à União em 21 de agosto de 1959. A população de todo o arquipélago, mais de 3.800 km Pacífico adentro, era de menos de 650 mil pessoas. Brancos somavam menos de um terço da população e eram em menor número que os nipo-americanos. Quase um em cada cinco habitantes era havaiano ou descendente de havaianos. Havia filipinos, coreanos, chineses e quase 13 mil "outros", embora menos de 0,1% da população fosse classificada como negra. O lugar se orgulhava da tolerância. Apesar de anúncios de moradia nos classificados por vezes insistirem em "não aceitamos haoles" ou pessoas brancas e convidarem "apenas norte-americanos descendentes de japoneses", moradores viam o Havaí como um laboratório para a assimilação e um modelo de coexistência harmoniosa. Embebido de sua visão de pluralismo, o Estado parecia pairar em um momento de infinitas possibilidades.

O Havaí também estava prestes a decolar economicamente. Viagens de avião haviam reduzido o tempo requerido para atravessar o Pacífico. Os gastos de visitantes haviam quintuplicado entre 1950 e 1960, superando o valor da produção de açúcar e abacaxi pela primeira vez. O valor total das hipotecas tinha quadruplicado, e agências bancárias mais que dobraram de número. Em 1967, Honolulu estava em quinto no ranking nacional do valor das licenças de construção emitidas, ficando atrás apenas de Nova York, Los Angeles, Houston e Chicago. *A Paradise of the Pacific* — uma revista com artigos sobre corridas de canoa polinésia, o vestido *muumuu* e Duke Kahanamoku, campeão olímpico de natação que popularizou o surfe — era grossa, por causa dos vários anúncios de empresas imobiliárias, bancos, serviços de mudança e de depósito, decoradores, instaladores de pisos. Para um vendedor de móveis com os pés calejados, com uma diligente esposa bancária e uma filha em idade de ir para a faculdade, o Havaí era promissor. Com a mensalidade na Universidade do Havaí custando 85 dólares por semestre, o número de inscrições no outono de

1960 subiu 30%. Pela primeira vez, a quantidade de calouros chegou a 2 mil. Stanley Ann Dunham estava entre eles. Chegando ao *campus* em setembro de 1960, ela rapidamente abandonou o primeiro nome. A partir de então, Stanley era Ann.

À primeira vista, a Universidade do Havaí em 1960 talvez tenha parecido um lugar pouco provável para uma não conformista estudiosa com um senso de humor ácido e um apreço por *cool jazz*. Era uma universidade federal, um tanto provinciana, aninhada na exuberância tropical do Vale de Mánoa, a sudeste de Honolulu, e à base do Ko'olau Range. O vale era conhecido por seus arco-íris, formados quando os ventos alísios, atravessando a costa de O'ahu, atingem as montanhas, borrifando chuvas na parte mais longínqua do vale. O jornal estudantil, *Ka Leo O Hawai'i*, ocupava-se de documentar cada concurso de beleza, as semanas de avaliação das fraternidades e as disputas para eleger a "rainha" da universidade. O seu calendário mensal incluía uma variedade de belas estudantes, vestidas em roupas tropicais, mas reservadas. ("Fã dos esportes aquáticos, ela gosta de nadar, surfar e fazer esqui aquático. Outro de seus interesses é dançar o hula.") No departamento de economia doméstica, as ofertas de cursos incluíam "A estética do vestuário e da aparência pessoal." O Concurso da Bela Miss das Nações Ka Palapala, um evento anual patrocinado pelos estudantes, tinha concurso de trajes de banho e de vestidos de baile. Eram selecionadas sete finalistas, uma para cada um dos sete grupos étnicos. "A Universidade do Havaí costumava ser um ótimo lugar para festas", contou-me Pake Zane, um sino-americano, nascido em Maui, que estudou lá no fim dos anos 1950. "Nós tínhamos a nossa cota de divertimento, mas era tudo muito mais conservador. As pessoas diriam: 'não vá causar confusão'. É um tipo de atitude oriental — você não quer trazer vergonha para a sua família." Havia exceções à regra, claro. Quando James Meredith foi impedido de entrar na Universidade do Mississippi em setembro de 1962 por causa de sua raça, 5 mil alunos e professores no campus de Mánoa fizeram uma manifestação para protestar contra o tratamento dado a ele, e a associação para assuntos políticos emitiu resolução à Universidade do Mississippi. "Nós, estudantes do mais novo estado da União dedicado ao princípio da igualdade entre as raças, estamos aflitos pelas paixões desgovernadas e pelo ódio que estão varrendo o Mississippi por causa da admissão de um negro na universidade estadual", sentenciava o início da resolução.

O campus estava mudando. No início, Ann talvez tenha se sentido um peixe fora d'água, mas a universidade estava se posicionando no mundo de uma maneira que influenciaria o curso da vida dela no futuro. Em abril de 1959, um mês depois de o Congresso votar a favor de o Havaí se tornar um Estado, Lyndon B. Johnson, o líder da maioria no Senado dos Estados Unidos, que havia trabalhado de perto com o delegado regional em prol da transformação em Estado, clamou pelo estabelecimento, no Havaí, de um centro internacional para o intercâmbio técnico e cultural entre o Ocidente e o Oriente. Por muitos anos, ele disse, "nós temos negligenciado as coisas simples que quebrariam as barreiras entre nós e pessoas que deveriam ser nossas amigas". O presidente da Universidade do Havaí foi até Washington para defender que o tal centro ficasse dentro do campus. Os progressos da proposta se tornaram com frequência notícia de primeira página na universidade. Professores, políticos, estudantes e jornalistas ponderavam a respeito. "Eu posso ver os jovens brilhantes de cidades pequenas espalhadas pela Ásia e os jovens brilhantes dos Estados Unidos interessados em assuntos da Ásia estudando no mesmo campus", disse William J. Lederer, coautor de *The Ugly American*, o romance sobre o paroquialismo americano no Sudeste Asiático, que havia se tornado um grande sucesso de vendas em 1958. Edward R. Murrow, do canal de televisão CBS News, passando pelo Havaí, chamou a ideia do centro de "um dos projetos educacionais mais excitantes de que já ouvi falar em muitos anos".

No verão em que Ann chegou ao Havaí, o Congresso aprovou a liberação de 10 milhões de dólares para a fundação do East-West Center [Centro Oriente-Ocidente], uma instituição que mais que qualquer outra seguiria, pelos 25 próximos anos, influenciando a direção da vida de Ann. Uma equipe viajou para Bangcoc, Rangoon, Saigon, Calcutá, Dhaka, Katmandu, Karachi, Colombo e outros pontos, passando por vinte países que poderiam ser convidados a enviar estudantes. I. M. Pei, arquiteto chinês naturalizado norte-americano, concordou em desenhar um complexo de cinco prédios em 8,5 hectares no extremo leste do campus da Universidade do Havaí. A ênfase do centro seria a troca de ideias, informações e crenças através de estudos cooperativos, treinamento e pesquisa. Teoria e prática seriam combinadas, preparando líderes do presente e do futuro para confrontarem problemas da vida real. Alguns alunos, escolhidos em conjunto pelo centro e pelos países participantes, receberiam uma bolsa de estudos integral, que cobria matrícula, mensalidades, moradia, livros, viagens e trabalhos de campo. No outono de 1960, os primeiros dois estudantes chegaram — um poeta professor do Paquistão e um estudante de graduação em ciência do solo oriundo do Ceilão. O primeiro estudante norte-americano do centro, um estudante de graduação em filosofia, embarcou no outono de 1961 para uma viagem de três meses para o Japão, Coreia, Taiwan, Tailândia, Burma, Paquistão, Ceilão, Índia e Hong Kong, a fim de pesquisar para uma tese que compara o budismo e o pensamento ocidental. Em setembro de 1962 já havia 250 bolsistas inscritos na universidade. Os conselheiros internacionais do centro incluíam Ralph J. Bunche, subsecretário das Nações Unidas, o vice-chanceler da Universidade de Punjab e um subsecretário de Estado de Agricultura da Tailândia. Na inauguração, na primavera de 1961, Johnson, recém-eleito vice-presidente dos Estados Unidos, chegou em um conversível branco. "A proposta deste East-West Center não é que o Ocidente ensine o Oriente ou que o Oriente estude o Ocidente", ele disse na cerimônia de abertura. "A proposta aqui é unir duas culturas orgulhosas e honoráveis, e fundir uma nova força — uma nova força pela liberdade, que vai durar toda a eternidade."

Até mesmo para estudantes que não estavam envolvidos, o centro rapidamente se tornou uma das coisas mais interessantes e estimulantes no campus durante os anos de graduação de Ann. Ele mais que triplicou o número de estudantes internacionais inscritos na universidade e trouxe milhões de dólares em verbas federais. Influenciou a oferta de cursos em campos que abrangiam desde estudos asiáticos e norte-americanos a agricultura tropical e estudos de idiomas. Hindi, sânscrito e javanês entraram no currículo em 1961. O centro atraía palestrantes como Dick Gregory e Gloria Steinem. Havia discussões semanais de questões atuais, tais como os direitos civis, o internacionalismo e o conflito entre Índia e Paquistão, com painéis de estudantes e professores dos países envolvidos. "Alguns dos estudantes mais ativos politicamente que a universidade tinha eram bolsistas do East-West Center", disse Jeannette "Benji" Bennington, que trabalhou para o centro de 1962 até se aposentar, em 2004. A cafeteria a céu aberto, no térreo do Pei's Jefferson Hall, se tornou um ímã para estudantes de todo o campus. Os bolsistas eram fortemente estimulados a se misturar. "A gente dizia: 'Se a gente vir uma grande mesa com vocês, e todos forem coreanos, podem saber que vamos tirar satisfação'", disse Bennington, cujo primeiro emprego como residente assistente em um alojamento do East-West Center englobava a tarefa de ajudar estudantes a se adaptar. "'A razão pela qual você está aqui é para aprender sobre outros povos e nações; então deve estar sempre se misturando.' E eles faziam isso! Se você fosse um norte-americano, o costumeiro seria tentar explicar idiomas diferentes para algo como seis nacionalidades. Era uma experiência enriquecedora."

Nesse clima, estudantes internacionais eram uma fonte de fascinação. Eles eram convidados para dar palestras em colégios, marchar na parada da Aloha Week, participar do jantar de Ação de Graças com Duke Kahanamoku. Bill Collier, filho de um veterinário de uma família de fazendeiros de Indiana, que mais tarde trabalharia com Ann na Indonésia, havia descoberto a Universidade do Havaí no final dos anos 1950 em uma revista na biblioteca de Huron, em Dakota do Sul. Ele estava em seu terceiro ano na Escola de Minas e Tecnologia de Dakota do Sul na época, e já havia esgotado o seu interesse em pesquisa e matemática. A revista *Look* publicou uma foto das rainhas multiétnicas da beleza da Universidade do Havaí. "Que diabos?", Collier pensou. "Estou indo." Ele se inscreveu na graduação, estudou indonésio e se tornou vice-presidente da associação dos estudantes internacionais e, mais tarde, um bolsista do East-West Center. Ele usou parte da bolsa de estudos em uma viagem de pesquisa pela Tailândia, Malásia e Bornéu britânica, casou-se com uma chinesa e se mudou para a Indonésia em 1968. "Eu era fascinado por todos os tipos de nacionalidades diferentes", ele me disse quando o conheci em Jacarta, em janeiro de 2009. "Eu, inclusive, participei desse concurso de rainhas da beleza. Há uma grande dança depois, com todos em trajes diferentes. Eu devia estar vestido como um haole, dançando todo quadradão."

Muitos anos mais tarde, depois da morte de Ann, a família e os amigos dela escolheriam o jardim japonês no East-West Center para uma cerimônia celebrando a vida dela. Definido em 1963, em um trecho de terra inclinada atrás do Jefferson Hall e na sombra do Wa'ahila Ridge, o jardim foi feito para prover uma janela para a cultura japonesa. Como quase tudo no centro, era um projeto conjunto: concebido por um vice-chanceler, pago por corporações e indivíduos do Japão, desenhado por um arquiteto paisagista em Tóquio e construído por uma firma de paisagismo de Honolulu. Havia gramados, cercas verdes, caminhos, escadas, boa parte disso debaixo de uma cobertura de árvores choronas. Um curso d'água, desviado do córrego de Mánoa, cortava os três níveis do jardim. Acácias amarelas, íris, raphiolepis, escovas-de-garrafa vermelhas e outras plantas nativas do Havaí embelezavam o jardim, que também tinha uma acácia cor-de-rosa, plantada pelo príncipe herdeiro japonês. O córrego, dizia-se, representava um rio, o símbolo da vida para os japoneses — começando em agitação, acalmando-se durante a fase adulta, ficando mais devagar até uma "velhice tranquila e majestosa". Benji Bennington me disse que o príncipe herdeiro povoou o córrego com dezenas de carpas japonesas que eram impedidas de fugir córrego abaixo por um par de portões submersos. Lançados no córrego extenso e sinuoso, os peixes, em sua maioria, simplesmente nadavam em círculos, seguindo uns aos outros sem notar o que os rodeava. Mas, Bennington acrescentou, "vez por outra, um peixe escapava e ia ver o que mais havia no córrego".

Quando o semestre começou, no fim de setembro de 1960, Ann ainda se encontrava em um turbilhão emocional. Em uma idade em que os seus amigos estavam caindo no mundo, ela havia sido guiada por seus pais, apesar das suas objeções, para uma ilha alguns milhares de quilômetros Pacífico adentro. Estava inscrita em uma universidade isolada, onde os estudantes tinham poucas opções além de viver em casa. Separada do primeiro grupo de amigos próximos, ela estava sozinha outra vez e, de novo, era uma estranha no ninho. "A relação do vô com a minha mãe já estava estremecida quando eles chegaram ao Havaí", escreveu Obama, atribuindo a tensão ao "temperamento instável e muitas vezes violento dele" e à vergonha que ela tinha dos "modos toscos" do pai.[1] Charles Payne lembrou que Madelyn ficou para trás por um tempo, em Mercer Island, para fazer os últimos ajustes, como ele definiu. "Como ficou a relação entre Ann e Stanley naquele período, sem Madelyn para intermediar, eu não sei", disse ele.

Logo depois do começo do semestre, Ann conheceu o primeiro estudante africano a entrar na Universidade do Havaí, Barack Hussein Obama. "Nós sempre brincávamos que mamãe conhecia os seus maridos no East-West Center", Maya disse uma vez, ao mesmo tempo que reconhecia que isso não era completamente verdade. Obama não era um bolsista do East-West Center, e o centro ainda não havia sido construído. Mas o mito da família continha uma certa verdade: onde quer que Ann e Obama tenham se encontrado, foi em um momento inundado pelo espírito em que o centro foi criado. Um amigo disse que se lembrava de Ann dizer que conhecera Obama na biblioteca da universidade. De acordo com o Obama mais jovem, eles se conheceram em uma aula de russo;[2] quando combinaram de se encontrar mais tarde, em frente à biblioteca universitária, o Obama mais velho chegou uma hora atrasado e encontrou Ann dormindo em um banco. O homem do Quênia acordou a garota do Kansas, literal e figurativamente. Renske Heringa, uma antropóloga holandesa e amiga de Ann no início dos anos 1980, disse que Ann lhe contou que o episódio do banco foi o seu primeiro encontro com Obama. "Ela se lembrava disso como uma coisa muito romântica e bonita", Heringa disse. "Ela não era nem um pouco inclinada a 'fazer a coisa certa' ou se comportar da maneira que as pessoas esperavam." Para Heringa, a história ilustrava uma característica essencial de Ann — uma vontade de "simplesmente ser ela mesma no mundo. Toda essa história do encontro dela com Barack Sênior mostra uma enorme confiança. De simplesmente se manter aberta para o mundo até quando você está dormindo".

Obama, carismático e astuto, havia chegado à Universidade do Havaí um mês antes da declaração que transformou o lugar em um Estado. Ele e outros oitenta jovens quenianos embarcaram para os Estados Unidos pelas mãos de Tom Mboya, um nacionalista queniano que havia levantado verbas com americanos para educar uma nova geração de líderes um pouco antes da independência queniana.[3] Obama contou a um repórter do jornal estudantil, pouco depois de chegar ao Havaí, que havia estudado em escolas britânicas no Quênia. Depois fez cursos britânicos por correspondência, enquanto trabalhava como escrevente em Nairóbi. Foi assim por dois anos. Ele tinha "convites para os *campi*" da Universidade do Havaí, da Universidade Estadual de São Francisco na Califórnia e da Universidade Estadual Morgan, em Baltimore, dizia o artigo no jornal estudantil.[4] Mas ele lera sobre o Havaí no *The Saturday Evening Post* e se sentira atraído pelo clima, pela sedução das ilhas e pela reputação do Estado de tolerância racial. Ele se inscreveu no curso de graduação da Faculdade de Administração de Negócios e se mudou para a Charles H. Atherton House, uma filial do YMCA perto do campus, usada para abrigar estudantes. Para a sua surpresa, descobriu que Honolulu não era "a metrópole dos arranha-céus do Pacífico" e que os havaianos não estavam "todos vestindo roupas típicas", e passou a participar de grupos de danças típicas. O custo de vida era três vezes mais alto do que ele esperava. Em uma entrevista no *Honolulu Star-Bulletin*,[5] ele disse que o dinheiro que tinha era suficiente para apenas dois semestres. Depois desse período, teria de arrumar uma bolsa de estudos ou um emprego de meio período. Os norte-americanos que ele conheceu também tinham algumas impressões equivocadas. O Quênia não era uma "fértil floresta tropical", Obama informou a um repórter. Topograficamente, era mais parecido com as Grandes Planícies. Ele deu uma breve aula sobre a história natural, econômica e política do país. "Muitas pessoas me perguntam: 'Os quenianos estão prontos para se autogovernar?' E a essas pessoas eu digo: 'Ninguém é competente o suficiente para julgar se um país está pronto para ser independente ou não." Se as pessoas não podem se governar, deixem-nas se desgovernarem. Elas têm direito a essa oportunidade."[6]

Obama impressionava homens e mulheres. O "alto, imponente africano", como descreveu o repórter estudante, tinha uma presença poderosa. Mesmo em meio à diversidade cultural e étnica do Havaí, a cor dele se destacava. Pake Zane, que se tornou amigo de Obama na universidade e mais tarde o visitou no Quênia, conhecia tonganeses, fijianos, samoanos que julgava serem escuros, mas jamais havia visto uma pele tão negra quanto a de Obama. Charmoso, sociável, loquaz, Obama falava de política e tomava cerveja com um grupo de estudantes da pós-graduação e intelectuais de inclinação levemente boêmia, que incluía Pake Zane, Chet Gorman (mais tarde conhecido por seu trabalho como arqueólogo em Ban Chiang e Spirit Cave, na Tailândia) e Neil Abercrombie, que se tornaria representante do Primeiro Distrito do Havaí no Congresso por dez mandatos antes de ser eleito governador, em novembro de 2010. Obama era ambicioso e cheio de opiniões, e alguns o consideravam uma pessoa brilhante. "Ele era um dos quenianos mais talentosos com quem já lidei", disse Richard Hook, que trabalhou com Obama anos mais tarde, no Quênia. "Ele tinha uma mente muito rápida, boa com números." Era o tipo de personalidade que impõe atenção. Quando falava, as pessoas ouviam. Era um entre algumas poucas centenas de alunos cujos nomes apareciam na lista do decano, publicada no jornal do *campus*. Quando foi embora, era descrito como um "aluno sempre com notas A". Bill Collier — que, como Obama, estava estudando economia — percebeu que o professor de desenvolvimento econômico deles fazia um silêncio raro e respeitoso quando Obama falava em sala. Para os norte-americanos, o seu sotaque sugeria algo típico da Universidade de Oxford e o seu barítono poderoso trazia à mente Paul Robeson. A sua voz era sedutora, quase hipnótica. "Ele tinha a voz e o sotaque mais carismáticos que já ouvi na vida", disse Pake Zane. "A voz mais madura, profunda, com uma suave articulação africana e talvez uma pitada de Oxford. Não importava o que você estivesse fazendo na sala, se ouvisse a voz dele, viraria para ver." Era, segundo Hook, o "seu instrumento favorito".

Nem todos se deslumbravam. Alguns achavam Obama arrogante, egoísta e autoritário. Mark Wimbush, nascido e criado no Quênia, filho de mãe escocesa e pai inglês, chegou à Universidade do Havaí no mesmo mês em que Ann Dunham, depois de se formar em Oxford. Ele e Obama se tornaram conhecidos, senão amigos. "Eu era um dos terríveis colonialistas",

Wimbush me disse, referindo-se à visão de alguns quenianos negros em relação a quenianos brancos, como ele. "Parte da tensão entre mim e Barack talvez tenha vindo daí." Ambos acompanhavam as notícias do Quênia com entusiasmo. A independência estava chegando, o país se preparava para a transição e Obama mantinha Wimbush informado. "Eu tenho certeza de que ele vislumbrava se tornar um chefão no governo queniano", disse Wimbush. "Era provavelmente por isso que estudava política e economia. Estava se preparando para ocupar uma posição em um gabinete." Wimbush o considerava "quase um tirano. Ele certamente não era uma flor de pessoa. Causava impacto, mas nem sempre um impacto favorável". Em discussões políticas, eles frequentemente ficavam em lados opostos. "Ele costumava expor as suas visões e não perder tempo ouvindo ninguém mais, porque achava que não valia a pena, a não ser que concordassem com ele", Wimbush disse. Judy Ware, uma amiga dos Dunhams que lembrou de ter conhecido Obama com Ann, algum tempo mais tarde, em Port Angeles, Washington, disse: "Eu lembro que ele era muito falante, amigável e um tanto paquerador, o que me deixava desconfortável. Era um pouco intimidador, na minha opinião. Invadia demais o seu espaço." Ela acrescentou: "Eu o achava quase agressivo no seu modo de se apresentar e conviver com mulheres."

Obama tinha 24 anos e Ann, 17 quando eles se conheceram, no outono de 1960. Apesar de aparentemente ter omitido isso no início, Obama era um homem casado no Quênia, com uma mulher, uma criança e uma segunda a caminho. Ann nunca havia tido um namorado, até onde sabiam os seus amigos mais próximos. Ela era uma "jovem virgem" quando conheceu Obama, segundo Kadi Warner, colega de faculdade a quem Ann contou a história alguns anos mais tarde. "Estava completamente enfeitiçada por ele", disse Warner. "Toda vez que o descrevia, ela falava de sua inteligência." Ele era mais velho, mais experiente, uma figura conhecida no *campus*. Era arrebatador e exótico. Ann, transplantada para um *campus* onde três em cada quatro estudantes eram do Havaí, era de certa forma mais forasteira e mais deslocada que ele. Ele a cortejava e ela se sentia atraída. Se ela tinha acesso a métodos contraceptivos ou não ninguém sabe, mas não é provável que tivesse acesso fácil. E, como diz Warner, "duvido que ele fosse o tipo de homem que carregaria uma camisinha na carteira".

Em *A origem dos meus sonhos*, escrito quando o presidente Obama estava com 30 e poucos anos, ele constrói uma versão da história de seus pais a partir de fragmentos que ouviu quando criança. Ao mesmo tempo, descreve muitas das histórias que lhe contaram sobre o seu pai como "compactas, apócrifas", e apresenta a hipótese de que detalhes importantes estivessem faltando, intencionalmente ou não. "Mesmo na versão resumida que a minha mãe e meus avós ofereciam, havia muitas coisas que eu não compreendia", ele escreve.[7] Ele dá a sua explicação para o rápido relacionamento dos pais dele e para a separação em uma linguagem e cadência remanescentes de histórias de criança ou mitos. O seu pai "trabalhava com uma concentração sem igual" e "os seus amigos eram numerosos", segundo o relato do Obama mais jovem. Em um curso de russo, "ele conheceu uma garota norte-americana tímida, desajeitada, com apenas 18 anos, e eles se apaixonaram". Os pais dela foram vencidos "pelo seu charme e intelecto". Ele se casou com a garota e "ela deu a eles um filho, a quem ele legou o seu nome". Ele ganhou uma bolsa de estudos para fazer pós-graduação em Harvard, mas não tinha dinheiro para levar a sua família junto, escreve Obama. O casal se separou e "ele voltou à África para cumprir o seu compromisso com o continente. A mãe e o filho ficaram para trás, mas os laços de amor sobreviveram às distâncias...". Apesar de Obama estar escrevendo em uma época em que a sua mãe e sua avó estavam vivas, saudáveis e disponíveis para esclarecimentos, ele não parece ter buscado versões alternativas. Ao que tudo indica, parte dos relatos que ouviu estava errada.

O que quer que tenha acontecido foi bem rápido. As aulas começaram no dia 26 de setembro, dois meses antes do aniversário de 18 anos de Ann. No início de novembro, ela estava grávida. Ela largou a faculdade quando o semestre terminou e se casou naquele inverno tão discretamente na ilha de Maui, acredita-se, que o seu filho nunca conseguiu desenterrar um único detalhe do evento. "Não há registros de um casamento de verdade, um bolo, um anel, a entrada da noiva", ele escreve.[8] "Nenhuma família compareceu; não é certo nem mesmo que as pessoas no Kansas estivessem completamente informadas. Apenas uma pequena cerimônia civil, um juiz de paz. Em retrospecto, a coisa toda parecia tão frágil, tão fortuita. E talvez tenha sido assim que os meus avós queriam que fosse, uma provação que iria passar, era só uma questão de tempo, desde que mantivessem as emoções sob controle e não fizessem nada drástico."

Se assim fosse, eles conseguiriam o que desejavam.

No dia 4 de agosto de 1961, às 19h24, no Kapiʻolani Maternity and Gynecological Hospital, em Honolulu, Ann deu à luz Barack Hussein Obama Jr. Onze meses mais tarde, o Obama mais velho se foi. Em junho de 1962, ele recebeu o seu diploma de graduação da Universidade do Havaí e seguiu para a costa leste. De acordo com um artigo no *Honolulu Star-Bulletin*, ele partiu, no fim de junho, "para uma excursão por universidades antes de entrar em Harvard, no outono".[9] O artigo, de quatro parágrafos, dizia que ele tinha recebido uma bolsa do departamento de economia da universidade e planejava retornar depois à África para trabalhar em políticas e planejamentos de desenvolvimento econômico e comércio exterior. Em *A origem dos meus sonhos*, Obama se lembra de deparar com o artigo, junto com a sua certidão de nascimento e formulários de vacinação, na época em que estava no colégio. "Nenhuma menção é feita à minha mãe ou a mim, e eu fico pensando se a omissão foi intencional da parte do meu pai, em antecipação à sua longa partida", ele escreve.[10] "Talvez o repórter tenha deixado de perguntar questões pessoais, intimidado pelos modos imperiais do meu pai; ou talvez tenha sido uma decisão editorial que não interessava à história que estavam procurando. E fico me perguntando, também, se a omissão causou uma briga entre os meus pais."

Qualquer briga que tenha ocorrido talvez tenha se passado mais cedo. Ann, ao que parece, deixou o Havaí muito antes de Obama. A sua amiga Maxine Box, de Mercer Island, se lembrou de vê-la em Seattle, no fim do verão de 1961, feliz e orgulhosa de seu bebê, que estava com ela, mas sem dizer nada sobre o casamento, pelo menos nada de que Box se lembrasse. Na primavera de 1962, quando Obama estava entrando em seu último semestre no Havaí, Ann havia se registrado na Universidade de Washington, em Seattle, de acordo com Bob Roseth, diretor de notícias e informação da universidade. O seu colega de escola, John Hunt, a viu uma vez naquela primavera com o seu bebê. Bill Byers se lembrou de ter jantado com Ann no apartamento em que ela morava. Ela estava diferente: havia perdido peso e tinha os cabelos longos, disse Linda Hall Wylie, outra colega de escola, que se lembrou de tê-la encontrado rapidamente no University Way. A sua maternidade repentina assustou os amigos, e não apenas porque o pai do bebê era negro. Ela nunca havia tido um namorado sério na época do colégio nem havia demonstrado qualquer interesse em ser babá de crianças, um setor crescente para adolescentes de Mercer Island. Casamento às pressas e maternidade pareciam ser o destino da maioria das meninas que tinham "se envolvido em problemas". Poucos teriam imaginado que Stanley quebraria a trajetória padrão das mulheres: da faculdade e das reuniões com as amigas, passando rapidamente por uma experiência como professora ou enfermeira, para então sair do mercado de trabalho, se casar e criar os filhos. Ninguém imaginaria isso. Algum tempo depois daquela primavera, Ann aparentemente desistiu de tentar fazer as coisas darem certo, sozinha, em Seattle. Voltou para Honolulu e, depois disso, só reencontrou um amigo de Mercer Island novamente. A sua vida havia passado por uma reviravolta e não tinha como retornar ao que era. Um abismo havia se aberto entre ela e os seus velhos amigos. "O resto de nós foi levando aquela vida, totalmente diferente, de sair com as amigas, encontrar com paqueras, ir a jogos de futebol americano", disse Wylie. "Quando você vai embora e a sua vida muda de modo tão drástico, é difícil para quem ficou compreender."

As notícias da gravidez de Ann, do casamento repentino e da separação eram cuidadosamente mantidas dentro do círculo das famílias Dunham e Payne — algo não muito diferente das notícias da união secreta de Madelyn e Stanley 20 anos antes. Ralph Dunham, tio de Ann, me disse que ele não soube de nada sobre a gravidez e o casamento até depois do nascimento de Barack. "Eles talvez tenham ficado preocupados com a reação da família", disse ele. "Isso teria chateado a minha avó e minha tia, eu acho." (Ele se lembrou de uma vez ter mencionado para a sua avó, que o tinha criado e criara também o pai de Ann, que convidara um amigo afro-americano, um professor universitário, para jantar na casa dele. E ela respondeu: "Quer dizer que você se sentou e fez uma refeição com uma pessoa negra?") O irmão de Madelyn, Charles, soube do casamento de Ann antes de saber da gravidez, que, segundo ele, foi informada apenas depois de ela já ter dado à luz. Quando eu perguntei sobre a reação dos pais dele à notícia, ele disse: "Eles eram muito fechados. Se estavam chateados, eu não acho que diriam nada a respeito. Simplesmente ficariam quietos. Eu não ouvi nada." Jon Payne, o irmão mais novo de Madelyn, que três anos antes havia passado seis meses no sofá da sala de estar dos Dunhams, em Mercer Island, disse que soube da notícia com um atraso de uns três ou quatro anos. Ele estava de volta ao Kansas para uma visita, jogando dardos na garagem da casa dos pais dele, quando o seu irmão apareceu e mencionou o "filho de Ann".

— O que você quer dizer com "o filho de Ann"? —, perguntou Jon.

— Sim — ele se lembrou de Charles dizer. — Você não sabia que Ann teve um bebê?

— Não.

— Você provavelmente não ouviu os nossos pais dizerem nada, não é? Ele é negro.

— É mesmo?

— É. De alguém que ela conheceu na faculdade.

Arlene Payne é a única que se lembrou de ter recebido uma ligação de Madelyn. Talvez tenha sido depois do casamento. Quando eu perguntei a ela como Madelyn aparentava estar se sentindo sobre o que havia acontecido, Arlene disse, de modo seco:

— Um pouco perturbada.

— Perturbada porque Ann tinha 17 anos? —, eu perguntei. — Ou porque ela sabia que a maternidade poderia atrapalhar a formação educacional de Ann? Ou porque o novo marido de Ann era negro? Ou porque era africano com planos de voltar para casa?

— Eu acho que provavelmente tudo isso era suficiente para a perturbação.

A visão de Madelyn e Stanley a respeito de raça não era extremista.

Em *A origem dos meus sonhos*, Obama diz que eles haviam tido pouco contato com pessoas negras[11] até irem morar no Texas, quando Stanley Ann tinha 11 ou 12 anos. Lá, colegas vendedores de móveis avisaram a Stanley que as "pessoas de cor" só poderiam ver a mercadoria na loja depois do expediente e que eles próprios teriam que se encarregar da entrega do que comprassem. No banco onde Madelyn trabalhava, uma secretária branca a repreendeu duramente por ter falado de maneira respeitosa com um servente negro de quem ela havia se tornado colega. Lá, Stanley Ann também havia deparado com o ódio racial pela primeira vez, segundo Obama.[12] Madelyn encontrou a filha e uma menina afro-americana encolhidas, aterrorizadas, no quintal da casa dos Dunhams. Elas estavam lendo quando foram surpreendidas por um grupo de crianças que começaram a insultá-las. Quando Stanley reportou o incidente ao diretor da escola e a alguns pais de alunos, de acordo com a versão de Obama, ele foi informado de que "nesta cidade garotas brancas não brincam com garotas de cor".

Stanley manteria, mais tarde, a história de que a família havia deixado o Texas, em parte, por causa de seu desconforto com esse tipo de racismo, escreveu Obama, apesar de Madelyn dizer que eles se mudaram porque Stanley não ia bem no trabalho e tinha uma oportunidade melhor em Seattle. Obama escreve que ele não pode deixar de considerar a versão de seu avô como "um elogio exagerado e conveniente, um ato de revisionismo branco". Depois do Texas, ele diz sobre Stanley: "A condição da raça negra, a sua dor, as suas feridas se misturariam, na mente dele, às suas próprias: o pai ausente, a possibilidade de um escândalo, uma mãe que havia ido embora, a crueldade das outras crianças, a descoberta de que ele não era uma criança de cabelo bom — que ele parecia um 'carcamano'."[13] Na cabeça de Stanley, o racismo se confundia com as atitudes responsáveis por muitas das tristezas de sua juventude, "parte das convenções sociais, da respeitabilidade, do status. As risadinhas, os sussurros e fofocas que o haviam deixado em uma posição de quem olha tudo aquilo de fora".

Talvez por essas razões a reação de Stanley e Madelyn ao homem africano que Ann trouxe para casa tenha sido menos hostil do que possam sugerir os estereótipos do período e do lugar de onde eles vinham. Em seu livro, o jovem Obama apenas imagina a reação deles, preferindo usar construções como "teria" e "talvez tenha".[14] Se sabe de algo na prática, não diz. "O pobre garoto provavelmente está se sentindo sozinho, o vô deve ter pensado, tão longe de casa", escreve Obama. "Melhor dar uma olhada nele, Toot deve ter dito para si mesma." Ele imagina Stanley impressionado com a semelhança entre o convidado para o jantar e Nat King Cole, e Madelyn segurando a língua quando vê, de canto de olho, Ann se esticando para apertar a mão de Obama. O jovem Obama recria, ainda, a conversa que os seus avós talvez tenham tido mais tarde, como eles teriam ficado maravilhados com a inteligência e a postura digna daquele homem — "e o que dizer daquele sotaque!"

Madelyn e Stanley estavam, ao que parece, um pouco intimidados por Obama. Arlene Payne, que passaria um tempo com os três durante o Natal em Honolulu alguns anos mais tarde, disse: "Eu tinha a impressão naquela época, como tinha antes, de que tanto Madelyn quanto Stanley estavam impressionados com ele. Eles eram muito respeitosos e tudo o mais, e gostavam de ouvir o que ele tinha a dizer." Eles parecem ter se sentido assim já no início. "Eu estava lá quando ele estava, e sentia que eles realmente o aceitavam", disse ela. Por outro lado, David Mendell, que entrevistou Madelyn para a sua biografia de 2007, *Obama: From Promise to Power* [Obama: da promessa ao poder], encontrou uma mulher cética quanto ao velho Obama. Mendell afirmou que ela declarou: "Eu sou um pouco hesitante em relação a coisas que pessoas de países estrangeiros me dizem."[15]

Não se sabe que opções, além do casamento, Ann teria considerado quando soube da gravidez. O aborto era ilegal, mas não impossível, sobretudo para pessoas com conexões na comunidade médica. Se quisessem, os Dunhams provavelmente teriam conseguido acesso a esse universo. Thomas Farner, cujos pais eram parceiros de bridge dos Dunhams em Mercer Island, disse que os seus pais mandaram a irmã dele, Jackie — uma colega de escola de Stanley Ann que morreu em 2007 —, a Honolulu para passar um tempo com os Dunhams não muito depois que ela e Stanley Ann se formaram no ensino superior. A razão para a viagem, disse Farner, foi tornar possível que a sua irmã fizesse um aborto. Farner acredita que o pai deles, um médico, tenha organizado tudo. A irmã mais velha dos Farners, Judy Ware, que não vivia com eles nessa época, me disse acreditar que a versão do seu irmão estivesse correta. Kadi Warner, colega de faculdade de Ann, lembrando-se de conversas que teve com Ann muitos anos mais tarde, disse que Ann se casou com Obama porque estava grávida. "Ela era uma garota legal, de classe média", disse Warner. "E ela o amava." A decisão parece não ter sido imposta pelos pais. Em *A origem dos meus sonhos*, Obama escreve que Ann lhe disse, quando ele tinha 20 e poucos anos, que os seus avós "não estavam felizes com a ideia. Mas disseram ok — eles provavelmente não teriam conseguido nos impedir, de qualquer forma, e, depois de um tempo, concordaram que era a coisa certa a fazer".[16] Quando eu perguntei a Arlene sobre a decisão, ela disse: "Eu acho que você precisa entender que Ann era uma alma independente e tomava as suas próprias decisões sobre esse tipo de situação. O que Madelyn queria, eu realmente não sei. Acho que foi uma decisão de Ann, e Madelyn pensava que teria de deixar a filha fazer o que quisesse."

Madelyn, afinal de contas, havia feito o que queria quando tinha a idade de Ann.

Foi o pai de Obama, no Quênia, que se opôs ferozmente ao casamento, de acordo com o relato do Obama mais jovem. Ele escreveu a Stanley Dunham, dizendo que "não queria o sangue Obama manchado por uma mulher branca", como Obama afirma que Ann lhe disse.[17] "E havia um problema com a primeira esposa de seu pai... Ele tinha me dito que estavam separados, mas foi um casamento feito em uma vila; então não havia documentos legais que pudessem confirmar um divórcio." Não obstante, eles planejavam voltar ao Quênia quando o Obama mais velho terminasse os seus estudos, escreve o jovem Obama. "Mas o seu avô Hussein ainda estava escrevendo para o seu pai, ameaçando cancelar o seu visto de estudante", ele diz que a sua mãe afirmou. "Nessa época, Toot ficou histérica: ela havia lido sobre a Revolta Mau Mau no Quênia alguns anos antes — à qual a imprensa ocidental realmente deu atenção —, e tinha certeza de que eu teria a minha cabeça decepada e você seria raptado."

As coisas mudaram de maneira abrupta. Obama, um membro do grupo étnico luo, era de uma cultura que tradicionalmente permitia a poligamia. Ele tinha não apenas uma esposa grávida, mas uma criança em seu país de origem. "Pela maneira que a história me foi apresentada, ela descobriu que ele tinha essa família na África; então se divorciou dele por bigamia", disse Arlene Payne. "O que mais estava envolvido, eu não tenho ideia." De acordo com Warner, Ann "se deu conta muito cedo de que estava em uma situação complicada com esse rapaz". Warner disse: "A atitude dele mudou quando se casaram. Ela se tornou a esposa dele, e ele ficou muito crítico." Uma tarde, Warner se lembrou de Ann contar a ela, Ann havia preparado o jantar para Obama. Ela pôs a comida em um prato e pôs o prato na frente dele, à mesa. "Você espera que eu coma isto?", ele gritou. Depois, pegou o prato de comida e o atirou na parede.

"Ela afirmou que, naquele momento, se deu conta", Warner disse.

Na primavera de 1963, Ann havia deixado Seattle e voltado para Honolulu e se registrara novamente como estudante da graduação na Universidade do Havaí. Ela estava com 20 anos, mãe solteira de uma criança birracial, vivendo com os pais. Stanley e Madelyn tinham passado por quatro endereços em seus primeiros quatro anos em Honolulu, acomodando-se, depois do retorno de Ann, em uma casa de estilo bangalô, abaixo do nível da rua, na University Avenue, a uma caminhada curta do campus. Stanley, listado no diretório municipal de Honolulu até 1968 como gerente de uma empresa chamada Pratt Furniture, havia comprado uma parte de uma cadeia de lojas móveis, segundo o seu irmão Ralph. Madelyn, que, de acordo com Arlene Payne, frequentou cursos noturnos em Washington para aumentar os seus conhecimentos do setor bancário, tinha iniciado a sua subida para passar de entrevistadora de clientes interessados em empréstimos a vice-presidente do Banco do Havaí. Em uma década, ela se tornaria uma das primeiras mulheres vice-presidentes de bancos e a formidável "grande dama das cauções bancárias",[18] como um jovem colega se lembraria dela quando o seu neto a tornou famosa, décadas mais tarde. Maxine Box, a amiga de Ann de Mercer Island cujos pais iriam visitar os Dunhams em Honolulu muitos anos mais tarde, disse: "Eu bato palmas para os pais dela. O turbilhão na família deve ter sido impressionante."

Qualquer que tenha sido o turbilhão, Madelyn e Stanley fizeram as pazes com as escolhas de Ann e abraçaram os seus novos papéis de pais e avós. "Tudo o que sei é que, pelo menos desde o dia em que Barack nasceu, houve total aceitação", disse Charles Payne. "Ele era o bebê deles, e eles o amaram desde o primeiro dia." Stanley, tendo visto o seu pai poucas vezes depois dos 8 anos de idade, não podia esquecer como era se sentir sem pai. Ele também deve ter se lembrado do paraíso que ele e o seu irmão tinham encontrado na casa multigeracional de seus avós. Madelyn, tendo ela própria engravidado aos 19 anos, talvez tenha achado mais fácil ver a sua filha grávida, mais ou menos na mesma idade, do que outras mães teriam. Madelyn, que tinha apenas 38 anos quando o seu neto nasceu, "não tinha, particularmente, jeito de avó, se é que você me entende", Maya Soetoro-Ng me contou. Então, ela adotou o nome Tutu, um apelido afetivo usado no Havaí para avó — mais palatável do que, digamos, vovó. Ao longo do tempo, Tutu evoluiu para Toot. Do mesmo modo que a sua mãe havia abrigado Madelyn e a sua filha, enquanto Stanley estava no exército, Madelyn e Stanley agora abrigavam Ann e o seu filho. E, assim como Leona Payne havia tornado possível para Madelyn trabalhar na Boeing, Madelyn e Stanley tornaram possível que Ann voltasse para a faculdade. Madelyn não tinha intenção de deixar as novas circunstâncias de vida de Ann atrapalharem a sua formação.

"Você tem de entender que a mãe de Ann se arrependia muito de suas escolhas", Arlene Payne me contou. "Ela nunca teria deixado Ann perder o rumo. Tinha ambições. Queria ganhar o mundo. Percebeu o grande erro que havia sido não ir para a faculdade. Ela expressou isso para mim inúmeras vezes; então acho que nunca teria permitido que Ann não fizesse um curso universitário."

Madelyn e Ann eram opostos em muitos aspectos. Em temperamento, Ann se parecia mais com o pai, Maya disse. Eles eram "pessoas de apetite" — não se contentavam com porções pequenas ou panoramas pequenos, não desejavam "andar no mesmo círculo". Eram gregários e eloquentes. Amavam comida, palavras, histórias, livros, objetos, conversas. Madelyn, ao contrário, era prática e pé no chão. "A cor favorita da minha mãe é bege", Ann brincaria com colegas anos mais tarde. Madelyn era sensível, mas não sentimental — não era uma "emotiva", termo que Maya usava para Ann. Maya descreveu a máxima de sua avó como: aperte os cintos, não reclame, não lave roupa suja em público, não seja tão agitado. "Trabalhe duro, cuide da sua família, crie os seus filhos da maneira correta e seja um bom provedor para eles", Maya adiciona. "Assegure que eles tenham vidas melhores que a sua. E é isso." Madelyn ultrapassava os limites em sua vida profissional, mas ela o fazia seguindo as regras. "Não era necessariamente que ela fizesse as coisas de modo diferente", Maya disse. "Ela era como um dos rapazes do banco. Usava salto alto e terninhos femininos, era muito feminina, mas sempre estava ciente dos códigos de decoro do banco e das regras. Ela apenas, eu acho, era incrivelmente inteligente e trabalhava muito. Fazia o que fosse necessário."

Para ilustrar as diferenças entre a mãe e a avó, Maya imagina o caminho que cada uma escolheria na mesma estrada hipotética. Ann pararia e colheria frutas e sementes, as estudaria com curiosidade, encontraria uma outra estrada e se desviaria, pararia, subiria em uma árvore, ouviria o sopro dos bambus balançando ao vento. Madelyn começaria pelo início, caminharia em frente, segura de si, de peito aberto, cabeça erguida, até chegar ao fim.

— Madelyn aconselhou Ann a ser mais prudente? — perguntei.

— Provavelmente com ambos os seus casamentos — disse Maya.

— Mamãe dizia que Tutu se preocupava com ela e desejava que escolhesse o caminho mais fácil —, Maya continuou. — O que ela queria dizer com isso era, obviamente, que ali estavam pessoas de um país diferente, com expectativas culturais diferentes, de raças diferentes — em um país que tinha as suas próprias leis a respeito da miscigenação. Esse não era nem o caminho mais fácil nem o mais direto. Eu acho que Tutu, segundo a minha mãe, demonstrava uma certa preocupação. Era mais como um suspiro que como um grito. Era algo como "o que é que nós vamos fazer?".

Ela acrescentou:

— Tutu desejava que ela fosse mais sensata, comprasse uma casa, aprendesse a dirigir e ficasse quieta.

Se Ann tinha um plano, ele não envolvia ficar quieta.

Ela era uma figura pouco comum no *campus*. Jeanette Chikamoto Takamura era uma caloura quando conheceu Ann no ano acadêmico de 1966. Ann trabalhava meio período como secretária estudantil no escritório da organização governamental dos estudantes; Takamura, ativa na organização, ficava no escritório nos intervalos das aulas. Para Takamura, Ann era uma "intelectual nata", com um olhar e uma orientação globais, como poucas. Ela se vestia em *dashikis*, tinha artefatos africanos em sua mesa e sempre gravitava em torno de assuntos internacionais. Takamura achava que havia algo enigmático nela. Ela dava a impressão de ser desligada de tudo, talvez porque sempre parecia estar pensando, como se sua mente estivesse operando em planos múltiplos. Takamura conheceu Barry, o filho de Ann, pequeno e de cabelos enrolados, cujo pai havia voltado para a África. Ann disse que o casamento simplesmente não tinha dado certo. Em certa ocasião, ela surpreendeu Takamura quando disse que queria mandar Barry para a Punahou Academy, vista por muitos como a melhor escola preparatória do Havaí. "Eu fiquei pensando: 'Como é que ela conseguiria arcar com os custos disso?'", Takamura me disse. "Eu me lembro de pensar: 'Não diga nada desencorajador.' Então, eu disse: 'Sabe de uma coisa, Ann, eu acho que você vai dar um jeito.'"

Muitos anos antes, no fim de 1963 ou início de 1964, Ann havia ido à "Noite da Indonésia", no East-West Center, em um sarongue emprestado e uma *kebaya*, a blusa de mangas compridas, normalmente de algodão ou seda, usada por mulheres indonésias. Ao lado dela estava um estudante javanês da pós-graduação, de 27 anos, chamado Lolo Soetoro, que tinha chegado à universidade em 1962, na segunda leva de estudantes indonésios que receberam bolsas do East-West Center. Ann e Lolo talvez tenham se conhecido nas quadras de tênis do campus; pelo menos é assim que contam a história. "Ele era um excelente jogador de tênis", Maya disse. "Ela costumava comentar que gostava de como ele ficava em seu short branco de jogar tênis." Ele era bonito, amigável, tranquilo, paciente e engraçado. Ele gostava de esportes e de uma boa gargalhada. Benji Bennington, que estava no mesmo ano que Lolo na universidade e foi trabalhar no East-West Center no mês em que chegou, disse: "Ele queria conhecer pessoas o tempo todo. Não era tímido ao usar o seu inglês. Tinha senso de humor e adorava festas. Sim, ele adorava festas."

Outra estudante indonésia, Sylvia Engelen, e um estudante alemão com quem ela se casaria mais tarde, Gerald Krausse, levaram uma câmera para a "Noite da Indonésia" daquele ano. No outono de 2008, os Krausses abriram o álbum de fotos já gasto na mesa de centro da sala da casa onde moravam em Rhode Island. O álbum estava cheio de retratos desbotados tirados no Havaí e na universidade, no início dos anos 1960. Lá estavam Sylvia, com uma roupa verde balinesa, e Lolo Soetoro, com uma camisa de batique e uma calça cinza. Ao lado dele, Ann estava de pé, com a sua roupa emprestada, a cabeça atipicamente inclinada, mais virada para baixo, de um jeito acanhado. "Nós a conhecemos através de Lolo", disse Sylvia Krausse, soando impressionada pela lembrança, "quando ele a trouxe para a 'Noite da Indonésia'."

Como alguns javaneses,[19] Lolo tinha recebido um nome, Soetoro, quando nasceu. Como os nomes dos seus nove irmãos — Soegijo, Soegito, Soemitro, Soewarti, Soewardinah e por aí vai —, o dele começava com o prefixo *soe*, que significa "bom" ou "afortunado" ou alguma combinação dos dois. Nascido em Bandung, em 1936, e criado em Yogyakarta, ele era o caçula dos dez filhos. "Todo mundo o adorava, talvez porque ele fosse o mais novo", contou-me uma de suas sobrinhas, Kismardhani S-Roni. Seu apelido de infância, Lolo, vinha da palavra javanesa *mlolo*, um verbo que significa "contemplar com os olhos arregalados". Todos os meninos e muitas das meninas da família foram para a universidade, segundo o sobrinho de Lolo, Wisaksono "Sonny" Trisulo. Depois, eles partiam para empregos em áreas como direito, indústria do petróleo e educação superior. Lolo estudou geografia na Universidade Gadjah Mada, a mais respeitada de Yogyakarta. Ele se tornou tenente do exército indonésio, de acordo com Bill Collier, que conviveu com ele na Universidade do Havaí e, mais tarde, na Indonésia. Com o apoio do governo indonésio, tornou-se o primeiro membro de sua família a estudar fora do país. No outono de 1962, foi mandado para a Universidade do Havaí em um programa de dois anos do East-West Center, para conseguir um diploma de mestrado em geografia. Como retribuição, disse Sonny Trisulo, Lolo deveria dedicar quatro anos de serviços ao governo, quando voltasse.

Lolo era, em muitos sentidos, o oposto de Barack Obama (pai). Ele não tinha a intensidade intimidadora de Obama, as suas ambições, a força do seu intelecto. Era gentil e atencioso. Por temperamento e por cultura, ele não gostava de discussões. Era calmo. Tudo isso era parte de seus atrativos para Ann, abalada pelo encontro intenso com Obama. "Era como uma reação a seu primeiro marido, que era excitante, mas não era exatamente um homem de família", disse Kay Ikranagara, que se tornaria amiga próxima de Ann em Jacarta, nos anos 1970. "Lolo era estável, trabalharia e sustentaria a família. Ela achou que isso era de fato um atrativo." Se Lolo tinha uma tendência a abrir o jornal direto na página de esportes e parar por ali, Ann não se importou, por um tempo. Ele pertencia a uma parte do mundo que era cada vez mais interessante para ela. Ele queria voltar para a Indonésia, que emergia de 350 anos de dominação holandesa, para dar aulas na universidade e se tornar parte do futuro de seu país. "Isso era parte do que a havia atraído em Lolo depois de Barack partir", o jovem Obama escreveria, "a promessa de algo novo e importante, ajudando o seu marido a reconstruir um país em um lugar desafiador e promissor, longe do alcance de seus pais".[20]

Se Ann estava ansiosa por uma vida na Indonésia ou simplesmente à procura de uma válvula de escape, é difícil saber.

Casamentos internacionais não eram raros entre estudantes do East-West Center. Gerald Krausse, que trabalhava como assistente de garçons em Waikiki, estava cansado do serviço em restaurantes e havia se registrado como estudante na universidade. "Eu fiquei boquiaberto com todos esses estudantes estrangeiros", ele me disse. "Eu queria ser parte daquilo." Ele conseguiu um emprego como cozinheiro na cafeteria do East-West Center e como segurança do dormitório masculino do instituto, onde estudantes de pijamas saíam dos quartos às 2 da madrugada, durante o período de jejum dos muçulmanos, e começavam a cozinhar para terminar de comer antes do amanhecer. Krausse passou a se interessar pela Ásia. Logo, ele conheceu Sylvia Engelen, uma indonésia de Manado que chegara em fevereiro de 1961 como bolsista do East-West Center e estava estudando alemão e francês. Quando eles se casaram, no Havaí, em 1966, sessenta estudantes compareceram à cerimônia. Havia apenas um membro da família — a irmã de Sylvia, também bolsista do East-West Center. O

96 • JANNY SCOTT

bolo, criado por Gerald, experiente chef de doces, capturava o espírito da época no Havaí e no East-West Center. Era decorado com um globo feito de pasta americana e duas borboletas no topo.

De tempos em tempos, o East-West Center se esforçava para acompanhar os padrões dos casamentos entre os estudantes solteiros com bolsas do instituto. A *Impulse*, uma revista publicada por e para os estudantes do centro, reportou, em 1975, que estudantes que se casaram depois de entrar para o instituto tinham pelo menos 30% de chance de se unir a pessoas de diferentes nacionalidades ou etnias. "Quando você reúne vários jovens em seus 20, 30 anos, adivinha o que acontece?", disse Sylvia Krausse. Eram casamentos sólidos? "Não", ela respondeu sem hesitação. Por anos, ela e o marido encontraram ex-alunos do East-West Center em conferências de estudos asiáticos. Em alguns casos, ela disse, um membro de um casal tinha de seguir a sua carreira de maneira secundária em relação ao outro — ou desistir. Além disso, ela disse, homens asiáticos que se sentiam livres para ser "muito abertos e extravagantes" nos Estados Unidos voltavam aos seus países com expectativas culturais, obrigações familiares e a influência dos pais e parentes. "Eu acho que as garotas não entendiam, quando eles voltavam", ela disse. "Especialmente as garotas norte-americanas."

Na noite do dia 30 de setembro de 1965, seis generais do exército indonésio e um tenente foram sequestrados e mortos em Jacarta no que o exército rapidamente caracterizou como uma tentativa de golpe planejada pelo Partido Comunista. Apesar de ter sido imediatamente abafado, o incidente desencadeou um banho de sangue. Centenas de milhares de membros do Partido Comunista e suspeitos de serem simpatizantes foram assassinados nos meses seguintes, muitas vezes por civis com o apoio do exército. Como descreveu Adam Schwarz, em *A Nation in Waiting*, as pessoas foram mortas a faca ou baioneta, os seus corpos com frequência "mutilados, decapitados e lançados em rios. Em certo ponto, oficiais em Surabaya, em Java Oriental, reclamaram a oficiais do exército que os rios que corriam para Surabaya estavam obstruídos por corpos".[21] A Agência Central de Inteligência (CIA) descreveu os massacres como "um dos piores assassinatos em massa do século XX, ao lado do Grande Expurgo soviético dos anos 1930, dos assassinatos promovidos pelos nazistas durante a Segunda Guerra Mundial e do banho de sangue maoista no início dos anos 1950".[22]

No sereno *campus* da Universidade do Havaí, estudantes indonésios eram convocados para prestar depoimentos por pessoas de quem Sylvia Krausse se lembra como sendo representantes do governo indonésio. Um colega estudante a alertou para comparecer "ou alguma coisa vai acontecer com os seus pais". Havia questões por escrito seguidas por outras feitas pessoalmente. "Nós íamos todos os dias", ela disse. "Eles estavam procurando conexões com chineses e comunistas."

Como muitos estudantes fora do país naquele período, Lolo foi chamado de volta à Indonésia. Ele e Ann haviam se casado em 5 de março de 1964,[23] logo depois de ela se divorciar de Obama. Lolo tinha recebido o seu diploma de mestrado em geografia três meses depois, mas Ann, aluna de antropologia, só receberia o seu diploma de graduação em 1967. Andrew P. Vayda, um professor de antropologia e ecologia que estava visitando a Universidade do Havaí naquele período, se lembrou de ter encontrado Lolo pela primeira vez na universidade durante a primavera de 1966 e depois de visitá-lo em uma viagem posterior a Jacarta, no verão. Os dois viajaram juntos para Bandung, outrora um forte colonial holandês aos pés mais ao norte do platô Bandung, rodeado de picos vulcânicos, nascentes de água quente e plantações de chá. O índice de inflação era de 700%, e o país estava no limite. Em uma parte da viagem, eles depararam com tanques rasgando a estrada principal. "Você podia perceber o medo nos rostos dele e de todos os indonésios — medo de que alguma coisa estivesse por acontecer", lembrou Vayda. Durante a viagem, Lolo fez questão de experimentar as comidas mais temperadas e exóticas e os banheiros mais decrépitos. "Como você acha que Ann reagiria a isso?", Lolo perguntava.

— Foi a primeira vez que ouvi falar de Ann — Vayda se lembrou. — Ele dizia que ia levá-la para lá.

4

Iniciação em Java

O convite para o almoço foi entregue de bicicleta em uma manhã, no início de 1971. Elizabeth Bryant, uma norte-americana de 30 e poucos anos, estava morando em um antigo depósito de arroz, convertido em casa, na cidade de Yogyakarta, em Java Central. O marido dela, Nevin, fazia pesquisas na Indonésia com uma bolsa do East-West Center. Como praticamente todo mundo na Indonésia naqueles anos, eles não tinham água encanada, saneamento básico nem telefone. Para escovar os dentes, tinham de bombear água do poço, fervê-la em um único fogareiro a querosene e cuspi-la fora da varanda da frente. Os seus três funcionários, vivendo no que seriam as casas de guarda, haviam cercado um fosso de um metro e meio no quintal para usar como privada. Arbustos faziam as vezes de varal para as fraldas do bebê dos Bryants. A vida não era mesmo fácil, mas era boa. A casa dos Bryants era perto do *kraton*, o complexo murado ao redor do palácio dos sultões de Yogyakarta, o animado centro de artes e cultura tradicionais de Java. Ao cair da tarde, o som aquoso do toque do gamelão se espalhava para fora do complexo; vizinhos chegavam sem avisar para chamar os Bryants para uma noite inteira de performances de teatro de sombras, baseadas em contos derivados do épico hindu *Mahabharata*.

Nessa manhã em particular, o convite a Elizabeth Bryant veio por um mensageiro de uma mulher norte-americana mais velha, em Yogyakarta, cujo marido estava trabalhando para a Agência Norte-Americana para o Desenvolvimento Internacional. O escritório de Jacarta lhe havia pedido para estender a sua hospitalidade a uma jovem norte-americana e a seu filho de 9 anos, visitas que moravam em Jacarta. "A sra. Bryant aceitaria almoçar com eles?", queria saber a mulher mais velha. A convidada de honra estava passeando com o seu filho por toda Java antes de mandá-lo de volta para a escola no Havaí. Ele era meio queniano e nascido no Havaí, como se lembrava Bryant de ter sido advertida anteriormente pela anfitriã. Bryant conhecia o suficiente sobre o Havaí para saber que uma criança em parte africana era uma raridade. "Você tem certeza?", ela perguntou.

Foi um almoço memorável — um que Bryant foi capaz de descrever em detalhes quando cheguei até ela, no sul da Califórnia, 38 anos mais tarde. Ann Soetoro chegou à casa com o pequeno Barack Obama. Ela estava vestida em uma camisa de manga comprida feita de tecido indonésio — e não com o tipo de vestido de verão a que, a sra. Bryant havia notado, outras mulheres norte-americanas na Indonésia pareciam dar preferência. Ela instruiu Barack a cumprimentar todos com apertos de mão, depois a sentar no sofá e voltar a sua atenção para um livro escolar de língua inglesa que ela havia trazido. Bryant se lembrou de ela ter dito que o estava mandando de volta para o Havaí para uma formação educacional em língua inglesa. Ela também estava decidindo se voltaria. "Ela disse: 'O que você faria?'", Bryant me contou. "Eu respondi: 'Eu poderia viver aqui por até uns dois anos, depois voltaria para o Havaí.' E ela: 'Por quê?' Eu disse que era difícil viver, que era muito desgastante, não havia médicos, não era saudável. Ela não concordou comigo." Ann havia deixado a sua filha mais nova, Maya, com uma empregada em Jacarta — uma decisão que assustou Bryant, desacostumada com a maneira indonésia de criar os filhos. Ela se perguntava, também, por que Ann, com um marido indonésio, considerava voltar aos Estados Unidos. Durante o almoço, Barry sentou-se à mesa de jantar e ouviu atentamente, mas não falou. Quando pediu licença para se retirar, Ann lhe disse que deveria pedir permissão à anfitriã. Permissão dada, ele desceu e foi brincar com o filho de Bryant, que tinha pouco mais de um ano de idade. Depois do almoço, o grupo foi caminhar perto da Universidade Gadjah Mada, com Barry seguindo à frente. Um grupo de crianças indonésias começou a lançar pedras na direção dele, escondendo-se atrás de um muro e gritando epítetos raciais. Ele parecia indiferente, dançando em volta das pedras como se jogasse queimado "com jogadores invisíveis", lembrou Bryant. Ann não dava sinal de que reagiria. Presumindo que ela não estivesse entendendo as palavras, Bryant se ofereceu para intervir. "Não, ele está bem", ela se lembrou de ter ouvido Ann dizer. "Está acostumado com isso."

"Eu vou lhe contar o que ambos pensamos", Bryant me disse. "Nós estávamos devastados com o fato de ela ter trazido uma criança mulata à Indonésia, sabendo do desrespeito que eles têm por negros. Era terrível, fora do comum. Eu me lembro de pensar: 'Oh, eles são, de longe, mais racistas que nos Estados Unidos.'" Ao mesmo tempo, ela admirava Ann por ter ensinado ao seu menino que não tivesse medo. Uma criança na Indonésia precisava ser criada dessa maneira — para a autopreservação, Bryant concluiu. Ann também parecia estar ensinando respeito a Barry. Ele tinha toda a educação que as crianças indonésias apresentavam em relação aos pais. Ele parecia estar aprendendo os bons modos indonésios.

"Eu acho que essa é uma razão pela qual ele é tão *halus*", Bryant disse sobre o presidente, usando o adjetivo indonésio que significa "educado, refinado ou cortês", listando qualidades que muitos veem como particulares dos javaneses. "É por causa do seu passado indonésio. Eu acho que ele é uma mistura de culturas, e isso o torna mais experiente. Ele tem os hábitos dos asiáticos e os modos dos norte-americanos — ser *halus*, paciente, calmo, um bom ouvinte. Se você não souber ouvir na Indonésia, é melhor ir embora."

A Indonésia ainda estava em estado de choque quando Ann chegou pela primeira vez, em 1967, para três extensos períodos de residência que, em certo ponto, somariam a maior parte da vida adulta dela. Depois de séculos de dominação holandesa, seguidos pela ocupação japonesa e por uma revolução de quatro anos, as 17.500 ilhas que formam o que é hoje a

Indonésia se tornaram uma nação independente em 1949. No início dos anos 1960, a inflação estava em alta, os investimentos externos haviam estagnado e a pobreza era generalizada. As pessoas esperavam em longas filas para comprar itens básicos, como querosene e arroz. O Partido Comunista havia se tornado o terceiro maior do mundo. Em 1963, o primeiro presidente da Indonésia, Sukarno, suspendeu as eleições. No ano seguinte, ele declarou "o ano do *vivere pericoloso*", tomando emprestada a frase em italiano para "vivendo perigosamente" de um discurso de Mussolini. Os detalhes do golpe e contragolpe de 30 de setembro de 1965 ainda são motivo de controvérsia, assim como as minúcias sobre o assassinato em massa que se seguiu. Há uma discórdia em relação a quem planejou o ataque aos generais e com que propósito; e as estimativas do número de comunistas, suspeitos de serem comunistas e outros mortos no banho de sangue posterior, variam de 100 mil a mais de 1 milhão. Mas é notório que vizinhos entregavam vizinhos. De acordo com Adrian Vickers, o autor de *A History of Modern Indonesia*, milícias iam de porta em porta, em vilarejos de Bali, raptando suspeitos, estuprando mulheres e até mesmo transformando crianças em alvo. "A melhor maneira de provar que você não era comunista era se juntar às matanças", Vickers escreve.[1] O exército se tornou a instituição governante no país. Armados com metralhadoras, soldados eram onipresentes em ônibus, trens e prédios públicos. O major-general Suharto, que tomou o poder quando Sukarno foi afastado, exerceu um controle rígido sobre a segurança interna e a vida da comunidade. Julgamentos e prisões se estendiam por anos. Muitos indonésios preferiam jamais falar sobre o que acontecera. Bill Collier, que chegou à Indonésia em 1968 e passou 15 anos fazendo pesquisas sociais e econômicas em vilas, me disse que os pesquisadores eram informados por pessoas que moravam próximas a cursos de água salobra que elas não conseguiam comer os peixes por causa da grande quantidade de corpos na água. Ele se lembrou de quando um desconhecido muito bem-vestido bateu na porta de sua casa, em Bandung, em 1968, uma época em que muitas pessoas com um bom nível de educação perdiam o emprego se fossem suspeitas, mesmo remotamente, de ter laços com comunistas. Os filhos desse homem tinham fome, e ele não tinha comida em casa. Queria, portanto, saber se Collier poderia arrumar um pouco de arroz. Quatro décadas mais tarde, afundado em uma poltrona no hall extravagante de um hotel em Jacarta, onde nos encontramos, Collier se lembrou de ter dito não — um ato de muita estupidez, cuja lembrança o perseguia até aquele dia. "Eu desejei milhares de vezes ter dado a ele todo o arroz estocado em casa", disse.

A megalópole de 16 milhões de homens, de bancos em torres de vidro, shopping centers e bulevares com trânsito parado, onde encontrei Collier, nada tinha a ver com a cidade que dera boas-vindas a Ann Soetoro, uma jovem de 25 anos, e ao seu filho de 6 anos. Jacarta era um tapete de vilas — baixas e espalhadas — entrelaçadas por florestas, campos de arroz e pântanos. Becos estreitos desapareciam em labirintos de casas com telhado de barro no emaranhado das aldeias urbanas chamadas *kampungs*. O centro de Jacarta tinha apenas um hotel alto, construído com reparações de guerra dos japoneses. Alguns bairros, como Menteng e Kebayoran Baru, eram bonitos e arborizados, planejados meticulosamente pelos holandeses. Mas ocupações de terra irregulares se espalhavam perto dos canais, que faziam as vezes de banheiros públicos, lavanderias e esgoto. Durante a longa temporada de chuvas, de novembro a março, canais transbordavam, encharcando barracos de papelão e inundando boa parte da cidade. Carros, ônibus e motocicletas eram escassos. Em sua maioria, habitantes da cidade viajavam a pé, de bicicleta ou jinriquixás motorizados, chamados *becaks*. Quedas de energia eram corriqueiras. Havia tão poucos telefones em funcionamento que, dizia-se, metade dos carros nas ruas estava levando mensagens de um escritório para o outro. "Secretárias passavam horas discando e rediscando números de telefone só para completar a ligação", disse Halimah Brugger, uma norte-americana contratada em 1968 para ensinar música a filhos de executivos de companhias de petróleo estrangeiras e missionários na Jakarta International School. Ocidentais eram raros, negros mais ainda. Mulheres ocidentais chamavam muita atenção. "Eu me lembro de ter causado uma sensação só por atravessar as ruas em um *becak*, usando uma saia curta", Brugger disse. Para viajantes aventureiros que apareciam em Jacarta depois de cruzar Java de carona, não havia mapas nem guias. O Museu Nacional, cheio de antiguidades que datavam até do século IX, estava definhando há décadas. Cartas dos Estados Unidos levavam semanas para chegar ao destino. Estrangeiros enfrentavam todo tipo de desconforto gastrointestinal. Desparasitação era rotina. Nos mercados a céu aberto, onde se comprava comida, a barganha era essencial. "Se você soubesse pechinchar, podia conseguir passar do preço para estrangeiros para o preço chinês", disse Halimah Bellows, outra norte-americana que viveu em Jacarta no início dos anos 1970. "Mas você nunca conseguiria um preço indonésio." Ocidentais precisavam aprender uma virtude primordial: paciência.

Mas, tal como Yogyakarta, Jacarta tinha um encanto mágico, segundo Elizabeth Bryant. Pessoas que eram crianças na cidade, naquele período, incluindo Obama, relembram o som das chamadas para as preces muçulmanas numa época anterior aos sistemas de anúncios públicos, e os sons padrões eram chamados ou ressoados por vendedores de rua, empurrando os seus carrinhos pelos *kampungs*. Burocratas viam os seus dias passarem em meio ao esplendor desbotado das construções coloniais holandesas. Chá ainda era servido no pórtico do velho Hotel des Indes. Ventiladores de teto giravam lânguidos no calor do meio da tarde, e lamparinas de querosene tremeluziam nas casas, revestindo os becos estreitos durante a noite. Para qualquer pessoa que não importasse às forças de segurança do governo, a vida era simples. "Jacarta era muito pacífica naqueles anos", disse Samardal Manan, que chegou em 1967, aos 25 anos, e era um jovem de uma família muçulmana tradicional de uma vila na Sumatra Ocidental. O custo de vida era baixo, e a cidade, amigável e segura. Sendo um indonésio com diploma universitário, ele não teve problema em encontrar um emprego; logo depois disso, pôde comprar uma casa. Para um estrangeiro, era possível chegar à Indonésia consideravelmente ignorante sobre o horror de apenas dois anos antes. "Eu era bastante ingênuo sobre aquela coisa toda", disse Halimah Brugger. "Tudo aquilo já havia acabado na época. Eu nunca me senti minimamente em perigo." Indonésios davam as boas-vindas aos norte-americanos, ela disse. Uma semana depois da chegada, ela estava pagando o equivalente a alguns dólares semanais, mais arroz e sopa, por uma empregada que preparava o café da manhã, passava as suas roupas e trabalhava sete dias por semana. Era, de certo modo, um lugar maravilhoso para criar os filhos. As famílias javanesas adoram, amam e mimam as crianças. Elas têm responsabilidade coletiva, não apenas pelos pais, mas pelos irmãos, primos, tios — por toda a comunidade. "Era como se o mundo inteiro estivesse tomando conta das crianças", disse Brugger, que criou três. Em 1969, a inflação estava sob controle, e a economia, melhorando. O governo lançara uma série de planos quinquenais com o objetivo de modernizar o país. O investimento externo voltou, e a Indonésia em pouco tempo recebia mais ajuda internacional que qualquer outro país, com exceção da Índia. Anos mais tarde, muitos olhariam para trás, para o fim dos anos 1960 e início dos 1970, como um período de lua de mel, escreve Vickers. Restrições à imprensa diminuíram, uma cultura jovem floresceu, a vida cultural e literária se expandiu. Por alguns anos, a Indonésia parecia ter emergido das trevas para uma época de esperança. Era, como alguns comentaram mais tarde, a Primavera de Praga da Indonésia.[2]

A casa em que Ann e Lolo viviam em Jacarta, entre o fim dos anos 1960 e início dos 1970, não era grande nem pobre para os padrões indonésios. Quando Ann chegou, em 1967, Lolo estava no exército, cumprindo o compromisso que tinha feito com o governo em troca de ter sido mandado ao exterior para estudar. Ele foi enviado para Irian Barat, a área contestada que mais tarde se tornaria Papua, a 26ª província da Indonésia. Serviu como membro de uma equipe designada a mapear a fronteira. Uma fotografia tirada em Merauke, um antigo posto militar holandês e uma das cidades mais orientalistas da Indonésia, datada de 30 de julho de 1967, mostra Lolo e nove outros homens de uniformes alinhados ao longo de uma cerca, na frente de uma placa onde se lê "Operasi Tjenderawasih II (Team Survey Perbatasan)" ou "Operação Cenderawasih (Equipe de Pesquisa da Fronteira)". Durante o período em que esteve no serviço militar, o salário de Lolo era baixo. Em sua primeira noite na Indonésia, Ann reclamou mais tarde para um colega, Lolo lhe serviu arroz branco e *dendeng celeng* — tiras secas de javali, que indonésios caçavam nas florestas quando a comida era escassa. ("Eu disse: 'Isso é delicioso! Eu amo isso, Ann'", lembrou a colega Felina Pramono. "Ela disse: 'Estava mofado, Felina.'") O salário de Lolo era tão miserável, Ann brincou mais tarde, que não dava para arcar com o preço dos cigarros (que ela não fumava). Mas Lolo tinha um cunhado, Trisulo, que era vice-presidente de exploração e produção na Pertamina, companhia de petróleo indonésia. Quando Lolo concluiu o serviço militar, Trisulo, que era casado com Soewardinah, a irmã de Lolo, usou os seus contatos em companhias de petróleo estrangeiras que tinham negócios na Indonésia para ajudar Lolo a conseguir um emprego no escritório de Jacarta da Union Oil Company of California. No início da década de 1970, Lolo e Ann tinham se mudado para uma casa alugada em Matraman, uma área de classe média em Jacarta Central, perto de Menteng. A casa era um *pavilyun*, um anexo ao terreno de uma casa principal maior, de acordo com um antigo funcionário, chamado Saman, que trabalhou durante aqueles anos para Lolo e Ann. Ela se estendia em linha reta desde a rua, perpendicularmente à estrada, até chegar a um jardim. Tinha três quartos, uma cozinha, um banheiro, uma biblioteca e um terraço. Como as casas de outros indonésios, que podiam arcar com isso, e de estrangeiros vivendo na Indonésia, ela tinha um grande quadro de funcionários. Duas mulheres, empregadas domésticas, dividiam um quarto; dois homens, um cozinheiro e um empregado doméstico, dormiam no chão da casa ou do lado de fora, no jardim, de acordo com Saman. Os funcionários livravam Ann das obrigações domésticas de um modo que teria sido quase impossível nos Estados Unidos. Havia pessoas para limpar a casa, preparar comida, fazer compras e cuidar das crianças, possibilitando que ela trabalhasse, fosse atrás dos próprios interesses, saísse e voltasse para casa quando quisesse. O quadro de funcionários tornou possível, também, que Ann e Lolo cultivassem os seus próprios círculos profissionais e sociais, que não eram necessariamente os mesmos.

Em 15 de agosto de 1970, logo depois do nono aniversário de Barry e durante o que se tornaria a única visita de Madelyn Dunham à Indonésia, Ann deu à luz Maya no Hospital Saint Carolus, um hospital católico visto pelos ocidentais como o melhor de Jacarta na época. Quando Halimah

Brugger deu à luz no mesmo hospital dois anos mais tarde, ela me disse, o doutor fez o parto sem o luxo de um estetoscópio, luvas ou avental. A médica, uma mulher, estava vestindo um terninho cor-de-rosa. "Quando o bebê nasceu, a doutora pediu ao meu marido o lenço dele", lembrou Brugger. "Depois, ela o enfiou na minha boca e me deu onze pontos sem anestesia."

Ann experimentou três nomes diferentes para a sua nova filha, todos eles em sânscrito, antes de decidir por Maya Kassandra. O nome era importante para Ann, Maya me disse; ela queria "nomes bonitos". Stanley, ao que parece, não estava na lista.

Ann não demorou a encontrar um emprego — tanto para ajudar no orçamento familiar quanto para começar a delinear o que ela faria da vida. Em janeiro de 1968, ela começou a trabalhar como assistente do diretor norte-americano da Lembaga Indonesia-Amerika, uma organização binacional fundada pelo Serviço de Informação dos Estados Unidos e sediada na Agência Norte-Americana para o Desenvolvimento Internacional (Usaid). A sua missão, dizia-se, era promover a amizade intercultural. Ann supervisionava um pequeno grupo de indonésios que davam aulas de inglês a funcionários do governo indonésio e homens de negócios que estavam sendo enviados pela Usaid aos Estados Unidos para fazer faculdade, segundo Trusti Jarwadi, um dos professores que Ann supervisionava. Ann construiu uma pequena biblioteca, composta principalmente de livros de gramática e redação em inglês, para ser usada por professores e alunos. Seria uma atenuação dizer que ela não gostava do trabalho. "Eu trabalhei na Embaixada dos EUA em Jacarta por dois anos horríveis", ela escreveu abruptamente, sem mais detalhes, em uma carta de 1973 ao amigo de Mercer Island, Bill Byers. Obama descreve o trabalho em suas memórias: "Os homens de negócios indonésios não eram muito interessados nas sutilezas da língua inglesa, e muitos se insinuavam para ela. Os norte-americanos eram, em sua maioria, homens mais velhos, carreiristas do Departamento de Estado, o ocasional economista ou jornalista que desapareceria misteriosamente por meses, com uma função na embaixada que nunca ficava muito clara. Alguns deles eram caricaturas do lado negativo do norte-americano, constantemente fazendo piadas sobre indonésios até descobrirem que ela era casada com um."[3] Ocasionalmente, ela levava Barry para o trabalho. Joseph Sigit, um indonésio que trabalhava como gerente do escritório na época, me disse:

— Os nossos funcionários aqui, às vezes, faziam piadas sobre ele porque ele tinha uma aparência diferente: a cor da pele.

— Faziam piadas com ele... ou sobre ele? — eu perguntei.

— Com ele e sobre ele — Sigit respondeu, sem nenhum sinal de constrangimento.

Ann logo seguiu em frente. Aos 27 anos, ela foi contratada para implementar um departamento de negócios e comunicações em língua inglesa em uma das poucas escolas de formação em gestão do país que eram privadas e sem fins lucrativos. O governo Suharto estava embarcando em um plano quinquenal, mas a Indonésia tinha poucos gestores com treinamento para pôr em prática as novas políticas econômicas. A escola, chamada Instituto para Educação em Gestão e Desenvolvimento, ou Lembaga Pendidikan den Pembinaan Manajemen, tinha sido fundada muitos anos antes por um padre jesuíta holandês, padre A. M. Kadarman, com o objetivo de ajudar a construir uma elite indonésia. Era pequena, e os seus cursos tinham poucos inscritos. Em 1970, a Fundação Ford fez a primeira de uma série de doações ao instituto para expandir o quadro de professores e enviá-los para treinamento no exterior. Mais ou menos na mesma época, o padre Kadarman contratou Ann, que havia encontrado um grupo de jovens norte-americanos e britânicos inscritos em um curso intensivo de bahasa, a língua nacional, na Universidade da Indonésia. "Eu acho que ela nos descobriu porque tinha alguma conexão com a Universidade da Indonésia", lembrou Irwan Holmes, um membro do grupo original. "Ela estava procurando professores." Meia dúzia deles aceitou o convite; muitos eram membros da organização espiritual internacional Subud, com residência em um complexo de um subúrbio de Jacarta. O novo departamento de negócios e comunicações de Ann oferecia cursos intensivos em inglês empresarial para executivos e ministros do governo. Ann, que talvez tenha começado a entender bahasa através de Lolo, quando ela ainda estava no Havaí, e passou rapidamente a dominar o idioma quando chegou a Jacarta, treinou os professores, desenvolveu o currículo das aulas, escreveu o material dos cursos e ensinou executivos de alto escalão. Em contrapartida, ela recebia não um simples salário, mas uma porcentagem dos lucros do programa. Poucos indonésios entendiam o potencial do departamento, disse Felina Pramono, uma professora de inglês de Java Central que o padre Kadarman contratou como assistente de Ann e logo promoveu a professora. Mas o programa deslanchou. "Ela era uma mulher muito esperta", Pramono me disse. "Mesmo sendo tão jovem, era muito madura intelectualmente."

Ann se tornou uma professora popular. Para muitos dos estudantes, as aulas eram tanto uma atividade social quanto um aprendizado sério, disse Leonard Kibble, que ensinou em meio período no instituto, no início dos anos 1970. Elas aconteciam no fim da tarde e à noite, depois de os alunos saírem do trabalho. Por haver apenas um mísero canal de televisão estatal à época, Kibble disse, poucas eram as coisas para fazer àquela hora. "Em uma aula como essa, os indonésios podiam rir e fazer piadas", Kibble me contou. "Eles adoravam atuar. Os professores tinham uma atividade chamada 'simulação do personagem', que os alunos chamavam de 'estimulação do personagem'. Alguns estudantes se sentiam, muito ocasionalmente, culpados por rirem tanto dos seus colegas de classe, mas isso não os impedia de fazê-lo." As aulas de Ann, em particular, "podiam ser uma barulheira de gargalhadas do começo ao fim. Ela tinha um senso de humor maravilhoso", disse Kibble. "As risadas nas aulas não vinham apenas dos estudantes indonésios cometendo todo tipo de erro ao tentar falar inglês, mas também de Ann cometendo todos os tipos de erros hilários ao tentar falar indonésio." Em um deslize na sala de aula que Ann se deliciava em contar, ela tentou dizer a um estudante que ele "conseguiria uma promoção" se aprendesse inglês. Em vez de usar a frase *naik pangkat*, ela disse *naik pantat*. A palavra *naik* significa "subir, escalar, crescer"; *pangkat* significa "escalão" ou "posição". *Pantat* significa "nádegas".

Entre os privilégios de trabalhar no departamento de inglês empresarial estavam os lanches, servidos em um lounge lotado de professores, durante a meia hora de intervalo entre as aulas da tarde e da noite. Em indonésio, a expressão *jajan pasar* é usada para os onipresentes lanchinhos caseiros vendidos em bancas de comida e mercados. *Pasar* significa "mercado"; *jajan* significa "lanche". Isso inclui biscoitinhos de frutos do mar, de amendoim, chips fritos da árvore *mlinjo*, feitos de pele de vaca moída misturada com alho, iguarias de doce de batata, de mandioca amassada, tortinhas de farinha doce feitas com sementes de gergelim, arroz grudento temperado com folhas de pândano, arroz negro grudento salpicado com coco ralado e bolos de arroz enrolados em folhas de coqueiro ou de bananeira, só para citar alguns. Outros vinham enrolados em envelopes de folhas de bananeira, engenhosamente fechados com um palito de dente de madeira que fazia as vezes de utensílio descartável (e biodegradável). Ann adorava as comidinhas indonésias — em princípio, talvez, apenas pelo inegável prazer de comê-las, ao qual se adicionou, mais tarde, uma admiração pelas pessoas empreendedoras que as faziam. Na escola, havia croquetes de arroz grudento, *lemper*, com carne no meio; biscoitos de farinha de arroz, chamados *klepon*, com sementes de gergelim na cobertura e açúcar de palma no centro; *nagasari*, feito com bananas, farinha e açúcar cozidos em uma folha de bananeira no vapor; e bolachas holandesas. Os lanches no departamento de Ann eram a inveja de outros departamentos. "Eu acho que a maioria de nós trabalhava lá por causa dos lanches deliciosos", disse Kay Ikranagara, uma norte-americana que conheceu Ann na escola no início dos anos 1970 e se tornou uma amiga próxima. A comida acompanhava cada formatura. Felina Pramono e Ann colaboravam com o cardápio. Em uma ocasião, Pramono pediu um dos seus favoritos: cérebro frito. Ann a instruiu a nunca mais pedir isso de novo.

Ann era uma figura impressionante que não passava despercebida. "Talvez somente a presença dela — o modo como ela se portava", disse Halimah Bellows, que Ann contratou na primavera de 1971. Ela se vestia de modo simples, com pouca ou nenhuma maquiagem, e tinha os cabelos longos, puxados para trás com uma faixa. Para os padrões javaneses, ela era, como diz Pramono, "um pouco robusta para uma mulher". Tinha opiniões fortes — e raramente as amaciava para agradar os outros. Quando descobriu que Irwan Holmes havia organizado um clube onde estudantes pagariam para se encontrar em um café e praticar o inglês em um ambiente informal, ela o demitiu sem aviso prévio, afirmou ele. "Claramente, ela se preocupava com que o empreendimento dela desse certo e não queria que ninguém a impedisse." Pramono, uma católica em um país onde se pede que a religião das pessoas seja identificada em qualquer transação de rotina, como na candidatura a um emprego, sentiu que havia detectado uma característica debochada de Ann em relação à sua religião. "Ela simplesmente sorria, dava uma risada, sabe? E um sorriso de chacota. Eu podia sentir isso", Pramono me contou. Ela optou por não se ofender, porque gostava de Ann e acreditava que ela jamais machucaria alguém intencionalmente. Mas Pramono criou o hábito de evitar o assunto religião. Quando Kay Ikranagara reclamou que os seus estudantes não se dedicavam o suficiente, Ann lhe disse que parasse de levar as lições tão a sério e permitisse que os seus alunos se divertissem. Dessa maneira, eles aprenderiam mais. "Ela estava completamente certa", Ikranagara disse. "Mas ela não era complacente: 'este problema é seu....'"

"Ela acabava comigo", Ikranagara lembrou em um tom que soava quase apaixonado. Ann lhe disse que ela precisava ser mais audaz e forte. Ela debochava da sua inadequação na cozinha. Disse que ela deveria dar à empregada doméstica instruções explícitas, e não simplesmente deixá-la fazer o que quisesse. "Ela era assim com todo mundo: dizia o que estava errado com os outros", disse Ikranagara, que estava bem longe de ser incompetente. (Depois de completar o seu doutorado em 1975, ela seguiu carreira em criação e implementação de grades acadêmicas e programas de treinamento para países em desenvolvimento.) "Eu não acho que ninguém a considerava chata, porque isso era feito de modo muito amoroso", Ikranagara disse. "Você sabia que ela era uma pessoa muito aberta, falante." Membros da família não eram poupados. Alguns anos mais tarde, enquanto Ikranagara se preocupava com a influência do machismo indonésio em seus dois filhos, Ann se inquietava com a pressão para que as meninas indonésias fossem passivas e submissas. "Ela era muito sarcástica em relação ao papel tradicional da esposa indonésia", Ikranagara lembrou. "Ann dizia a Maya para não ser 'banana' desse jeito. Não gostava dessa caricatura passiva da mulher indonésia. E sempre me dizia para não cair nisso."

A franqueza de Ann era um forte contraste ao estilo javanês mais apreciado. Os javaneses valorizam muito manter as relações sociais com aparência suave, eu ouvia repetidas vezes, tanto de indonésios quanto de não indonésios. Preservar a aparência suave é com frequência mais importante do que compreender alguém de modo correto. O significado emerge indiretamente, tanto do que não é dito quanto do que é dito. "Aqui tudo se dá no nível do não dito", disse Stephen des Tombes, que se mudou para a Indonésia em 1971. "Mostrar a sua raiva é considerado infantil. Eles simplesmente não fazem isso."

Felizmente, os indonésios não esperam que os estrangeiros sejam como eles. "Os indonésios são muito generosos e polidos desde que você não seja arrogante demais", disse Des Tombes. "Eles estão dispostos a lidar com todos os nossos pontos fracos ocidentais. Nós somos mais rudes e cortantes, segundo o entendimento deles. Nós somos menos hábeis para compreender o subtexto." No fim das contas, os indonésios se acostumaram a viver em uma sociedade diversa, em que diferenças culturais são comuns. "Eles estão acostumados a lidar com os *bataks*", Ikranagara me disse, referindo-se ao grupo étnico das montanhas de Sumatra do Norte, conhecido, entre outras coisas, por ir direto ao ponto. "Então, eles eram capazes de aceitar Ann como uma espécie de *batak*."

Ann não tinha dificuldade de fazer amigos próximos, inclusive homens indonésios e expatriados. Pelos padrões da sociedade indonésia, assim como da sociedade expatriada, isso talvez fosse pouco usual para uma mulher casada. Mas Ann não parecia se importar. Um deles era Anton Hillman, um indonésio afável, de ascendência chinesa, que acabou se tornando apresentador de um programa de língua inglesa na televisão indonésia e trabalhou como intérprete para a primeira-dama, Ibu Tien Suharto. Ele teria conhecido Ann na Usaid e a teria incentivado a deixar o seu emprego e a seguir em frente na escola de gestão, onde ele trabalhava em meio período. Mohammad Mansur Medeiros, um membro recluso e erudito do Subud de Fall River, Massachusetts, e Harvard, que Ann contratou como

112 • JANNY SCOTT

professor, havia mergulhado tão profundamente na cultura, na língua e na religião javanesas que amigos o apelidaram de Mansur Java. Quando ele morreu, em 2007, amigos se lembraram da sua preferência pela companhia de indonésios comuns — vendedores de rua e motoristas de *becak* — em relação a outros membros do Subud e expatriados. Samardal Manan, um jovem professor ansioso, que seguiu carreira como tradutor da Exxon Mobil, costumava ouvir, embasbacado e em silêncio, as conversas soltas de Ann e Medeiros. "Você pensaria que estavam apaixonados, mas eles não estavam", disse Manan. "Ann era uma pessoa que se tornava próxima, feliz e animada quando conversava com alguém que era igualmente fluente. Eles passavam de um assunto para outro — estudantes, corrupção, política, antropologia. Ela não se importava mesmo com a impressão que os outros teriam."

Manan era novo em Jacarta quando conheceu Ann na organização binacional em que ela trabalhava em 1968. Ele era um jovem inseguro, de pele escura, de uma família muçulmana tradicional, tentando ser alguém na cidade grande. Faltava a ele a autoconfiança necessária para lidar com pessoas que considerava serem de status mais alto. Ele tinha estudado inglês em uma faculdade de pedagogia em Bukittinggi, fundada pela Fundação Ford, onde encontrara pela primeira vez voluntários dos Corpos da Paz. "Nós, indonésios, admirávamos norte-americanos, especialmente as mulheres", lembrou Manan. "Nós sabíamos que os norte-americanos eram um povo muito civilizado, muito educado, muito inteligente. Havia muitas coisas que podíamos aprender." Ann era um ímã para as pessoas, inclusive ele. Décadas mais tarde, ele se lembrava dela, das conversas que tiveram, com detalhes vívidos. Ela o incentivava a ser mais confiante, expressivo e extrovertido. Dizia que ele se preocupava demais. Encenou um programa televisivo de entrevistas de brincadeira e o entrevistou na frente dos colegas de classe. Eles falavam frequentemente sobre a Indonésia. Ela lhe disse que admirava os *bataks* da Indonésia por sua franqueza, pragmatismo e disposição para assumir responsabilidades. Também deixou claro que detestava a corrupção. "Ela disse que a única maneira de resolver esse problema era através da educação e de fazer as pessoas compreenderem que a corrupção era ruim", disse Manan. "Eu acredito que ela ensinava isso aos estudantes porque falava o que estava em sua mente de uma maneira muito livre."

Kay Ikranagara, uma das amigas mais próximas de Ann, era filha de um economista desenvolvimentista da Universidade da Califórnia que havia lecionado na Universidade da Indonésia no fim dos anos 1950. Ela tinha vivido em Jacarta quando adolescente. Estudara antropologia e linguística em Berkeley nos anos 1960, onde foi presa por ativismo político, depois voltou a Jacarta, onde conheceu o marido, Ikranagara, à época um jornalista freelance e ator. Ela conheceu Ann quando dava aulas em meio período na escola de administração e escrevia a sua dissertação em linguística. Elas tinham muito em comum: maridos indonésios, diplomas em antropologia, bebês nascidos no mesmo mês, opiniões forjadas pelos anos 1960. Eram menos preocupadas do que os outros sobre as fronteiras entre culturas, Kay Ikranagara me contou, e rejeitavam o que viam como a hipocrisia da geração anterior em relação à questão da raça. "Nós tínhamos as mesmas atitudes", ela lembrou. "Quando conhecíamos pessoas que trabalhavam para companhias de petróleo ou para a embaixada, elas pertenciam a uma cultura diferente da minha e de Ann. Nós sentíamos que eles não se misturavam com indonésios, eram parte de uma cultura norte-americana insular." Funcionários pareciam ser os únicos indonésios que esses norte-americanos conheciam.

Mas, no início dos anos 1970, o novo emprego de Lolo o havia mergulhado naquela cultura de empresas de petróleo. Firmas estrangeiras fazendo negócios na Indonésia tinham de contratar e treinar parceiros indonésios. Em muitos casos, a prática era vista por alguns como uma fraude: companhias contratavam um diretor indonésio, pagavam-lhe bem e davam pouco ou nada para fazer. Trisulo, o cunhado de Lolo, me contou que não lembrava a natureza exata do trabalho de Lolo na Union Oil. Talvez tenha sido "relações governamentais", disse o seu filho, Sonny Trisulo. O que quer que fosse, o emprego de Lolo incluía socializar com executivos de companhias de petróleo e suas esposas. Ele entrou para o Clube de Petróleo Indonésio, um clube privado em Jacarta Central para os funcionários das empresas de petróleo e as suas famílias, que oferecia

114 • JANNY SCOTT

piscina, tênis, jantares e salões para recepções. Ann, como esposa de Lolo, deveria socializar também. A incapacidade dela de fazer isso se refletia negativamente nele. "É a sociedade que pede isso", disse Ikranagara. "O seu marido deve frequentar eventos sociais com você ao lado, vestindo *kain* e *kebaya*", uma roupa que consistia na tradicional blusa justa, de mangas compridas, e de em tecido envolto na parte de baixo do corpo. "Você deve se sentar com as mulheres e conversar sobre os seus filhos e os seus empregados."

Ann se esquivou disso.

"Ela não entendia essa turma — a ideia de viver uma vida expatriada que era completamente à parte do mundo ao seu redor, que envolvia se esconder em uma dessas redomas de vidro", disse Maya. "Isso era característico dela, e ela estava cansada daquilo tudo." Ann reclamou para o seu amigo Bill Collier que todas aquelas norte-americanas brancas de meia-idade falavam sobre coisas fúteis. Lolo, disse ela a Collier, "estava se americanizando a cada dia". De vez em quando, o jovem Obama ouvia Lolo e Ann discutindo no quarto sobre a recusa de Ann em comparecer aos jantares das companhias de petróleo, nos quais, ele escreve em *A origem dos meus sonhos*, "homens de negócios do Texas e da Louisiana davam tapinhas nas costas de Lolo e se vangloriavam de ter molhado algumas mãos para obter os direitos de exploração de um novo poço de petróleo, enquanto as suas esposas reclamavam para a minha mãe sobre a qualidade do serviço doméstico indonésio. Ele lhe perguntava o que as pessoas iam pensar de ele ir sozinho e a lembrava de que esse era o povo dela, e a voz da minha mãe se erguia até parecer quase um grito".

"Eles não são o meu povo."[4]

A relação entre Ann e Lolo parece ter começado a se deteriorar antes mesmo de Lolo aceitar o emprego na companhia de petróleo. Como Obama descreve, alguma coisa havia acontecido entre eles no ano em que ficaram separados. Lolo era cheio de vida no Havaí, encantando Ann com histórias da sua infância e da luta pela independência, confidenciando a ela os planos de voltar ao seu país e lecionar na universidade. Agora, ele praticamente não falava com ela. Em algumas noites, ele dormia com uma pistola debaixo do travesseiro; em outras, ela o ouvia "vagando pela casa com uma garrafa de uísque importado, remoendo os seus segredos". A solidão de Ann era uma constante, Obama escreve, "como uma falta de ar".[5]

Os colegas de Ann perceberam. Às vezes, ela parecia completamente infeliz. Quando um colega professor perguntou sobre o seu marido, ela respondeu, de modo rude: "Eu nunca sou consultada. Sou comunicada." Trusti Jarwadi, um dos professores que Ann conheceu em seu primeiro emprego, percebia que havia alguma coisa errada, mas tinha medo de violar a privacidade de Ann fazendo perguntas a ela. Refletindo sobre o seu casamento alguns anos mais tarde, Ann disse à sua amiga indonésia Yang Suwan, de um jeito meio amargo: "Você não sabe que não se discute ou se debate com uma pessoa javanesa? Porque problemas não existem para pessoas javanesas. O tempo vai resolver os problemas."

Ann não tinha como saber em que estava se metendo, disse outra amiga próxima nos anos 1980, Renske Heringa, uma antropóloga holandesa que também se casara com um homem que era meio-indonésio. "Ela não sabia, assim como eu sabia muito pouco, sobre como os homens indonésios mudam repentinamente quando a família deles está por perto", ela disse. "Os homens indonésios gostam que as mulheres sejam tranquilas e abertas no exterior, mas, quando você chega à Indonésia, os pais estão lá e você tem de se comportar. Você tem de ser a esposazinha... Não deve se fazer notar, além de ter que estar sempre bonita. Quando eu conheci Ann, ela era uma mulher robusta. Ela não ligava para roupas, joias, da mesma maneira que as mulheres indonésias. O estilo dela era outro. Ele esperava que ela cedesse. Esse é um dos motivos pelos quais ela não foi até o fim. Ela se recusava absolutamente. Eu entendo por que ele não pôde aceitar isso."

Ann também reunira os fragmentos de certas informações sobre o que havia acontecido na Indonésia em 1965 e, logo depois, a partir de pormenores que as pessoas deixavam escapar. Homens empregados na embaixada lhe contavam histórias que jamais apareceriam nos jornais indonésios, de acordo com o relato de Obama em *A origem dos meus sonhos*. Os novos amigos indonésios falavam com ela sobre a corrupção em agências do governo, extorsões da polícia e de militares, o poder da equipe do presidente.

Quando ela perguntava a Lolo sobre isso, ele não falava. De acordo com Obama, um primo de Lolo, finalmente, explicou a Ann as circunstâncias do retorno não planejado do Havaí. Ele havia chegado a Jacarta sem saber o destino que lhe era reservado. Ele foi levado para um interrogatório e, então, comunicado que fora recrutado e iria para a selva da Nova Guiné por um ano. Estudantes retornando do bloco de países soviéticos tinham sido presos ou haviam até mesmo desaparecido. De acordo com Obama, Ann concluiu que "o poder havia levado Lolo e o colocado de volta na fila, justamente quando ele pensava ter escapado, fazendo com que ele sentisse o peso, deixando claro que a sua vida não lhe pertencia".[6] Em resposta, Lolo fizera as pazes com o poder, "aprendera a sabedoria de esquecer; assim como havia feito o seu cunhado, ao ganhar milhões como funcionário de alto escalão em uma companhia de petróleo".

Lolo havia decepcionado Ann — do mesmo modo que Stanley havia decepcionado Madelyn. Se Lolo trabalhava em "relações governamentais" para a companhia de petróleo, o que isso implicava? Onde fica a linha entre favor e corrupção? Talvez a natureza das atividades profissionais de Lolo fosse ambígua. Mas, havendo qualquer sugestão de alguma coisa questionável para Ann, seria impossível que ela tivesse um interesse positivo em relação ao trabalho dele. "Ela estava chateada", Suwan lembrou. "Como poderia uma pessoa inteligente tomar essa posição?" Ela disse: "Suwan, depois de ele fazer aquilo, todo o meu respeito se foi." Carol Colfer, outra amiga antropóloga, disse que Ann chegou à conclusão de que Lolo jamais entenderia as suas motivações e valores. Na Indonésia, disse Colfer, "para fazer negócios há muita corrupção. Mesmo que ele tenha decidido, de coração aberto, não ser corrupto, não acredito que, naquele contexto, se pudesse manter um emprego como o dele se não estivesse disposto a ser corrupto".

Houve outras tensões, também.

Certa manhã, em janeiro de 2009, eu conheci Felina Pramono, a antiga assistente de Ann, em uma sala de conferências na escola de administração para a qual Ann trabalhara. Uma mulher miúda, alegre, vestida em um paletó turquesa de alfaiataria, com pesponto preto, ela falava um inglês impecável com sotaque britânico bastante característico. Em uns poucos minutos de entrevista, um homem em seus quase 60 anos entrou na sala e me foi apresentado como Saman, um dos empregados mais antigos da escola. Falando em bahasa, com a tradução de Pramono, ele me disse que trabalhou como empregado doméstico para Lolo e Ann no início dos anos 1970, e logo depois conseguiu, com a ajuda de Ann, um emprego como zelador da escola. Um dos sete filhos de uma família de fazendeiros, Saman havia se mudado para Jacarta quando adolescente à procura de emprego. Quando ele trabalhava para Ann e Lolo, os seus deveres incluíam cuidar do jardim; tomar conta de uma tartaruga, um cachorro, um coelho e um passarinho de estimação; e levar Barry para a escola de bicicleta ou *becak*. Ann e Lolo pagavam um bom salário a Saman e tratavam igualmente os quatro membros do quadro de empregados. Saman se lembrou de Lolo como alguém sério e de Ann como uma pessoa com bom coração. Quando ele, acidentalmente, bateu de frente no aquário que Lolo usava para peixes de água doce, Lolo insistiu que Saman pagasse, para substituí-lo, as 4 mil rupias que ele valia, o equivalente a dois meses de salário. Se Ann ficasse sabendo, Saman acreditava, ela talvez tivesse se oposto à punição. "Ela não teria coração para isso", Pramono explicou, traduzindo para Saman. "O seu senso social, o seu senso para ajudar os outros, era tão grande que ela nunca teria permitido isso."

Às vezes, o descaso de Ann com a necessidade de manter as aparências se somava aos problemas entre ela e Lolo. Ela terminava de dar aulas às 9 da noite e por vezes só voltava para casa depois de meia-noite, disse Saman. ("Depois de quatro horas de aula, Ann ainda tinha apetite para mais interação social", me contou Leonard Kibble, um colega professor.) Até onde Saman sabia, ela quase não dormia. Ficava acordada, datilografando e corrigindo o dever de casa de Barry, e se levantava antes do amanhecer. Em uma ocasião, Saman disse: "Ela chegou tarde em casa, com um estudante, mas o estudante não viu muito bem onde ficava a casa dela. Então, ele a deixou perto de casa, e Soetoro ficou maluco por causa disso." Uma briga começou, e Saman ouviu, por alto. "Ele disse: 'Avisei um monte de vezes. Por que você ainda está fazendo isso?'", Saman se lembrou. Lolo se referiu a uma testemunha da vizinhança. Se a preocupação de Lolo era a infidelidade ou simplesmente o que os outros achariam, Saman não deixou claro. Depois da briga, ele disse, Ann apareceu na casa com uma toalha pressionada no rosto e sangue correndo do nariz. É difícil saber como interpretar uma lembrança de quase 40 anos. O confronto ocorreu perto, de um ponto em que se ouvia a briga, mas fora do alcance da visão dele. Ninguém mais que eu entrevistei sugeriu que tenha havido violência entre Ann e Lolo, um homem que muitos descreveram como paciente e de temperamento doce. Mas a história de Saman sugere, no mínimo, uma tensão crescente no casamento.

Com os seus filhos, Ann se propôs a ser mais fisicamente afetiva do que a sua mãe havia sido com ela, disse a um amigo. Ela era afetuosa e dizia "Eu te amo", de acordo com Maya, centenas de vezes por dia. "Ela amava estar com crianças — qualquer criança —, colocá-las no colo, fazer cócegas ou brincar com elas e examinar as mãos delas, rastreando o milagre formado por osso, tendão e pele, e deliciando-se com as verdades que encontrava ali", o seu filho escreveria muitos anos mais tarde.[7] Ela era brincalhona — fazendo artesanatos de cerâmica, tecendo artigos de decoração, fazendo projetos de arte que se espalhavam pelo quarto. "Eu acho que nos beneficiamos muito do foco que ela tinha quando estávamos com ela, quando estava ao nosso lado", Maya me contou. "E isso fazia as ausências doerem um pouco menos." Ela não era rígida em relação à hora de dormir, disse Kadi Warner, que, com John Raintree, então o seu marido, morou com Ann por vários meses, quando Maya tinha 9 anos, mas ela insistia em que as crianças acordassem cedo. Ela preferia humor a bronca. Onde quer que os filhos dela estivessem envolvidos, ela era levada às lágrimas com facilidade, e ocasionalmente falava sobre eles com os amigos. Ela levava o papel de mãe muito a sério, e ao mesmo tempo deixava claro, às vezes em tom jocoso, o limite da sua influência. Como disse a uma amiga indonésia, Julia Suryakusuma: "Uma das áreas em que fracassei como mãe foi que eu não consegui convencer os meus filhos a usar o fio dental." Ao mesmo tempo, Ann era exigente em relação àquilo que acreditava serem as coisas mais importantes. Isso incluía honestidade, trabalho duro e cumprimento das obrigações com os outros. Richard Hook, que trabalhou com Ann em Jacarta, no fim dos anos 1980 e início dos 1990, disse que ela lhe contou que havia trabalhado para instilar em seu filho ideias sobre serviço público. Por causa da inteligência e educação dele, ela queria que Barry tivesse um senso de obrigação de dar algo de volta ao mundo. Queria que ele começasse, disse Hook, pelas atitudes e valores que havia levado anos para aprender.

"Se você quer crescer e se tornar um ser humano", Obama se lembrou de ela dizer, "vai precisar de alguns valores."[8]

> Honestidade — Lolo não deveria ter escondido a geladeira no depósito quando os fiscais da Receita vieram, mesmo que todo mundo, incluindo os próprios fiscais, esperasse coisas do tipo. Justiça — os pais de um estudante mais rico não devem dar aparelhos de televisão aos professores durante o Ramadã, e os seus filhos não podem se orgulhar das notas mais altas do que as que poderiam ter recebido por isso. Falar diretamente — se você não gostou da camisa que comprei para você no seu aniversário deveria ter falado, em vez de enfiá-la no fundo do armário. Julgamento independente — só porque os outros implicam com o menino pobre por causa do cabelo dele, não significa que você deva implicar também.

Se alguns dos valores de Ann parecem do centro-oeste norte-americano, como sugere Obama, alguns também eram javaneses. Em uma pesquisa acadêmica detalhada sobre sociedade e cultura javanesas, um antropólogo da Universidade da Indonésia chamado Koentjaraningrat incluiu, em uma lista de virtudes humanas ideais,[9] "manter boas relações com os outros, ajudando o quanto for possível, dividindo as suas coisas com os vizinhos, tentando entender os outros e colocando-se no lugar deles".

Quando preciso, segundo dois relatos, Ann estava disposta a reiterar a mensagem. Don Johnston, o seu colega de trabalho no início da década de 1990, que algumas vezes viajou com ela pela Indonésia, chegando a morar na mesma casa, sugeriu-me que a ética do presidente Obama refletia os padrões de Ann. "Ela falava sobre disciplinar Barry, até mesmo dar palmadas nele quando realmente merecesse", lembrou Johnston. Saman, falando em indonésio com tradução de Felina Pramono, disse que, quando Barry deixou de terminar um dever de casa enviado do Havaí por sua avó, Ann "o chamou até o quarto e bateu nele com o cinto de militar do pai". Mas quando perguntei mais tarde ao presidente Obama, por intermédio de uma porta-voz, se a sua mãe já havia usado castigos físicos para reforçar um argumento, ele respondeu que nunca.

Certa noite, na casa em Matraman, disse Saman, ele e Barry se preparavam para dormir. Eles frequentemente dormiam no mesmo lugar — às vezes no beliche do quarto de Barry, às vezes no chão da sala de jantar ou no jardim. Nessa ocasião, Barry, que tinha 8 ou 9 anos na época, pedira a Saman para apagar a luz. Quando Saman não o fez, Barry bateu no peito dele. Ele não reagiu, então Barry bateu mais forte, e Saman bateu de volta. Barry começou a chorar alto, chamando a atenção de Ann. Ela não respondeu. Parecia saber que Barry estava errado. Caso contrário, Saman não o teria atingido.

"Nós não tínhamos permissão para sermos rudes, não tínhamos permissão para sermos maus, não tínhamos permissão para sermos arrogantes", Maya me disse. "Tínhamos de ter certa humildade e cabeça aberta. Tínhamos de estudar. Se dizíamos algo pouco amável sobre alguém, ela tentava argumentar sob o ponto de vista da pessoa: 'Como você se sentiria?' Barack já mencionou que ela sempre lhe dizia: 'Bem, como você se sentiria se X, Y e Z? Como isso faria você se sentir?' De certa forma isso nos compelia a um sentimento de empatia, esse tipo de coisa, e não permitia que fôssemos egoístas. Era uma coisa constante, frequente, diária."

Era claro para muitos que Ann julgava que Barry, em particular, era incrivelmente talentoso. Ela se vangloriava da inteligência dele, das suas conquistas, de quão corajoso e ousado ele era. Felina Pramono sentia que Ann tinha planos para ele. Benji Bennington, do East-West Center, me disse: "Às vezes, quando falava sobre Barack, ela dizia: 'Bem, o meu filho é tão brilhante que ele pode fazer qualquer coisa que quiser no mundo, até mesmo ser presidente dos Estados Unidos.' Eu me lembro de ela dizer isso." Samardal Manan lembrava de Ann afirmar algo semelhante — que Barry poderia ser, ou talvez até quisesse ser, o primeiro presidente negro. "O que você quer ser quando crescer?", Lolo perguntou a Barry uma noite, segundo Saman, o empregado da casa. "Ah, primeiro-ministro", respondeu Barry.

O mais importante para Ann, como mãe, era a educação dos filhos — do mesmo modo que isso havia sido importante para gerações dos seus antepassados do Kansas. Mas isso não era simples. Pelo fato de viverem na Indonésia, ela queria que os filhos conhecessem o país, tivessem amigos indonésios, e não que crescessem em uma redoma de expatriados. Ao mesmo tempo, desejava que eles tivessem as oportunidades que ela teve, incluindo a chance de frequentar uma grande universidade. Para isso, precisavam ser academicamente preparados. As escolas indonésias no final dos anos 1960 e início dos 1970 eram inadequadas. Não eram suficientes, o governo controlava o currículo, os professores eram mal treinados. Eles ganhavam tão pouco que muitos tinham outros empregos, dividindo o tempo, a energia, a atenção. Os ocidentais mandavam seus filhos para a Jakarta International School, que oferecia o que muitos diziam ser uma educação de excelência. Mas a escola era cara e tinha poucas vagas. O dinheiro para sua fundação havia sido conseguido pela venda de ações para instituições como a Fundação Ford. As vagas iam para filhos de diplomatas, executivos de empresas estrangeiras e empregados de organizações internacionais, incluindo a Ford. Sem um emprego em uma dessas instituições, poucas pessoas conseguiam matricular os filhos ou pagar as mensalidades. Além disso, eram poucos indonésios na escola. Se é que havia algum. Não existiam muitas opções educacionais em Jacarta que oferecessem o que Ann procurava. Quando Maya tinha cerca de 5 anos, Ann a inscreveu em um grupo de encontros entre crianças multinacionais e bilíngues, organizado pela esposa de um pastor norte-americano em uma grande casa de Kebayoran Baru. Kay Ikranagara também inscreveu o filho, Inno. Alguns professores eram ocidentais; outros, indonésios. Maya e Inno eram fluentes em ambas as línguas, pois falavam indonésio com os pais e inglês com as mães, e ambos os idiomas com as suas professoras. Mas esse tipo de escola em Jacarta era difícil de encontrar.

Para Barry, Ann tentou duas escolas indonésias, uma católica e outra muçulmana. Apesar de mais tarde mandá-lo de volta para o Havaí, as experiências de uma educação indonésia não deixaram de registrar suas marcas. Michael Dove, que conheceu Ann quando eram ambos antropólogos trabalhando em Java nos anos 1980, me disse que ele descobriu, como um norte-americano alérgico dando aulas em Java, que espirrar era exibir uma desagradável falta de autocontrole. Os javaneses, em especial os de Java Central, davam muito valor ao autocontrole, disse Dove: "Você demonstra uma força interior por não trair as suas emoções, não falar alto, não se mover aos arrancos." O autocontrole é inculcado em parte em escolas da indonésia, Kay Ikranagara e o seu marido me disseram. E isso é feito através de uma cultura de implicância. "As pessoas debocham da cor da pele o tempo todo", Kay Ikranagara disse. Ter pele escura é uma coisa negativa — assim como ser gordo ou ter cabelo cacheado. Se uma criança se incomoda com a implicância, as outras implicam ainda mais. Se ela a ignora, isso para. O marido de Kay, Ikranagara, que cresceu em Bali, disse que sofria com o deboche dos outros por ser magro demais. Ele aprendeu a compensar isso sendo esperto. "O nosso embaixador disse que foi onde Barack aprendeu a ser calmo", Kay Ikranagara me contou. "Se ficar zangado e reagir, você perde. Se aprender a rir e aceitar sem qualquer reação, vence."

Como Obama conta, a atitude de Ann em relação ao seu futuro mudou gradualmente.

> Ela sempre incentivou a minha rápida aculturação na Indonésia: isso fez com que me tornasse mais autossuficiente, menos exigente quando o orçamento estava apertado e extremamente bem-educado em comparação com outras crianças norte-americanas. Ela me ensinou a desdenhar a mistura de ignorância e arrogância que frequentemente caracteriza norte-americanos no exterior. Mas ela agora havia tomado conhecimento, assim como Lolo, do abismo que separava as oportunidades de vida de um norte-americano das de um indonésio. Sabia em que lado dessa divisão ela queria que os filhos estivessem. Eu era um norte-americano, ela decidira, e a minha vida verdadeira estava em outro lugar.[10]

Os esforços de Ann para preparar Barry para o seu retorno à escola no Havaí são objeto de uma história com frequência repetida em *A origem dos meus sonhos* e recontada ocasionalmente nos discursos do presidente Obama. A história diz respeito ao que Obama descreve como uma prática comum na estrutura familiar de Jacarta (uma prática que Saman, o empregado doméstico, disse não recordar). Cinco dias por semana, escreve Obama, Ann entraria em seu quarto em Jacarta às 4 da manhã e o obrigaria a tomar o café da manhã e também lhe ensinaria lições de inglês por três horas antes de ele sair para a escola. Quando ele resistia, Ann lhe dizia: "Isso também não é divertido para mim, meu chapa."[11]

No início de 1971, Ann contou a Barry, então com 10 anos, que ele ia retornar para o Havaí. Ele viveria com os avós em Honolulu e frequentaria a Punahou Academy, uma respeitada escola a alguns metros de distância do apartamento dos Dunhams. A sua inscrição havia sido aceita, segundo Obama, somente após a intervenção de um ex-aluno que vinha a ser chefe de Stanley. Ele escreveu: "Era hora de eu frequentar um colégio norte-americano, ela disse. Eu já havia feito todas as lições do meu curso por correspondência. Ela e Maya iam me acompanhar em breve — em um ano, no máximo —, e ela tentaria chegar a tempo do Natal."[12] O irmão de Madelyn, Charles Payne, me disse que suspeitava que Madelyn tivesse influenciado essa decisão. "Madelyn sempre teve uma grande preocupação com que Barack tivesse uma boa educação", ele disse. "Eu acho que era a defesa dela contra a mistura racial dele — que a educação solucionaria qualquer problema que isso viesse a trazer."

Ann, também, talvez tenha se questionado se foi sábia a sua decisão de levar Barry para a Indonésia naquele momento. Yang Suwan, a sua amiga indonésia, se lembrou de Ann uma vez ter dito algo do gênero: "Ela disse que, se soubesse antes, não teria vindo e trazido Barack." Em *A audácia da esperança*, Obama escreve: "Anos mais tarde, a minha mãe insistiria em que, se ela soubesse o que aconteceria nos meses seguintes, jamais teríamos feito a viagem."[13]

Agora, ela o estava despachando, sozinho, em uma viagem de meio caminho ao redor do mundo. Como ele descreveu o bota-fora mais tarde,

124 • JANNY SCOTT

em *A origem dos meus sonhos*, um copiloto indonésio que era amigo de Ann o escoltou até o avião, "enquanto ela, Lolo e a minha irmã mais nova, Maya, ficaram no portão".

A decisão de Ann de se casar com Lolo havia requerido que ela extirpasse Barry, aos 6 anos, e o transplantasse para Jacarta. Agora, ela o estava extirpando novamente, aos 10, e enviando de volta. Ela o seguiria até o Havaí apenas para deixá-lo novamente, menos de 3 anos mais tarde. Quando nos falamos, Obama lembrou esses deslocamentos em série. Ele disse que na época tinha menos consciência do preço que eles custariam do que teria muitos anos mais tarde.

"Eu acho que foi mais difícil para um menino de 10 anos do que ele se permitiria admitir na época", disse Obama, colado em uma cadeira no Salão Oval e falando de sua mãe com um misto de afeição e distanciamento crítico. "Quando nós fomos separados novamente, na época do ensino médio, eu já tinha idade suficiente para dizer: 'Esta é minha escolha, minha decisão.' Mas, sendo um pai agora e olhando para trás, eu posso ver — sabe de uma coisa? Isso seria difícil para uma criança."

Os anos em Jacarta haviam deixado marcas em todos eles. Para Ann, que voltaria seguidas vezes como antropóloga e consultora de desenvolvimento nos próximos 25 anos, a experiência dera uma poderosa noção sobre a vida de indonésios comuns, que poucos conselheiros ocidentais jamais estariam em posição de conquistar. Ela nunca adotaria o que Yang Suwan acreditava ser uma atitude típica dos expatriados — ambição, arrogância e uma insistência em ter a última palavra. Ela jamais se tornaria uma dessas apaixonadas "viciadas em Java" ou "maníacas por Java". Ela havia atravessado um período negro na história do país. Vivera como uma mulher indonésia, preocupada em alimentar, proteger e educar os seus filhos. Como Yang diz: "Ela sabia como resolver problemas que outros expatriados nem sequer sabiam existir."

Barry também havia sido transformado de um modo que perduraria por toda a vida, para o bem ou para o mal. Colega de Ann na Indonésia no final dos anos 1970, John Raintree, que criou os seus dois filhos no exterior, disse que Ann, pelas escolhas que fez, deu a Barry não uma, mas duas experiências importantes: primeiro, ela lhe ofereceu uma aventura extraordinária e a chance de se expandir e se fortalecer por viver além-mar; depois, ao permitir que ele voltasse aos Estados Unidos e passasse a adolescência lá, ela lhe deu a chance de começar a desenvolver a sua identidade de norte-americano.

Poucas semanas antes das eleições presidenciais de 2008, eu viajei até New Haven, Connecticut, para encontrar Michael Dove, um professor de antropologia em Yale e amigo de toda a vida de Ann. Dove havia passado os seus 20 e poucos anos em Kalimantan; os seus 30 e poucos em Java e no Paquistão; os seus 40 no Havaí — e havia convivido com Ann em quase todos esses lugares. A vida expatriada tem as suas vantagens, ele me contou: é excitante, tem esperanças ilimitadas, você deixa coisas para trás. Você está em um limbo além-mar. "Eu não sabia quantos problemas familiares tinha até voltar da Ásia", ele disse. Os seus valores norte-americanos ficam mais claros, ele sugeriu. Você pensa sobre eles sob perspectivas diferentes. Dove andava refletindo sobre a ideia de que Lolo tivesse se tornado mais norte-americano e Ann, mais javanesa. "Eu acho que é mais complicado que isso", ele disse. "Por estar se tornando mais javanesa, ela estava adquirindo mais discernimento sobre o que significava ser norte-americana, tanto no lado bom quanto no ruim. Porque, é claro, nós nunca nos tornamos javaneses. Isso está além de nós."

5

Invasores serão comidos

No verão de 1973, Ann aterrissou em solo norte-americano pela primeira vez em onze anos. Ela tinha 30 anos, estava terminando o seu primeiro ano como estudante de pós-graduação na Universidade do Havaí, divorciada de um marido, separada de outro, mãe solteira de duas crianças em viagem de cinco semanas cruzando as estradas do país com os seus filhos e sua mãe. "Bastante cansativo", ela escreveu para um amigo, "especialmente porque viajamos de ônibus a maior parte do trajeto." Parando primeiro em Seattle, Ann visitou Jackie Farner, a única colega do colégio com quem ainda mantinha contato. Como Ann, Jackie havia feito algumas escolhas de vida heterodoxas: mudar-se para uma área rural do Alasca para ser professora, viver em uma cabana feita de toras, casar-se com um nativo das ilhas Aleutas. Em uma viagem de um dia pela cordilheira das Cascatas, Barry e Maya viram neve pela primeira vez. Depois, seguiram em direção ao sul pela costa oeste, passando pela Califórnia, cruzando o deserto até o Arizona e chegando ao Grand Canyon. Seguiram, então, no sentido leste para Kansas City e Chicago, passando, por fim, pelo Parque Nacional de Yellowstone e por São Francisco, no caminho de volta para casa, em Honolulu. "Para falar a verdade, eu fiquei surpresa ao

UMA MULHER SINGULAR • 127

perceber que vimos poucas mudanças", escreveu Ann. "Mais calças jeans, acampamentos e bigodes, mas a área rural, no entorno de Seattle, está mais ou menos a mesma coisa." Em Kansas City, eles se acomodaram na área de recreação no sótão de Arlene Payne, irmã de Madelyn, que estava dando aulas na Universidade do Missouri. Jon Payne chegou do Colorado. Ele não via Ann desde os meses que passou no sofá dos Dunhams, em Mercer Island, 16 anos antes. Eles ficaram alguns dias juntos, conversando e jogando dardos. Jon se aventurou no calor escaldante para levar Barry e Maya a um jogo de beisebol. Jon estava impressionado com a evidente alegria de Ann, o orgulho que ela sentia dos filhos, a confiança que havia adquirido. Ela era, de certa forma, uma pessoa diferente daquela de que ele se lembrava. Tendo administrado as turbulências dos anos em que ficaram sem se encontrar — a gravidez aos 17, a criação de filhos birraciais, os anos em Jacarta —, ela parecia ter se encontrado.

Quando voltou a Honolulu, no começo de agosto, Ann escreveu uma longa carta a Bill Byers, o homem ao volante do Cadillac conversível na fatídica aventura à região da baía de São Francisco. Ela lhe havia telefonado durante a viagem de ônibus, mas o encontrou no momento em que ele terminava um casamento, enfrentava a morte do pai e não estava em clima de conversa. A carta era bem-humorada, ingênua, informal, repleta de piadas consigo mesma, mordaz, gentilmente implicante e emocionalmente direta. "Se você puder achar um espaço neste seu coração RANZINZA para me rabiscar um bilhete, eu ficaria extasiada!", ela escreveu. "Com certeza, dos últimos doze anos você poderia pelo menos escolher algumas histórias para me contar. No fim das contas, eu não sou uma crítica rígida, tendo eu mesma, por vezes, feito besteiras solenes." Ela anexou duas fotografias, uma dos filhos e uma dela vestindo um *dashiki* preto com detalhes em laranja fosforescente e um par de óculos escuros grandes, seu cabelo castanho volumoso solto por cima de um dos ombros. "Gostaria de uma sua, se você tiver sobrando", ela anotou em um adendo, solicitando uma foto. "Não importa se você estiver careca e gordo ou magro e cheio de cabelo. Eu também engordei cerca de sete quilos desde que voltei da Ásia."

Ela contou o itinerário das viagens de ônibus, depois descreveu, com um divertimento cáustico, um encontro por acaso no coração de Honolulu com certo "rapaz bastante aborrecido, de rosto redondo", um conhecido em comum que havia se tornado um comerciante de relativo sucesso. "Com os dedos brilhando com diamantes e rubis, ele me ofereceu uma carona em sua limusine e me deu um convite para um desfile de moda que estava organizando naquela tarde", ela escreveu em linhas fluidas e confusas. "Não fiquei muito animada, já que naquele dia eu estava usando o vestido mais largo e desleixado que tenho, um coque desarrumado e chinelos de borracha, e estava com uma aparência péssima (eu acredito que as palavras que ele disse quando me viu foram, precisamente: 'Ora, ora, olhe só para você!'). Eu podia ter dado uma surra nele, mas não valeria a pena (e alguma coisa vale?)" Relembrando os acontecimentos mais recentes de sua vida repleta de acontecimentos, ela passou rapidamente pelo assunto do segundo casamento. "Eu voltei a me casar com um geógrafo indonésio", ela escreveu e depois deixou o assunto de lado abruptamente. Arriscou um palpite sobre o seu futuro: "Recentemente, ganhei uma bolsa do East-West Center que vai me segurar, embora muito modestamente, durante o meu doutorado e meu trabalho de campo, que deve ir até o final de 1975. No fim das contas, eu devo me contentar em passar o resto da minha vida explorando assuntos obscuros e esquinas obscuras do mundo. Provavelmente, uma vida meio inútil e não muito relevante socialmente, sobretudo porque eu detesto antropologia aplicada (neocolonialismo mal disfarçado — tive muitas experiências ruins com isso na Ásia). Eu espero passar a maior parte do meu tempo, pelos próximos anos, nas ilhas, já que o meu filho Barry está indo muito bem na escola e eu odiaria ter de levá-lo ao exterior novamente antes de ele se formar, o que vai levar pelo menos mais seis anos."

Ela havia mantido o seu compromisso anterior. No ano em que Barry voltou para Honolulu e entrou na quinta série da Punahou, Ann viajou quase 7 mil milhas para passar o Natal com ele e com os pais dela, deixando Lolo e Maya na Indonésia. Antes de ela chegar, a avó de Barry lhe disse que a sua mãe tinha preparado um presente inesperado: sete anos depois

UMA MULHER SINGULAR • 129

do divórcio, seu pai estava vindo visitá-lo. Obama (pai) estava vivendo no Quênia, para onde havia se mudado com a sua terceira esposa, uma norte-americana que conhecera em Harvard e com quem teve mais dois filhos. Quando Ann chegou, ela encheu Barry de informações sobre a história do Quênia, nenhuma das quais ele memorizou, segundo o relato dele. Ela garantiu que o seu pai sabia tudo sobre ele através das cartas que ela lhe enviava. "'Vocês dois vão se tornar grandes amigos', ela decidiu", Obama escreve em suas memórias, deixando o verbo dubiamente solto no fim da frase.[1] Ann havia se esforçado para manter viva a conexão entre Obama e o seu filho. A amiga dela, Kadi Warner, me contou: "Ela estava realmente comprometida com que ele tivesse alguma presença na vida de Barry. E acreditava que dependia dela manter esse laço."

O relato de Obama sobre a visita de seu pai no Natal é pungente.[2] Ele percebe o efeito da presença do seu pai em sua mãe e em seus avós — o seu avô "mais vigoroso e pensativo", a sua mãe "mais tímida". À medida que as semanas passavam, a tensão crescia — "minha mãe mordendo os lábios, os seus olhos evitando encarar os pais dela durante o jantar". Depois de seu pai repreendê-lo por fazer com que ele perdesse tempo assistindo a uma versão especial em desenho animado de *Como o Grinch roubou o Natal!*, irrompeu uma discussão entre os seus pais e avós. No começo, Ann parecia intermediar o debate, depois passou a apoiar Obama e ficar contra os seus pais. "Eu ouvi a minha mãe dizendo aos pais dela que nunca nada mudava para eles", escreve o jovem Obama. Mandado pela avó ao apartamento onde o pai dele estava hospedado para recolher roupas para lavar, ele se deparou com o pai sem camisa e a mãe passando roupa. Ela parecia ter chorado. Ele transmitiu a mensagem e recusou um convite para ficar. De volta ao andar de cima, no apartamento dos seus avós, Ann apareceu em seu quarto. "Você não deveria ficar zangado com o seu pai, Bar", ela lhe disse. "Ele ama muito você. Ele só é um pouco teimoso, às vezes."

Quando ele se recusou a olhá-la, ela completou: "Eu sei que tudo isso é muito confuso para você. Para mim também é."

Ann voltou para a Indonésia no início de 1972, depois da visita de Natal, e negociou uma licença do emprego em Jacarta para entrar na pós-graduação da Universidade do Havaí. Ela ainda conseguiu ajuda financeira por meio de uma bolsa de uma fundação que apoiava a escola de administração onde ela trabalhava. Levando Maya consigo — e, por um período, Lolo —, ela voltou para o Havaí e entrou no programa de mestrado em antropologia naquele outono, o campo que havia sido o foco da sua graduação. Em um formulário de inscrição do East-West Center, em dezembro de 1972, ela descreveu a sua especialização acadêmica como antropologia econômica e mudança cultural. "Mas estou mais interessada nos fatores humanos e psicológicos que acompanham a mudança do que puramente em fatores técnicos", ela escreveu. Ela disse que planejava "um possível projeto conjunto" com Lolo, que estava envolvido em um estudo populacional no departamento de geografia. Mas Lolo não ficou por muito tempo. Ele permaneceu inscrito apenas para o semestre da primavera de 1973, de acordo com os registros da universidade. Na época da viagem de ônibus pelo país, ele já havia partido.

Naquele verão, Ann usara a bolsa do East-West Center para cobrir as mensalidades da universidade e a pesquisa de campo. Estudantes casados com filhos estavam liberados da exigência do East-West Center de que morassem juntos, como uma comunidade, nos dormitórios do instituto. A verba para moradia, no entanto, era baixa demais para permitir que eles vivessem acima do nível da pobreza no Havaí, disse Benji Bennington, que tinha se tornado administrador do centro. Ann encontrou um apartamento em uma construção baixa, de blocos de concreto, no que restava do que fora um motel barato, com aquecedores de água na varanda e medidores de energia aparafusados na parede. O apartamento, na Rua Poki, ficava a 2,5 quilômetros da universidade e a uma curta distância do apartamento dos Dunhams e da escola de Barry. Ela o mobiliou com a ajuda de uma doação de móveis coordenada pelo especialista em habitação para pessoas que vivem fora do campus do East-West Center, que também ajudava muitos dos estudantes a se qualificarem para o programa do governo de auxílio à alimentação para a população de baixa renda. Quando Ann ouviu os amigos de escola de Barry comentando sobre a quantidade limitada de comida na geladeira e a falta de dotes domésticos da mãe dele, ela o puxou para o canto e deixou claro que, como mãe solteira de volta à universidade, assar biscoitos não estava na sua lista de prioridades.[3] Ela não estava disposta a tolerar "nenhuma atitude esnobe" dele ou de qualquer outra pessoa.

A situação do casamento de Ann era ambígua, ao que parece. De acordo com o relato de Obama, Ann estava separada de Lolo. Mas isso não parecia tão claro para os amigos dela. "Ela certamente se considerava casada", disse Kadi Warner, que também era estudante da pós-graduação em antropologia com uma bolsa do East-West Center na época em que conheceu Ann, no início dos anos 1970. "Mas ela tinha uma percepção diferente, talvez da dele, sobre o que isso significava." Lolo, ligando de Jacarta para falar com Maya, se derramava em lágrimas. "Ann achava bonitinho e divertido, mas nada que a fizesse pensar: 'Eu tenho de pegá-la e voltar para lá'", disse Warner. "A coisa dela era: 'Tenho apenas de terminar a faculdade e pronto. É isso o que nós temos de fazer.'" A postura dela parecia ser a de quem entendia que era casada com Lolo, que o veria ocasionalmente e que era assim que adultos faziam quando tinham outras obrigações. Ela queria trabalhar, ter um emprego e, pelo menos, contribuir — se não arcar completamente — com a educação dos filhos. Ela havia voltado para o Havaí porque sabia que precisaria de um diploma mais avançado, como me disse a amiga dela, Kay Ikranagara. Isso exigia que ela vivesse separada de Lolo, pelo menos por um tempo. "Sem dúvida, Ann colocava a educação dos filhos acima de tudo", disse Ikranagara.

Ann era diferente dos outros estudantes de pós-graduação do departamento dela. Era mãe solteira e mais velha do que a maioria. Era pouco comum para uma mulher voltar à escola, especialmente com filhos pequenos, ou começar uma família enquanto se preparava para fazer o trabalho de campo. "Quando eu apareci vestindo roupas de gravidez, o meu professor se virou para mim e disse: 'Você está de brincadeira, não é?'", disse Warner, que ficou grávida muitos anos mais tarde. (Ela prometeu ao professor, segundo me disse, que não daria à luz na sala de aula.) Ann não era simplesmente uma mãe. Estava criando duas crianças birraciais de pais diferentes. "Eu ficava impressionada pelo fato de ela estar fazendo algo incomum, perigoso e difícil como criar, sozinha, crianças multiculturais",

132 • JANNY SCOTT

disse Jean Kennedy, também estudante da pós-graduação. Kennedy, que crescera no que chamava de cidade universitária racialmente estratificada, na Nova Zelândia, se interessou pela região do Sudeste Asiático depois de um grupo de estudantes indonésios, malaios e tailandeses chegar ao *campus* onde ela era uma estudante de graduação. Ela tinha curiosidade de saber como as pessoas iriam "se classificar" no futuro. "Eu admirava alguém como Ann, que estava rompendo com tudo isso com uma determinação repleta de força intelectual para deixar as bobagens de lado e ir direto ao que precisava ser feito", disse Kennedy. "Eu mal conseguia ser uma estudante de pós-graduação, não podia sequer pensar em me meter nesse tipo de conflito e responsabilidade."

Havia algo quase matronal sobre ela. Na época em que chegou aos seus 30 e poucos anos, Ann já era adulta há muito tempo. Outros estudantes saíam para beber, ficavam à toa na praia, flertavam, fofocavam, davam festas, fugiam de compromissos, divertiam-se com ideias acadêmicas da moda. Eles viviam no que Kennedy chamava de "cápsulas de tolices teóricas pretensiosas, muito longe do mundo real". Ann se mantinha distante das fofoquinhas, tanto as teóricas quanto as sociais. Ela parecia procurar uma maneira de alcançar os seus objetivos — na antropologia, na Indonésia — e, ao mesmo tempo, conseguir se sustentar. Ben Finney, um professor que havia crescido no sul da Califórnia e era autor de uma etno-historiografia do surfe, se sentiu repelido, a princípio, pelo que ele considerava serem os hábitos bem-educados de Ann. Sua distinção fastidiosa o lembrava dos WASPs* que ele conhecera quando era estudante de graduação em Harvard. "Fazíamos as coisas de um jeito muito mais informal que ela", declarou. "Depois que a conheci melhor, eu disse: 'Bem, Ann é apenas uma pessoa muito correta. É o jeito dela e tudo bem.'" Ela tinha uma mente inquieta e uma curiosidade sem fim. Interessava-se muito por artesanato, um assunto que não estava muito na moda, mas que também atraía Finney. Ele tinha feito trabalho de campo no Taiti, onde a indústria do artesanato

---

*Abreviatura de White Anglo-Saxon Protestant, Branco Anglo-Saxão Protestante, usada para caracterizar grupos mais conservadores dos Estados Unidos. [*N. dos T.*]

tradicional seguia firme, suplantada pela produção de qualquer coisa que os turistas comprassem. Ele tinha testemunhado a força do setor de artesanato na economia indonésia, em que artesãos ainda produziam tecidos, ferramentas, cerâmicas e outros itens da vida cotidiana. Era uma das razões, segundo ele, pelas quais antropólogos amavam a Indonésia: a persistência de um modo de vida reconhecidamente indonésio. Mas alguns haviam desistido de trabalhar lá por causa das dificuldades para obter permissão do governo. Ann, no entanto, já havia morado lá e iria voltar. Entre o outono de 1972 e o de 1974, ela completou 63 créditos e todos os cursos obrigatórios para concluir o seu doutorado. Quando eu perguntei a Alice Dewey, a presidente do comitê de avaliação da dissertação de Ann, sobre Ann como estudante, ela respondeu: "Ah, ela era extremamente ligada."

O formulário de inscrição de Ann chamara a atenção de Dewey, hoje uma professora de antropologia, que havia ido a Java no início dos anos 1950, quando era estudante de pós-graduação de 23 anos em trabalho de campo com um grupo de Harvard. Baseados em uma cidade chamada Modjokuto, no leste de Java Central, os membros do grupo fizeram um trabalho pioneiro em assuntos que iam da família à economia rural javanesas. O trabalho deles virou a base para uma série de livros seminais, e o mais conhecido era *The Religion of Java* [A religião de Java], de Clifford Geertz, que se tornou um dos antropólogos mais celebrados da sua geração. Dewey estudou os mercados populares administrados por mulheres em Java. Ela viveu mais de um ano em uma vila rural ao norte da cidade e ia de bicicleta, todos os dias de manhã, até o mercado principal de Modjokuto; passava as tardes visitando as casas das pessoas do mercado e as noites encontrando os vizinhos dela. Os informantes mais importantes eram duas meias-irmãs de meia-idade,[4] uma delas vendedora de café e lanchinhos quentes e que "me proveu não apenas com informações sobre os seus próprios negócios, mas também com as fofocas da época sobre o mercado, algo de que ela tinha extenso conhecimento porque as barraquinhas de venda de café eram centros sociais importantes", Dewey escreveria mais tarde. "A sua meia-irmã, que primeiro vendeu milho seco e depois cebolas, foi a informante mais importante para o meu estudo de vendas por atacado. Ela, o marido dela, uma filha casada e um filho, que se casou enquanto eu estava lá, eram todos negociantes experientes; com enorme paciência, eles conseguiram me ensinar como funcionava o mercado." O livro de Dewey de 1962, *Peasant Marketing in Java* [Mercado camponês em Java], abordava, entre outras coisas, o ato de barganhar, a divisão do trabalho, descontos comerciais, empréstimos e taxas de juros, agiotas, poupanças, direitos e privilégios dos negociantes, relações interpessoais no mercado, agricultura comercial em pequena escala, agricultura nas montanhas, vendedores de comidas prontas e vendedores ambulantes. Ele também abordava o papel dos artesãos, incluindo aqueles que trabalhavam com metais, couro, alfaiates e mecânicos de bicicletas. O livro era, Jean Kennedy me contou, fora de moda, mas brilhante — "uma peça de trabalho pioneira que parecia ter sido ignorada". Koentjaraningrat, um antropólogo indonésio e autor de *Javanese Culture* [Cultura javanesa] — uma pesquisa ampla de trabalhos sobre o assunto —, chamou o livro de Dewey de "o melhor e mais completo estudo sobre o sistema de mercado javanês".[5]

Contratada pela Universidade do Havaí em 1962, Dewey havia chegado ao campus pouco depois de Obama [pai] ter se formado e seguido para Harvard. Ao longo dos anos, ela se tornaria uma mentora e amiga para gerações de estudantes de pós-graduação, participando de incontáveis comitês de doutorado e despachando dúzias de jovens antropólogos para o campo, munidos com o que ela considerava serem os quatro elementos essenciais: uma lanterna, um canivete, uma corda e algumas histórias de suspense. (Dewey, que ganhou de aniversário de 10 anos a coleção completa de Sherlock Holmes, uma vez me explicou em detalhes a utilidade dos três primeiros elementos. Depois, ela acrescentou: "A razão para as histórias de suspense é autoexplicativa.") No ano em que Ann se inscreveu para a pós-graduação no departamento de antropologia, Dewey estava no comitê que avaliou as inscrições. "Obviamente, ela conhecia a Indonésia com profundidade", Dewey me disse. Ann falava indonésio fluentemente, tinha conhecimento de todas as coisas indonésias, e o seu interesse em artesanato tinha pontos em comum com os interesses de Dewey nos mercados.

"Eu disse: 'Eu quero esta aqui'", Dewey recordou.

Dewey também era encantadoramente pouco convencional. Neta de John Dewey, o filósofo e educador norte-americano, e descendente de Horace Greeley, o intrépido editor de jornais, Alice Greeley Dewey havia crescido em Huntington, Long Island, com certa dose de autorização paterna para ser destemida. Em brincadeiras de índios e caubóis, a sua simpatia não se inclinava para o último grupo. Quando estudante do ensino médio, trabalhou no que hoje é o Cold Spring Harbor Laboratory, onde James D. Watson daria a sua primeira palestra pública sobre a sua descoberta, com Francis Crick, da estrutura de dupla hélice do DNA. No Radcliffe College, ela se encantou com a antropologia cultural por causa da sedutora perspectiva de fazer pesquisa de campo. O trabalho de campo, ela me contou certa vez, é a experiência mais próxima que se pode ter de ser uma outra pessoa: "Porque eles não sabem quem você é." Ela queria ir para a China, onde o seu avô havia vivido, mas Mao Tsé-tung proclamara a República Popular da China dois anos antes, e os Estados Unidos e a China estavam lutando em lados opostos na Guerra da Coreia. Então, quando um professor sugeriu Java, Dewey agarrou a oportunidade. Chegando à Indonésia em 1952, ela e outros membros do grupo que fazia o trabalho de campo foram apresentados a um primo do sultão de Yogyakarta e à sua esposa, que era afiliada ao tribunal de justiça. O casal se afeiçoou aos estudantes, levando-os a performances de teatro de sombras, músicas de gamelão e dança javanesa no palácio. Homens em batique e turbantes vagavam descalços pelos corredores iluminados por lanternas, falando alto em javanês. "Se eu tivesse entrado na corte do Rei Arthur, não teria visto um conto de fadas como aquele", Dewey recordou. Java a cativou, e ela retornou ao longo de muitas décadas. Em 1989, Dewey compareceu à cerimônia de investidura do sultão Hamengku Buwono X em Yogyakarta.

Generosa e tolerante, Dewey era conhecida por aceitar as coisas como elas eram. "Ela sentia que as coisas funcionavam como deveriam porque havia certo sentido nisso e que as pessoas eram, em última análise, racionais", disse John Raintree, um ex-aluno. "Se você não entende por que alguém está dizendo ou fazendo alguma coisa de determinada maneira, então você não está entendendo o ponto de vista dessa pessoa. Essa é a profissão de fé daqueles que trabalharam com desenvolvimento: tenta‐ explicar isso. Alice se comunicava com os seus estudantes."

Em 1970, dois anos antes de Ann ressurgir na Universidade do Havaí, Dewey comprou uma bela casa antiga em Mânoa, a poucos minutos, de bicicleta, do *campus*. Um dos atrativos, como ela me contou, era uma árvore no quintal que produzia abacates do tamanho de bolas de futebol. A casa também tinha quatro quartos, resolvendo o dilema de Dewey, uma antropóloga que vivia viajando e tinha predileção por cachorros grandes. Ela recrutou estudantes de pós-graduação para dividir a casa com ela e com, dependendo da época, dois pastores-alemães, um terra-nova, um gato cinza, um dogue alemão que combinava com o gato e um filhote de gato que combinava com o terra-nova. Havia também um tentilhão-zebra, calafates, um bico-de-lacre e outros pássaros. Na época em que conheci o lugar, em 2008, a casa já entrava em um avançado estado de dilapidação. Um censo botânico do jardim teria incluído jacarandá, fruta-pão, mangostão, lichia, cereja, maçã, macadâmia, castanha, acácia, tangerina, limão, banana. Sementes de abacate arremessadas para fora da casa haviam gerado um bosque de abacateiros. Um carro abandonado renascera como jardim. "Invasores serão comidos", lia-se em uma das várias placas penduradas na porta. Jean Kennedy relembrou ter ido à casa pela primeira vez em 1970 e encontrado a porta escancarada. Seguindo em direção à cozinha, ela gritou por alguém e ficou esperando uma resposta.

"Essa voz muito particular me gritou de volta: 'Bote a chaleira no fogo e faça um chá'", disse-me Kennedy. "Havia uma profusão de chás, eu fiz o correto, eu acho que era *lapsang souchong*. Naquele dia, Alice disse: 'Por que você não se muda para cá?' A filosofia da sua nova casa era muito clara: ela gostava de viver com pessoas, não queria ser uma dona de casa, não nos cobrava aluguel. Ela gostava de ser alimentada, gostava de ter companhia, gostava de ter uma casa movimentada. Sempre teria alguém lá; então, ela podia ter cachorros e não se preocupar se precisasse viajar. Parecia-me, por um lado, muito excêntrico, mas, por outro, extremamente sensato."

Ann se tornou uma visitante frequente e ocasional moradora, por curtos períodos, da casa em Mânoa. A qualquer hora do dia havia cinco ou seis pessoas por lá, e outras chegavam para falar com Dewey ou para jantar. Era possível se deparar com um antropólogo em trânsito, acampado em um tapete no chão. Em vários períodos durante os anos 1970, Ann e Maya — e até, em uma ocasião, Lolo — ocuparam um quarto no segundo andar, com vista para a árvore de fruta-pão e no canto noroeste da casa. Kadi Warner se lembrou de longas discussões entre Dewey e Ann sobre o impacto da introdução do bahasa em Java, a língua nacional que, gradualmente, suplantou a língua de mais status, o javanês. Em um livro de anedotas reunidas por ocasião da aposentadoria de Dewey, em outubro de 2007, Maya escreveu sobre "o maravilhoso labirinto" da casa, com escadarias secretas e uma "imensa flora" que conheceu quando criança. Ela se lembrou de ser despertada pelo gato Kretek (a palavra em indonésio para cigarros de cravo), sentando no seu peito. Dewey a apresentou, escreveu Maya, a Alfred Hitchcock e a bons filmes ingleses de suspense. Havia longas refeições seguidas de café javanês, cigarros de cravo e boas histórias.

"Lembro-me de ficar bastante orgulhosa em um dia em que Alice disse que eu era a criança mais tolerável que ela conhecia", escreveu Maya.

Ann amava falar. Se ela se interessasse por um assunto, parecia capaz de recordar tudo o que já ouvira a respeito. "Ela conseguia se lembrar de conversas quase palavra por palavra", disse Benji Bennington, que compartilhava com Ann o interesse pela Indonésia e por arte. "Se você estivesse lendo, digamos, sobre uma técnica têxtil particular e falasse com Ann, ela parecia rebobinar uma fita mental de alguma conversa que teve com a fonte daquela informação." Garrett Solyom, que a conheceu quando eram estudantes de pós-graduação, tinha a impressão de que, uma vez que ele começasse a falar com Ann, todo o resto desaparecia. "Havia certo grau de evasão", ele disse. "Ela era esperta. A gente tem todas essas palavras estúpidas em inglês que não querem dizer nada. Bem, ela iria observar isso e apunhalá-lo. Ela falava: 'Eu não diria isso.' Ou: 'Não, eu não acho. Não seria isso?' Havia uma luz no olho dela; e aí você se dava conta de que era uma luz do cérebro." Em uma caixa de documentos de Ann, encontrei um comentário com a caligrafia dela na margem de um artigo não publicado de Solyom e sua esposa, Bronwen, que eles lhe deram para que lesse. "Eu acho que podemos evitar o nosso debate usual sobre o que é ferro *versus* aço com baixo teor de carbono forjado na presença de carvão vegetal", ela escreveu. "É realmente um *continuum*."

Os Solyoms tinham vivido na Indonésia no fim dos anos 1960 e voltaram aos Estados Unidos, como Bronwen Solyom falou em uma conversa na Universidade do Havaí em 2008, "impactados pela Indonésia por uma série de motivos". Como Ann, eles chegaram à universidade como estudantes da pós-graduação no início dos anos 1970, uma época em que, no apagar das luzes da Guerra do Vietnã, programas de estudos sobre o Sudeste Asiático estavam florescendo. Eles foram cativados pela arte tradicional javanesa, pelos antigos padrões têxteis, pela origem dos rituais que haviam testemunhado. Ficaram especialmente interessados no "fazer das coisas", Bronwen Solyom disse — o batique, as marionetes do teatro de sombras e a lâmina assimétrica, frequentemente ondulada, da adaga cerimonial conhecida como *cris*, considerada tanto mágica quanto sagrada. Ao longo do curso de uma amizade de vinte anos, os seus interesses e os de Ann se cruzavam e se complementavam. Os Solyoms se interessavam no objeto, na sua estética, iconografia e significado a partir de um contexto cerimonial; eles estudavam a cris como uma forma de arte sofisticada, em seu caráter mais refinado. Ann se concentrava mais na vida e no cotidiano dos artesãos. Quando estudou os ferreiros, mergulhou em tudo, desde a produção até a compra e venda de ferramentas de agricultura comuns. Seu interesse era funcional.[6]

Eu perguntei uma vez a Maya se ela conseguia identificar a fonte do interesse da mãe por artesãos. Usando uma frase que me marcou, ela disse que a mãe sempre fora "fascinada pelas maravilhosas minúcias da vida". Quando Ann era mais nova, possuía um tear e tinha como hobby fazer tapeçarias de pendurar na parede. Depois de se mudar para a Indonésia, passou a colecionar batique e outros tecidos, joias de prata artesanais, chapéus de palha de arroz e cestas trançadas à mão. Em um prefácio da versão da tese de Ann, que foi publicada em 2009 pela Duke University Press, Maya escreveu que a sua mãe "estava interessada no lugar em que a visão encontra a execução, e o poético e o prosaico dividem espaço.[7] Ela amava o modo como algo belo podia falar sobre o espírito tanto de quem o havia feito quanto de quem o havia comprado; a habilidade e a alma do ferreiro estão reveladas na cris, mas também estão o desejo e a perspectiva do comprador do objeto".

Ann havia pousado na Indonésia quando o país estava no princípio de uma *renaissance* das artes tradicionais — um renascimento que resultava da escassez. "Artisticamente, os anos 1960 foram o melhor período para a arte tradicional porque as pessoas eram muito pobres", disse-me Garrett Solyom. Renske Heringa, que viveu na Indonésia no mesmo período, declarou: "Nós não tínhamos livros, não podíamos comprar roupas, todos usávamos batique porque era o que havia. Não havia nada — mas, de repente, as pessoas se deram conta de que tinham algo que ninguém mais tinha." Indonésios que viajavam para o exterior perceberam que os artesãos indonésios eram apreciados em outros lugares. Com o crescimento do turismo no país nos anos 1970, o mercado para o artesanato cresceu. Ao mesmo tempo, as oportunidades para as mulheres ganharem a vida na agricultura se tornavam escassas. Com a introdução do descascador de arroz mecânico, por exemplo, menos mulheres podiam contar com o dinheiro que ganhariam por descascar o grão manualmente. Muitas foram trabalhar em indústrias menores, incluindo artesanato e comércio de pequena escala. O governo até adotou políticas para estimular indústrias rurais de trabalho manual como fonte de renda para os pobres. Ann havia vivido esse período.

Em 1968, em sua primeira visita a Taman Sari, as ruínas de um parque de diversões do século XVIII construído para o sultão de Yogyakarta, ela soube que havia quatro ou cinco fábricas na área produzindo batique *jarik* tradicional, uma saia-envelope na altura do tornozelo. "Eu não visitei essas, mas vi várias mulheres mais velhas sentadas em grupos, na frente das suas casas, fazendo trabalhos de *tulis* em *jariks*", ela registrou em um caderno de anotações de trabalho de campo, alguns anos mais tarde, referindo-se ao método tradicional de pintura de estampas à mão em cera, no tecido, antes de tingi-lo. Ela notou que não havia jovens envolvidos na produção de batique naquela época, porém escreveu: "Durante uma segunda visita no início dos anos 1970, algumas galerias haviam aparecido; muitas das pinturas mais baratas estavam sendo feitas por crianças muito novas (8-12 anos), que as produziam em abundância a uma velocidade altíssima." Na época em que voltou, em julho de 1977, ela encontrou "cerca de quarenta estabelecimentos" na extremidade oeste das ruínas. Como antropóloga, Ann reconheceu que esse era o último momento para testemunhar a riqueza da cultura javanesa ainda sendo produzida por tecnologias e tradições antigas, contou-me Garrett Solyom. As oportunidades, disse ele, eram extraordinárias.

No fim de 1974, Ann foi aprovada nos exames orais para o seu diploma de mestrado, seguiu diretamente para o programa de doutorado e recebeu aprovação para estudar o papel da indústria familiar como "uma alternativa de subsistência" para famílias camponesas em Java. A escolha do tema de Ann era pouco comum, Dewey me disse, com o seu foco na produção de artesanato e a sua dimensão econômica. "As pessoas ficavam tão deslumbradas por sua beleza que falavam disso como arte — mas não como mercadoria, não como negócio", Dewey comentou. De acordo com as normas da sua bolsa do East-West Center, Ann tinha de fazer um curso de empreendedorismo.[8] O instituto de tecnologia e desenvolvimento do East-West Center também tinha um foco particular na disciplina. "Eu acho que ela sabia que esses caras eram grandes homens de negócios", disse Dewey. "Mas eu não acho que ela conhecia a literatura por trás do tema." Dewey lhe recomendou o trabalho de dois dos mais influentes nomes em desenvolvimento javanês: o economista holandês J. H. Boeke e o antropólogo norte-americano Clifford Geertz, colega dela no projeto em Modjokuto. Na opinião de Dewey, ambos haviam deixado uma impressão poderosa, mas incorreta, baseada em informações de funcionários do governo indonésio, de que as indústrias tradicionais de artesanato estavam desaparecendo e levando consigo as indústrias familiares. "Os melhores pesquisadores diziam que isso era uma bobagem, mas os burocratas de nível médio tomavam isso como uma bíblia", contou-me Dewey. Então, ela sugeriu a Ann: faça com que as suas informações vão além do trabalho de Boeke e Geertz.

No início de 1975, Ann partiu para a Indonésia, a fim de começar o trabalho de campo. Maya foi com ela. Barry, que já naquela altura havia passado 12 dos seus 13 anos com a mãe, ficou para trás. Como Obama diz em seu livro, a escolha foi dele. "Mas, quando minha mãe estava pronta para voltar à Indonésia para fazer o seu trabalho de campo e sugeriu que eu voltasse com ela e Maya para frequentar a escola internacional lá, eu imediatamente disse não", ele escreve.[9] "Eu questionava o que a Indonésia tinha a me oferecer e estava cansado de começar do zero." Além disso, ele diz que havia vantagens em morar com os avós: eles o deixavam no canto dele desde que se mantivesse longe do que ele chama de seu "problema". Ele afirma que o acordo o agradava porque estava engajado em um projeto solitário. Estava aprendendo a ser um homem negro nos Estados Unidos — em um lugar onde havia poucas pessoas a quem recorrer como guias.

A decisão de Ann de deixar Barry para trás, aos 13 anos, com os seus pais no Havaí, atinge a sensibilidade de muitos norte-americanos que não sabem quase nada além disso sobre ela. Quando as pessoas tomaram conhecimento de que eu estava trabalhando em um livro sobre a mãe do presidente, a pergunta que encontrava com mais frequência era: "Você gosta dela?" Às vezes as pessoas perguntavam: "Ela era legal?" O tipo de pergunta me intrigava: por que essas eram as primeiras coisas que as pessoas queriam saber? Gradualmente, tornou-se claro que essas perguntas eram um modo de se aproximar do assunto da decisão de Ann de viver separada do seu filho. Elas seguiam ruminações sobre como uma mãe podia fazer uma coisa dessas. Muitos norte-americanos acreditam que uma mãe pertence ao seu filho e não há circunstâncias atenuantes que possam explicar a perversidade da escolha de estar em outro lugar. A decisão de Ann foi uma transgressão que, 35 anos depois, muitas pessoas não conseguiam compreender, nem perdoar.

Para Ann, deixar Barry para trás foi a coisa mais difícil que fez na vida, Maya me disse. Mas ela sentia não ter escolha. Barry, que no outono seguinte entraria no ensino médio, estava desabrochando em Punahou, colégio que enviava os seus alunos para algumas das melhores universidades do país. Se ele voltasse para Jacarta, Ann talvez não tivesse o dinheiro nem as ligações necessárias para mandá-lo à escola internacional. Se tivesse ficado no Havaí, não está claro o que ela teria encontrado como emprego. Talvez pudesse trabalhar como professora na universidade, por relativamente pouco dinheiro, ou como consultora de desenvolvimento, viajando, de vez em quando, por alguns meses. Mas ela precisava fazer o trabalho de campo para conseguir o seu doutorado. Dependia de um doutorado para ser considerada para muitos empregos em seu campo. Ela tinha uma segunda criança para sustentar, com um pai na Indonésia, com quem ainda era casada. Outras famílias expatriadas talvez tivessem mandado uma criança na posição de Barry para um colégio interno. Mas não havia tradição de colégio interno na família de Ann.

"Foi terrível para ela deixar Barry no Havaí", lembrou a sua amiga Kadi Warner, que conviveu com Ann durante esse período e morou com ela e Maya, muitos anos mais tarde, em Java. "Mas eu acho que ela concordou com a decisão dele. Deve ter tido um apelo ao intelecto dela: é claro, isso é o que se deve fazer se você está em uma escola tão boa. É fácil dizer por um lado, mas significa que você está deixando um filho para trás. Ela confiava em seus pais. Não havia nenhuma dúvida na cabeça dela de que ele recebia todos os cuidados e carinho. Olhando para trás, para o período do seu primeiro casamento, quando tudo desmoronou, eles foram extremamente solícitos e a apoiaram. Eles tornaram possível que ela voltasse a estudar; não houve recriminações. Então, ela sabia que Barry se encontrava em uma situação em que seria bem cuidado. Mas, apesar disso, Ann o estava deixando — ela o adorava, amava-o imensamente. Ela queria ser a mãe dele."

Ann, no entanto, não tinha tendência a arrependimentos.

"Ela poderia ter tentado fazer as coisas de outra maneira?", Maya disse. "Talvez sim. Mas, naquela época, eu não acho que ela tenha vislumbrado alguma alternativa possível. É assim que eu acho que ela pensava a respeito de tudo — a dissolução dos seus dois casamentos, com Barack Obama e com o meu pai. Ela estava triste com isso, assim como também por se afastar do filho durante a fase de frequentar a escola. Foi um daqueles momentos em que ela deve ter pensado: 'Bem, a vida é o que é.' Ela acabou conseguindo algo grandioso — não apenas as experiências naquele universo dividido com o seu marido, mas também com os seus filhos. Eu acho que era assim que ela se sentia a respeito da Indonésia: 'A transição talvez tenha sido difícil, mas veja só...'"

Eu perguntei se, em algum momento, Maya questionou as escolhas de Ann.

"Eu acho que ela fez o melhor que pôde", Maya disse. "E que só queria o melhor. E ela fez algumas boas escolhas, tendo em vista as possibilidades."

Ann retornou com Maya para Jacarta e voltou a dar aulas de inglês na escola de administração no fim da tarde e à noite, guardando o dinheiro da bolsa do East-West Center, até estar pronta para fazer o trabalho de campo. Ela passou boa parte de 1975 debruçada sobre os trabalhos preliminares exigidos para que se começassem as pesquisas. Precisava de uma proposta formal e de cartas de referência certificando que era uma estudante e que tinha uma bolsa de estudos. Dependia, ainda, da aprovação do Instituto de Ciências da Indonésia, algo que poderia levar meses. E também precisava de permissão de cada nível do governo, cada um deles cobrando as suas próprias taxas. Ela passou a buscar as 22 permissões necessárias para que começasse o seu intenso trabalho de pesquisa em vilas onde funcionavam indústrias familiares. Conseguiu um patrocinador do governo indonésio. Entrevistou funcionários do governo, compradores, exportadores e representantes de uma agência de ajuda. Terence Hull, um demógrafo, nascido nos Estados Unidos, que trabalhava na Indonésia à época, relatou que, no fim das contas, "você saía por aí com essa pasta enorme, cheia de cartas de permissão, para que pudesse conversar com um fazendeiro analfabeto sobre como estava sendo a colheita".

Em janeiro de 1976, Ann havia se mudado para Yogyakarta, a uma curta distância dos vilarejos que queria estudar. Ela se instalou temporariamente na casa da sua sogra, no coração da cidade. O imóvel ficava dentro do complexo que englobava o palácio do sultão, o *kraton*, e a vizinhança ao redor, tradicionalmente reservado para parentes da família real e partidários. Se Yogyakarta era a alma de Java, o complexo, com as suas muralhas cor de creme em ruínas, era a alma da cidade — o centro da dança e do teatro clássicos, do gamelão, do batique, do teatro de marionetes. Havia uma escola para *dalangs*, os mestres titereiros do *wayang kulit*, o teatro de sombras com marionetes. Mestres da dança ensinavam a estudantes a dança real clássica. Oficinas de batique produziam à mão os desenhos clássicos em marrom e creme, originalmente concebidos para a família do sultão. Ann disse a Dewey que, em função de os estrangeiros serem tradicionalmente impedidos de viver dentro do complexo, ela recebeu uma autorização especial do palácio alegando que tomava conta da mãe de Lolo. "Ela tem 76 anos e é forte como um cavalo, mas consegue se passar por indefesa e frágil", escreveu Ann a Dewey. A casa da sogra ficava em uma esquina de Taman Sari, as ruínas do "castelo de água" do sultão, uma rede de piscinas e córregos, como uma versão mais primitiva e exclusivista dos parques de hoje em dia. A casa também era adjacente ao mercado de pássaros, onde barraqueiros empilhavam baldes cheios de grãos de milho e caixas repletas de grilos, que iam se alinhando ao longo dos becos, perto de gaiolas de galos, periquitos, papa-figos e pombas-rolas penduradas no alto. (Além de uma esposa e uma casa, as marcas de um homem de sucesso em Java incluíam um pássaro canoro.) "Eu estou muito feliz por ficar em Jogja", Ann escreveu a Dewey, usando o apelido e a antiga grafia de Yogyakarta. "Que cidade agradável é esta, especialmente quando comparada a Jacarta. Estou ficando um pouco cansada de pessoas tentando se comunicar comigo em inglês, dizendo 'Olá, senhor' em todo lugar a que eu vou, mas fora isso eu adoro."

Como qualquer antropólogo considerando fazer trabalho de campo em Java, Ann descobriu o Centro de Estudos Populacionais na Universidade Gadjah Mada, um instituto de pesquisa estabelecido muitos anos antes por um antropólogo indonésio chamado Masri Singarimbun, cuja pesquisa pioneira em pobreza rural havia desafiado alegações oficiais sobre o progresso da erradicação da pobreza. O centro, que já qualificou gerações de cientistas sociais indonésios, era um lugar animado, palco de encontros entre os acadêmicos. Ele também continha uma fonte valiosa de dados interessantes para instituições internacionais de desenvolvimento. Havia em curso projetos de pesquisa sobre tudo o que se possa imaginar, de casamento, fertilidade e planejamento familiar a mortalidade infantil, pobreza e divórcio. Havia oficinas sobre como conduzir pesquisas em vilas. Visitantes internacionais, como Ivan Illich e E. F. Schumacher, passavam por lá. "Ann e centenas de outros vinham a Masri em busca de orientação", disse Terence Hull, que, com sua esposa, Valerie, tinha feito um estudo em uma vila, sob a supervisão de Singarimbun, no início dos anos 1970, e que trabalhou com ele entre 1975 e 1979. Ele me contou que, durante a temporada quente e seca, consultores de desenvolvimento brotavam feito gafanhotos, famintos por informações e dados estatísticos. Eles bebiam chá e comiam lanchinhos na sacada, irritando acadêmicos que estavam há meses, ou anos, imersos na vida dos vilarejos.

"Quando você está naquela multidão, há muitas discussões sobre o que as pessoas estão fazendo na área de desenvolvimento — o Banco Mundial *et cetera*", disse Hull. "Há um humor cínico. Ann não era uma pessoa cínica, mas gostava das ironias com que deparávamos a todo instante. O fato de que as equipes do Banco Mundial sempre vinham entre junho e setembro com os seus aspiradores de pó, sugando relatórios, de todas as maneiras possíveis, em qualquer instituição indonésia, às vezes sentando, tomando o seu chá, mandando as pessoas tirarem cópias de centenas de documentos... Ann gostava da total inconveniência desse tipo de comportamento, da ironia relacionada a essas pessoas vindas diretamente de Johns Hopkins, Michigan State, Iowa State ou qualquer lugar, ganhando o que deveriam ser salários de fato muito altos ou comissão por consultoria e chegando a um instituto de pesquisa em que as pessoas recebiam uma miséria para trabalhar duro, com imensas responsabilidades, sete dias por semana, 24 horas por dia. Eles não mostravam nenhuma sensibilidade em relação a esse imenso abismo. Ann ficava bastante atenta ao enorme hiato entre a realidade dos ocidentais e a das pessoas que levavam uma vida realmente difícil na Indonésia."

Ann encontrou outros indivíduos com um espírito semelhante em Yogyakarta. Nancy Peluso, a filha de um vendedor da Fuller Brush de Bridgeport, Connecticut, havia chegado à cidade, em 1975, como estudante de graduação do Friends World College dos Estados Unidos, fazendo pesquisa independente. Ela aprendeu indonésio, mudou-se para uma vila e decidiu estudar as atividades econômicas das mulheres. "Esse era um grande assunto na época", ela me contou, 33 anos mais tarde, em seu escritório na Universidade da Califórnia em Berkeley, onde era professora do departamento de ciência ambiental, políticas e administração, especializada em políticas florestais e mudança agrária no Sudeste Asiático. Mulheres estavam invadindo campos acadêmicos nos quais outrora eram escassas. Pesquisas sobre gênero e desenvolvimento estavam em voga. Quando Peluso se candidatou a uma bolsa da Fundação Ford, ela conseguiu 2 mil dólares, o que lhe parecia uma soma extravagante. "Eles me perguntaram quanto eu precisava receber, e eu disse: 'Cinquenta dólares por mês'", ela lembrou. "Eles disseram: 'Que tal cem?'" Ela começou a estudar vendedoras de mercados — mulheres que compravam objetos domésticos, como potes de cerâmica, de artesãos e os vendiam nos mercados. Às 2 ou 3 da manhã, Peluso saía com uma vendedora para uma caminhada de quatro horas pela montanha, a mulher manobrando um carrinho lotado, com pilhas de potes, morro acima, nas encostas de um vulcão, na escuridão, para chegar ao mercado quando o sol estivesse nascendo. "Essas pessoas não tinham nada", ela relembrou. "Eram frequentemente mulheres — pertencentes a uma família que não tinha muita terra para a agricultura e que acabava fazendo esse outro tipo de trabalho. Elas faziam comércio em pequena escala ou artesanato, como nas vilas em que Ann trabalhou."

Ann e Peluso se encontravam em Yogyakarta e ficavam passeando pelos mercados, comendo lanchinhos, macarrão frito ou *durian* durante a temporada. (O fruto do *durian* é uma iguaria local, mas o seu cheiro repele muitos estrangeiros. No Hotel Phoenix, em Yogyakarta, ele recebe uma observação especial na lista de serviços. Aparecendo depois de "gerente em serviço" e antes da "cama extra", a parte referente ao *durian* avisa: "Por respeito aos outros, é estritamente proibido trazer *durian* para o hotel.") Em outras épocas, Ann e Peluso levavam Maya a performances de dança no palácio ou a apresentações de teatro de sombras com marionetes no *alun-alun*, a praça gramada com duas figueiras sagradas. "Até os dias de hoje, eu quase desmaio de prazer quando sinto o cheiro de cera quente, porque eu cresci vagando ao redor de pessoas fazendo batique", Maya me contou. Ela se lembrava de correr pelas ruínas do "castelo de água" do sultão, de olhar fixamente os animais do mercado público, de assistir às performances de dança sobre histórias dos épicos hindus. Ela e Ann viviam com um orçamento restrito, de cerca de 75 dólares por mês, segundo o que ela recorda de a mãe lhe dizer. Ann a levava para uma padaria em Jalan Malioboro, a principal rua comercial em Yogyakarta, e fingia olhar em volta, enquanto os proprietários mimavam a sua filha cativante com pães de chocolate e coco. Em uma ocasião, lembrou Peluso, as três passaram uma noite em uma montanha. Um professor havia falado a Peluso sobre a prática de passar a noite em determinadas montanhas em busca de boa sorte. As pessoas subiam até o topo, acendiam um incenso, comiam, conversavam, dormiam ou ficavam acordadas. Havia pessoas vendendo comida. "Dizem trazer boa sorte ou, então, realizar um desejo ou trazer dinheiro", recordou Peluso. "Bem, a gente não ganhou dinheiro. A gente só fez por fazer. Maya foi conosco. Nós pegamos o transporte público para chegar a essa montanha. Lembro-me de chegar lá e começar a andar em direção ao topo com Ann. Fazem-se coisas desse tipo quando se é solteira — e ela era efetivamente solteira."

Não muito tempo antes de mudar para Yogyakarta, Ann apareceu no escritório de um jovem assistente de curadoria no Museu Nacional em Jacarta, chamado Wahyono Martowikrido, um arqueólogo especializado em cultura material, particularmente em objetos de ouro e têxteis. Um guarda do museu a levou ao escritório dele, Martowikrido me disse, depois de Ann pedir para falar com um antropólogo que, por acaso, não estava no prédio naquele momento. Ela parecia estar à procura de alguém que pudesse lhe dar explicações sobre alguns objetos da coleção. De acordo com Martowikrido, eles conversaram, e Ann o convidou para comer fora. Quando chegou, mais tarde, ao restaurante combinado, ele a encontrou conversando e rindo com um amigo. Eles estavam celebrando o aniversário de Ann, ao que parecia. Depois do encontro, Martowikrido me disse, ele e Ann se tornaram amigos. Eles conversaram sobre a cultura javanesa e o significado de certos objetos artesanais — como o desenho em um pedaço de tecido indicava que quem o usava era uma viúva, ou o significado de certo tipo de pente, desenhado em formato ascendente. Depois que Martowikrido se mudou para Yogyakarta para estudar e Ann se mudou para lá para dar início a sua pesquisa, ela foi até a sala que ele alugara, onde estudantes iam com frequência para estudar e conversar. "Ela tem o coração muito aberto", ele me disse. "Não tinha nada a esconder." Ela não revelou, no entanto, onde estava morando, disse Martowikrido. Ele a apresentou ao *lurik*, o algodão listrado tecido à mão em Yogyakarta, que ele colecionava. Explicou-lhe a história, o significado do desenho e as variedades de listras. Como Yogyakarta era famosa por seus ourives, ele a levou a oficinas em Kota Gede, uma parte da cidade, para que ela pudesse ver como as joias de prata eram feitas. "Eu lhe disse que não estava interessado nos objetos, mas em como eles eram feitos", ele comentou. Depois de um tempo, "acho que ela passou a olhar para os objetos de outra maneira. No começo, olhava como está escrito pelos acadêmicos que deve ser feito. Mas ela viu objetos feitos por javaneses no contexto da sociedade; então passou a enxergá-los de uma maneira um pouco diferente".

A amizade dos dois deu o que falar, segundo Renske Heringa, uma amiga próxima de Ann no início dos anos 1980. "Ele a expôs a todo tipo de coisa a que, sozinha, ela talvez não tivesse acesso tão facilmente", disse Heringa, conhecida como Rens. "Ele conhecia todo tipo de vilarejo, lugares a que Ann não chegaria facilmente. E ele gostava de estar com ela no campo." Ele sabia onde comprar determinado tecido ou objeto por pouco dinheiro. "Ela rodou toda Yogyakarta, até onde eu sei, de carona na motocicleta dele", disse Heringa. "Por que não? Ela era livre e ele também. No fim das contas, era só pelo fato de os dois passarem tanto tempo juntos. Para os indonésios isso era, imediatamente, sinal de que tinham um caso. Para ocidentais não. Ann estava lá sozinha. Por que não poderia fazer o que quisesse?"

Quando eu perguntei, Martowikrido me contou que não sabia como Ann se sentia em relação a ele. Ele afirmou que talvez ela gostasse dele, porque costumava visitá-lo. Quando perguntei sobre os seus sentimentos por Ann, ele desviou o olhar, como se tivesse ficado envergonhado com a pergunta, e disse que não podia responder.

O retorno de Ann à Indonésia pouco contribuiu para diminuir as distâncias que existiam em seu casamento com Lolo. De acordo com Maya, no dia em que ela e Ann chegaram a Jacarta, elas encontraram uma jovem mulher, bastante bonita, na casa de Lolo — a mulher com quem ele se casaria cinco anos mais tarde, depois de ele e Ann se divorciarem. Maya, na época com 4 anos, me disse que se lembrava de poucas coisas do encontro. Ela recordava, no entanto, o nervosismo do seu pai e uma impressão de que os seus pais haviam brigado por causa da presença da mulher.

Ann e Maya moraram na casa de Lolo em Menteng Dalam durante aquele ano, mas parece que, por boa parte do tempo, ele não estava presente. "Eu acho que ele morava em outro lugar", contou-me Kay Ikranagara, ressaltando, no entanto, que Lolo frequentemente estava lá quando ela ia visitá-los com o filho. No caminho de van até a escola de administração de empresas, Samardal Manan, que conheceu Ann muito bem durante os seus dois primeiros anos em Jacarta, disse que ficou impressionada com o fato de Ann se mostrar tão livre, como se tivesse sido "liberada de alguma coisa". Depois de ela e Maya se mudarem para Yogyakarta, no início de 1976, Lolo ia de avião visitá-las, e ficava na casa com a sua mãe. Ikranagara se lembrou de Ann lhe ter dito, em uma visita a Yogyakarta, que Lolo estava envolvido com outra mulher. "Naquela época, eles estavam separados", disse Ikranagara. "Eu não sentia que eles eram mais marido e mulher, estivessem separados formalmente ou não." Para Maya, Ann disse que o trabalho de Lolo na companhia de petróleo o manteve afastado. "Eles ainda tentavam, supostamente, fazer o casamento dar certo", relembrou Maya. Anos mais tarde, Ann sugeriu a Maya que Lolo, cuja saúde estava debilitada, estava com medo de morrer e contemplava a possibilidade de não passar o seu nome adiante. "Ele devia estar se sentindo solitário, no entanto, de algum modo", contou-me Maya. "Quero dizer, havia muitas idas e vindas: ela estava no Havaí; ele, na Indonésia. Eu não tenho certeza de que você possa construir um casamento realmente satisfatório com tanto movimento. Então, é compreensível surgir uma coisa bonita, alegre, presente quando a sua mulher não está. Eu não estou dizendo que o perdoo, porque fiquei chateada por ele ter machucado a minha mãe. Mas noto que, apesar disso, havia um casamento no sentido do que eu esperava que um casamento fosse: um tipo de negociação diária com conversas, afeição e todas essas coisas."

Em algum momento no final dos anos 1970, Lolo ficou gravemente doente. Kadi Warner se lembrou de Ann ter-lhe contado que, voltando para casa de um jogo de tênis no Petroleum Club, no fim de uma tarde, Lolo teve um colapso. O diagnóstico foi câncer no fígado. Maya se referiu a isso como uma cirrose; outros me disseram que o dano ao seu fígado foi resultado de uma doença de infância, adquirida durante a ocupação japonesa. Depois de pelo menos uma hospitalização em Jacarta, em junho de 1977, ficou claro que Lolo precisava de um nível de atendimento médico que não existia na Indonésia. "Eles não tinham como tratá-lo na Indonésia", Warner disse. "Mas, como ele era um funcionário daquele país, não possuía o benefício de ir para o exterior. Ann disse que foi ela quem forçou a companhia de petróleo a mandá-lo para o exterior." Ela apelou ao chefe dele na Union Oil para permitir que Lolo fosse tratado nos Estados Unidos. "Ela foi até lá e chorou na mesa do patrão dele, implorando que ele pagasse para Lolo ir aos Estados Unidos", lembrou Kay Ikranagara. "Ela disse: 'Você tem de mandá-lo para os Estados Unidos. Ele vai morrer sem tratamento.' Ela chorou até que ele concordasse." Quando eu perguntei como Ann se sentira tendo feito isso, Ikranagara disse: "Ela estava orgulhosa. Mas não estava disposta a ter de passar por tudo de novo."

Lolo embarcou para Los Angeles, foi hospitalizado e tratado. Seu sobrinho, Sonny Trisulo, estudante na Universidade da Califórnia em Los Angeles no final dos anos 1970, se lembrou de tê-lo visitado no hospital várias vezes. Antes de voltar a Jacarta, Ann e Maya levaram Lolo a Honolulu para se recuperar no quarto do segundo andar da casa de Dewey, com vista para o pé de fruta-pão.

Uma vez, perguntei a Maya como o casamento dos pais havia deixado de dar certo. Ela disse que não sabia. Por muito tempo, ela era muito "nova, tola e egoísta" para perguntar esse tipo de coisa. Mais tarde, talvez fosse a mãe quem tivesse evitado dizer a verdade. "Ela provavelmente queria tomar muito cuidado para que as minhas memórias sobre ele não fossem maculadas de forma alguma", disse ela. "Ela era uma mãe maravilhosa e realmente queria ter certeza de que eu não me machucaria muito com as coisas. Não era só que ela não quisesse falar mal de um morto; não queria falar mal do meu pai."

Maya havia escrito um conto, disse ela, em que uma criança vivia perguntando à mãe: "Você o amava?" A mãe sempre se esquivava da pergunta. "Eu realmente nunca perguntei essas coisas", disse Maya. "Foi um conto, apenas, porque depois fiquei me questionando por que não havia indagado sobre eles amarem ou não um ao outro. Foi como se eu sentisse, talvez do alto da minha arrogância juvenil, que eu sabia. O que eu supunha, em última análise, era que eles se amavam, mas, às vezes, amor não é suficiente. Que foi um amor gentil, que seguiu um amor cheio de paixão, que ela teve pelo pai de Barack. Que minha mãe achava o meu pai um homem muito doce, mas, por vezes, se frustrava com a sua falta de diálogo sobre certas coisas. E, por fim, acho que ela ficou desapontada com o fato de o casamento não ter dado certo. Eu me sentia tão segura dessa avaliação dos sentimentos dela por ele e da percepção dela a respeito dele que não me preocupei em perguntar."

6

No campo

Não é difícil entender por que as pessoas ficam fascinadas por Java. A paisagem é de tirar o fôlego — campos de arroz brilhando à luz do sol, extensos socalcos, planícies verdes luminosas, esculpidas por rios e rodeadas de vulcões. As pessoas são, como Francis Drake escreveu depois de velejar até lá em 1580, "sociáveis, cheias de vivacidade e mais felizes que qualquer descrição". A cultura é produto de séculos de misturas — influências hindus, budistas e islâmicas mescladas a elementos do animismo, do culto aos antepassados e lendas javanesas. O passado segue vivo nas estampas dos tecidos, nos artistas, em templos de milhares de anos. Antes do amanhecer, visitantes escalam as laterais do monumento budista de Borobudur, com mais de 12 séculos, para ver o Gunung Merapi, o vulcão mais ativo da Indonésia, se materializar do meio da escuridão, envolto em névoa, o silêncio quebrado apenas pelos galos e o rugido de uma motocicleta a distância. À primeira vista, a vida javanesa parece deslizar a céu aberto, como em um quadro vasto e meticulosamente pintado: as ruas empoeiradas de vilarejos, cobertas pela sombra de mangueiras e árvores *mlinjo*, onde crianças deslizam descalças, o homem abaixado no campo de arroz alagado com as suas calças enroladas, as mulheres vendendo amendoim frito e *gado-gado* no mercado. Mas o fato é que Java revela a si mesma, camada por camada, apenas com o passar do tempo, desafiando suposições de ocidentais sobre o que vale a pena entender ou saber. "Não é que eles *façam* de um modo diferente", uma amiga britânica de Ann, Clare Blenkinsop, me contou. "Você tem de ser de um modo diferente." Depois de voltar a Java e ao Marrocos muitas décadas após fazer trabalho de campo, quando era um jovem antropólogo nos anos 1950 e 1960, Clifford Geertz confessou ter tido a experiência que o sacudiu:[1] "o despertar de uma convicção imperfeitamente suprimida de que não entendi e nunca vou entender nada sobre esses lugares peculiares ou, justamente por isso, sobre mim." Java recompensa a paciência, disse-me Garrett Solyom certa tarde em Honolulu. Sua observação me soou como uma advertência não apenas sobre Java, mas sobre a tentativa de entender a sua amiga Ann. Java recompensa paciência, diligência, perseverança e muito estudo.

Quando Ann começou o seu trabalho de campo em Java Central, em meados dos anos 1970, 60% dos indonésios viviam na ilha de Java, apesar de esta corresponder a apenas 7% da área total do país. Ela era, e continua sendo, uma das regiões agrícolas mais densamente povoadas do mundo. A maior parte dos javaneses era de camponeses vivendo em vilarejos rurais, trabalhando em pequenas fazendas, semeando e plantando com as próprias mãos. Mas aspectos daquela vida estavam mudando. A "Revolução Verde" dos anos 1970 havia elevado a produção de arroz, mas também teve outros impactos imediatos menos visíveis. A introdução de pesticidas, foices e descascadoras mecânicas de arroz reduziu muitos dos trabalhos de semeadura, colheita e descascamento dos grãos, tradicionalmente feitos pelas mulheres. Enquanto isso, comerciantes dirigindo caminhões, em sua maioria homens, foram ocupando o lugar das mulheres comerciantes que viajavam a pé. O trabalho assalariado era raro em áreas rurais antes de 1965. Agora, indústrias de artesanato — incluindo tecelagem, batique e cerâmica — enfrentavam a competição de bens importados e produtos feitos em novas fábricas montadas com capital estrangeiro. Tecelões que usam o tear manual, predominantemente mulheres, foram afastados da produção. Muitas fábricas ao estilo ocidental davam preferência a homens na hora da contratação, do treinamento, das promoções e dos salários. No fim da década de 1970, centenas de milhares de mulheres haviam deixado a agricultura para trabalhar em manufatura rural, muitas delas como funcionárias em meio período, sem salário, em indústrias familiares, segundo a estimativa de Ann em um estudo não publicado do início dos anos 1980.[2] Poucas conseguiam encontrar emprego estável como contratadas. Com dificuldade de acesso ao crédito e com as taxas de juros muito altas, elas também não possuíam o capital necessário para se tornar pequenas empreendedoras de sucesso.

O objeto do trabalho de campo de Ann foi a indústria familiar e o seu papel como alternativa de subsistência para famílias camponesas em Java. "Em muitas áreas do mundo em desenvolvimento, a indústria de artesanato nativa ou morreu completamente neste século ou conseguiu se manter, mas em um estado muito enfraquecido, respondendo a um mercado bastante reduzido de curiosos e turistas", ela escreveu em uma proposta para o East-West Center. O tempo outrora despendido na produção de artesanato era agora dedicado a "objetivos mais lucrativos", tais como o trabalho assalariado em operações de estrangeiros. "Java oferece o contraste surpreendente de um caso em que a indústria familiar não apenas sobreviveu como se expandiu rapidamente nos últimos 15 anos", ela continuou. Nada menos que 6,5 milhões de pessoas em Java trabalhavam na produção da indústria familiar — em 1961 eram menos que a metade. Muitas vilas javanesas eram especializadas em um único produto — gaiolas de bambu, telhas de barro, fantoches de couro, apenas para citar alguns. Em algumas vilas, quase todos os adultos participavam. "Em vez de ser apenas um sobrevivente exótico e menor de tempos passados, a indústria familiar é o principal vetor da manufatura de vários tipos de bens de consumo leves, incluindo itens como telhas de barro, tijolos, cerâmicas, têxteis, móveis, sapatos, guarda-chuvas, tapetes de parede, cestas e recipientes, cigarros, objetos de prata e cobre, ervas medicinais, comidas etc.", escreveu Ann. "A problemática central de minha pesquisa é explicar essa expansão da indústria familiar em Java."

A hipótese dela nasceu de um fato desagradável da vida javanesa: à medida que a população crescia e a quantidade de terra para a agricultura permanecia constante, mais e mais trabalhadores tratavam dos mesmos espaços finitos de terra. Como resultado, eles viam a sua parcela de rendimentos se reduzir, o que requeria que trabalhassem mais apenas para se manter. A economia rural, no entanto, não se baseava apenas na agricultura, mas também em pequenos comércios e indústrias familiares. Em vez de trabalharem longas horas, sem muita segurança, com rentabilidade cada vez menor, camponeses achavam mais lucrativo investir mais tempo em alternativas. "Essa tendência de se voltar para ocupações subsidiárias em face dos declínios dos retornos financeiros com a agricultura reside, eu acredito, na expansão das atividades da indústria familiar em Java nos anos recentes", escreveu Ann.

Ann estava pondo em xeque o que ela acreditava ser um equívoco comum. Na literatura sobre sociedades camponesas, ela argumentava, indústrias campesinas recebiam pouca atenção. "Tipicamente, uma etnografia sobre um grupo camponês vai devotar cem páginas ou mais a descrever o setor agrícola com riqueza de detalhes e depois relegar as indústrias campesinas a algumas linhas jogadas", ela escreveu. "As indústrias campesinas são frequentemente caracterizadas como atividades para o 'tempo livre', com baixa produtividade e rentabilidade, praticadas majoritariamente por mulheres pobres e crianças, e só quando elas não conseguem encontrar nenhum trabalho na agricultura." Ann partiu de outra premissa, enraizada nas experiências dela em Java e na admiração pelo modo como os camponeses javaneses tomavam decisões financeiras. A sociedade camponesa, ela afirmou, "produz mais generalistas rurais do que especialistas. Com isso, eu quero dizer que quase todo camponês tem um repertório vasto de habilidades que podem ser utilizadas para objetivos produtivos ou geradores de dinheiro. Um homem javanês, por exemplo, pode ter habilidade para arar e preparar a terra, atividades relacionadas com a cultura de arroz, mas ele também pode saber como consertar bicicletas, fazer tijolos, dirigir um *becak*, criar peixes ou enguias em tanques, fazer sopa de macarrão e vendê-la pelas ruas de alguma cidade vizinha etc. De modo semelhante, uma mulher javanesa pode ter habilidades em agricultura, como transplantar, capinar e colher arroz, mas ela também pode saber como fazer tecidos de batique, administrar uma barraca de beira de estrada ou uma lojinha de café (*warung*), coletar folhas de teca de uma floresta nas redondezas para vender como embalagens de comida, comercializar vegetais ou temperos em mercados, fazer o parto de bebês dos vizinhos, fazer biscoitos de palmito ou mandioca etc." Alguns pesquisadores já haviam comentado essa tendência. Mas Ann queria expandir o conceito para englobar não apenas um "padrão de atividade observável", mas uma estratégia consciente.[3]

Ela começou o seu trabalho de campo com visitas curtas a dezenas de vilas de indústrias caseiras perto de Yogyakarta. Por um tempo, uma proibição nacional à pesquisa em vilarejos nos seis meses seguintes às eleições gerais de maio de 1977 a forçou a voltar a Jacarta (onde ela lecionou um curso para planejadores de desenvolvimento na Universidade da Indonésia até que pudesse voltar ao campo). Mas, no fim de junho, ela estava de volta às vilas. Em uma longa anotação em seu caderno sobre a visita, em 25 de junho de 1977, a uma vila de cestaria chamada Malangan, ela registrou observações como o percentual da população da vila que atuava na fabricação de cestas (50%), uma lista dos produtos fabricados (cestos para cozinhar arroz no vapor, cúpulas de abajures, caixas de palha etc.), a idade com que as crianças eram consideradas produtivas (10 anos), uma descrição das fotos na sala do líder da indústria, uma lista dos materiais e as suas fontes, uma lista das fontes de crédito e um relato detalhado de "indicadores de prosperidade", que incluía a frequência escolar, cabeças de gado, lavouras no quintal de casa, bicicletas e motos, aparelhos de televisão e chá adoçado e petiscos oferecidos às visitas. "Duas vezes questionada se as mulheres faziam trabalhos modernos (não) e por que não", Ann escreveu, "respondem que elas são muito 'ocupadas' e muito 'lentas' para estudar as novas técnicas." Pelas semanas seguintes, ela podia ser encontrada observando os benefícios de queimar as cascas do coco na fogueira em uma fábrica de velas em Bantul, contando os 28 tamanhos e tipos de cinzéis na mesa de trabalho de um velho artesão de máscaras e fantoches de madeira e examinando o couro de búfalo usado por um artesão de fantoches de couro em Gendeng ("Couros de vaca têm a tendência de se enrolar", ela observou). A partir daí, ela seguiu o seu caminho por vilas de bambu, de batique, de tecelagem, assim como fábricas produtoras de vinhos de frutas, esteiras de fibra de coco e bonecas.

No dia 3 de agosto, Ann saiu de Yogyakarta, indo rumo ao sudeste, na estrada para Wonosari, uma cidade comercial no distrito seco e montanhoso de Gunung Kidul, que fica entre Yogyakarta e o oceano Índico. Cerca de meia hora depois de sair de Yogyakarta, a estrada para Wonosari se torna uma subida pelos morros em uma série de curvas com vista para as planícies de Java Central. De Wonosari, uma estrada pequena leva ao nordeste através de Kajar, um aglomerado de aldeias onde, em 1977, centenas de homens trabalhavam como ferreiros em forjas no quintal, martelando ferramentas agrícolas feitas a partir de trilhos antigos da ferrovia e sucata. Às 8 da manhã, Ann escreveria mais tarde, os sons da forja podiam ser ouvidos,[4] saindo de cada canto da vila — o ritmo das três batidas do martelo, acertando o metal no metal, o "leve contraponto" do mestre ferreiro batendo as instruções na bigorna, "o som abafado do fole", o barulho arranhado do esculpir e do polir das ferramentas. Casas com telhado triangular com paredes de bambu e chão de barro se alinhavam em estradas de chão estreitas. Bambus, palmas de coqueiro e árvores frutíferas cresciam nos quintais das casas, ao lado de algumas cabeças de gado e cabras. Mulheres e crianças cuidavam de barracas de beira de estrada, vendendo lanches, querosene, comida pronta. Não havia sistema de água e esgoto em Kajar; apenas uma casa tinha eletricidade, fornecida por um gerador a diesel. Ann tinha ouvido falar pela primeira vez de Kajar uma semana antes, em uma entrevista com um consultor de um grupo do Banco Mundial à procura de possíveis projetos de desenvolvimento na área. "Há na vila uma cooperativa, controlada desde 1962 pelos mesmos três homens (eleições são abertas, e não feitas com cédulas secretas), que compra e terceiriza o equivalente a 30 milhões de rupias em sucata de ferro por ano!", ela escreveu em suas notas sobre a entrevista. Na semana seguinte, comprometida com uma turnê de imprensa de dez dias organizada pelo Departamento de Indústria Indonésia, ela estava lá. Os ferreiros faziam mais que ferramentas, ela descobriu naquele dia; eles também martelavam gongos de gamelão para orquestras da vila, usando as pontas de latas de querosene e diesel. Eles usavam um fole de pistão duplo feito de troncos de árvore ocos — um tipo de fole tão antigo que pode ser visto em uma imagem de uma ferraria nos relevos em Candi Sukuh, um templo do século XV nas encostas da Gunung Lawu, considerada uma das montanhas mais sagradas de Java. "O trabalho é exaustivo e ensurdecedor, mas nenhum equipamento de proteção é usado", Ann escreveu depois de seu primeiro dia em Kajar. Os ferreiros martelavam posicionados ao redor da forja, de pé, dentro de um buraco, até a altura dos joelhos — uma posição, ela descobriu mais tarde, adotada para evitar que os músculos da panturrilha se atrofiassem pelos constantes agachamentos.

A lavoura era um meio de vida difícil em Kajar, como Ann descobriria. Ladeada a leste por áridas e irregulares colinas de calcário, a vila se situava em uma zona de transição ecológica. O solo rochoso era fértil o suficiente para plantar mandioca, milho e arroz como produtos primários e amendoim e outras leguminosas para vender aos comerciantes. Mas as chuvas eram imprevisíveis. A seca tinha dizimado algumas culturas, e a maior parte do gado havia morrido de fome, assim como alguns moradores, e isso se dera recentemente, no início dos anos 1960. Não muito depois, houve uma praga de ratos. Durante muitas décadas, a ferraria ultrapassou por pouco a agricultura como a ocupação mais comum. Dizia-se que a indústria remontava à chegada de dois migrantes ferreiros a Kajar nos anos 1920, que mais tarde viriam a casar com mulheres da região e levaram os seus filhos e genros para a atividade. Durante a ocupação japonesa, oficiais do exército japonês traziam armas quebradas e confiscavam sucatas de metal para a vila; eles deram ordens aos ferreiros experientes para ensinar outros moradores a transformar sucata em ferramentas. Forçados a copiar novos itens, os ferreiros da vila aprenderam a fazer, sob medida, o que quer que o cliente quisesse. Eles também descobriram que as ferramentas podiam ser feitas de um modo muito mais econômico a partir de ferro sucateado do que de barras de ferro importadas. Depois da fome e da praga de ratos dos anos 1960, mais ferrarias abriram. O mercado para ferramentas agrícolas cresceu durante a "Revolução Verde" e sob a política de transmigração do governo Suharto, em que indonésios mais pobres eram induzidos a se mudar da superlotada Java para cantos menos populosos de Sumatra, Kalimantan e Timor Leste. No fim dos anos 1970, mais trinta novas ferrarias foram abertas em Kajar, elevando o total para 98, empregando um total de 6 mil homens. Por causa da demanda por trabalhadores, o velho tabu que mantinha mulheres afastadas da forja começou a ruir. "Homens de Kajar se consideravam artesãos em primeiro lugar, e a agricultura era um *sambilan*", Ann escreveu após a sua primeira visita de um dia inteiro pesquisando em Kajar, usando a palavra indonésia para ocupação secundária. Kajar se provaria um caso de estudo fascinante sobre o fenômeno que ela havia decidido estudar, a expansão da indústria caseira.

Ao longo do ano seguinte, Ann voltou a Kajar com frequência, algumas vezes ficando semanas seguidas. John Raintree, um antropólogo que trabalhou com Ann muitos anos depois, me contou que "o método antropológico predominante é se inserir no contexto da vila. Você é o estranho, o neófito infantil. Você deixa que eles o socializem de acordo com a visão de mundo deles". Ann havia contratado dois pesquisadores assistentes — um jovial e robusto estudante de economia chamado Djaka Waluja e sua esposa, Sumarni, uma estudante de pós-graduação e assistente no Centro de Estudos Populacionais em Gadjah Mada. Em janeiro de 2009, eu os encontrei no escritório do Hospital Dr. Sardjito em Yogyakarta, onde Sumarni, professora de medicina em Gadjah Mada, estava trabalhando. Djaka me disse que ele e Ann passaram quatro meses no distrito de Gunung Kidul, vivendo, pelo menos parte do tempo, na casa de um pesquisador do governo indonésio alocado em Kajar. Ann e Djaka saíam para o campo toda manhã, às 5 horas. Usando uma saia longa e carregando a tiracolo uma bolsa cheia de cadernos de anotações, livros e uma câmera, ela ia atrás de Djaka na traseira da pequena e não muito confiável motocicleta Yamaha de Sumarni. Quando eu perguntei por que Djaka Waluja, e não Sumarni, acompanhava Ann a Kajar, ele disse: "Gunung Kidul era longe, e Ann era uma mulher grande. Gunung Kidul, ladeira acima, você pode imaginar." O seu peso maior, ele sugeriu, era necessário para equilíbrio e controle. Ann passou a chamar a motocicleta de Poniyem, fazendo um trocadilho bilíngue com um nome que soava como a palavra inglesa "pony", que significa pônei, mas também é o nome dado a meninas javanesas nascidas no terceiro dia (Pon) da semana de cinco dias javanesa. "Ayo, Poniyem", ela gritava quando a motocicleta patinava em uma subida, fingindo dar uma palmada em sua nádega imaginária. (O significado dessa expressão se encontra em algum lugar entre "Vamos, Poniyem!" e "Aiô, Silver!") Ela e Waluja conduziam entrevistas do amanhecer até às 7 da noite, depois ficavam acordados até meia-noite, transcrevendo as informações para o inglês em um dos cadernos de exercícios, com capa dura verde-clara, que Ann usava no trabalho de campo. "Kajar é certamente uma vila interessante sob vários pontos de vista, e um deles é o político", ela escreveu para Dewey. "Eu posso vislumbrar um pequeno artigo, algum dia, com um modelo do equilíbrio de poder e as mudanças originárias de vários estilos de trabalho vindos de fora." De acordo com Waluja, ele e Ann dormiam quatro horas por noite, em média. Ele retornava a Yogyakarta nos finais de semana, ele disse; ela voltava com menos frequência. Quando eu lhe perguntei se achava o trabalho puxado, ele me disse que criou o hábito de tomar um suplemento líquido de vitaminas "para me manter de pé e com os olhos abertos".

Ann era ambiciosa. Era assim que Waluja e Sumarni a viam, pelo menos quando expressaram a ideia em inglês. "Ela nos dizia com frequência: 'Eu quero isso, aquilo, isso. Eu tenho de ter aquilo'", contou-me Waluja. Ela gostava de colocar os seus planos no papel, amiúde na forma de um diagrama com múltiplos passos, como se fossem a prova de que ela queria chegar a uma conclusão. As condições de trabalho eram áridas, mas ela nunca reclamava, nem mesmo quando tinha de caminhar longas distâncias no calor ou na chuva. "Ela só suspirava alto", disse Waluja, a quem Ann chamava de Joko. Depois ela dizia: "Não é nada comparado ao inferno, Joko." Na vila de Pocung, o rio eventualmente transbordava, impedindo que ela chegasse à casa de algum ferreiro que estivesse acompanhando. Ela, então, revisava a programação do dia ainda no local. Adaptava-se facilmente aos hábitos de seus informantes. Em uma cultura em que chá e petiscos estavam presentes em quase todos os encontros, Ann aceitava o que quer que lhe fosse oferecido em vez de correr o risco de parecer rude ao recusar. "Falando em culturas de rendimento, nós chegamos a Kajar bem na hora da colheita de amendoim", ela escreveu para Dewey em julho de 1978. "Isso significa que, em cada casa que pesquisamos, recebemos imensos copos de chá adocicado, servidos pelo menos umas três vezes, apesar de todos os meus *sampuns*, e grandes pratos de amendoim com casca. Considerando que em alguns dias visitávamos cinco ou seis casas, não acho que nem Joko nem eu vamos ser capazes de olhar para a cara de um amendoim novamente (sim, amendoins *têm* caras — carinhas sádicas, debochadas, para dizer a verdade). De qualquer forma, você pode ter certeza de que, antes de seguir para a próxima vila, nós verificaremos com cuidado o que *eles* acabaram de colher". (*Sampun* é uma expressão javanesa, mais ou menos equivalente, nesse contexto, à expressão *estou satisfeita*.)

Certa ocasião, em uma comunidade chamada Jambangan, em Ngawi, uma cidade de Java Oriental na fronteira com Java Central, Ann foi convidada para assistir a uma performance de *tayub*, uma dança executada por jovens mulheres de que os homens da plateia podem participar. Era raro uma pessoa de fora estar presente, Sumarni me contou, e os homens da plateia muitas vezes estavam bêbados. Quando eles começaram a enfiar dinheiro nas blusas tomara que caia das dançarinas, disse Sumarni, ela olhou Ann atentamente. "Ela riu", Sumarni disse. "Desconfortável."

Com os seus entrevistados, ela costumava ser branda. "Ela sempre era comovente", disse Sumarni. Antes de começar uma entrevista, às vezes punha os braços ao redor dos ombros de um agricultor e perguntava se ele tinha se alimentado recentemente. Se a resposta fosse não, ela dizia, com tristeza, quase para si mesma, como se tentasse resolver a questão: "Ele disse que não tinha nada para comer." Ocasionalmente, Waluja e Sumarni a viam virar de lado e enxugar lágrimas do rosto. Uma vez ela estava visivelmente chateada por ter conhecido, na vila de Kasongan, uma mulher bem mais velha, que, apesar da idade, foi obrigada pelas circunstâncias a trabalhar. "Eu me perguntava se ela não era sensível demais", contou-me Waluja.

Ann certamente era metódica. Ela acumulava listas — de materiais da colheita, de gente para contatar, de 19 passos para fazer ferramentas de agricultura. "Passos para a Sobrevivência na Nova Vila", ela escreveu a lápis na parte de dentro da contracapa de um caderno; 12 instruções se seguiam, cobrindo tudo, desde como garantir as autorizações do governo à necessidade de resumir todos os dados em gráficos. "Fotos de Kajar necessárias", ela escreveu certa vez, listando 43. Dizer que os questionários que ela aplicava aos moradores e oficiais da vila eram amplos seria subestimá-los. Geografia, demografia, tecnologia, investimento em trabalho, compras, rendimento, distribuição, capital, lucro, padrões de gastos, assistência de agências externas, história, propriedade de terra, rendimento agrícola, negociações: essas eram algumas das suas áreas de interesse. Suas notas de um único dia de trabalho de campo em Kajar podiam incluir o preço e as fontes de ferro de sucata, índices de pagamento para quem trabalhava com o fole, com o martelo e para o ferreiro; um relato sobre os gastos de um ferreiro e os seus lucros; tipos de carvão usados; um inventário de 15 ferramentas de ferreiros; discussões de práticas de mercado, a função da cooperativa, as obrigações da cooperativa, a disponibilidade de crédito, turnos extras de trabalho; e observações sobre trabalho infantil, o papel da mulher, a dieta e o uso da terra. "Pessoa difícil de entrevistar", ela reportou em seu caderno depois de uma entrevista de rotina em Pocung. "Entrevista interrompida depois de três ou quatro horas de poucos resultados." Suas seis páginas de anotações a respeito de uma conversa com Garrett Solyom sobre fotografia no trabalho de campo cobriam a velocidade do obturador, asa do filme, filtros, papel e líquido para limpar a lente, processamento, armazenagem dos negativos e muito mais. "Quanto menor a pausa do F, maior a abertura", Ann anotou. "Precisa de uma lente rápida." Solyom, que havia comprado o seu equipamento fotográfico com um presente de mil dólares de Dewey, aprendera a técnica com o pai, um biólogo especializado em animais selvagens. "Olhe com todo o seu ser", o pai lhe ensinou. "Fique parado. As coisas vão começar a acontecer porque você não está ali." O conselho que Ann escolheu anotar tinha um motivo prático. "Pergunte-se antes de cada foto: o que eu estou tentando mostrar com esta foto?", ela escreveu. "Não decapite as pessoas."

Sim, não decapite. As descrições de Ann de seus informantes eram precisas, afeiçoadas e com certa dose de humor. "Pak Atmo é um homem pequeno, astuto, cômico, apreciador de uma boa piada", ela escreveu em suas notas, descrevendo o líder da maior aldeia de Kajar. Um homem era "tímido, vago, agradável" — e completamente sem vocação para os negócios. Outro ela via como "aberto, de bom coração, modesto e sensual". Depois de entrevistar um homem, ela rabiscou, entre parênteses: "Esposa um pouco mandona." Após a visita de um grupo de engenheiros alemães: "Muita conversa sem sentido." Ela presenteou Dewey com detalhes de um Pak Harjo Bodong: "Mal traduzindo, 'Pai Harjo com o Longo Umbigo', apesar de eu nunca ter tido a coragem de perguntar exatamente por quê", escreveu Ann em uma carta. "Pak Harjo Bodong costumava ser o *dalang* mais famoso na área de Wonosari. Ele também era um conhecido ladrão e foi para a cadeia algumas vezes quando jovem. Agora ele é... um pilar da comunidade e mora lá com sua décima segunda esposa (ele é o décimo marido dela). Eles estão na casa dos 70 anos e são muito divertidos. Passamos muitas tardes agradáveis na casa deles, ouvindo histórias sobre os bons e velhos tempos, e eu ganhei um curso gratuito de *wayang* para completar!"

Pak Sastrosuyono, o líder da cooperativa de ferreiros e principal empreendedor de Kajar, se tornou um dos mais importantes informantes — um homem de estatura mediana com "um rosto com aparência inteligente e uma expressão habitual que poderia ser descrita como ligeiramente preocupada ou enigmática", ela escreveu em sua dissertação. "Apesar de ouvirem muitas histórias sobre Pak Sastro de outros moradores da vila, algumas delas beirando o fantástico, ele raramente fala de si mesmo e de suas conquistas. Quando o faz, tende a minimizar essas conquistas. Se indagado sobre o tamanho de sua propriedade, do seu patrimônio, das suas contribuições financeiras para cerimônias da vila ou projetos de melhoria etc., ele sempre subestima tais coisas. Em parte, isso pode ser atribuído à cultura javanesa, que dá um grande valor à modéstia e abomina quem costuma se gabar. Em parte, no entanto, é provavelmente por causa de uma avaliação realista da sua situação na vila. Ele é a um só tempo respeitado e desvalorizado em um nível considerável."

Ela segue descrevendo o que mais a impressionava como um momento particularmente revelador.

Uma cena de Pak Sastro e a sua esposa se destaca na memória da autora e expressa a pungência da relação dele com os outros moradores da vila. Quando voltava de entrevistas nas casas de alguns deles, em uma tarde em 1978, a autora passou pela casa de Pak Sastro. Ele havia acabado de comprar a primeira televisão da vila e conseguiu captar programas que estavam sendo transmitidos de Jogjakarta. Como o programa de eletrificação da vila ainda não havia começado, os primeiros aparelhos usados em áreas rurais eram operados por bateria. Pak Sastro e Bu Sastro tentaram ver televisão em sua própria casa, mas centenas de outros moradores lotaram o lugar, mesmo sem serem convidados, para dar uma olhadinha nesse novo estranho fenômeno. Por fim, exasperado, Pak Sastro foi forçado a pôr o aparelho na janela de sua casa, virado para o quintal. Como um sinal do seu status superior e do fato de que o televisor pertencia a eles de verdade, Pak Sastro e Bu Sastro foram autorizados a sentar em duas cadeiras, colocadas no quintal, de frente para o aparelho. O resto da vila ficou de pé para assistir, empilhando-se atrás deles, pelo quintal.[5]

Os charmes e mistérios de Kajar, naturais e sobrenaturais, fascinavam Ann. Havia três nascentes sagradas na vila. Uma, sombreada por uma enorme figueira sagrada, tinha de ser evitada à noite porque os javaneses acreditavam que fantasmas e espíritos moravam em figueiras. Na base de outra estava uma pedra plana, em que se podiam ver colorações na forma da lâmina ondulada javanesa, a cris ou *keris*, em indonésio. "Os moradores da vila consideravam essa imagem de uma *keris* uma prova de que os homens do Kajar estão destinados a se tornar ferreiros e de que homens de vilas vizinhas não tinham o mesmo destino", escreveu Ann em sua dissertação.[6] A ferraria era considerada sagrada; também eram sagrados a forja, o forno de fundição e a bigorna em formato de chifre, semelhante a um lingam, o falo estilizado usado no hinduísmo como um símbolo do deus Shiva. Ferreiros eram reverenciados, e os mais antigos, considerados seres com poderes especiais. Antes de abrir uma nova forja, um ferreiro deveria preparar um arroz feito para oferenda e frutas e flores para serem queimadas com incenso na forja. Havia oferendas para as bigornas no primeiro dia da semana javanesa. Todo ano, no primeiro dia do primeiro mês javanês, todos os ferreiros se vestiam formalmente em sarongues, casacos de gola alta e pequenos turbantes de batique. Caminhando em fila indiana e com cada um carregando uma bandeja repleta de comidas para oferenda, eles circulavam na vila e subiam em uma das montanhas de calcário por trás dos túmulos dos dois ferreiros pioneiros. Lá, faziam as suas ofertas, meditavam ou rezavam. "Quando os moradores da vila tinham um problema, como uma doença ou esterilidade, ou quando queriam ter mais sorte, levavam ofertas de arroz, flores etc., para esses túmulos", escreveu Ann.[7] Quando teve uma infecção nos olhos, ela foi aconselhada a lavá-los nas águas da nascente sagrada. Quando a infecção persistiu, os moradores da vila sugeriram uma peregrinação até o alto da colina de calcário e oferendas aos túmulos dos ferreiros.

Em junho de 1978, Ann soube de um ferreiro de cris mais velho, vivendo em Kajar. Pela tradição javanesa, a cris é um objeto de importância e poder extraordinários — uma arma, uma relíquia de família, um símbolo de status, um símbolo masculino, um item do vestuário das cerimônias masculinas, uma forma de arte, um objeto sagrado com poderes de proteção e com vida própria. "Existem numerosas histórias de cris sacudindo-se dentro de suas caixas, querendo sair, ou de cris piscando em pleno ar e atacando por conta própria os inimigos dos seus donos", Ann escreveu no início dos anos 1980.[8] De acordo com Solyoms, que escreveu extensamente sobre a cris, um homem pode chegar a ponto de trocar o seu carro ou a sua casa por uma cris que ele sinta que é a correta para ele — uma que o faça se sentir espiritualmente completo e pessoalmente satisfeito. Os artesãos que faziam a cris eram considerados descendentes dos deuses. Como mágicos ou feiticeiros nas culturas ocidentais, os mestres ferreiros de cris possuíam um conhecimento especial, passado apenas para outros membros da família e visto como perigoso; ele exigia, como diz Solyoms, "a liberação e o controle de poderes ameaçadores que podem seguir o mau caminho se não forem tratados da maneira certa. No final dos anos 1970, dizia-se que não havia mais mestres ferreiros em Java, apenas alguns ferreiros de vilas carregando a tradição de seus pais. Em 19 de junho de 1978, Ann escreveu em suas anotações que havia descoberto que restava um ferreiro de cris em Kajar. (Mais tarde, ela descobriu serem dois.) "Ela ainda tem o poder mágico de fazer *pamor kerises*", ela escreveu, referindo-se aos padrões damascenos de claro sobre escuro na lâmina da cris, feitos de camadas sobre camadas de ferro e níquel meteorítico prensados. "Ele não foi capaz, no entanto, de passar a tradição a ninguém mais e agora está velho."

No início de julho, ela e Waluja entrevistaram o ferreiro de cris Pak Martodinomo, um dos dois genros ainda vivos de Kasan Ikhsan, um dos dois ferreiros pioneiros de Kajar. Ele tinha cerca de 80 anos, pelas estimativas de Ann. Em seu apogeu, recebia cerca de sete ou oito encomendas por ano. Agora, raramente recebia alguma. "As pessoas não dão mais importância às cris", Ann escreveu em suas anotações. "Um sinal dos tempos." O sogro de Martodinomo foi especialista em um tipo de misticismo javanês conhecido como *ilmu kebatinan*, que Ann descreveu mais tarde como um conjunto de práticas, de origem hindu e budista, que tinha como objetivo melhorar o poder espiritual e o conhecimento de uma pessoa sobre o significado da vida. Ann listou os passos requeridos antes de começar a fazer uma cris: jejuar por três dias; possuir um *selamatan* privado com churrasco de frango, arroz de coco e arroz cozido para proteger a cris durante a forja; ter um *selamatan* pessoal para proteger o ferreiro dos maus espíritos. Trabalhar em uma cris era começar no início do mês javanês chamado Suro, continuar de modo intermitente ao longo do ano e terminar no Suro seguinte. Um ferreiro não podia matar animais durante o Suro e tinha de jejuar às segundas e quintas-feiras. "Familiarize-se com o espírito do ferro a ser usado", Ann escreveu. "Se você não se familiarizar, pode ter um acidente enquanto estiver trabalhando; por exemplo, ficar cego, paralisado, muito doente, louco ou até mesmo morrer subitamente."

Ann parece ter tido pouca dificuldade para convencer os seus entrevistados a falar. Em um pequeno rabisco na parte de baixo de uma página de anotações do campo, ela escreveu: "Nenhuma das pessoas entrevistadas até agora se sente confortável falando indonésio." Por esse motivo, Djaka me disse que ele e Ann conduziam todas as entrevistas juntos. Ela discutia com ele, em bahasa, as questões que queria perguntar; ele, então, as elaborava em javanês e anotava as respostas em seu caderno. À noite, ele traduzia as respostas para o indonésio e então Ann as traduzia para o inglês em suas anotações. Quando perguntei por que ele achava que as pessoas da vila eram tão abertas, ele primeiro disse: "Porque eu perguntava em javanês." Como complemento, declarou: "Se um estrangeiro faz perguntas, eles querem responder. Eles ficam felizes ao ser perguntados e adoram responder." Além disso, eles passaram a ver Ann como uma boa mulher.

Durante uma visita a Kajar em julho de 2009, conheci duas mulheres, Suparmi e Mintartini, que, como muitos indonésios, não usavam sobrenomes. Elas se identificaram como filhas de Pak Sastrosuyono, o líder da cooperativa dos ferreiros quando Ann visitou a vila pela primeira vez. Disseram que se lembravam de ter visto Ann em Kajar quando eram crianças e relembraram o prazer que ela parecia sentir ao conversar com os habitantes da vila. "As pessoas gritavam: 'Há uma *londo* aqui!'", uma das mulheres me contou, usando a palavra javanesa para holandesa, frequentemente usada para qualquer europeu, ocidental ou caucasiano. "Todo mundo vinha. Ela era como uma celebridade aqui. Eles realmente gostavam. Algumas pessoas não podiam responder às perguntas, mas ficavam felizes por ela estar aqui." Nos agradecimentos em sua dissertação,[9] Ann descreveu os moradores de vilas indonésias que encontrou como "invariavelmente amigáveis, agradáveis e dispostos a responder pacientemente muitas questões a respeito de suas empresas e finanças pessoais, mesmo quando dúzias de vizinhos e crianças da vila se amontoavam na porta ou olhavam através de janelas. Eu não me lembro de jamais ter sido tratada de forma rude por uma pessoa de uma dessas comunidades indonésias ou de ter tido uma experiência de trabalho de campo que não tenha sido prazerosa, enquanto estive na Indonésia". Em uma ocasião, o líder da maior aldeia de Kajar anunciou em um encontro na vila que havia "adotado" Ann e Djaka Waluja como seus filhos. Ele renomeou Ann de Sri Lestari. "Eu acredito que significa 'Para Sempre Bonita', e não foi um galanteio dele", Ann escreveu para Dewey. "Agradeça a Deus por homens legais e confiáveis de meia-idade que não deixam você com nenhum complexo. Amém!"

Tudo a respeito da ferraria cativava essa nativa do Kansas. Se pudesse reencarnar, ela disse a um colega, Don Johnston, anos mais tarde, que gostaria de voltar como um ferreiro. "Eu ainda sonho com o dia em que eu vou poder visitá-lo e ir rio acima para ver aquelas enormes vilas de ferreiros de que você me falou", ela escreveu para outro conhecido em Kalimantan, em 1981. Ela não estava simplesmente interessada nos aspectos técnicos do trabalho manual; podia perceber que, nas mãos de um ferreiro talentoso, objetos utilitários emergiam como algo mais próximo da arte. Tornou-se

168 • JANNY SCOTT

quase proprietária de suas vilas. "Ela era muito possessiva em relação a Kajar", disse Garrett Solyom, que fazia pesquisa sobre a cris, trabalhando intensamente com um ferreiro em outra vila de Java. "Estava nítido que ela sabia que havia esbarrado em algo especial. Ela deixou claro, de modo indireto, que não queria que eu ficasse rondando por lá."

Kajar era apenas uma de meia dúzia de vilas, cada qual com as suas próprias indústrias de artesanato, nas quais Ann escolheu focar. Havia Kasongan, um centro de produção de peças de barro sete quilômetros ao sul de Yogyakarta, onde a competição com as cerâmicas feitas em fábricas estava roubando o mercado dos produtos tradicionais de barro. Lá, o turismo estava criando um novo mercado para cofrinhos, brinquedos e lembrancinhas de terracota. Malangan, 15 quilômetros a noroeste de Yogyakarta, tinha sido um centro de tecelagem com tear manual, especializado em sarongues listrados e panos para amarrar na cintura de uma só cor. Quando começou a faltar fio para a tecelagem ou a competição de fábricas mecanizadas tirou a maior parte dos tecelões do mercado, os moradores passaram a transformar bambu e folhas de palmeira em itens como cestas, bandejas de palha e recipientes para cozinhar arroz no vapor. Essa indústria também enfrentava a competição dos aparatos feitos pelas fábricas. Pocung, como Malangan, havia sido uma próspera vila de tecelagem manual, especializada em *lurik*. Quando essa atividade esmoreceu, os moradores se tornaram comerciantes ou passaram a produzir fantoches de couro para o teatro de sombras a partir do couro de animais. Com o crescimento do turismo, aumentou a demanda por lembrancinhas de couro "estilo *wayang*", inclusive marcadores de livro, cúpulas de abajur, marionetes em miniatura e chaveiros. "Problemas com venda em lojas porque as lojas só querem *wayangs* baratos e não se importam com a qualidade, enquanto Sagiyo não quer fazer *wayangs* baratos", Ann observou em suas anotações sobre uma longa entrevista com um artesão de fantoches chamado Sagiyo, da vila de Gendeng. (Suas notas daquele dia incluem um desenho de um bolo de aniversário com quatro velas. "Aniversário de Joko", ela escreveu.)

Os padrões e tendências começaram a aparecer. Tornou-se cada vez mais aparente, por exemplo, que mulheres não estavam necessariamente se beneficiando da industrialização. Quando indústrias dominadas por elas se adaptaram à competição a partir da produção de novos produtos para novos comerciantes, os empregos mais bem pagos frequentemente iam para os homens. As atividades mais lucrativas — aquelas que requeriam matéria-prima cara e acesso a capital de giro — eram quase exclusivamente masculinas. Em uma vila, Ann descobriu que quase toda casa produzia cestas de bambu, mas apenas quarenta delas tinham dinheiro para usar o vime mais lucrativo. Em todas essas, os empreendedores eram homens. Outro padrão que chamou muito a atenção de Ann foi a assiduidade dos indonésios. "Nós descobrimos que quase todas as famílias têm uma variedade impressionante de atividades secundárias que vão alternando para garantir que sempre estejam ocupadas e tenham alguma renda à mão", Ann escreveu de Kajar para Dewey. Aquela ingenuidade parecia desafiar as conclusões dos acadêmicos, como J. H. Boeke, o economista holandês do início do século XX que Dewey havia mencionado. Boeke descreveu a economia das Índias como "dualista", com um hiato entre o estilo ocidental das empresas intensivas em capital e as empresas camponesas mais intensivas em trabalho. Ele atribuiu o hiato a diferenças culturais — uma inclinação indonésia à cooperação, em vez da competição, uma falta de interesse em acumulação de capital e uma tendência a se engajar em trabalhos assalariados apenas o suficiente para alcançar as suas necessidades básicas. Mas Ann achou produtores da indústria campesina extremamente interessados em lucros e profundamente conscientes a respeito das flutuações nos preços do combustível, trabalho e matéria-prima. Em vez de diferenças culturais, Ann acreditava, a falta de informação e de certas tecnologias talvez ajudasse a explicar esse "dualismo" econômico. Mas e o acesso ao capital? Até mesmo o relativamente grande investimento em equipamentos de um empreendedor de sucesso, como Pak Sastro em Kajar, era parco em comparação ao dinheiro necessário para implementar uma fábrica no estilo ocidental.

A principal causa para o hiato na economia indonésia não era cultural, Ann acreditava. Eram as diferenças no acesso ao capital.

Em março de 1978, ela se viu cara a cara com o problema ao qual viria a devotar boa parte de sua atenção profissional nos anos seguintes. Ela estava em um encontro da agência do governo indonésio que patrocinava a pesquisa dela, uma unidade dentro do Departamento de Indústria que trabalhava com pequenas empresas. De acordo com as suas anotações de campo, o assunto do encontro era distribuição de renda e emprego. A questão surgiu: Por que a ajuda do governo para o desenvolvimento não chegava aos sem-terra, nos níveis mais baixos da pirâmide de renda? A resposta dada era que o crédito estava indo para os agricultores — não para as indústrias campesinas, incluindo artesanato. Pelo plano de cinco anos do governo, unidades bancárias especiais tinham sido montadas para fazer empréstimos a pequenos agricultores. Mas não havia programa semelhante para camponeses artesãos. Os bancos estavam interessados em eficiência e lucro, não em emprego e distribuição de renda. Quando artesãos preenchiam formulários de pedido de empréstimo e os levavam até o banco, mesmo com a ajuda dos agentes do Departamento de Indústria, os bancos recusavam o pedido. Os empregos aumentariam e a distribuição de renda melhoraria, alguém alegou, somente se esses pequenos empreendedores recebessem ajuda.

"Pergunte a Subroto onde o crédito está", alguém declarou, referindo-se a um agente do Departamento de Indústria. "A gente nunca vê crédito nenhum."

Quando Ann não estava no campo, estava em Yogyakarta, algumas vezes com Maya, outras não. A sobrinha de Lolo Soetoro, Kismardhani S-Roni, que era adolescente quando Ann se mudou para Yogyakarta, se lembrou de Ann e Maya morando por um tempo com a mãe de Lolo na casa próxima ao mercado de pássaros, e de Ann dando aulas para Maya em casa, em um quarto cheio de desenhos de Maya pendurados nas paredes. "Tante Ann" era uma professora exigente, lembraram a sobrinha de Lolo e o irmão dele, Haryo Soetendro. Maya não recebia tratamento privilegiado por ser a única estudante, relembrou Soetendro. "Você tinha de trabalhar muito para ganhar uma nota boa da sua 'professora'", ele escreveu em um e-mail para Maya em 2008. Em outros períodos, quando Ann estava no campo, Maya, às vezes, ficava com seus primos e os pais deles em uma grande casa no campus da Universidade de Gadjah Mada, onde a irmã e o cunhado de Lolo eram professores. "Eu vagava muito por ali", Maya relembrou. "Às vezes, minha mãe estava trabalhando e eu ficava sob os cuidados de um monte de gente — possivelmente alguns eram empregados da família, alguns eram da família, alguns eram vizinhos. Havia um complexo do outro lado da rua. Lembro-me dos antigos portões holandeses, do ferro trabalhado e de correr por ali. Uma coisa do tipo: 'É preciso uma aldeia inteira.'* Muitas mulheres que tomavam conta de mim tinham outras crianças... Mas eu também me lembro de ela estar muito presente durante as tardes e de me ensinar."

Por muitos meses, aparentemente em meados de 1978, Ann ficou com uma família indonésia na casa deles, perto do Pakualaman Kraton, um complexo menor não muito longe do complexo principal do sultão. Maggie Norobangun, que estava lecionando inglês na época, havia conhecido Dewey em 1976. Dewey se tornou uma grande amiga da família e uma visitante frequente. Com a ajuda dela, Ann ficou meses seguidos no que Norobangun chamava de "o quarto de Alice". Ela saía cedo, todas as manhãs, na garupa da motocicleta de um outro estudante de pós-graduação que era assistente de pesquisa dela no trabalho de campo. Voltava no fim do dia, dizendo: "Oh, Maggie, estou morta de cansaço." Ela era amigável, tranquila e feliz por morar em Yogyakarta, mas nunca falava sobre a sua família, Norobangun me disse. Em uma ocasião, para surpresa de Norobangun, Maya, então com 10 anos, veio visitá-la por vários dias. Norobangun não sabia que Ann tinha uma filha. Em outra ocasião, Lolo passou por lá com Barry e Maya, quando viajavam para Borobudur. "Eu nem sabia sobre o sr. Soetoro", Norobangun me contou.

No outono de 1978, Barry tinha 17 anos e era um estudante do último ano na Punahou Academy, também o seu último ano em casa, no Havaí. Ann nunca achou que a distância que os separava fosse fácil; por isso viajava entre continentes, tentando permanecer envolvida na vida dele. Agora, a infância dele estava chegando ao fim. Nancy Peluso, amiga de Ann de Yogyakarta, me contou que ela se lembrou de ter encontrado Ann, no início daquele ano, em um pequeno hotel na parte sul de Yogyakarta.

---

*Referência ao provérbio africano, comum nos Estados Unidos, que diz: "É preciso uma aldeia inteira para educar uma criança." [*N. dos T.*]

Elas tornaram um hábito se encontrarem sempre que as duas estivessem na cidade — para jantar, conversar ou ir a uma sessão de massagem. Nessa ocasião, Peluso se lembrou, Ann se debulhou em lágrimas. "Ela começou a chorar e disse: 'Você sabe, eu tenho de retornar aos Estados Unidos para o último ano de Barry no ensino médio. Eu quero muito fazer isso. Depois, ele vai cair no mundo e eu não terei a oportunidade de acompanhar isso de perto. Eu só quero estar lá, de volta.'"

Então, ela voltou a Honolulu por vários meses naquele outono. Em uma cena assombrosa de *A origem dos meus sonhos*,[10] Obama descreve um confronto entre mãe e filho durante aquela visita. Um amigo dele tinha sido preso por posse de drogas. Ann interpelou Obama, com a intensidade de um pai temendo que a oportunidade de influenciar o seu filho quase adulto lhe estivesse escapando. As notas dele estavam caindo, ela disse; ele ainda teria de começar as suas inscrições para as universidades. Será que ele não estava sendo um pouco relapso com seu futuro? De um modo a princípio paternalista e depois hostil, ele a rechaça. Ele tenta uma velha tática — um sorriso, algumas palavras reconfortantes, o equivalente verbal a um tapinha nas costas. Quando vê que Ann não está apaziguada, comunica-lhe que está pensando em não fazer faculdade, só ficar no Havaí, fazendo alguns cursos, trabalhando em meio período. Ela o corta imediatamente: Ele poderia entrar em qualquer universidade que quisesse, ela diz, se fizesse só um pouco de esforço. Não poderia simplesmente ficar acomodado, como um *bon-vivant*, contando com a sorte. "Eu olhei para ela sentada ali, tão séria, tão certa do destino do seu filho", escreve Obama. "De repente, senti que deveria provocar aquela certeza, fazendo com que ela soubesse que o experimento dela comigo havia falhado."

Em vez de gritar, ele ri.

"Um *bon-vivant*, é? Bem, por que não? Talvez seja isso o que eu queira da vida. Eu quero dizer, veja o vô. Ele nem foi para a faculdade."

Obama se dá conta, pela expressão de Ann, que ele tocou no maior medo dela.

"'É com isso que você está preocupada?', eu perguntei. 'Que eu acabe como o vô?'" Então, tendo feito de tudo para sabotar a fé que Ann depositava nele, Obama se retira do quarto.

Só é possível imaginar como Ann encarou aquele momento. Ela vinha de uma família de professores, embora nem seu pai nem sua mãe tivessem um diploma universitário. Sua mãe, arrependida das próprias decisões, havia feito esforços extraordinários para assegurar que Ann e mais tarde Barry tivessem a educação e as oportunidades que ela havia perdido. A Universidade do Havaí expandira os horizontes de Ann — emocional, intelectual e profissionalmente. Para Barry ter as mesmas oportunidades, ela aceitou que eles vivessem a meio mundo de distância um do outro. Ela jamais deixava de pensar que aquela dolorosa separação tinha um preço sobre a ligação entre eles. Ann nutria as maiores expectativas em relação ao seu filho; ela havia enfatizado, desde a infância, o valor da educação e do trabalho. Agora, para contrariá-la, ele professava a possibilidade de rejeitar ambos.

O que era o "experimento" de Ann, tal como Obama referira no livro?

Quando perguntei ao presidente Obama, ele explicou que havia descrito a cena sob o ponto de vista dele, adolescente, cínico, sarcástico. Sua mãe acreditava que ele era especial; que os valores por ela incutidos fariam dele a pessoa que ela desejava que ele fosse. Mas ele estava furioso, cheio de dúvidas sobre si mesmo e incrédulo de que os esforços dela valeriam a pena.

"Quem era a pessoa que ela desejava que ele fosse?", eu lhe perguntei.

"Você sabe, algo como uma mistura de Einstein, Gandhi e Belafonte, certo?", ele disse, rindo. "Eu acho que ela queria que eu fosse o homem que ela provavelmente gostaria que o meu avô tivesse sido, que ela gostaria que o meu pai tivesse sido."

Depois, complementou: "Você sabe, alguém que fosse forte e honesto e fizesse pelo mundo coisas que valessem a pena."

7

Organização comunitária

A vila de Ungaran era um cisco nas montanhas acima do porto de Semarang, na costa norte de Java Central. Uma estrada de duas pistas entre Semarang e Yogyakarta rasgava o caminho íngreme, entre campos de arroz aterrados ao longo da vila. Caminhões quebravam ou batiam com tanta frequência que, diziam, a estrada era moradia de espíritos. Havia uma pracinha, algumas bancas de venda de comida, um mercado e um cinema que exibia filmes de segundo escalão de Hollywood. Ann Hawkins, uma jovem norte-americana, morava fora de Ungaran, trabalhando com uma organização indonésia para ensinar agricultura orgânica a moradores das vilas. Para chegar da estrada ao centro de treinamento, era preciso caminhar mais de 1,5 quilômetro por um atalho no meio dos campos de arroz. Um dia, no fim de 1979 ou início de 1980, Hawkins olhou para o alto, de dentro da vala, onde ela misturava lixo orgânico e esterco para fazer compostagem, e se surpreendeu ao ver um homem e uma mulher ocidentais observando. A mulher, sorridente, tinha uma pele de porcelana e usava óculos escuros postados no alto da cabeça. Era Ann Soetoro. O homem era membro de uma organização internacional de desenvolvimento. "O que você está fazendo?", um deles indagou a Hawkins. Ela estava se perguntando a mesma coisa. Pessoas brancas nunca vinham a Ungaran, ela pensou. Especialmente as mulheres brancas.

No começo de 1979, Ann se mudara de Yogyakarta para Semarang, o antigo porto comercial que é a capital de Java Central. Ela havia terminado o trabalho de campo por ora e dissipado o que restava da sua bolsa do East-West Center. Barry, em seu último ano no Punahou, estava se candidatando a várias universidades; Maya, ainda sendo educada em casa, logo precisaria se inscrever em um colégio. Mesmo com o salário do banco de Madelyn Dunham subsidiando a educação de Barry, Ann precisava de dinheiro. "Por favor, não se esqueça de me pôr na lista para um semestre como professora assistente na próxima primavera", ela escreveu de Java para Alice Dewey, no verão de 1978, anunciando a sua intenção de retornar a Honolulu a tempo do seu feriado favorito, o Dia das Bruxas. "Eu estarei realmente falida quando voltar." Mas, em vez de se acomodar como professora assistente na universidade, ela voltou a Java em janeiro. "Apesar de eu ter terminado o meu trabalho de campo no fim de 1978, as finanças familiares e o esgotamento da minha bolsa do centro me impediram de voltar de imediato para Honolulu, a fim de escrever e fazer as pesquisas finais", ela explicou, mais tarde, em um relatório para o departamento de antropologia. Em vez disso, ela aceitou um trabalho como consultora em desenvolvimento internacional de um projeto em Java Central, financiado pela Agência Norte-Americana para o Desenvolvimento Internacional. O emprego incluía um salário, uma casa em Semarang, um carro com motorista e férias remuneradas. Ela convenceu a Universidade do Havaí a lhe dar uma licença inicial de nove meses. "Bem, agora que estou trabalhando, espero conseguir quitar todas as minhas dívidas logo", escreveu Ann para Dewey depois de alguns meses no emprego.

As razões dela para aceitar o cargo não eram exclusivamente financeiras. O projeto, o primeiro do tipo na Indonésia, era feito para capacitar escritórios de planejamento de províncias a desenvolver programas em resposta direta às necessidades das comunidades pobres. "Era perfeito para ela", a amiga de Ann, Nancy Peluso, me disse. "Ser capaz de encontrar alguma coisa em que ela pudesse aplicar diretamente o conhecimento que vinha acumulando de uma maneira positiva e, ao mesmo tempo, ganhar o suficiente para talvez começar a pagar por algumas coisas e guardar para a universidade." A perspectiva de resolver problemas, não apenas descrevê-los, teve um forte apelo para Ann. Depois de uma colega antropóloga escrever a ela, brincando que tinha ouvido falar que Ann havia "vendido a sua alma às grandes organizações internacionais", Ann, aparentemente, se muniu de uma defesa persuasiva. A amiga lhe escreveu de volta: "Eu devo dizer que o seu emprego soa fascinante e desafiador... Eu consigo entender muito bem a excitação de fazer algo prático, em vez de teórico, e trabalhar, de fato, no campo do desenvolvimento, em vez de teorizar e criticar de dentro da zona de segurança de uma universidade norte-americana. Além disso, sei o que você quer dizer quando descreve as pessoas com quem trabalha (ou, pelo menos, algumas das pessoas do seu grupo) como dinâmicas, progressistas, engajadas e com mentalidade voltada para o social."

O projeto em Java representava uma nova perspectiva. Agências de desenvolvimento tendiam a operar emprestando dinheiro do governo para infraestrutura de grande escala, como sistemas de água e rodovias. Quando o trabalho terminava e a agência se retirava, as novas estruturas muitas vezes não recebiam manutenção. No fim dos anos 1970, a Agência Norte-Americana para o Desenvolvimento Internacional estava implementando uma nova estratégia. Os projetos seriam multifacetados — digamos, um pouco em infraestrutura, um pouco em treinamento de pessoal, um pouco de eletrificação rural, um pouco de microcrédito — e as decisões emanariam menos de cima para baixo do que de baixo para cima. "A ideia era que deveríamos abarcar programas que envolviam comunidades locais e deveríamos responder às suas necessidades", disse-me Carl A. Dutto, o agente de desenvolvimento rural para a agência em Jacarta à época. "A teoria por trás disso é que, se você está trabalhando desse jeito, é sustentável, simplesmente porque as pessoas querem que seja assim." Havia um aumento de atenção, também, para a necessidade de falar dos problemas da pobreza rural. Depois da revolta dos anos 1960, o governo Suharto havia se comprometido a combater a pobreza rural, que era vista como uma causa para a agitação social e política. O governo convocou o sistema bancário para diversificar a economia e estimular o desenvolvimento do campo. Isso começaria com a criação de programas de crédito para direcionar o dinheiro para empreendedores rurais, promovendo pequenas indústrias e reduzindo a dependência da agricultura. Para entender melhor as comunidades pobres, algumas agências de desenvolvimento começaram a contratar antropólogos como Dutto, que entrou para a Agência para o Desenvolvimento Internacional em 1976, deixando para trás um posto de professor na Universidade de Nairóbi. O trabalho deles era tentar deduzir quais eram as expectativas da comunidade.

O projeto para o qual Ann foi contratada era um experimento que costumava ser chamado de desenvolvimento de baixo para cima. As decisões não seriam tomadas pelo governo central em Jacarta; em vez disso, a agência de desenvolvimento e seu contratante, uma firma baseada em Bethesda, Maryland, que fazia projetos de desenvolvimento econômico em todo o mundo, trabalhariam com os funcionários de planejamento nas duas províncias onde o projeto estava sediado. O objetivo era estimular a capacidade dos funcionários das províncias de criar e levar adiante projetos de pequena escala em resposta à demanda local. Dutto, que inspecionou o programa de 1978 a 1983, disse que ele começava com a preparação de perfis detalhados de cada província e distrito, com base em dados econômicos e sociais, às vezes reunidos para essa proposta pelas universidades locais. Havia encontros com residentes das vilas para determinar quais eram as principais necessidades de suas comunidades — por exemplo, rodovias rurais, um mercado para vender vegetais, variedades de arroz de maior rentabilidade. Os encontros iniciais em Kudus, um centro da indústria de *kretek* — os cigarros de cravo-da-índia —, e Jepara, um centro de esculturas em madeira, revelaram a necessidade de acesso ao crédito, especialmente para as mulheres. Como resultado, Dutto disse, o crédito para pequenas indústrias se tornou um componente do projeto de desenvolvimento. Jerry Silverman, contratado pela Development Alternatives Inc. (DAI), diretamente de um projeto semelhante na Etiópia, para ser o coordenador em Semara, me contou: "O projeto tinha como base as premissas da DAI em

Thomas e Margaret McCurry, bisavós de Ann Dunham, em Peru, Kansas. (Cortesia de Margaret McCurry Wolf)

Madelyn e Stanley Dunham.

Madelyn, Stanley Ann e Ralph Dunham, Parque Nacional de Yellowstone, verão de 1947.

Stanley Ann (à esquerda), aos 14 anos, em uma festa do pijama no verão de 1957. (Linnet Dunden Botkin)

Aos 17 anos, em foto do anuário de 1960 da Mercer Island High School. (Polaris)

Stanley e Barack.
(AP Photo/Obama for America)

Com Lolo e Sylvia Engelen, "Noite Indonésia" no East-West Center.
(Gerald e Sylvia Krausse)

Lolo e Stanley, Havaí.

Lolo (o terceiro da esquerda para a direita), *com a equipe de mapeamento da fronteira em Merauke, Irian Barat, julho de 1967.*

Lolo e Maya, cerca de 1971.

Stanley Ann Dunham.

Stanley, Stanley Ann e Madelyn, Parque Nacional de Yellowstone, verão de 1947.

Durante seu primeiro ano no Havaí, no final de 1960 ou início de 1961.

ACIMA: *Barack Obama* (pai). (AP Photo/Obama for America)

Lolo Soetoro na Universidade do Havaí em 1963 ou 1964.

Com Barack.

Em Borobudur, no início dos anos 1970.

Durante seu trabalho de campo em Kajar, 1977 ou 1978.

ACIMA: *Barack (à direita) com Maya e sua babá, 1970.* (Polaris)

À ESQUERDA: *Barack (à direita) com Lolo (à esquerda), a mãe de Lolo (no centro), e membros da família de Lolo.* (Polaris)

Segurando Maya, com a mãe de Lolo (à esquerda) e Madelyn Dunham (à direita), em Jacarta, agosto de 1970. (Polaris)

Com Barack na formatura da Punahou School, em 1979.

Com Barack e amigos, Manhattan, verão de 1987.

ACIMA: *No campo, no fim dos anos 1980 ou início dos 1990.*

À ESQUERDA: *Na ilha de Lombok, no início dos anos 1990.*

ABAIXO: *No campo.*

No casamento de Barack e Michelle, outubro de 1992.

Com Lolo, Maya e Barack, 1970. (AP Photo/Obama Presidential Campaign)

Na Indonésia, junho de 1972.

No Havaí, 1973. (Bill Byers)

Com Barack Obama (pai), *no Natal de 1971.* (AP Photo/Obama for America)

Barack Obama (pai) *e o jovem Barack, no Natal de 1971.* (AP Photo/Obama for America)

Com Nancy Peluso, Yogyakarta, 1977 ou 1978. (Nancy Peluso)

Com amigos na casa de Nancy Peluso, em Yogyakarta. (Nancy Peluso)

Com amigos, ou colegas de trabalho, aparentemente em Yogyakarta, por volta de 1977 ou 1978.

Com Ong Hok Ham, Julia Suryakusuma, Ami Priyono e Aditya Priyawardhana, o filho de Julia Suryakusuma e Ami Priyono, julho de 1989. (Coleção de Julia Suryakusuma, reproduzida com permissão da mesma)

Entrevistando clientes do banco, com colegas de trabalho, por volta de 1989.

Com Tomy Sugianto (à esquerda) e Slamet Riyadi (à direita), do Bank Rakyat Indonesia, em Tana Toraja, no sul de Sulawesi, 1989.

No início dos anos 1990.

que eu acreditava. Era algo como: 'Nós vamos de fato mostrar ao mundo o que pode ser feito com um processo de respostas a demandas, vindas de baixo para cima.' Era o novo modelo."

Esse modelo abarcava uma atitude particular em relação aos pobres.

"Você sabe o velho ditado: 'Você dá ao homem um peixe...?'" Silverman me perguntou. Eis o ditado: 'Dê um peixe ao homem e você o alimenta por um dia; ensine-o a pescar e você o alimenta pela vida inteira.' O projeto em Java Central, Silverman continuou, não era o equivalente a nenhum dos dois. Ele o explicou assim: de acordo com a visão de alguns, os pobres são casos para a caridade e precisamos dar coisas a eles (isso seria o peixe). De acordo com outra visão, os pobres não são tão sofisticados tecnicamente quanto nós; então precisamos ensinar coisas a eles (isso seria como pescar). Mas existe uma terceira possibilidade. Segundo ele, o pobre sabe o que está fazendo, mas as circunstâncias o impediram de escapar da pobreza. "Como podemos intervir e ajudá-los a remover um obstáculo, diminuir um desafio, fazer uma conexão técnica que eles não compreenderam?", Silverman disse. "Não é dizer: 'Nós somos espertos, eles são burros. Nós podemos dizer a eles como é que se faz.' Está muito além do ensinar a pescar. É 'entender que ele sabe pescar, mas talvez precise de alguém que o ajude a chegar até o peixe ou a conseguir uma linha mais forte, que não arrebente'. É um passo além."

Quando Ann chegou à costa norte de Java no início de 1979, aos 36 anos, era uma das poucas ocidentais em Semarang. A cidade, um porto comercial com séculos de vida e um ponto central para o comércio, guardava traços de seu passado colorido, cosmopolita. Havia templos chineses e lojas comerciais,* um quarteirão árabe, uma das igrejas cristãs mais antigas de Java. Havia um prédio da administração colonial holandesa, que servira de refúgio para manifestantes em prol da independência javanesa durante a ocupação japonesa. Dilapidada e quente, a Semarang Antiga se derramava ao longo da planície costeira. Nas montanhas atrás

---

*No original, *shophouse*, uma espécie de aglomerado de lojas, em casas geminadas ou em pequenos prédios, típicas do Sudeste Asiático. [*N. dos T.*]

da cidade, expatriados viviam em bairros como o Candi Baru onde, em casas e jardins suntuosos deixados pelos holandeses, desfrutavam de uma vista panorâmica da costa. "Eles viviam em seus próprios guetos de expatriados", disse Clare Blenkinsop, que se mudou, em 1979, para Semarang com Richard Holloway, seu marido e diretor no país da Oxfam, a organização internacional para desenvolvimento e assistência. Era possível separar rapidamente "as ovelhas das cabras, as pessoas que trabalhavam com desenvolvimento e eram sérias *versus* as menos sérias", Holloway me contou. A diferenciação era feita observando se elas aprendiam ou não a falar indonésio e se sentiam alguma empatia pelas pessoas da vila ou se apenas as viam como um elemento para os seus projetos. Havia a filial de um clube onde expatriados se encontravam para tomar cerveja, fundado em Kuala Lumpur e chamado Hash House Harriers. "Eu devo dizer que tínhamos uma objeção filosófica a expatriados ricos derramando cerveja na cabeça uns dos outros, na presença de pessoas da vila que não tinham um tostão furado", Blenkinsop disse.

Ann vivia no extremo indonésio do espectro do expatriado. Ela falava a língua, comia a comida, sentava no chão com as pernas cruzadas. Acumulava amigos indonésios e administrava a sua casa de maneira informal, aberta, ao estilo indonésio. Blenkinsop ficava encantada com o número de pessoas que estavam sempre na casa. "Ela recebia tanta gente ali porque ficava muito sentimental quando as pessoas diziam que tinham algum parente precisando de emprego", lembrou John Raintree, que viveu na casa por um tempo com sua esposa, Kadi Warner, e a filha de 2 anos. Havia hóspedes que ficavam longos períodos, amigos de Maya, as mães dos amigos, jovens voluntários como Ann Hawkins, colegas só de passagem. Em uma carta para Dewey em maio de 1979, Ann deixou claro: "Por falar nisso, se alguma pessoa precisar de um pouso em Semarang enquanto eu estiver fora, sinta-se livre para usar a minha casa. Nós temos um bom e velho cão chamado Spot (nós o herdamos de outra família), dois coelhos e duas cabras bebês absolutamente hilárias, nascidas na noite de Páscoa."

Hawkins pegava o ônibus de Ungaran nos fins de semana para visitar. Não importava quão cedo ela acordasse, certamente encontraria Ann sentada a uma pequena mesa com um enorme copo de café, lendo ou escrevendo, num ambiente relativamente frio, antes de o sol nascer e o calor chegar. "Ela tinha uma riqueza de conteúdo, informação, contato com a Indonésia, perspectiva — livros, história colonial, coisas com que eu ainda não tinha me deparado", lembrou Hawkins, que, por causa de seu trabalho, tinha informações práticas que eram úteis para Ann. "De um modo interessante, nós trocávamos coisas uma com a outra." Don Flickinger, outro voluntário, mal podia acreditar que uma pessoa como Ann existisse em Semarang. Quando Hawkins o apresentou a ela, Flickinger rapidamente se deu conta de que Ann sabia tudo o que ele sabia e muito mais. Ela conhecia as vilas em Gunung Kidul, onde ele estava trabalhando, tentando desenvolver protótipos de fogões com baixo consumo de combustível. Ann tinha todos os tipos de conexões. Por ter se casado com um indonésio, tinha direitos, e era quase impossível um representante do governo indonésio se recusar a ajudá-la. "Eu me lembro de ela falar: 'Você está lidando com as montanhas de Java Central, eu posso ajudar com isso'", ele me contou. "Deixe-me ver se eu posso informar a alguém que esse é um projeto que deve ser apoiado."

Para Flickinger, a casa dela parecia o paraíso. Lá, era possível conversar abertamente sobre política, sobre o controle incansável exercido pelo regime de Suharto. Ann era quase maternal. Flickinger sempre esperava que ela dissesse algo encorajador sobre o futuro do país, mas ela era realista e, ao mesmo tempo, buscava maneiras de tornar a situação melhor. "Como ela vivia aquela vida, eu acho que tenho de dizer que, no fim das contas, ela era otimista", ele lembrou. "Mas com os olhos abertos." Richard Holloway a descreveu sentada em um canapé, segurando uma almofada contra o peito e "meio que, eu acho, desaprovando, fazendo 'tsc-tsc', é como eu diria. Não aquele 'tsc-tsc' de solteirona, mas ela baixava a bola das pessoas quando faziam um daqueles comentários ultrajantes". No dia de Ação de Graças, ela fez uma festa da "Doação do Pato".* Colegas, amigos e jovens voluntários vivendo com salários modestos, todos apareceram. Na falta de

---

*No original, "DucksGiving", um trocadilho com "Thanksgiving", Ação de Graças em inglês. [*N. dos T.*]

um peru, eles limparam e cozinharam vários patos. "Ann era extremamente gregária e, claro, divertida, engraçada", Blenkinsop disse. "Ela tinha um espírito generoso."

Ann, como dito, não era paciente com a ignorância. E Semarang, como qualquer lugar, tinha a sua parcela de tolos. Ann achava inacreditável que uma família norte-americana só comesse comida importada, disse Glen Williams, predecessor de Holloway na Oxfam, que também era amigo de Ann. Ela não conseguia entender o motivo. Ela achava bizarro que tantos expatriados fizessem pouco esforço para aprender a língua. Havia impropriedades linguísticas hilárias, saborosíssimas. Em um discurso para uma plateia de indonésios, um colega de Blenkinsop queria usar a expressão *masuk angin*, que significa um calafrio que entra no corpo, usada para se referir a um leve frio que acompanha os sintomas da gripe. Em vez disso, ele disse *masuk anjing*, que quer dizer algo como um cachorro que entra no corpo. "Ela não era como a maioria dos outros expatriados que jamais sonharia em ir a uma performance de *wayang*", disse Williams, que foi, certa vez, determinado a assistir à apresentação inteira, mas não aguentou e acabou se retirando. "Era fora da zona de conforto deles, mas ela não respeitava a zona de conforto dos expatriados." Ela e Blenkinsop não se furtavam a rir de outros expatriados.

Se Ann achava o comportamento deles curioso, o sentimento era mútuo.

"Em Semarang, Ann era, eu não diria excêntrica, mas ela era uma mulher pouco comum", declarou Blenkinsop. "Morando em Java Central e sendo uma mulher solteira, branca, norte-americana com a sua própria casa... eu não consigo pensar em nenhuma outra." A decisão de Ann de educar Maya em casa talvez também tenha soado questionável para alguns. "Ter escolas minúsculas na sua garagem não era exatamente o que eles considerariam uma tendência", Blenkinsop disse. A amizade de Ann com indonésios "era vista como algo estranho e talvez um pouco inapropriado". Ann "representava um comportamento que era motivo para muita gente levantar as sobrancelhas, francamente", disse Blenkinsop. Eram feitos comentários. "A fofoca nesse tipo de comunidade era absolutamente fantástica", ela disse.

Havia vantagens e desvantagens em ser uma mulher ocidental trabalhando na Indonésia. Blenkinsop, que tinha diplomas acadêmicos em sociologia e administração, e estava trabalhando para uma organização indonésia e para a Organização das Nações Unidas para Agricultura e Alimentação (FAO), frequentemente era interpelada, nas vilas, sobre o motivo de o seu marido não estar com ela. Por outro lado, ela tinha acesso a mulheres que, muitas vezes, os homens fazendo trabalho de campo não conseguiriam abordar. Em vilas de pescadores, na costa leste de Sumatra, onde a taxa de mortalidade infantil era astronômica, mulheres se amontoavam para falar com ela — especialmente quando já a tinham visto e depois de dar à luz os seus filhos. Ann Hawkins, em viagens para as vilas, se via, durante cerimônias de boas-vindas, invariavelmente sentada na frente com os homens. As outras mulheres ficavam nas laterais, servindo bananas fritas e chás. Jerry Silverman, colega de Ann, ficou preocupado, no início, se ter uma mulher no cargo de Ann seria um problema em um país muçulmano onde, segundo ele, havia uma estrutura familiar amplamente patriarcal e uma estrutura de poder masculina. Mas ele logo percebeu que não precisava se preocupar. Ela tinha um acesso às mulheres que homens ocidentais na sua posição não tinham; e, como era estrangeira, os homens indonésios a viam como uma pessoa de gênero neutro. Se Ann tivesse "se tornado nativa", isso não teria acontecido, Silverman me contou. "Há pessoas que acreditam que o modo como você trabalha efetivamente em outras culturas é tentar negar a sua própria e se tornar um deles", ele disse. "Ann nunca fez isso. Ela entendia as diferenças, era respeitosa, interessada, mas ela era 'nós' e não 'eles'. Eu acho que esse é um ponto que muitas pessoas, olhando para ela, não percebem: não é que ela se integrasse muito bem. O que ela fazia era ficar do lado de fora, mas interessada, respeitosa." Silverman, que viveu metade da sua vida fora dos Estados Unidos, disse que essa foi uma lição que aprendeu com Ann, o deixou mais confortável sendo quem era.

Ser um estrangeiro podia ser libertador. "De certa forma não importava o que eu fizesse, porque eu era de Marte", Ann costumava dizer a John Raintree. A impossibilidade de se encaixar, em qualquer sentido convencional, parecia tornar possível encontrar um lugar diferente. Ann Hawkins era tímida, vivia enfiada nos livros, havia sido uma criança calada. Depois de se formar na faculdade, uma organização chamada Volunteers in Asia [Voluntários na Ásia] a enviou para ensinar inglês no sul de Sulawesi. Ela me falou: "Se uma pessoa cresce dizendo: 'Eu não sei exatamente o que é isso, eu não consigo me encaixar, as pessoas não me compreendem', então ela tem de ir a algum lugar como a Indonésia para pensar: 'É verdade, eles não me compreendem, mas isso não importa, é fato.' Só de sair do avião e ter aquele paredão de calor e umidade na sua cara, no seu corpo, nos seus ossos — você não tem certeza de que irá sobreviver. Depois se dá conta: 'Está certo. Eu sou um palmo mais alta que todo mundo, eu sou branca, tenho olhos azuis, destaco-me completamente e mal consigo dizer oi. Estou de volta aos fundamentos.' De um modo muito divertido, tendo de aprender outra língua, eu me tornei falante e social de um jeito totalmente diferente."

Os modos e o comportamento javaneses eram tão convidativos que alguns ocidentais acabavam se vestindo de forma diferente, apontando o dedão em vez do indicador e sendo cuidadosos ao cruzarem as pernas. O temperamento javanês caía bem para Ann. Sua personalidade, Richard Holloway me disse, era "melhorativa". De tempos em tempos, ela era chamada para levar visitantes da agência de assistência até o campo. Eles muitas vezes não falavam a língua, não conheciam o país nem sabiam como se comportar. Alguns insistiam em visitar vilarejos, olhando com cuidado os projetos e vendo os resultados, fosse isso conveniente ou não. Alguns eram agressivos, arrogantes ou não sabiam, por exemplo, que era rude pôr as mãos nos quadris. Em sua agora perfeita Indonésia, Ann suavizava qualquer rancor. "Tudo o que ela estava tentando fazer era deixá-los sossegados", Holloway se lembrou de vê-la uma vez explicando a um grupo de indonésios. Ele se recordou de uma época, muitos anos mais tarde, quando ela vivia em Jacarta, em que houve uma onda de raptos de cachorros de um bairro onde viviam muitos expatriados para serem vendidos para alimentação. Como Ann tinha um cachorro, seu motorista ficou com medo ao ver um estranho no jardim dela, pegou um cabo e começou a bater com força no invasor. "Ann o conteve com muita dificuldade, acalmou-o, proferiu algumas frases paliativas javanesas", lembrou Holloway. "Ela geralmente tentava reduzir a tensão, o que é uma coisa muito javanesa, mas eu tinha a impressão de que também era uma coisa dela. Ela morava na Indonésia sem atuar. Era ela."

Ann também tinha um senso javanês de correção, que Holloway descrevia como puritanismo. Isso o surpreendeu, porque a maioria dos americanos que ele conhecia era o oposto. As mulheres indonésias nas vilas mantinham os braços e pernas cobertos e não vestiam nada que fosse aberto no pescoço. Ann seguia as mesmas regras: ela usava saias escuras até o meio da batata da perna e blusas largas criadas com tecidos feitos à mão ou batique. Ela comprava o tecido e levava para um alfaiate, que copiava outras peças. "O guarda-roupa dela era basicamente azul e preto e tinha algumas coisas marrons", Kadi Warner me disse. "Eram todas as cores do batique. Marrons enferrujados e pretos." Ela usava sandálias robustas, sem salto. Mantinha os cabelos longos para cobrir as orelhas, que, segundo contou a Warner, se desprendiam da cabeça em um ângulo largo. "Ela não era vistosa", Holloway disse. "Era atarracada." Costumava expressar desagrado com comportamentos que violassem os padrões indonésios. Na área rural, onde era comum se deparar com pessoas defecando ou urinando, qualquer um que se aproximasse pararia, viraria de costas e esperaria por um barulho de tosse, ou algum outro sinal, para seguir em frente. Em uma ocasião, Holloway disse, ele e Ann encontraram uma mulher agachada ao lado de uma nascente. Os dois chegaram mais perto e ficou claro que a mulher estava nua. Ann parou de modo abrupto, virou-se e voltou bruscamente, descendo a colina que eles haviam acabado de subir. "Como homem, eu provavelmente teria gritado que estava passando e perguntaria se podia passar — jogando a bola para elas", Holloway disse. "Ela simplesmente protelava." Era profundamente sintonizada com o modo de vida javanês.

Em Bali, com os Solyoms, alguns anos mais tarde, ela recusou a oferta para uma ducha do lado de fora de casa. Em um tom bem-humorado, debochando de si mesma, explicou: "Uma garota do Kansas nunca toma banho ao ar livre."

O cargo de Ann no projeto de desenvolvimento era conselheira em indústrias de pequeno porte e crédito rural, uma área de conhecimento que havia surgido naturalmente durante o trabalho de campo para a sua dissertação. A empresa que a contratou sabia ter sorte por contar com uma antropóloga que também era casada com um indonésio, fluente na língua e escrevendo uma tese sobre indústrias de pequeno porte. O emprego implicava apoiar a capacidade de agências de planejamento de províncias de inspecionar projetos de desenvolvimento de pequena escala em 22 vilas e cinco dos mais pobres distritos de Java Central. Isso incluía ajudar a montar um programa de crédito para pessoas pobres nessas vilas. Ann servia como conselheira para o escritório de planejamento e era responsável por estreitar os laços entre ele e as organizações cívicas locais. Ela coordenava o trabalho de um grupo de uma universidade local que havia sido recrutado para coletar dados e monitorava a participação das mulheres da vila nos projetos. O trabalho não era diferente do que o seu filho, que estava entrando na faculdade, na Califórnia, iria abraçar em Chicago quatro ou cinco anos mais tarde. Como uma organizadora comunitária, Ann entendia a necessidade de alimentar a confiança, construir credibilidade e ser sensível à maneira como as outras pessoas se comportavam.

"Para mim, Ann não é a antropóloga fazendo pesquisa", Silverman disse. "Para mim, Ann é a organizadora comunitária em Java Central."

O estilo de Ann era de não confrontar, mas de ser direta. Silverman disse que ele não se lembrava de uma única conversa em que Ann tivesse dito que ele estava errado e as coisas precisavam ser feitas do jeito dela. Eles moravam a duas quadras de distância e dividiam um pequeno escritório a menos de um quilômetro. Não tinham reuniões; apenas conversavam. O fato era que, segundo Silverman, Ann sabia mais sobre o que estava fazendo do que ele. Ele veio a perceber que o seu trabalho era simplesmente manter a burocracia longe dela. "No início, nós somos apenas um bando de estrangeiros estúpidos", ele disse. "Com o tempo, eu acho que emergimos como algo diferente disso. Ann era uma parte importante dessa estrutura. Tinha a ver com demonstrar a eles que nós os víamos como nossos clientes, e não como a Agência Norte-Americana para o Desenvolvimento Internacional ou como o governo central em Jacarta — ou seja, que eles podiam confiar em nós."

No verão de 1979, Ann escreveu para Dewey pedindo que ela fizesse uma oferta de trabalho a John Raintree, um antigo aluno de Dewey que já havia, inclusive, morado na casa dela. Antropólogo recém-formado, Raintree a princípio queria se tornar médico, formou-se em psicologia, depois passou dois anos nos Corpos da Paz em Serra Leoa com a sua esposa, Kadi Warner, antes de os dois entrarem para a pós-graduação na Universidade do Havaí. Ele adorava tecnologia. O fim dos anos 1970 fora o auge da chamada tecnologia apropriada — normalmente aparelhos simples, adequados para as condições sociais e econômicas de comunidades em desenvolvimento. "Na época, a tecnologia apropriada estava na lista de afazeres de todo o mundo", Raintree me contou. A Development Alternatives Inc. precisava de um especialista no assunto para trabalhar em Java com Ann. Raintree se mudou para Semarang com Kadi, a filha deles, e uma pequena biblioteca com fontes sobre tecnologia apropriada. Ao longo dos seis meses seguintes, ele desenvolveu meia dúzia de protótipos desenhados para diminuir os gargalos de produção em pequenas indústrias. Para os ferreiros, que usavam lixas para afiar as ferramentas que faziam, ele criou um amolador que funcionava quando uma pessoa pedalava uma espécie de bicicleta estacionária. Descobriu um simples método de pressionar telhas que custava uma fração do preço da máquina que ele substituiria. "Você tem de sair da cama de manhã, muito cedo, para sugerir qualquer coisa de relevância para essas pessoas", Raintree me disse. "Vez por outra, você consegue. O que era legal em trabalhar com a Ann é que ela entendia as vilas e a situação da indústria rural tão bem que podia me instruir, de modo que eu conseguia descobrir muitas coisas que realmente pareciam fazer sentido. Ann já tinha pensado em tudo, muito antes de eu chegar lá."

Usando as anotações do trabalho de campo para a dissertação como guia, Ann levou Raintree para uma visita de orientação, dando-lhe a perspectiva antropológica mais profunda e abrangente sobre a indústria rural que ele jamais havia encontrado, segundo me disse. Com Semarang como base, eles dirigiam por mais de quatro horas para fora da cidade até as vilas de Java Central. Faziam incontáveis visitas de cortesia a oficiais de províncias, líderes distritais e chefes de vilas — encontros formais em que Ann apresentava Raintree e o projeto deles. Os funcionários do governo presidiam de uma cadeira em um estrado, olhando de cima para baixo os visitantes, sentados na parte baixa. Raintree, que tinha feito trabalho de campo nas Filipinas e estava familiarizado com as tradições das vilas tribais, não estava acostumado com a natureza rígida e hierárquica de Java. Para fazer qualquer coisa naquela instância, era preciso a permissão de todos os níveis de governo. O fato de Ann conhecer a língua e saber do que estava falando ajudou. "Mas ela não teria chegado a nenhum lugar com isso se não soubesse, também, como ser politicamente correta e formal e, ao mesmo tempo, charmosa", Raintree me contou. "Eram todos reinos antes de se tornarem burocracias dentro de um estado nacional. Ela sabia como ser cortês."

Ann se preocupava com a corrupção entre funcionários do governo. Segundo Raintree, ela achava que muitas vezes eles pareciam não se importar com as pessoas comuns. Ela também percebeu que a origem dos planejadores e administradores do governo, em sua maioria homens, tendia a desfavorecer mulheres pobres e a beneficiar uma divisão da renda sempre voltada para projetos de desenvolvimento. Os homens indonésios com quem ela trabalhou, principalmente do escritório de planejamento e do Departamento de Indústria, "simplesmente não acreditavam que a vida de mulheres pobres da aldeia fosse, de modo significativo, diferente da vida das mulheres das suas próprias classes sociais", Ann escreveria a um colega, em julho de 1981. "Em outras palavras, eles acreditavam que mulheres pobres das aldeias passavam a maior parte do tempo em casa, tomando conta dos filhos e dos afazeres domésticos, integralmente sustentadas por seus maridos, a não ser por algum 'dinheiro extra' que elas viessem a ganhar fazendo artesanato ou vendendo alguma coisa no mercado de tempos em tempos. Dados esses preconceitos sobre a importância (ou desimportância) do trabalho feminino, não é de surpreender que as mulheres raramente fossem escolhidas como participantes de projetos que poderiam aumentar a sua capacidade de gerar renda."[1]

Mas Ann era pragmática. Ela era boa em reconhecer uma convergência de interesses conveniente. Acreditava que melhorias podiam ser feitas, mesmo que elas não fossem a maior prioridade das pessoas que precisava convencer. O jogo era tornar possível que os seus equivalentes indonésios percebessem por que era do interesse de pessoas esclarecidas, como eles, ajudar os pobres. Ela era uma organizadora, sempre com objetivos próprios. Se um colega tivesse o seu próprio ponto de vista sobre como as coisas deveriam ser organizadas, Raintree disse, ele teria de devotar certa dose de energia para acreditar que não era melhor fazer do jeito dela. Na verdade, ele me disse: "Eu conseguia entender por que certo jovem precisou ir para a escola no Havaí."

Em certa ocasião, Raintree discordou de uma estratégia de Ann — e chegou a ponto de discutir a questão com o líder do grupo. "Ela me deu uma severa aula sobre como amigos não fazem isso", ele lembrou. Ela não media as palavras. Ele já tinha visto Ann raivosa, também, quando acreditava que os outros tinham sido injustos com ela. Por exemplo, Ann tinha um motorista em Semarang que também trabalhava como assistente de campo. Segundo o relato de Raintree, "O motorista dela era muito mais que um motorista". Em certos casos, pessoas que desconheciam o acordo entre eles ameaçavam tratá-lo como tratariam um mero motorista. Ann o defendia, lembrou Raintree, com fogo nos olhos e aço na voz. Se o contexto cultural permitia que ela expressasse as suas opiniões, ela o fazia. "Às vezes, isso envolvia uma raiva afiada, mas não algo persistente ou latente", ele disse. "Ela falava o que vinha à mente."

Para as pessoas da vila, uma das maiores barreiras para expandir um negócio e sair da pobreza era a falta de acesso ao crédito — o problema em que Ann havia esbarrado quando fazia pesquisa para a sua dissertação. A fonte mais comum de crédito eram pessoas que emprestavam dinheiro, — ou melhor, agiotas, como descreve Carl Dutto. Era comum uma comerciante pegar dinheiro emprestado às 4 da manhã, andar até o mercado central, comprar um determinado produto para revender, pegar um *becak* para o subúrbio, vender o produto na beira da estrada, pagar de volta ao agiota a uma taxa de juros exorbitante e guardar aquilo que restasse. Os mutuantes tinham um lucro astronômico e os seus clientes mal pagavam o que deviam. Quase todo mundo nas vilas parecia estar em dívida com algum agiota. Grupos estrangeiros de desenvolvimento e organizações indonésias, como aquela em que Clare Blenkinsop trabalhava, estavam estudando outras maneiras de oferecer pequenos volumes de crédito. Na época em que Blenkinsop chegou a Semarang, em 1979, já havia entre 8 e 10 mil pessoas cadastradas no programa gerido pela organização dela, que permitia que mulheres conseguissem aprovação para um empréstimo se demonstrassem que conseguiriam poupar.

O governo indonésio também estava interessado no crédito rural. Para ajudar a diversificar a economia, redistribuir a riqueza e promover o desenvolvimento rural, o governo havia mobilizado o sistema bancário. Em 1970, o governador de Java Central usara um empréstimo para dar início a um sistema de instituições financeiras operadas localmente e em comunidades rurais, com o objetivo de fazer empréstimos pequenos, de curto prazo, para famílias da área rural. O sistema, conhecido como o Badan Kredit Kecamatan, ou a agência de crédito do subdistrito, cresceu rapidamente em Java Central. Mas, quando as unidades foram pressionadas a pagar os seus empréstimos governamentais e se sustentarem sozinhas, muitas sofreram perdas elevadas. Também havia o problema da corrupção e da má administração. No final da década de 1970, um terço das 486 unidades em Java Central ia de mal a pior ou havia fechado.[2]

Para ajudar a enfrentar o problema do crédito, a Agência Norte-Americana para o Desenvolvimento Internacional recrutou a ajuda de Richard Patten, um brilhante irascível veterano em desenvolvimento de Norman, Oklahoma, que havia trabalhado no Paquistão do Leste, hoje Bangladesh, e em Gana nos anos 1960, antes de se mudar para a Indonésia. No Paquistão do Leste, Patten me disse, ele trabalhou com Akhtar Hameed Khan, um indiano, cientista social formado em Cambridge e dedicado a políticas de desenvolvimento, hoje reconhecido como um pioneiro no chamado microcrédito — a concessão de empréstimos muito pequenos para empreendedores pobres. Khan, que fundou a Academia Paquistanesa para o Desenvolvimento Rural, estava pesquisando maneiras de emprestar dinheiro para pequenas empresas, inclusive pequenas lojas. "Nós seguimos o pioneirismo dele quando fizemos um programa de obras públicas no Paquistão do Leste", Patten disse. "Ele estava dando crédito coletivo por meio de cooperativas, mas usando um banco local para dar suporte a isso." A Agência para o Desenvolvimento Internacional estava interessada em tentar estratégias semelhantes em Java Central. No início, Dutto disse, a agência não sabia o que daria certo. Eles tentaram emprestar pintos, patinhos e cabras — para receber, em retorno, outros pintos, patinhos e cabras. Eles também começaram a trabalhar com o confuso sistema de bancos rurais.

Ann, a consultora de crédito contratada pela Development Alternatives Inc., trabalhava com Patten, o consultor de crédito da Agência para o Desenvolvimento Internacional. Em seu trabalho de campo para a dissertação, Ann havia descoberto que indústrias rurais eram frequentemente impedidas de crescer por causa da escassez de matérias-primas — que muitas vezes faltavam porque não tinham capital de giro para mantê-las em estoque. As mulheres tinham uma dificuldade ainda maior para conseguir empréstimos, até mesmo patrocinados pelo governo. Em 1979, Ann avaliou um projeto de concessão de pequenos empréstimos que havia sido implementado em dez vilas em atividades como produção de telhas, biscoitos de mandioca e produtos de vime. Na maioria das vilas, as mulheres, assim como os homens, trabalhavam nessas atividades — mas nenhum dos 129 empréstimos havia sido concedido a uma mulher. O projeto de desenvolvimento em províncias, para o qual Ann trabalhava, começou a prover não apenas capital, mas treinamento em administração e contabilidade para 65 unidades bancárias do Badan Kredit Kecamatan, em Java Central.[3] Esses escritórios se tornaram um campo de experimentações para novas iniciativas. As melhores acabavam se estendendo para além de Java Central. O sistema se tornou um programa permanente do governo em 1981, e o ministro da Fazenda da Indonésia fez um grande empréstimo para os governos das províncias o fortalecerem e expandirem. Observando o projeto para o desenvolvimento das províncias como um todo, Silverman disse que ele resultou na criação de organismos de planejamento na Indonésia, que tinham um papel importante na alocação de recursos governamentais em nível provincial. Mas, ele disse, "o principal sucesso que tivemos foi o crédito em pequena escala e a institucionalização dele. Foi a única coisa a ser institucionalizada de uma maneira próxima do desejado".

Os dias de Ann eram longos e cheios. Ela trabalhava em sua dissertação antes do amanhecer, cuidava dos funcionários da casa, supervisionava os estudos de sua filha. Todos os dias, ela escrevia pelo menos dois parágrafos para Barry. "Era parte do ritual dela", lembrou Kadi Warner. Ann ia a reuniões, ia até as vilas, passava tempo no escritório, acompanhava visitantes. À noite, organizava jantares animados em casa. Ela gostava de cuidar da própria casa, de estar imersa em seu trabalho, de ser amplamente responsável por si mesma. Em essência, ela estava desenvolvendo uma grande e inconfundível presença. "Ela era a grande dama quando estava na vila, ou em sua casa, ou conversando com o *bupati*", disse Raintree, usando a palavra indonésia para líder distrital. "Ela era incrivelmente inteligente; era fluente em indonésio e sempre teve um tipo de brilho no olhar. Eu sempre achei que ela parecia ter orgulho de si mesma." Mesmo em uma negociação difícil, ela parecia se divertir. Décadas mais tarde, Raintree se lembrou de certo olhar no rosto de Ann, um traço que ele começou a perceber no filho dela durante a campanha presidencial. Depois de fazer uma consideração, Ann olhava para baixo em direção ao nariz, com o queixo ligeiramente elevado, em seu ângulo usual. Em Obama, algumas pessoas interpretaram isso como indiferença, Raintree disse, "mas, quando ela o fazia, tinha um sorriso malicioso". Em seu trabalho, ela estabelecia objetivos, cumpria prazos, organizava atividades em grupo, seguia as regras, Silverman disse. "Essa ideia de que ela era uma hippie vagabundeando, flutuando por coisas estrangeiras, aventurando-se, não é a Ann que eu conheço", ele disse. "Em certo sentido, ela tinha uma personalidade tipo A, como qualquer pessoa no grupo."

Ann guardava com discrição muito de sua vida privada, mesmo com amigos mais próximos. Glen Williams, que jantou com ela inúmeras vezes durante o ano em que ambos viveram em Semarang, disse que não sabia, na época, se Ann era casada ou não. Ele sabia que o pai de Maya era "o cara indonésio", mas o assunto Lolo nunca surgiu em uma conversa. Ann disse a Silverman que ela e Lolo haviam se separado. A união entre eles fazia Nancy Peluso se lembrar de alguns outros casamentos indonésios que ela conhecia, em que o marido e a mulher pareciam seguir direções próprias, independentes. "Não era como um casamento de verdade", ela me disse. "Era casamento só no nome."

Em algum momento em 1979, Ann e Lolo concordaram em se divorciar. De acordo com Maya, Ann recebeu uma ligação telefônica de Lolo em Semarang, e, no fim da conversa, estavam decididos. Eu ouvi vários relatos distintos sobre a razão pela qual o casamento acabou, alguns deles parecendo ser perfeitamente concebíveis. De acordo com uma explicação, oferecida por Peluso, Ann não acreditava mais que ela e Lolo tivessem alguma coisa em comum. Ela estava cansada de tentar arranjar maneiras de eles passarem mais tempo juntos. Segundo Alice Dewey, Ann sabia, pelos médicos de Lolo em Los Angeles, que ele só tinha mais alguns poucos anos de vida. Ela sabia por Lolo que ele queria mais filhos, coisa que ela não queria. Então, segundo Dewey, ela tomou uma decisão prática e humana: deixou que ele fosse embora. Uma terceira explicação veio de Rens Heringa, que se tornou uma amiga próxima de Ann na época do divórcio e que, mais tarde, se divorciaria também de seu marido meio-indonésio. Heringa me disse abruptamente: "Ela o deixou sob o pretexto de que tinha de trabalhar. Era um motivo aceitável. Mas a verdadeira razão é que não havia mais o que fazer. Ele não podia aceitá-la como ela era, e ela não podia aceitar o tipo de coisa que ele desejava."

O divórcio foi concluído em agosto de 1980, de acordo com um cadastro para o passaporte de Ann. Lolo se casou com a mulher que Maya se lembrou de ter encontrado na casa de seu pai no dia em que ela e Ann voltaram para Jacarta. Ele se tornou pai de mais duas crianças, um casal, antes de morrer de câncer de fígado em 1987, aos 52 anos.

A relação de Ann com Maya, que completou 10 anos em 1980, era próxima e afetuosa. Agradável e sorridente, Maya estava a caminho de se tornar extraordinariamente bonita. Em muitos momentos, Ann a tratava como uma adulta. Ela a levava para todo canto, hábito que, alguns me disseram, era comum na Indonésia. "Muitas horas de minha infância foram gastas nas casas de ferreiros ou ao lado de seus fornos", Maya escreveu.[4] "Quando nós visitávamos o ferreiro conhecido como Pak Marto, eu procurava os sempre presentes cães ferozes caçando galinhas fora da casa dele... Minha mãe também me levava para ver ceramistas, tecelões e fabricantes de telhas." Na casa em Semarang, Ann havia convertido um quarto em sala de estudos, com mesas para Maya e várias outras crianças de famílias expatriadas. Manuais com lições, livros-textos, livros de exercícios e artigos escolares chegavam em caixas do departamento de educação da Calvert Day School, em Baltimore. Havia uma lista de pais que se revezavam como professores, e os encontros se davam em várias casas. Kadi Warner, a quem Ann convocou para ensinar história mundial e dos Estados Unidos, me contou que o sistema da Calvert era o mais antigo e respeitado para educação em casa. "Era reconhecido internacionalmente na época", ela disse. "Se você trabalhasse com ele, estaria preparado." Mas Ann não estava satisfeita com aquele programa para Maya, lembrou Richard Holloway. "Era uma fonte de tristeza e decepção para ela, que tinha a sensação de estar falhando como mãe por não dar a Maya uma educação melhor do que aquela."

O dilema não era raro. Algumas famílias de expatriados ficavam relutantes em inscrever seus filhos em escolas internacionais por medo de que eles só conhecessem crianças expatriadas. Queriam que os filhos admirassem o país em que viviam e tivessem amigos de lá. Então os mandavam para escolas locais. Mas, depois de certa idade, uma criança em uma escola local não receberia a preparação necessária para entrar em uma universidade equivalente àquelas que os seus pais tinham frequentado. "Então, havia um problema real", disse Clare Blenkinsop, que enfrentou a mesma questão mais tarde com o seu filho. "Eu acho que esse era o problema de Ann com Maya. Ela não queria que Maya ficasse isolada em algum tipo de escola internacional. Por outro lado, o nível educacional em qualquer lugar de Semarang estava muito abaixo do necessário."

O dilema era ainda mais difícil porque Maya era meia-indonésia.

194 • JANNY SCOTT

Na primavera de 1980, funcionários da Fundação Ford em Nova York e Jacarta começaram a avaliar a criação de uma nova posição no escritório de Jacarta. O trabalho englobaria o incentivo a pesquisas, em vilas, sobre emprego rural e o papel da mulher. Mulheres, ao que parecia, estavam desempenhando uma função essencial para manter os lares pobres de pé. Mas os programas e as políticas do governo indonésio não refletiam essa realidade até que surgiram mais dados para comprovar o fato. Funcionários da Ford queriam estimular mais estudos em vilas. As pesquisas, eles esperavam, não apenas ajudariam a explicar as causas da pobreza rural, mas talvez também dessem pistas sobre como impulsionar chefes de família pobres a tirar vantagem das oportunidades que o governo e outras agências ofereciam. Em março, Sidney Jones, um coordenador de programas da Ford em Jacarta, escreveu um memorando interno listando seis pessoas que deveriam receber a descrição do emprego para o caso de quererem se candidatar. Jones conhecia Ann através de Nancy Peluso. Os três, em parceria com outros acadêmicos, haviam começado a organizar um possível livro de artigos sobre atividades econômicas femininas em Java, que Ann planejava editar. Os seis nomes na lista de Jones tinham vindo de Peter Goethals, um antropólogo norte-americano que era colega de classe de Alice Dewey e um antigo habitante da casa em Mānoa. Goethals vinha trabalhando no mesmo projeto da Agência para o Desenvolvimento Internacional que Ann, mas em outra parte da Indonésia. Todos os seis candidatos eram antropólogos, fluentes em indonésio, e tinham feito trabalho de campo no país. Mas Ann foi descrita com mais detalhes. Depois de listar as credenciais acadêmicas de Ann, Jones concluiu: "Ela é uma especialista em atividades de pequena escala/emprego não agrícola, e seria maravilhosa."[5]

8

A Fundação

Quatro norte-americanos esperam na entrada de um mercado de rua apinhado, em uma vizinhança remota de Yogyakarta. Era o outono de 1981, e aquele pequeno grupo deve ter provocado uma imagem incomum — uma mulher corpulenta e branca, um negro de 1,93 m e dois colegas brancos, todos eles bem mais altos do que a multidão que ia na direção contrária. O estabelecimento era um sebo, relembrou anos depois Tom Kessinger, o então diretor do escritório de Jacarta da Fundação Ford. Mas um ocidental poderia ter confundido o sebo com uma estação de reciclagem de papel. Vendedores se arrastavam encurvados com as mercadorias amarradas às suas costas por feixes de tecidos. O mercado era caótico, densamente povoado e dominado por homens. Depois de um ano em seu trabalho na Ford, Ann estava cada vez mais mergulhada no universo dos vendedores de rua, catadores e outros que sobrevivem da economia informal, da qual nove de cada dez indonésios extraem algo para o seu sustento. Naquele dia, sob a pressão de comerciantes e da polícia, o sebo estava sendo forçado a fechar. Ann estava acompanhada por Kessinger, que viveu na Índia por anos, e Franklin Thomas, que supervisionou a restauração de Bedford-Stuyvesant, bairro do Brooklyn, antes de se tornar presidente e chefe executivo da Ford. "Nós avançamos pelo mercado de uma maneira que ninguém de fora do país faria", Kessinger relembrou. "Se você não fosse tão grande quanto era o Frank, poderia até se sentir fisicamente ameaçado. O mercado estava lotado e fora de controle." Ann se lançou ao caos, liderando a caminhada. Trinta anos depois, Kessinger recordou a facilidade com que ela desbloqueou a lógica obscura, as relações e os padrões de organização do lugar. "Eu pude perceber, e ela comunicou isso sem falar, como aquilo seria confortável e simples."

Quando contratou Ann, Kessinger estava à procura de alguém capaz de trabalhar "com os pés no chão", segundo a sua definição. A Fundação Ford, uma das principais organizações filantrópicas dos Estados Unidos, estabeleceu a sua missão como o fortalecimento dos valores democráticos, a redução da pobreza e da injustiça, a promoção da cooperação internacional e o progresso das conquistas humanas. Em 1950, depois de passar de fundação local para internacional, ela operou a princípio empregando expatriados de conhecimento especializado e os colocou à disposição de países emergentes, a fim de tentar construir formas democráticas de governo. No início dos anos 1980, países como a Indonésia tinham especialistas e instituições próprios; por isso a Ford se tornou mais uma fonte de financiamento do que um fornecedor externo de expertise. Após dez anos envolvido com o projeto de desenvolvimento comunitário em Nova York, Thomas acreditava no talento local. A Bedford Stuyvesant Restoration Corporation, que ele presidia, alistou pessoas da comunidade para o trabalho de reforma urbana. Na Ford, ele queria pessoas locais engajadas em cada aspecto da atividade internacional da Fundação. "Havia uma percepção em curso de que, provavelmente, você extrairia mais conhecimento da experiência das pessoas de qualquer estirpe do que daquele que você poderia trazer de fora, sem importar quão ativamente os estrangeiros tenham trabalhado ou estudado", disse-me Thomas. Em Jacarta desde agosto de 1979 como chefe do escritório da Ford, Tom Kessinger havia estabelecido contato com o pequeno, mas crescente, universo de organizações civis da Indonésia, nas quais uma geração emergente de líderes atuava por mudanças sociais e econômicas. Ele queria saber como essas organizações poderiam ser sustentadas. Era fácil encontrar as maiores; estavam estabelecidas em Jacarta e tinham funcionários que falavam inglês e sabiam escrever relatórios. Difícil era achar as menores, mais numerosas, menos sofisticadas, espalhadas por todo o arquipélago, as chamadas organizações não governamentais. "A meu ver, Ann era quem ia ao circuito de ONGs, tarefa que ultrapassava o que eu podia fazer, dados as minhas obrigações e o meu indonésio pouco fluente", disse-me Kessinger. Ela entrou na Ford, Thomas afirmou, "no momento em que o foco institucional mudou da elite para o povo. Ela personificou alguém que não tinha nenhum vínculo elitista".

Kessinger também queria um funcionário focado nas mulheres. Havia um novo interesse da Ford na igualdade de gêneros e na situação feminina. A posição das mulheres na Indonésia vinha sendo relativamente elevada na comparação com certos países islâmicos e até mesmo com não islâmicos. Mas pressão populacional e transformações tecnológicas estavam empurrando mulheres camponesas para trabalhos servis. Era difícil avaliar a dimensão do problema, porque havia poucos estudos sobre camponesas. Funcionários da Ford em Jacarta sugeriram a contratação de uma pessoa para ser um coordenador de programas baseado em Jacarta, desenvolvendo e administrando projetos sobre a necessidade de atividades remuneradas para as camponesas. No que restasse de tempo, ele ou ela atuaria como especialista de projetos no Bogor Agricultural Institute, ajudando pesquisadores indonésios a analisar informações rurais sobre mulheres e ensinando estudiosos a fazer pesquisa de campo. Sidney Jones, à época a única coordenadora de programas no escritório da Ford em Jacarta, convidou Ann e Tom Kessinger para jantar na sua casa. Não muito depois, Kessinger contratou Ann.

"À primeira vista, se poderia dizer que ela era relaxada", disse-me Kessinger. "Depois de conhecê-la, ela era muito intensa e, em certo sentido, determinada." Ela era séria, focada e disposta a se envolver com as pessoas. "Mas havia também um pouco de reserva, a qual eu nunca entendi totalmente", disse Kessinger. "Compreendia que algumas pessoas podiam ver aquilo como um tipo de esnobismo — embora eu não queira dizer esnobismo. Quando alguém é distante, às vezes é personalidade ou uma forma de autoproteção. Às vezes, isso é interpretado como algo não muito receptivo e caloroso. Ann tinha essa característica. Eu havia percebido naquela primeira noite em que jantamos na casa de Sidney Jones. Estava fazendo uma espécie de entrevista — não era formal. Notei que havia áreas das quais deveria manter certa distância, sem avançar. Pareceu chegar um momento em que a conversa devia seguir em outra direção."

Em janeiro de 1981, Ann estava de volta a Jacarta com Maya e trabalhando para a Ford.

"A vida numa bolha" era a expressão usada por um funcionário antigo da Ford para descrever o trabalho como coordenador de programas em Jacarta.[1] A economia estava crescendo, a indústria petrolífera se expandia e Jacarta se modernizava, mas as famílias de funcionários da Ford viviam sob um estilo semelhante ao de expatriados da era colonial. Elas ficavam abrigadas em Kebayoran Baru, uma região quieta de ruas largas e arborizadas, planejadas pelos holandeses, onde a Ford era dona ou pagava o aluguel de uma série de bangalôs de pé-direito alto, com ventiladores de teto, varanda e jardins de árvores floridas. A Fundação fornecia móveis feitos com teca, vime e ao gosto das famílias. Ela mantinha uma equipe própria de manutenção para consertar privadas cuja descarga deixava de funcionar. A casa de Ann era confortável, mas nada luxuosa. ("Meu fogão quebrou!", ela escreveu para um funcionário do pessoal de apoio da Ford em abril de 1981. "Eu tenho de fechar a porta com um arame que lança ferrugem na comida enquanto ela é preparada." Alguns meses depois, ela reportou uma infestação de cupins: "A madeira está crivada de buracos e, ao anoitecer, milhares de cupins literalmente saem desses buracos e voam ao redor, tornando inabitáveis o quarto e o quintal.") A Ford tinha uma frota de carros com motoristas — mas Ann empregava por conta própria um homem que tinha dirigido para ela o jipe da Agency for International Development, em Semarang. A Fundação transportava os funcionários em carros que faziam o trajeto de 20 minutos entre Kebayoran Baru e o escritório. Havia excursões anuais para toda a família, em viagens organizadas pela Fundação. Havia provisões para viagens das esposas, "viagens educativas para crianças dependentes" e para vacinações e consultas médicas anuais. Os filhos dos funcionários iam em ônibus escolares para a Jakarta International School, onde — ao lado da prole de diplomatas, executivos de companhias de petróleo e missionários — atuavam em operetas de Gilbert e Sullivan e recitavam em bengali a poesia de Rabindranath Tagore. A Ford cuidava da matrícula e pagava as mensalidades escolares. "Tudo parece estar certo na escola para a Maya", Kessinger, que integrou o conselho da escola, escreveu para Ann em dezembro de 1980. Ele falou "pessoalmente com o superintendente e recebeu a garantia de que uma vaga seria reservada para ela".

Ann trabalhava três dias por semana nos escritórios da Ford, uma construção de estilo colonial, pintada de cal e com telhado inclinado de barro na região de Taman Kebon Sirih, em Jacarta Central. Uma ex-moradia, o imóvel se localizava exatamente em um desnível ao lado de um canal. Na estação de chuvas, água barrenta escoava pelo piso ladrilhado, molhando os arquivos de metal, encharcando os documentos e manchando as paredes. *Grosso modo*, os empregados se dividiam em dois grupos: os coordenadores de programas eram, na maioria, brancos, homens e temporários; e os funcionários administrativos, os atendentes e o pessoal de apoio tendiam a ser permanentes, indonésios e mulheres. Uma fotografia tirada durante o período de Ann no cargo mostra uma dúzia de indonésias, todas sorridentes e muitas delas vestidas de batique, alinhadas em frente a meia dúzia de homens, na maioria caucasianos, usando gravatas e camisas brancas de mangas curtas. Pairando meio escondida entre eles está a única mulher ocidental, Ann. Kessinger, cujo título de chefe do escritório era também o de representante do país, fora membro do primeiro grupo de voluntários dos Corpos da Paz enviado para a Índia no início dos anos 1960. Ele trabalhara no desenvolvimento de comunidades em Punjab antes de retornar aos Estados Unidos, a fim de estudar história e antropologia e escrever a sua dissertação de doutorado sobre a história econômica e social de um povoado indiano para a Universidade de Chicago. Era professor titular de história na Universidade da Pensilvânia, casado com uma indiana, quando a Ford o contratou em 1977 e o enviou para Nova Délhi. No escritório de Jacarta, Kessinger era uma presença jovial: propenso ao estilo informal de gestão universitária, e não ao estilo impositivo do universo corporativo. Os coordenadores de programa, com doutorados em disciplinas como história mundial, especializaram-se nas áreas de recursos naturais, epidemiologia, educação e cultura tradicional indonésia. "Havia idealismo, mas havia também certa presunção da cultura 'mais brilhante e melhor'", disse Sidney Jones, que começou a trabalhar na Ford de Jacarta em 1977, inicialmente em uma função conhecida como "o papel do ingênuo", porque não se esperava que ele chegasse a nenhum lugar melhor. "Você nunca se referia à 'Ford'. Era sempre 'A Fundação'."

O cargo de coordenador de programas exigia um amálgama de competência e talento. Tal como Kessinger me descreveu, um coordenador de programas tinha de falar com muitas pessoas, pensar nos problemas e analisar o contexto — dentro da Fundação Ford, do governo indonésio e de outros doadores. Segundo Jones, alguém tinha de pensar estrategicamente sobre como investir dinheiro em diferentes lugares para realizar uma transformação ou mudança desejada. "Se você quisesse aumentar o acesso à justiça, por exemplo, pensaria: 'Ok, nós pegamos um grupo de assistência jurídica que trabalha com um conjunto específico de pessoas.' Provavelmente, seria uma boa ideia reunir um grupo de indivíduos brilhantes, treinados em uma abordagem legal, para que, assim, você pudesse enviá-los como professores de direito a lugares diferentes. Seria bom levar alguns juízes e outros para testemunhar o que vem sendo feito em locais onde existe um acesso bem satisfatório.' Ao juntar todas as peças, você tem um programa."

Referindo-se a si mesma, ela disse: "Eu tendo a conduzir projetos interessantes e a financiá-los sem pensar muito no resultado final."

Depois de uma ou duas semanas do seu começo na Ford, Ann embarcou para a Índia, uma viagem que moldaria, dali em diante, o entendimento sobre o seu trabalho. Uma jovem coordenadora de programas em Nova York, Adrienne Germain, que trabalhava com os funcionários dos programas internacionais para aumentar o envolvimento da Ford no progresso das mulheres, convidou Ann para acompanhá-la em uma jornada. Ao contrário da Indonésia, a Índia já tinha um movimento para melhorar a condição das trabalhadoras pobres. A Ford estava em contato com associações de vendedores de rua e outras que reuniam mulheres autônomas. Germain, que meses depois se transformaria na primeira mulher da Fundação a representar o país e ser enviada para Bangladesh, fez um convite, ela me contou, "de maneira a colaborar com Ann" — isto é, "Veja, esse é o tipo de programa voltado para mulheres que funciona, que é, de fato, incrível e que você não verá na Indonésia".

Elas se reuniram com líderes da Self Employed Women's Association [Associação de Mulheres Empregadas Autônomas], à época um sindicato de nove anos baseado em Ahmedabad e com raízes nos movimentos em prol das mulheres e do trabalho, os quais criaram uma rede de cooperativas e o primeiro banco para mulheres da Índia. Eles visitaram o Working Women's Forum [Fórum de Mulheres Trabalhadoras], lançado por Jaya Arunachalam, ex-ativista do Partido do Congresso, e que se tornaria em uma década não só uma organização sindical de mulheres pobres, mas uma rede de cooperativas que encorajavam o empreendedorismo à base de empréstimos de juros baixos. Elas encontraram lavadeiras, conhecidas como *dhobis*, nas favelas de Madras. Germain trabalhou pela primeira vez no exterior, enquanto cursava o Wellesley College, acompanhando por seis meses uma pesquisa domiciliar no Peru que a levou às habitações pobres de Lima; ela tinha opiniões fortes sobre como um indivíduo deveria se comportar enquanto trabalha em países estrangeiros. Ann a impressionou, Germain relembrou muitos anos depois. Ela escutava bastante — não para colher informações e, assim, fazer bem o seu trabalho, mas porque queria aprender. Ela não estava, disse Germain, "pensando no topo, onde boa parte da Ford se localizava: 'Vamos construir as nossas universidades e façamos o nosso capital intelectual fluir'." Ann parecia acreditar que não era possível ajudar as pessoas sem antes aprender sobre elas. "Esse era o modo mais interativo de estar sem pressa", Germain recordou. "Muitas vezes, em todos os tipos de funções, as pessoas não sentiam ter todo aquele tempo; estavam ali para conseguir doações e movimentar dinheiro. Elas não pensam muito nisto: o projeto poderia ser implementado tal como era? Quais seriam as consequências? Ann nunca era assim. Ann era muito consciente de que dinheiro não resolve, necessariamente, problemas."

O que Ann testemunhou na Índia provocou uma impressão profunda. Nos anos seguintes, ela se referia às organizações que tinha observado naquela jornada como exemplos do que poderia ser feito em outro lugar. De vez em quando, ela usava verbas da Ford para enviar ativistas indonésios à Índia. A dimensão das organizações indianas para mulheres a espantou. "Ela pensava consigo: 'Por que não podemos fazer mais do que essas ONGs minúsculas? Por que não podemos ter isso em perspectiva?'", afirmou Richard Holloway, amigo de Semarang. De volta a Jacarta, Ann escreveu para Viji Srinivasan, colega da Ford em Nova Délhi que viajou com ela e Germain: "A jornada pela Índia com certeza estimulou a minha mente em novas direções. As indonésias pertencentes ao setor informal poderiam ser organizadas à la Working Women's Forum? (Mas onde vamos encontrar uma nova Jaya Arunachalam?) Um banco para mulheres como o SEWA poderia ser organizado no contexto indonésio?"

Qualquer interessado na condição das mulheres pobres da Indonésia se depara com escassez de informações. Apenas alguns dos pesquisadores indonésios davam atenção para os problemas femininos, William Carmichael, vice-presidente da Ford responsável pelos programas de desenvolvimento, escreveria anos depois em um relatório para a Fundação;[2] e a maioria desses estudiosos pesquisou sobre mulheres urbanas de classe média. A exceção era Pujiwati Sajogyo, socióloga do Center for Rural Sociological Studies [Centro para Estudos Sociológicos Rurais] no Instituto Agrícola de Bogor. Casada com um dos maiores especialistas em desenvolvimento rural e combate à pobreza, ela analisou as campesinas de Java do Oeste no fim dos anos 1970. Os Sajogyos eram "dois dos pesquisadores mais originais e interessantes debruçados em problemas considerados sensíveis pelo governo", disse-me Kessinger. A pesquisa de Pujiwati Sajogyo, financiada pela Ford, foi uma das primeiras a abordar os padrões trabalhistas em relação a gênero em famílias rurais e vilas. Em 1980, a Ford doou para o instituto agrícola outros 200 mil dólares para criar dados detalhados sobre mulheres rurais fora de Java e para aumentar a capacidade nacional de realização desse tipo de pesquisa. Com apoio financeiro, jovens pesquisadores oriundos das províncias deveriam ser treinados e enviados para estudar o cotidiano das mulheres das vilas. Um especialista em projetos da Ford ajudaria a analisar as informações sobre os estudos dos povoados e administraria oficinas de pesquisa de campo para estudantes de pós-graduação e professores iniciantes. O objetivo era construir uma rede nacional de pesquisadores de problemas envolvendo mulheres, aumentar o fornecimento de dados e torná-los disponíveis a idealizadores de programas e formuladores de políticas. Durante os seus primeiros dois anos na Ford, Ann foi a especialista de projetos que auxiliou Sajogyo.

Duas vezes por semana, Ann se dirigia para o sul, de Jacarta para Bogor, cidade montanhosa aonde gerações de colonizadores, inclusive Thomas Stamford Raffles, vice-governador britânico de Java durante a breve ocupação britânica de regiões das Índias Orientais Holandesas, iam no início do século XIX para escapar do calor opressivo do verão. A universidade se localizava em uma avenida ampla, de frente para o Jardim Botânico de Bogor, planejado por um botânico holandês com a ajuda de assistentes do Jardim Botânico Real de Kew. Com 15 mil espécimes de árvores e plantas, o jardim de Bogor cercava a residência de verão do presidente indonésio. "Eu devo dizer que estou no escritório de Pujiwati, em Bogor, todas as terças e quintas", Ann escreveu, em 1981, para Carol Colfer, uma antropóloga norte-americana estabelecida na Indonésia que, em carta, propôs que se encontrassem.[3] "Percebo pelo seu itinerário que você também vai estar em Bogor numa terça, 17 de março. Nós poderíamos fazer um piquenique no jardim."

Naquele verão, Ann viajou com Sajogyo para Sumatra, onde passaram uma semana visitando universidades, dando palestras sobre mulheres e desenvolvimento, explicando as metodologias de pesquisa de campo e entrevistando candidatos para as oficinas de treinamento que planejavam fazer em Bogor dali a um mês. Não era simples encontrar os pesquisadores certos. Na Universidade de Sumatra do Norte, em Medan, os onze candidatos eram inadequados, ou vinham de áreas incompatíveis, como artes, ou não tinham experiência com vilas ou nunca tinham pesquisado sobre mulheres rurais. Em Padang, a capital de Sumatra do Oeste, o reitor preferia contratar homens para o cargo de instrutor, porque, ele dizia, mulheres saíam de licença-maternidade e se recusavam a deixar os maridos. Ao viajar para Sumatra do Sul, Ann descobriu que a complexidade cultural da região apresentava desafios adicionais às pesquisas. Havia quatro zonas ecológicas distintas e 14 grupos étnicos nativos, cada um com o seu dialeto e, em alguns casos, com sua língua. Havia também migrantes de outras regiões da Indonésia, alguns transferidos, pelo governo, de áreas populosas. As experiências das mulheres variavam muito de um grupo étnico para outro; um deles, por exemplo, mantinha adolescentes em *purdah*.* "Com toda essa complexidade, a dificuldade de selecionar uma amostra de vilas verdadeiramente representativas é enorme", escreveu Ann em um relatório sobre o andamento do projeto.[4]

No fim de setembro, Ann e Sajogyo selecionaram 18 pesquisadores de oito universidades, em sete províncias, para se reunirem em Bogor, a fim de realizarem as oficinas preparatórias antes de seguirem para o trabalho de campo. Ann e Sajogyo apresentaram seminários sobre uma dúzia de temas, das teorias sobre estrutura social ao papel das mulheres em pequenas indústrias e negócios. Renomados cientistas sociais indonésios deram palestras como convidados. O ministro para assuntos relacionados às mulheres comentou a relação entre políticas oficiais de desenvolvimento e pesquisas. Os jovens pesquisadores deveriam coletar dados sobre três temas: alocação de tempo e trabalho, receitas e despesas e processo decisório. Cada um também escolheria a sua área de interesse. Eles trabalhariam em Sumatra, Sulawesi, Java do Leste e Nusa Tenggara Timur, um grupo de ilhas ao leste da Indonésia. Estudariam meia dúzia de grupos étnicos — dos *bataks* aos transmigrantes javaneses — em comunidades onde há artesanato, criação de peixes, extração de produtos florestais e cultivo de arroz, coco, café, borracha e cravo-da-índia.

Ann ia a campo, também. Bill Collier, um colega da Universidade do Havaí desde o início dos anos 1960, e que conhecia os seus dois maridos, estava debruçado sobre um estudo a respeito de áreas pantanosas sujeitas à maré em Sumatra do Sul. Sua equipe estudava os sistemas agrícolas e as

---

*Constitui a separação entre sexos durante cerimônias ou em público. [*N. dos T.*]

condições de vários grupos étnicos, inclusive malaios nativos, migrantes bugineses e transmigrantes javaneses. Ann se juntou ao grupo, indo de comunidade em comunidade, passando por entroncamentos de rios e canais, em viagens noturnas de barcos de madeira em águas infestadas de crocodilos. O grupo dormia no chão das casas dos camponeses, construídas sobre palafitas. Por causa da desconfiança dos bugineses em relação aos javaneses, Collier me contou, os membros javaneses da equipe de pesquisa insistiam para que, em cada vila buginesa, ele e Ann saíssem primeiro dos barcos. Em uma região onde Ann esperava conduzir entrevistas, era atribuída ao líder local uma longa ficha criminal de roubo e assassinato, cometidos com a ajuda da esposa. Ele havia retornado da prisão, e todos nas vilas se reportavam a ele: "Se você quiser ir a algum lugar, deve contar a ele antes", Collier disse. O homem escalou a sua esposa e alegada cúmplice para ser a cicerone de Ann — e convencer os bugineses a falar. Através de campos de arroz alagadiços e nuvens de mosquitos, Ann e a sua escolta cruzaram a pé os canais. "Ann andava com água e lama até o peito", lembrou Collier. "Ela adorava isso. Podia criar uma conexão com aquelas pessoas muito facilmente, porque era compreensiva e gostava delas. Eles perceberam que ela estava ali pensando em coisas para ajudar."

A Indonésia era um país de "opressão 'sorridente' e gentil" quando se tratava de mulheres, escreveu Ann em um memorando para a Ford, na primavera seguinte.[5] Formas extremas de comportamento antifeminino, como infanticídio e discriminação nutricional, eram inexistentes ou raras, mas havia um "sistema de recompensa social" que levava as mulheres de classe média e as da elite a casar cedo e a renunciar à educação e à carreira. Mulheres educadas abdicavam com frequência do mercado de trabalho para evitar a impressão de que os seus maridos não conseguiam sustentá-las. A maioria das mulheres trabalhava por pouco dinheiro: nas comunidades industriais e agrícolas, elas recebiam metade da renda dos homens. Ainda assim, os seus ganhos eram cruciais para a sobrevivência de famílias pobres — principalmente para uma em cada cinco residências de Java mantida por mulheres, que eram divorciadas, foram abandonadas ou tinham um marido que saíra de casa para procurar trabalho. Os programas governamentais, no entanto, percebiam as mulheres como donas de casa e não provedoras. Elas eram convocadas a participar de planejamento familiar e programas nutricionais, mas raramente escolhidas para projetos que poderiam ajudá-las a ganhar dinheiro. Como resultado, as jovens mudavam do campo para as cidades — onde terminavam como criadas, trabalhadoras de fábricas ou prostitutas. Essas três atividades envolviam exploração econômica e sexual, dizia Ann. A Ford estava atuando com organizações populares direcionadas às mulheres, ela afirmava, mas o governo entendia associação como subversão. "Apesar de a Indonésia ter muitas organizações voltadas para as mulheres, não dá para dizer que existe um 'movimento' feminino", escreveu Ann. "Na comparação com um país como a Índia, por exemplo, a capacidade das indonésias de articular os seus problemas, de se organizar e de usar a política e outros canais para melhorar a sua condição ainda é mínima."

Como Ann notara anos antes em sua pesquisa de campo para a dissertação, o desenvolvimento não beneficiava necessariamente as mulheres pobres. Em 1982, ela ajudou a persuadir a Ford a conceder uma doação de 33 mil dólares para uma organização de assistência jurídica, o Institute of Consultation and Legal Aid for Women and Families [Instituto de Consulta e Assistência Jurídica para Mulheres e Famílias], a fim de realizar um seminário e oficina a respeito dos efeitos da industrialização sobre o trabalho feminino. Como preparação, uma equipe formada por três organizações estudou operárias em 15 fábricas de Java, observando a divisão laboral por gênero, as diferenças de tratamento, o conhecimento legal das trabalhadoras e a aplicação das leis trabalhistas referentes às mulheres. As líderes da equipe e as suas assistentes eram cientistas sociais jovens e bem-treinadas, e uma delas posteriormente iniciou sua própria organização com foco em mulheres trabalhadoras. O seu relatório logo se tornou "a nossa melhor referência sobre a condição das trabalhadoras do setor formal da Indonésia", escreveu Ann.[6]

Ann era uma feminista, segundo todos os relatos, mas não era inclinada a pronunciamentos inflamados. Tal como Sidney Jones a descreveu, ela podia ser tranquilamente considerada mais feminista do que qualquer outra enviada para o escritório de Jacarta. Tinha fortes convicções a respeito dos direitos das mulheres. "Mas ela não era afrontosa ou belicosamente ideológica", disse Jones. Duas das amigas mais próximas de Ann em Jacarta, nos anos 1980, eram imediatamente identificáveis como feministas: Georgia McCauley, cujo marido trabalhava para a Ford, era ex-presidente da seção de Honolulu da National Organization for Women [Organização Nacional para as Mulheres], e Julia Suryakusuma, filha extravagante de um diplomata indonésio e mulher de um cineasta — a qual, citando a definição de um amigo sobre ela, era "feminista e *femme fatale*". De acordo com James Fox, um antropólogo estabelecido na Austrália e atuante na Indonésia, amigo das duas, "Ann nunca agia da mesma forma que Julia, mas elas eram muito ligadas". Na visão de Fox, algumas feministas eram sinceras, literais e passíveis de ser provocadas com frequência. Você não podia fazer isso com Ann, ele disse, porque ela simplesmente não se deixava perturbar. O feminismo dela era moderado porque o seu compromisso primordial era com os desfavorecidos de qualquer gênero. De vez em quando, Ann fazia piadas sobre feministas, disse Pete Vayda, um amigo próximo que trabalhava como consultor para a Ford, o que não quer dizer que ela deixava passar um comentário considerado humilhante.

— Tenha um bom fim de semana, meu bem — disse um consultor australiano.

— Não me chame de meu bem — Ann resmungou como resposta.

— Ok, parceiro — o consultor retrucou bem-humorado.[7]

Em outra ocasião, Ann confrontou uma mesa cheia de ativistas indonésios, todos homens, com quem jantava, porque achou que estavam sendo rudes com a garçonete.

"Licença", um amigo indonésio mais jovem se lembrou de Ann dizer. "Vocês estão me incomodando. Estou sentada aqui e vocês não estavam fazendo nada contra mim e, ainda assim, me sinto mal. Como vocês pensam que ela se sente?"[8]

O que a guiava?

Aos olhos dos seus filhos, havia algo afável e um pouco ingênuo na sua mãe. Em *A origem dos meus sonhos*, ela surge como uma romântica, sonhadora e inocente em um país estrangeiro. Em meio aos segredos, à violência não reconhecida e à corrupção de Jacarta, Ann é "uma testemunha solitária a favor do humanismo secular, um soldado a favor do New Deal, dos Corpos da Paz, do liberalismo de cartilha".[9] Vinte anos após o fim do primeiro casamento, o seu queixo ainda tremia quando ela falava com o filho universitário sobre o pai dele.[10] A sua expressão nostálgica durante a exibição de *Orfeu negro* parecia, segundo o filho, uma janela para "o coração irreflexivo da sua juventude".[11] Mais tarde, ela viaja pelo mundo, trabalhando em comunidades da Ásia e da África, "ajudando mulheres a adquirir máquinas de costura, uma vaca leiteira ou uma educação que poderia lhes dar um porto seguro na economia mundial", segundo descrição de Obama.[12] Ela olha para a lua e vaga por mercados de Nova Délhi e Marrakech "atrás de uma barganha, uma echarpe ou uma escultura de pedra que a faria rir ou lhe encheria os olhos". Às vezes, ela parece quase infantil.

Maya também descreveu sua mãe como "sentimental" — uma pessoa de sensibilidade aguda e empatia que reagia com exagero à vista do sofrimento do outro. Na convivência com a família, ela podia chorar durante um noticiário, Maya disse, ou mal conseguir assistir a filmes em que crianças eram agredidas. "Ela podia ser ingênua ao falar desse país ou das possibilidades das pessoas...", disse Maya. "Havia a seguinte percepção: 'Por que não podemos seguir em frente?' E, você sabe, existia um toque infantil nela." Talvez Ann fosse simplista e otimista; talvez ela recusasse ser cínica. Mas, nas palavras de Maya, "isso parecia um pouco ingênuo às vezes — essa incapacidade de compreender que nem todo mundo poderia ter bons motivos ou intenções benevolentes."

Quando perguntei ao presidente Obama se ele considerava a mãe uma idealista ingênua, tal como o seu livro parecia sugerir, ele esperou um pouco antes de responder: "Sim, em parte eu a vejo e a vi dessa maneira, mas não de modo pejorativo. Minha mãe era muito sofisticada e inteligente. No campo de estudo e trabalho, ela era muito séria a respeito do que fazia, disposta a enfrentar verdades estabelecidas e, de fato, comprometida. Como profissional, ela entendia do riscado. Havia uma doçura nela e uma inclinação a oferecer às pessoas o benefício da dúvida e um tipo de generosidade de espírito que, às vezes, era ingênuo... Agora eu gosto dessa característica. Isso não é uma crítica; é uma característica maravilhosa. Mas não há dúvida de que em certas situações se aproveitavam dela. E ela não se importava se tiravam vantagem dela. Parte do idealismo era: 'Sabe de uma coisa? Se alguém me faz pagar cinco vezes mais do que o preço médio do mercado por esse pequeno enfeite que acho bacana, então tudo bem.' Existem idealismo e ingenuidade embutidos. Mas não entendo isso criticamente. Eu vejo como parte do que a faz especial — e também resiliente. Porque ela poderia ter recuado diante das frustrações."

Amigos e colegas a descreveram de outra maneira. Muitos se lembram de Ann como durona, perspicaz, prática. A maioria afirma que nunca a viu chorando. Ela era mais receptiva do que muitas pessoas, tanto intelectual quando emocionalmente. Era curiosa de um jeito incomum: queria entender as razões das coisas. A ponto de, por exemplo, tornar-se interessada na relação entre indonésios e alguns parentes que eles exploram como criados, lembra Pete Vayda. "Esse era o tipo de coisa para o qual ela voltava a atenção — injustiça baseada em algo estrutural ou cultural", disse ele. "Não era o caso de dizer que aquelas eram pessoas diabólicas, mas que há algo sistemático na exploração de familiares pobres vindos do campo." As convicções dela se formavam menos de reações emocionais do que de dados empíricos. "Seu senso de injustiça era agudo, mas esclarecido — e não uma resposta sentimental. Ele não conseguia se lembrar de ter ouvido Ann "fazer nenhum discurso passional sobre as injustiças do mundo". Ela apenas comentava, de modo natural: "Estou investigando isso." Ela era plenamente consciente da corrupção, das restrições governamentais, do cinismo das elites. Sabia de toda a exploração humana e não romantizava nada disso. Ao mesmo tempo, acreditava ser possível melhorar a vida na Indonésia. "Ela via o bom e o mau em todo lugar", disse Vayda. "Era sagaz a respeito. Percebeu que essas eram coisas para aceitar se quisesse fazer a diferença." Ele não tinha prova de que corrigir injustiças era o que a motivava — mas, se alguma coisa pudesse ser retificada, isso era um bônus.

"Outras pessoas comentam o seu entusiasmo, compaixão e generosidade", Vayda disse com alguma impaciência, reflexo das definições sobre Ann feitas pela mídia durante a campanha presidencial. "Tudo isso é verdade. Mas não vi muito sobre como ela era divertida e teimosa."

O que impressionava, James Fox disse, não era a paixão, mas a autoridade dela.

"Ann viveu quantos anos com os desfavorecidos?", ele disse. "Ela não precisava exibir isso, pois era evidente. Quando falava, era como se conhecesse as comunidades de Java. Você sabia que ela conhecia. Era uma espécie de missão, mas ela não fazia alarde." Ao mesmo tempo, "ela não podia suportar algumas das bobagens dos expatriados que estavam no país há uma semana e tinham uma resposta para tudo. Ann podia ser bem rude. Ela se aborrecia com pessoas que fingiam saber o que não sabiam."

Para alguns do escritório da Fundação Ford, ela parecia uma militante.

"Ela era uma pessoa muito veemente, e eu digo isso no bom sentido", afirmou Terance Bigalke, um coordenador de programas da Ford em Jacarta. Na Ford, ela não costumava "suavizar" os seus pontos de vista, segundo ele. "Em uma reunião do escritório, você diz certas coisas para expor o seu argumento, mas escolhe as palavras com muito cuidado", ele disse. "Esse não era o seu estilo." Ela parecia acreditar que as pessoas deveriam ser capazes de absorver o pleno vigor das suas opiniões; em retorno, ela estava pronta para fazer o mesmo. A maioria parecia respeitá-la por isso, mesmo quando não podia lidar com aquela atitude nada diplomática. Muitos até consideravam isso encantador. "Podiam perceber como ela era passional a respeito dos problemas com os quais trabalhava", ele disse. "Não eram uma prática acadêmica, eram um compromisso ao qual ela se entregava."

Ou, como Tom Kessinger define: "Não era apenas uma função profissional. Era algo um pouco mais pessoal."

Um dos indonésios com quem Ann trabalhava mais de perto era Adi Sasono, filho de ativistas sociais islâmicos de Pekalongan, na costa norte de Java Central, que fora líder estudantil quando da deposição de Sukarno. Formado como engenheiro e educado na Holanda, Sasono trabalhou no setor corporativo até meados dos anos 1970, quando saiu e, com um grupo de jovens intelectuais que se viam como reformadores islâmicos, criou uma organização para explorar abordagens alternativas de desenvolvimento na Indonésia. Na época em que Ann o conheceu, Sasono era o diretor do Institute for Development Studies, uma instituição independente com um quadro fixo de trinta funcionários. Ele estava organizando posseiros e varredores de rua nas cidades e encorajando o crescimento de cooperativas rurais. Sasono, que se tornaria ministro do governo indonésio depois da derrubada de Suharto no fim dos anos 1990, desejava encontrar meios para permitir "um desenvolvimento sem remoção"; ele almejava integrar a economia informal em expansão ao planejamento urbano. Suas ideias foram tão atraentes, contou-me Richard Holloway, da Oxfam, que muitas das pessoas envolvidas com desenvolvimento internacional aspiravam a trabalhar com ele. "De todos os indonésios com quem eu trabalhei, ele era o mais forte em termos de planos de ação", disse David Korten, que na época trabalhava para a Agência Norte-Americana para o Desenvolvimento Internacional, na Indonésia, e então se tornou um crítico da globalização corporativa e econômica. Korten recordou "como ele estava à frente da maioria de nós no entendimento das disfunções do setor de desenvolvimento 'moderno' e por que isso expandia de modo inexorável a marginalização da maioria da população. Ele via o panorama que muitos de nós não alcançávamos".

Supunha-se, Sasono sugeriu, que a industrialização acelerada e a exploração dos recursos naturais eram a melhor rota para o desenvolvimento econômico e o crescimento do emprego. Mas a industrialização falhava na absorção da crescente mão de obra nas cidades. A pobreza estava crescendo, e a diferença entre ricos e pobres, aumentando. Os benefícios do crescimento não estavam sendo distribuídos. Em Jacarta, as pessoas ocupavam cemitérios, acampavam ao lado de lixões, amontoavam-se em barracos ao longo de trilhos de trem. O governo demolia residências improvisadas para dar espaço a prédios altos e à duplicação de estradas, e a polícia confiscava jinriquixás a fim de limpar as ruas para os carros. Havia boatos sobre o envio de moradores de rua para uma ilha próxima. Favelas renasciam no dia seguinte à sua demolição. "Havia uma constante batalha com as autoridades", lembrou Bigalke. "A polícia precisava ser subornada para permitir que as pessoas montassem as suas barracas na rua." Sasono criou espaço para uma abordagem descentralizada e ampla

UMA MULHER SINGULAR • 213

do crescimento — "para o povo, pelo povo e com o povo". Mesmo sem a ajuda do governo, ele acreditava, os desfavorecidos iriam prosperar com a força da sua energia e inteligência. Sasono era uma figura não muito diferente de Saul Alinsky, autor de *Rules for Radicals: A Pragmatic Primer for Realistic Radicals* [Regras para radicais: uma cartilha pragmática para radicais realistas] e pai da organização comunitária nos Estados Unidos, contou-me Richard Holloway. Alinsky escreveu que o livro era para aqueles "que almejavam mudar o mundo do que é para o que, acreditavam, deveria ser". Organização comunitária era, claro, a linha de trabalho que Barack Obama iria adotar em Chicago alguns anos depois de Ann começar a parceria com Sasono em Jacarta. A frase de Alinsky sobre a vontade de transformar o mundo ecoa o que Craig Miner, o historiador, me contou sobre os nascidos no Kansas — eles eram um povo que dizia: "Você não está bem, eu não estou bem, e eu sei como resolver isso."

Por meio de Sasono, Ann expandiu o seu círculo de conhecidos para incluir um grupo diverso de ativistas trabalhistas, reformadores, indivíduos de organizações culturais e organizadores oriundos de favelas. Seu trabalho de campo com comunidades de artesãos e com projetos de desenvolvimento provincial em Java Central a convenceu, assim como Sasono, da vitalidade do setor informal e do valor do desenvolvimento realizado de baixo para cima. "Ela estava muito interessada em demonstrar a contribuição significativa do setor informal para a economia como um todo", contou-me Bigalke. Desse modo, o setor informal poderia ser encorajado pelas autoridades, em vez de sufocado. Ann e Sasono, ao lado de outros, viajaram para Malang, em Java do Leste, a fim de visitar a maior cooperativa popular de mulheres da Indonésia, a Setia Budi Women's Cooperative [Cooperativa de Mulheres Setia Budi], fundada exclusivamente para atender às necessidades financeiras das mulheres. Eles assistiram a seminários e oficinas em Jacarta, Semarang e Bali. "Eles se deram bem", disse Rens Heringa, um amigo próximo. "Ann realmente conversava com ele — problemas políticos, sociais, econômicos, esse tipo de assunto." Holloway disse: "Ela era amigável com Adi profissionalmente e, é bem provável, pessoalmente. Em Java, você não expressa, é claro, emoção. Qualquer emoção que sentissem era sempre ocultada. Eles saíam juntos com frequência. Isso pode ter sido alvo de comentários. Mas não era grande coisa." Com Sasono, Ann contou a Holloway, "sou capaz de encontrar pessoas de fato impressionantes, que respeito bastante, que são indonésias e não estrangeiros privilegiados como eu, mas que estão trabalhando com pobres e miseráveis".

Ann tinha uma grande consciência sobre o que é certo e errado a respeito de pessoas que abusam de outras, observou Holloway. Ela conhecia mulheres abastadas em Jacarta, algumas educadas em países estrangeiros, que "falavam bonito sobre democracia", mas em casa não pagavam os criados e lhes davam comida ruim e acomodações apavorantes. Ele ficou impactado com o que descreve como "a acusação de Ann de que as mulheres javanesas da elite tratam mal os empregados". Esse tipo de coisa era estrutural na Indonésia. "Mas ela não estava preparada para ignorar aquilo e dizer: 'Assim é a Indonésia.' Ela ficava brava." Encontrar indonésios passionais em relação ao combate às injustiças era revigorante. Holloway disse: "Ela se sentia, eu acho, reconhecida com isso, porque 'Eu não sou uma estrangeira enfurecida, há pessoas como Adi se indignando. Essa é uma reação indonésia, e não estrangeira'."

Esse era um ponto importante, Holloway acrescentou.

"Havia sempre o perigo de você se identificar demais com os problemas das pessoas com quem trabalha", ele disse. "Quando isso acontece, você exagera a natureza dos problemas delas de maneira que se tornam significativos para você, mas não para elas. Elas acomodaram as questões dentro da sua perspectiva de vida; para você, insistir nisso parece ingênuo ou tolo."

Ann desempenhava um papel incomum naquele período: no momento em que organizações independentes novatas ofereciam a única oportunidade de exercício de valores democráticos, Sasono me disse, Ann servia como um catalisador e um elo. O governo de Suharto tolerava uma parcela limitada de atividades. Porém, as organizações tendiam, afirmou Bigalke, "a cavar o seu próprio e pequeno espaço e a não se interessar minimamente em interagir com outras associações". Raras vezes um grupo tentaria se associar a outros. "Por meio das doações, Ann estava reunindo pessoas em casa para jantares no começo da noite, realizando o tipo de interação social que se faz com institutos aos quais se concederam doações", disse Bigalke. Sasono, que havia se impressionado, quando jovem, com as histórias sobre as instituições democráticas norte-americanas, contadas em brochuras distribuídas em bibliotecas de toda a Indonésia pelo Serviço de Informações dos Estados Unidos, afirmou ter aprendido sobre pluralismo com o exemplo de Ann.

"Criar pontes não era uma tarefa fácil, porque ela tinha de entender as ideias de pessoas com diferentes perspectivas", ele disse. Por ser antropóloga, ela tratava as pessoas como parceiras e não como "público-alvo". Seu envolvimento era emocional, não apenas intelectual. Essas discussões, disse Sasono, davam às pessoas ideias e coragem. Muitos se tornaram ativistas do movimento de reformas que derrubou o governo. Alguns, como Sasono, foram trabalhar nos governos seguintes. "Desenvolvimento, assim como democracia, é um processo de aprendizagem", afirmou Sasono. "Os indivíduos têm de aprender a exercer a liberdade e também a responsabilidade, os mandamentos da lei, a disciplina social. Isso deve ser feito por meio de um processo de aprendizagem social. Foi isso o que aprendemos tanto de Ann Dunham quanto de David Korten, porque ambos vinham de uma sociedade que tem aprendido sobre democracia há mais de duzentos anos."

Mais importante do que projetos, ele disse, era a troca de ideias.

Em meados de 1982, Ann fez diversas viagens a plantações de chá nas montanhas de Java. Uma organização indonésia, a Federação Trabalhista Indonésia, propôs à Fundação Ford um projeto para ampliar o bem-estar das trabalhadoras das plantações de chá. Ela também visava aumentar a participação feminina em organizações trabalhistas. Viajando com mulheres, algumas das quais conheceu por meio de Sasono, Ann conversou com os donos, administradores e pessoas que trabalhavam na colheita das plantações. Ela fez anotações detalhadas, cheias de observações sobre a interferência dos administradores, as dificuldades enfrentadas por quem trabalhava na colheita, a vida confortável dos donos. "Ela é sudanesa e vive em uma plantação, em uma casa grande e confortável com gerador a diesel, som estéreo e coleção de cassetes", Ann escreveu sobre a proprietária de uma plantação entre

216 • JANNY SCOTT

Jacarta e Bandung, onde cinzas espessas eram expelidas por um vulcão. "Ela nos ofereceu um almoço pródigo, mas tentou de várias maneiras obstruir as livres discussões com os seus trabalhadores." Os administradores tentaram orquestrar as entrevistas — escolhendo os trabalhadores e acompanhando as conversas. "Nós resolvemos isso rearrumando as cadeiras, nos separando e nos infiltrando entre os trabalhadores para conversas particulares", Ann escreveu. A região era islâmica, e as mulheres afirmavam ser "diligentes nas rezas". Nenhuma delas tinha ido para Jacarta ou Bandung. Nenhuma havia completado mais do que a terceira série. Apenas duas das 75 entrevistadas sabiam ler ou escrever. A maioria não entendia bahasa, a língua nacional. "As exigências escolares tinham custos proibitivos", Ann escreveu. "Incluíam doações de arroz para o professor."

Acompanhando Ann em uma dessas viagens estava Saraswati Sunindyo, uma jovem organizadora recém-formada pela Universidade da Indonésia, em Jacarta, com um diploma de sociologia. "A minha fala sobre Ann era: "Ela me encontrou numa favela enquanto era organizadora", Sunindyo me contou quando a entrevistei em Seattle, onde vivia. Sunindyo estava mobilizando moradores de uma ocupação ilegal em Jacarta para uma organização comandada por Sasono. Depois, ela se mudou para Bandung, onde morou em uma choupana com uma comunidade de varredores de rua que pretendia transformar em uma cooperativa. Ela e Ann se conheceram em um encontro de organizações populares e independentes. "Ela era uma norte-americana grande", lembrou Sunindyo, referindo-se mais à presença de Ann do que ao seu peso. "Era uma mulher grande com um ego bem pequeno. Não desempenhava o papel de expatriada — do tipo 'Eu sou norte-americana, leio vários livros, portanto eu sei'. Trabalhava para a Fundação Ford, mas não agia como alguém que iria garantir os interesses da Ford." Ao contrário, disse Sunindyo, Ann "escutava, escutava e escutava. Ela estava interessada em como as pessoas faziam as coisas. Em vez de 'Está bem, essa é uma história de outro lugar sobre o qual eu li...' Todos nós lemos vários livros, mas não temos de exibir isso. Essa é a Ann. Ela via potencial nas pessoas. Quando precisavam de um incentivo, ela incentivava de verdade".

UMA MULHER SINGULAR • 217

Em setembro de 1982, Sunindyo viajou com Ann e diversas jovens mulheres para uma plantação nas montanhas a sudeste de Bandung. Passaram a noite em uma casa de hóspedes do período holandês, com um antigo fogão a lenha e uma varanda sobre o vale adjacente, descrito por Ann como "além das colinas cobertas de chá". O banheiro que Ann compartilhou com uma outra mulher, ela escreveu nas suas anotações, era do tamanho daquele usado por muitos trabalhadores e seus filhos. Para conversar com as trabalhadoras, Ann e as colegas foram levadas para onde as mulheres colhiam chá. Sunindyo, ávida não só por obter informações, mas por ajudar, agachou-se ao lado de uma colhedora e começou a colher com ela, jogando as folhas de chá dentro da cesta. A pele do rosto das colhedoras estava rachada pelo tempo e pelo frio.

"E educadamente, muito educadamente, Ann perguntava às mulheres: 'Posso ver o que tem em sua merendeira?'", Sunindyo relembrou.

Havia apenas arroz e *sambal*, uma pasta feita de pimenta vermelha moída.

"Aí perguntamos: 'O que mais vocês vão comer?'", recordou Sunindyo.

"As folhas", respondeu a mulher.

A ida com Ann à plantação de chá foi importante para Sunindyo. "Para nós, jovens àquela época, aquilo era estimulante — no sentido de que estávamos aprendendo com ela", disse. "Nós assistíamos: 'Está bem, é assim que é'." O fato de que Ann reconhecia o comprometimento delas e as tratava como amigas as encorajava a retornar ao seu trabalho nas organizações, "sabendo que estávamos juntas nessa", disse Sunindyo.

"Lá estava Ann, que trabalhava para a Fundação Ford", disse. "E a considerávamos uma de nós."

O círculo de amigos de Ann em Jacarta continuava se expandindo. Havia antropólogos, artistas, ativistas, acadêmicos, curadores, escritores, consultores de desenvolvimento, cineastas, entre outros. Yang Suwan, uma antropóloga sino-indonésia educada na Alemanha e recém-chegada a Jacarta, fez estudos sobre projetos de desenvolvimento para mulheres em Sumatra do Oeste e Kalimantan do Leste. Ela e Ann partilhavam um fascínio pelos artesanatos e têxteis indonésios. Rens Heringa estava estudando um grupo de vilas isoladas na costa nordeste de Java, onde mulheres faziam batique de algodão cultivado localmente e fiado à mão. Em outubro de 1981, num período quente antes do início das chuvas, ela e Ann fizeram uma viagem de carro de três dias pela costa nordeste de Java para visitar as vilas. Elas pararam ao longo do caminho para explorar uma série de lagoas salinas onde os donos, muitos deles de origem árabe, apanhavam camarão e coletavam sal. Wahyono Martowikrido, a arqueóloga que Ann conhecera na primeira metade dos anos 1970, estava de volta ao Museu Nacional de Jacarta. Ann Hawkins, que conhecera Ann em Semarang, mudara-se para a cidade, a fim de trabalhar na Unicef, perto dos escritórios da Fundação Ford. Depois de atravessar sobre tábuas reaproveitadas um antigo canal holandês, ela e Ann se encontravam para almoçar de tempos em tempos. Pete Vayda, morando em um bangalô da Ford próximo ao de Ann, aparecia regularmente para o café da manhã e pegava carona para o trabalho no carro de Ann. A mesa comprida da sala de jantar era um ponto de encontro, frequentemente cheia de pacotes de salgadinhos indonésios caseiros. "Por favor, pegue este", Yang Suwan se lembrou de Ann dizer. "Você vai ajudar mulheres necessitadas se comer os salgadinhos." Amiúde, Ann tinha convidados. Depois de Vayda apresentá-la ao seu estudante de pós-graduação que fazia trabalho de campo em Kalimantan do Leste, Timothy Jessup, o estudante se tornou presença assídua quando estava na cidade. "Há um local para jogar squash?", Vayda perguntou a Ann. Logo, por intermédio de Lolo, ela havia conseguido que Vayda se tornasse membro do Petroleum Club.

Ann podia ser achada em festas em Jacarta do Leste, na casa de Ong Hok Ham, um sino-indonésio, historiador formado na Universidade de Yale e intelectual público. Editores de jornais, acadêmicos, artistas, correspondentes, coordenadores de programa e diplomatas com regalias fiscais eram os convidados habituais. As festas serviam como recepções sociais e uma fonte de informação privilegiada e fofoca política. "Ele reunia pessoas que considerava interessantes", disse John McGlynn, um tradutor norte-americano de literatura indonésia que encontrou Ann pela primeira vez no começo dos anos 1980. "Ele queria erudição, queria discussão. Eu soube que se podia contar com Ann para isso." Ann era membro do grupo McGlynn chamado de "as brancas em toalhas de mesa" — expatriadas com predileção por saias-envelope de batique. A risada de Ann era vigorosa e espontânea, "um cruzamento entre um cacarejo e um relincho". Mas a sua voz era suave — segundo Heringa, "quase javanesa. Era como se estivesse narrando contos de fada. Nesse sentido, ela estava plenamente adaptada". Em várias ocasiões, ela deu palestras sobre têxteis e tradições dos ferreiros indonésios como parte de uma série organizada pela Ganesha Society [Sociedade Ganesha], grupo formado majoritariamente por expatriados voluntários do Museu Nacional. Em outras, podia ser encontrada em exposições e peças teatrais no Centro de Artes Taman Ismail Marzuki, onde algumas performances eram conhecidas, segundo James Fox, pela capacidade de "estender o limite das coisas".

"Se você conhecia a cultura indonésia, se sabia o que estava sendo dito, poderia reconhecer o jogo", disse Fox. "Mas você tinha de dominar bem a língua, tinha de entender o modo como as coisas eram manifestadas. Ann sabia, é claro. O indonésio dela era excelente; era quase o de um nativo. Ela pegava as coisas no ar. Então, você podia participar tanto de eventos como de festas com indonésios. Em uma comunidade exilada, você tinha quase de soletrar e eles nunca entendiam. A coisa mais simples era uma revelação. Ann era uma daquelas *avis rara* que sabiam das coisas tais como são. Ela tinha uma vantagem: era espirituosa. Tinha um senso de humor enorme, moldado para ser sutil. Podia fazer uma piada sem parecer uma. Era uma insinuação."

Era, talvez, quase javanesa.

"Você percebe que os nossos amigos são todos pessoas habitando mais de uma cultura?", Ann disse certa vez para Yang Suwan, maravilhada, enquanto era levada de carro para casa durante um começo de noite em Jacarta. "Somos tão sortudos por conhecermos duas culturas. Essa questão de etnicidade, de raça — isso não é um problema para nós."

A amiga mais próxima de Ann era Julia Suryakusuma, a "feminista e *femme fatale*". À primeira vista, as duas formavam um par improvável. Filha de diplomata nascida na Índia, que estudou o colegial numa escola norte-americana de Roma, Suryakusuma era alta, bonita e 12 anos mais nova do que Ann. Pitoresca e franca, ela se orgulhava de ser "desobediente e rebelde". Quando mal acabara de completar 20 anos, casou-se com Ami Priyono, um cineasta indonésio que era 15 anos mais velho. James Fox a considerava "uma das melhores companhias de Jacarta", e Rens Heringa a descreveu para mim como "uma pessoa com quem alguém se mete em confusão". Ann era calma e prudente. Julia era volúvel. "As ideias jorravam da sua imaginação", disse Timothy Jessup. "Era curioso ver as duas conversando, porque Julia gesticulava as mãos no ar. Ann era calma, e Julia ficava cada vez mais agitada. Ela gostava de marcar presença e chocar as pessoas; Ann, de deixar a sua marca de outra maneira." Ainda assim, ambas eram brilhantes, originais e não muito interessadas em conformismo. "Ann dizia que eu era de outro planeta", Suryakusuma me contou. "Bem, demora para um conhecer o outro." Elas partilhavam um interesse pessoal e acadêmico a respeito da condição das indonésias. De vez em quando, defendiam o artesanato. Iam juntas a festas, passeavam, criticavam mutuamente os seus relacionamentos com homens. ("Sabe, Julia, você é muito superior a ele", Ann lhe disse certa vez.) "Nós dividimos os nossos segredos mais profundos, os nossos medos e desejos", Suryakusuma me contou. A amizade era íntima e turbulenta. "Ela me atacava com palavrões", disse Suryakusuma. Havia períodos em que não se falavam.

Durante um desses intervalos, alguns anos depois, Ann enviou a Suryakusuma uma carta que, ao menos em retrospecto, parece notável em sua combinação de franqueza, respeito e mágoa.

> Amigos sempre perguntam de você, Julia... Francamente, eu não sei o que dizer a eles. A situação se faz misteriosa porque eu não tenho nem mesmo certeza sobre o que irritou você. Eu ACHO que você ficou brava porque eu lhe sugeri que resolvesse as suas desavenças com Garrett e Rens, mas não estou certa disso. Se é esse o caso, só posso dizer, como velha amiga, que sinto ter o direito de lhe oferecer uma opinião honesta.
>
> Passaram-se mais de sete meses desde a última vez em que conversamos, Julia. Eu não liguei para você, porque sentia que deveria respeitar a sua

vontade de rompimento. Eu também não gosto de você quando está cheia de frescura arrogante, e eu não queria correr o risco de encontrá-la nesse estado. (Aliás, com quem você pensa que está falando, Julia?)

Dito isso, eu sinto, é claro, saudade de você e da família toda. Afinal de contas, fomos melhores amigas por quase dez anos. Espero que tudo esteja correndo bem para todos. Você vai mudar em breve para a nova casa?

Bom feriado. Lembranças para Ami. Com amor, Ann.

Em outra ocasião, Ann escreveu: "Queria ter escrito para você saber como me diverti durante a nossa estada em Londres... Percebi, quando estávamos lá, o quanto você significa para mim. Em um mundo onde a maioria das pessoas é muito hipócrita, o seu espírito brilha como uma linda estrela! Eu nunca tive de enfrentar situações sujas com você, por assim dizer. Soa piegas, mas é isso mesmo. Eu adoro você, moça."

Diante da maioria dos amigos, Ann escondia os detalhes da sua vida privada. Mesmo para aqueles que a conheciam bem, revelava pouco sobre a sua infância, os seus pais, até os seus casamentos. A respeito da vida sexual, era discreta até com os amigos mais próximos — ou assim eles me levaram a crer. Mas as oportunidades para romances não terminaram com o segundo divórcio. Carol Colfer, que era também uma norte-americana solteira na casa dos 30 anos e trabalhando na Indonésia, afirmou que ela e Ann falavam sobre serem assediadas. "Isso era muito comum", disse ela. "Muitos indonésios gostam de pele branca. E, claro, ela tinha a pele bem branca. Nós brincávamos sobre o fato de nos importunarem e pensarem que éramos pessoas sexualmente ativas e descontroladas. Não éramos tão descontroladas." Se Ann confidenciava com alguém, parece que era com Suryakusuma. "Ambas éramos bastante eróticas", ela me contou. "Falávamos muito sobre sexo e nossas vidas sexuais." Ann era sensual, segundo Suryakusuma. Extraía prazer, entre outras coisas, de comida e sexo. Rens Heringa disse que ela e Ann tinham o mesmo signo, Sagitário, que subentendia um espírito aventureiro. "Nunca me interessei por holandeses", disse Heringa. "Ela nunca se interessou, de verdade, por brancos." De acordo com Suryakusuma, "ela dizia gostar dos morenos safados, e eu, dos brancos safados."

Secretária de Ann na Fundação Ford, Paschetta Sarmidi notou que os olhos de Ann "brilhavam" quando se mencionava certo indonésio que trabalhava para um banco perto dos escritórios da Ford.

"Você gosta de indonésios", observou Sarmidi de modo hesitante. "Na primeira vez, você casou com um africano. Na segunda, com Lolo. Agora, você gosta do homem do banco."

"Ela sorriu", recordou Sarmidi.

Ann amava homens, mas não alegava entendê-los, contou-me Georgia McCauley, que se tornou uma amiga próxima de Ann em Jacarta, no início dos anos 1980. McCauley, 15 anos mais nova do que Ann e mãe de duas crianças, lembrou-se de uma vez em que pediu a Ann um conselho sobre os homens. "Ela disse: 'Desculpe, não faço ideia. Eu não tenho nada a oferecer a você. Não aprendi nada ainda.' Ela ficava perplexa com eles. Eram interessantes, sua curiosidade era intensa. Mas os seus relacionamentos não funcionavam. Como muitas mulheres, ela não entendia o sexo masculino. Por ser uma antropóloga cultural, isso virava um *tópico*: 'instigante, mas desconhecido'."

A vida numa bolha tem esse lado negativo para uma norte-americana solteira com uma filha meia-indonésia em casa e um filho meio-africano na universidade, a milhares de milhas de distância. Em uma comunidade formada majoritariamente por homens casados com mulheres e filhos em casa, Ann era uma anomalia. "Você é um tema mais propenso a fofocas", disse Mary Zurbuchen, que se tornou mãe solteira quando retornou para Jacarta, em 1992, como representante da Fundação Ford. "As pessoas poderiam ter imaginado quem ela era e com quem estava saindo. Poderiam ter observado coisas." Depois de participar de uma reunião com os funcionários mais importantes da Ford pelo mundo, Nancy Peluso relembrou, Ann mencionou que quase todos os participantes eram homens e as mulheres eram solteiras e não tinham filhos. "Ela era mesmo uma pessoa singular", Peluso disse. A vida caseira de Ann "impunha diferentes tipos de restrições que a Ford não estava preparada para compreender".

Suzanne Siskel, que entrou na Ford como coordenadora de programas em Jacarta, em 1990, cruzou com Ann em uma festa naquele mesmo ano, pouco depois de aceitar o trabalho. "Ela olhou para mim", Siskel me contou. "E disse: 'Hum, você vai trabalhar para a Ford? Prepare-se para 18 horas diárias de trabalho.'"

A logística da administração da casa de Ann podia ser complexa: "Barry vai ficar na Indonésia mais ou menos um mês e depois vai retornar para Nova York via Honolulu, levando Maya com ele e deixando-a na casa dos avós pelo resto do verão", Ann escreveu para o seu chefe, Tom Kessinger, em abril de 1983, explicando os planos de viagem para o verão posterior à formatura de Barry. "Essas vão ser as minhas férias. Ou vou para o Havaí no fim do verão para buscá-la, ficando duas semanas, ou vou pedir aos avós que a coloquem em um avião para Cingapura e eu a buscarei lá. Vamos fazer os nossos exames médicos em Cingapura nessa ocasião." Ann viajava a trabalho com frequência: Nova Délhi, Bombaim, Bangcoc, Cairo, Nairóbi, Dhaka, Kuala Lumpur e Indonésia. Ao menos em uma ocasião, ela apelou para que a Ford reescrevesse a sua política de viagens para esposas, a fim de contemplar filhos dependentes. "Isso é especialmente relevante para pais solteiros que não têm outro adulto responsável em casa para cuidar das crianças durante períodos de viagens intensivas", ela escreveu em um memorando para Nova York em 1983. Por outro lado, o custo de vida em Jacarta, combinado aos salários e benefícios da Ford, tornava possível ser mãe solteira com um emprego absorvente, de viagens numerosas, de uma maneira que seria muito difícil nos Estados Unidos.

"Era possível", disse Zurbuchen. Mesmo que por pouco.

A Escola Internacional de Jacarta, onde Ann matriculou Maya, era extraordinária tanto na sua comunidade acadêmica quanto no seu currículo, além de muito exclusiva. Criada por organizações internacionais, como a Fundação Ford, que investia dinheiro em troca de participação nos ganhos, ela atendia às famílias dos funcionários dessas instituições. A área de um novo campus em Jacarta do Sul era coberta com flores tropicais. Havia piscina, ar condicionado, um teatro com poltronas de veludo estofadas, onde estudantes apresentavam peças de autores como George Bernard Shaw. O corpo docente era internacional. Os alunos tinham 59 nacionalidades, sendo a maioria de norte-americanos e australianos. Os pais eram atuantes e tinham ambições para os filhos, e havia em abundância mães que não trabalhavam e estavam disponíveis, por exemplo, para costurar quimonos para a montagem de *O Mikado*. A escola desempenhava um papel poderoso e afirmativo na formação da visão de mundo dos estudantes. "Eles transcenderam facilmente a noção de que identidade nacional é a referência normal para entender o outro", disse Tom Kessinger sobre os seus dois filhos. "E eles perceberam cedo que amizades adquirem diferentes formas, sobretudo com o tempo." Um grupo estava visivelmente ausente, no entanto. Segundo a lei indonésia, crianças indonésias não podiam se matricular. Já quando Kessinger escreveu para Ann, contando-lhe que a matrícula de Maya fora aprovada, ele acrescentou que o único obstáculo era que a escola necessitava de cópias da primeira página do passaporte de Maya e da permissão de trabalho de Ann: "Eles precisam cumprir os regulamentos do governo indonésio com todos os alunos e estão um tanto preocupados porque ela claramente tem um sobrenome indonésio." Dessa forma, como em outras, a escola estava à parte. "É como um satélite", disse Halimah Brugger, um norte-americano que ensinou música lá por 25 anos. Frances Korten, que entrou para os escritórios da Fundação Ford como coordenadora de programas em 1983 e tinha uma filha na classe de Maya, recordou: "Eu acho que aquele tipo de isolamento da comunidade estrangeira era algo que Ann sentia, mais do que nós, não ser muito bom... O fato de sua filha frequentar uma escola em que indonésios não podiam estudar era uma afronta."

Não era fácil. Ann queria que Maya tivesse uma educação em inglês, e Maya não tinha o preparo necessário para entrar numa escola indonésia pela primeira vez com a idade de 10 ou 11 anos. Na preparação para entrar na Escola Internacional de Jacarta, Ann deixou claro que a educação doméstica de Maya incluiria inglês. Mas Maya se sentia, assim ela definiu, um pouco "desconfortável por ser o único indonésio da Escola Internacional de Jacarta". Era um constrangimento do qual Ann com certeza tinha consciência. "Acho que trabalhar com batique era a única coisa indonésia que fiz", Maya relembrou. "Lembro-me de participar do coro e cantar *Tie a Yellow Ribbon Round the Old Oak Tree*. Nós estudamos

Pigmalião e história britânica." Com a esperança de ser aceita, ela levou fotos de parentes norte-americanos que nem conhecia. "Havia algumas crianças miscigenadas como eu", ela disse. "Mas nenhum indonésio puro, exceto algumas pessoas que trabalhavam lá. Algumas. Por certo, senti que estava em dois mundos, o mundo indonésio que eu conhecia, povoado por indonésios, e o mundo da EIJ, que era basicamente uma escola expatriada." Ann receava que a natureza do seu trabalho pudesse afetar a aceitação social de Maya. "Ann disse que os amigos de Maya pensavam que o seu trabalho era bastante estranho — ir a campo, conversar com pobres", contou-me Yang Suwan. Já quando Maya trazia amigos para passar a noite em casa, Yang recorda, Ann parecia ansiosa de um modo incomum. Os salgadinhos indonésios desapareciam da mesa de jantar. "De repente, havia bifes e refrigerantes", lembrou Yang. Ela diria para provocar: "Ann, isso não é feito localmente!" Ann se preocupava com a exposição de Maya a colegas de classe mais privilegiados, indiferentes. Richard Holloway se lembrou de Ann notar com algum incômodo: "Receio que isso seja um efeito de frequentar uma escola internacional, porque a maioria das crianças lá tem muito dinheiro."

Ann desejava que Maya, tal como Barry, fosse uma estudante séria. "Ela odeia que eu me exiba, mas sou obrigada a admitir que ela conquistou uma boa reputação neste período letivo", escreveu para Alice Dewey em fevereiro de 1984. Ela deixou as expectativas claras. "Ann era muito rígida com ela", relembrou Rens Heringa. "Acho que tinha de ser. Maya era encantadora demais até para o próprio bem. Ann falava com ela, colocava-a na linha — para fazer o dever de casa, ser uma estudante séria, não fazer as coisas que muitos dos seus colegas de classe faziam." Ela se esforçou para transmitir os seus valores. Certa vez, conseguiu que Maya acompanhasse uma amiga que estava fazendo pesquisa em uma área de favelas de Jacarta e ficou contrariada quando soube que os métodos da colega não atendiam os seus padrões estritos. Ann levou Maya depois para o seu trabalho de campo e viajou bastante com ela para fora do país. Em abril de 1984, Ann usou a sua verba de viagem para o que ela chamou de "grande turnê" com Maya por Tailândia, Bangladesh, Índia e Nepal.

"Eu tenho de passar cinco dias em uma conferência sobre empregos em Dhaka, mas depois serão férias e muita diversão, apesar do tempo seco muito desagradável e das tempestades de poeira no norte da Índia", ela escreveu para Dewey um mês depois. "Vimos muitas fortalezas e palácios mongóis, montamos elefantes e camelos, compramos pilhas de tecidos, bijuterias de prata e futilidades bem baratas — de modo geral, uma viagem muito gratificante."

Dez meses antes, Ann, Maya e um grupo de amigos viajaram para Bandungan, um resort nas montanhas perto de Semarang, na Indonésia, para assistir a um eclipse total do sol em Java Central. Durante semanas, o governo fez campanhas para convencer os indonésios a permanecer em casa com as janelas cobertas, a fim de evitar cegueira ao olhar para o eclipse. A zona rural estava assustadoramente vazia, muitos javaneses tinham se refugiado na cama com medo. O grupo passou por mesquitas cheias de homens, todos rezando e voltados para o interior. De Bandungan eles foram para um lugar onde nove pequenos templos hindus dos séculos VIII e XIX estão a mil metros acima da base do Gunung Ungaran. Alcançado após uma trilha por desfiladeiros e termas de águas quentes sulfurosas, o lugar oferece uma das vistas mais estonteantes de Java para os vulcões a distância. "Nós sentamos à beira da encosta e assistimos à sombra do eclipse cruzar a planície à nossa frente e nos engolir", recordou Richard Holloway, que havia ido sozinho para aquela viagem. O horizonte ficou vermelho, de acordo com uma descrição posterior, "e, na penumbra, vulcões distantes, habitualmente sombreados pelo brilho intenso do sol, ficaram visíveis. Durante os quatro minutos de eclipse, o sol, quase a pino, parecia uma bola preta cercada por uma luz branca radiosa".[13]

Ann mantinha contato regular com Lolo, o pai de Maya. Eles se falavam por telefone com frequência e se encontravam para almoçar, de acordo com Paschetta Sarmidi, a secretária que trabalhava com Ann. "Eles tentavam criar Maya juntos", disse Sarmidi. Mas a segunda esposa de Lolo mudou o relacionamento de Maya com a família paterna. A nova mulher era jovem e "pouco segura a respeito de me acolher na família — para não falar da minha mãe", disse Maya. "Nós deixamos de participar das reuniões familiares. Houve uma perda completa de contato." Maya continuou a ver o pai, mas ele nunca a levou para visitar a sua família nem para brincar com os primos. Ann reclamou ao menos uma vez para uma amiga que Lolo, seguindo o estereótipo de pais divorciados, presenteava Maya, generosamente, com mimos, brinquedos e doces. "Essa coisa em particular a irritou de verdade", relembrou sua velha amiga Kay Ikranagara. "Ela sentia que havia crescido sem bens materiais e agora ele dava tanta importância a eles. E estava incutindo isso em Maya."

Em um início de noite, um pouco antes do jantar na casa de Kebayoran Baru, um grupo de jovens ativistas estava reunido à mesa de jantar, debruçados sobre um projeto, relembrou Yang Suwan. Alguém bateu à porta. Yang foi abri-la e deparou com um homem desconhecido cujos braços estavam cheios de jacas e pacotes. Ele estava lá para ver Maya, anunciou. Quando Maya correu e abraçou o homem, Yang ficou paralisada. Ela olhou para a mesa de jantar. O semblante de Ann se tornou cada vez mais sombrio. "Eu nunca tinha visto o rosto de Ann tão mudado e fechado", disse Yang. Quando Lolo saiu depois de 10 minutos, os jovens ativistas repreenderam Ann, dizendo-lhe que deveria tê-lo convidado para jantar. Afinal, ele era o pai de Maya. "Ela ficou muito aborrecida", lembrou Yang. "Ela não queria falar."

As visitas de Ann a Barry eram inevitavelmente raras. Quando ela foi trabalhar na Ford no começo de 1981, ele estava no primeiro ano da Occidental College, em Los Angeles. Naquele outono, ele se transferiu para a Universidade de Columbia, em Nova York. Ao menos duas vezes por ano durante os quase quatro anos na Ford, Ann conseguiu que ele voasse para a Indonésia e a visitasse. "Eu gostaria de usar a viagem educacional para filhos neste verão, para que Barry venha nos visitar", ela escreveu para Kessinger em maio de 1981. Barry passou julho em Jacarta e depois foi para o Paquistão, onde, no caminho de volta para os Estados Unidos, encontraria um amigo da Occidental. Uma semana antes de deixar Jacarta, ele mandou um telegrama para Nancy Peluso, amiga de Ann, que lhe oferecera um apartamento na rua 109, em Manhattan: "QUERO O APARTAMENTO VOU CHEGAR ATÉ 24 AGOSTO EM CASO DE COMPLICAÇÕES CONTATE

MAMÃE." No verão seguinte, Ann e Maya o visitaram em Nova York. E, em maio de 1983, formado pela Columbia, ele voou novamente para a Indonésia, onde ficou um mês, após parar em Los Angeles e Cingapura para ver amigos. "Depois de Barry chegar, gostaria de tirar uma semana ou dez dias de folga", Ann escreveu para Kessinger em abril. "Se puder fazer reservas (isso é logo depois do eclipse e do fim das aulas), gostaria de ir para Bali."

Richard Holloway, amigo de Ann em Semarang, recordou ter estado na casa de Ann e se assustado ao encontrar Barry pela primeira vez.

"Havia um rapaz negro puxando ferro no jardim", relembrou Holloway. "Muito bonito, encorpado, educado, bem-apessoado."

— Este é o meu filho Barry — disse Ann.

— Prazer.

Mulheres, no entanto, me contaram que, frequentemente, Ann falava com elas sobre Barry.

"Sempre que nos reuníamos, ouvíamos de cara o que Barry andava fazendo", disse Georgia McCauley. Se Ann recebesse uma carta dele, Yang Suwan disse, ela ficava bem-humorada o dia inteiro. Saraswati Sunindyo, que descreveu Ann como "uma pessoa grande de ego pequeno", disse que o pouco de vaidade era despertado pelo filho dela. Ela mostrava a foto dele e "dizia como era bonito", afirmou Paschetta Sarmidi. "Ela falava de Barack Obama várias vezes por dia."

— Você se casou com um africano? — Sarmidi se lembrou de ter perguntado.

— Sim.

— Ele era negro?

— Sim.

— Como é o Barry? Ele tem a pele do pai?

— Sim.

— É igual à minha pele?

— Não — Ann respondeu. — A sua pele é igual à de um latino-americano. Mas Barack Obama Sênior é bem negro. Barry é muito bonito. E ele é muito inteligente, Paschetta. O meu garoto é brilhante.

Em fevereiro de 1984, durante o primeiro ano fora da universidade, Barry estava trabalhando para a Business International Corporation, uma pequena firma de pesquisas e boletins informativos que auxiliava países com negócios estrangeiros a entender os mercados internacionais. Ann comentou com Dewey o progresso dele.

Barry está trabalhando em Nova York, guardando os seus tostões para viajar no próximo ano. O que entendi de uma conversa murmurada pelo telefone é que ele trabalha para uma consultora que escreve, sob encomenda, relatórios sobre as condições sociais, políticas e econômicas em países do Terceiro Mundo. Ele chama isso de "trabalhar para o inimigo", porque alguns dos relatórios são escritos para firmas comerciais que almejam investir nesses países. Ele parece estar aprendendo bastante sobre a realidade das finanças e política internacionais, e, acho, esse conhecimento vai ser usado a seu favor no futuro.

Em novembro de 1982, depois de receber a ligação de uma tia do Quênia, contando-lhe que o seu pai havia morrido em um acidente de carro em Nairóbi, Barry telefonou para Ann em Jacarta a fim de lhe dar a notícia. Ela estava divorciada de Obama há 18 anos e não o via desde o Natal em Honolulu, onze anos antes. Mas, quando o jovem Obama deu a notícia da morte do seu pai, ele escreveu em suas memórias, ouviu a sua mãe chorando convulsivamente. Ann ligou para Bill Collier, talvez a única pessoa na Indonésia que conhecia o velho Obama. Collier, colega de sala e amigo de Obama na Universidade do Havaí, me contou que a tristeza de Ann era inequívoca. Era claro, ele disse, que ela ainda sentia algo forte por Obama. Julia Suryakusuma encontrou Ann prestes a chorar no escritório. "Acabei de saber que o pai do Barack morreu", Suryakusuma se lembra de Ann ter falado. Então, ela desabou e chorou.

"Sempre tive a impressão de que ela era crítica em relação aos maridos", Suryakusuma disse, "mas senti que ela ainda os amava de alguma maneira."

No começo de 1984, Ann chegou a uma encruzilhada. Estava há seis anos preenchendo os requisitos da sua pós-graduação e fazendo o trabalho de campo necessário para obter o doutorado. Mas ela não havia realizado os exames, completado a dissertação e apresentado a sua defesa. Os nove meses de ausência que ela pedira à Universidade do Havaí em 1979 se estenderam para cinco anos. "A razão principal do atraso no meu retorno ao Havaí é a necessidade de trabalhar para enviar o meu filho à universidade", ela escreveu para Alan Howard, chefe do departamento de antropologia, em março de 1984. "Estou contente de dizer que ele se formou na Columbia em junho; então agora estou livre para completar os meus estudos." Seu contrato com a Ford ia expirar no fim de setembro. "Ou eu não peço extensão, ou peço, mas com um pedido de ausência educacional de nove meses (um ano letivo)", Ann contou em carta para Dewey, em fevereiro. "Se eu não precisar estar presente fisicamente no Havaí o tempo todo, seria melhor para mim ficar na Indonésia até o fim do ano. O fator decisivo vai provavelmente ser financeiro." Se conseguisse uma bolsa de meio período com o East-West Center, ela e Maya retornariam para Honolulu no período acadêmico de 1984-1985. Do contrário, poderia aceitar a oferta de Pete Vayda, que estava voltando aos Estados Unidos, para assumir o aluguel da casa dele em Bogor. "Seria ideal, um lugar calmo para trabalhar e terminar a primeira versão da minha tese, e a casa está disponível por um preço bem barato", ela contou a Dewey. Ela minimizou os seus riscos. Pediu à Ford a ausência de 10 meses, inscreveu Maya para uma vaga em escolas do Havaí e solicitou uma bolsa ao East-West Center. Ao mesmo tempo, passou a investigar a candidatura ao cargo, por um ou dois anos, de professor visitante do departamento de sociologia rural da Universidade de Cornell, especializado em políticas de desenvolvimento para mulheres. Essa era uma tentativa ousada: um doutorado era o pré-requisito para a função. Alice Dewey soube que fora indicada como referência nos pedidos de bolsas para diversas fundações e agências. "Se alguém perguntar, você pode responder que me dou bem com cachorros", Ann disse.

Enquanto isso, ela fez tudo o que pôde para deixar claro a Dewey, ainda a chefe da comissão examinadora da sua dissertação, que estava atolada de trabalho.

Talvez você se lembre de que eu estou tocando projetos para a Ford nas áreas de mulheres, empregos e indústrias (pequenas e grandes). Jacarta foi incluída no escritório regional do Sudeste Asiático, no último ano, para que possamos também trabalhar na Tailândia e nas Filipinas. Neste ano, eu tenho grandes projetos para as mulheres das plantações de Java do Oeste e Sumatra do Norte; para mulheres em fábricas de cigarros em Java Central e do Leste; para vendedoras de comida e varredoras de rua nas cidades de Jacarta, Jogja e Bandung; para mulheres de cooperativas de crédito em Java do Leste; para mulheres em fábricas de eletrônicos, principalmente na região Jacarta-Bogor; para mulheres em cooperativas de fábricas caseiras do distrito de Klaten; para teceláes artesanais de Timor Ocidental; para assistentes de vendas ao longo de Jl. Malioboro e vendedoras de mercados de Beringharjo (ainda hesitante); para moradores de favelas em Jacarta e Bandung; para vendedoras de rua na Tailândia...

Durante a passagem de Ann pelo escritório de Jacarta, a Ford apoiou o primeiro centro de estudos sobre mulheres no país, um polo de pesquisas inédito na Universidade da Indonésia. Ann ofereceu boas razões para um projeto inédito de ação afirmativa para mulheres — um programa de estudos que visava a formar mais mulheres em ciências sociais e colocá-las nos cargos mais altos dos departamentos universitários e do serviço público. Pequenas doações foram destinadas à tradução para o indoné-sio, a ser usada nas universidades, de um texto-chave de Ester Boserup, economista holandesa, sobre o papel da mulher no desenvolvimento; bolsas para mulheres estudantes de pós-graduação com dissertação sobre trabalhadoras de fábricas caseiras; apoio a uma conferência para familiarizar líderes de organizações populares com as questões femininas; envio de altos funcionários da cooperativa de mulheres em Malang para a Índia, a fim de aprender com as cooperativas e sindicatos indianos. O projeto Bogor, que durou alguns anos, pavimentou o caminho para que uma rede de pesquisadores indonésios participasse de estudos sobre camponesas. Isso gerou o que Ann chamou, em relatório de 1983, de "uma grande quantidade de dados úteis e surpreendentes, que nos forçaram a mudar algumas das nossas percepções básicas sobre as indonésias". Java era atípica, como se descobriu. Mulheres rurais de Java trabalhavam mais horas, com frequência em múltiplas ocupações, e os seus ganhos por hora eram baixos. Em outras regiões, as mulheres trabalhavam poucas horas e precisavam de dinheiro, mas tinham pequenas oportunidades de ganhá-lo porque viviam em lugares com poucas estradas, meios de transporte e mercados. Nessas circunstâncias, o planejamento do desenvolvimento tinha de ser descentralizado — feito para cada província e mesmo cada comunidade. Pujiwati Sajogyo, que atuou por um tempo como consultor no Ministério para o Papel da Mulher, do governo indonésio, ajudou a tirar o foco governamental das funções da mulher ligadas ao lar e à saúde para incluir a necessidade de renda e trabalho remunerado.[14]

No fim, a Ford não renovou o contrato de Ann. Ela esteve no escritório de Jacarta por quase quatro anos, que, segundo vários funcionários, era o período padrão depois do qual coordenadores de programa se mudavam para outro país ou trocavam de área. Kessinger estava interessado em testar alguém novo para o trabalho de Ann. A Ford era cada vez mais uma organização que garantia doações, e não uma fundação operacional. Não havia mais as várias centenas de funcionários da Ford espalhados pela Índia, ensinando em escolas de administração, atuando para ministérios governamentais, trabalhando em pesquisas agrícolas. Coordenadores de programas sentavam atrás de mesas, criavam áreas de atividade, planejavam doações, escreviam memorandos para justificar o que queriam. Para Kessinger, Ann parecia menos confortável no escritório do que no trabalho de campo. Algumas pessoas são boas numa situação, algumas em outra, acreditava. Poucas são boas nas duas. "Percebi de um ponto de vista institucional que ela provavelmente nos tinha dado o que era capaz de nos dar", ele disse.

Kessinger também acreditava que ela deveria completar o doutorado. Não raro, estudantes de pós-graduação se afastavam da redação da dissertação porque precisavam de dinheiro e por isso encontravam um trabalho remunerado — ele testemunhara isso em seus anos como professor. Quando ele começou a pós-graduação, o tempo médio para terminar o doutorado em história era de nove anos — em grande medida porque os estudantes casavam e precisavam sustentar suas famílias. Ann era sortuda não só porque encontrara um trabalho que pagava bem, mas também porque o adorava. Mas esse tipo de boa fortuna tornava mais difícil a vida na academia. Aqueles que nunca voltassem, Kessinger estava convencido, iriam se lamentar. O doutorado era a sua carteira profissional. "Faça o seu registro profissional", Ben Finney, antropólogo da Universidade do Havaí, aconselhava os seus estudantes. "Seja um antropólogo qualificado. Assim, você pode ter os seus próprios recursos e trabalhos." Se Ann quisesse trabalhar numa universidade, precisaria de um doutorado. Ademais, tal como Kessinger entendia, havia certo egoísmo em fazer um trabalho de campo e depois não o aproveitar. Na comunidade da Índia onde ele realizou o seu trabalho de campo, as primeiras perguntas sempre eram: Por que você está aqui? Por que ninguém está interessado nisso? As pessoas sobre as quais você pesquisou esperam que você termine o seu trabalho. Kessinger disse isso a Ann. Olhando para trás, ele não se lembrou do modo como ela aceitou a sua rígida atitude. Ela disse, pelo menos, que entendia o seu argumento.

"Ela sabia que precisava fazê-lo", a sua amiga Rens Heringa recordou. "E ela fez."

Ela voltaria em um ano, parecia ter imaginado. Retornaria para Honolulu a tempo de se registrar na Universidade do Havaí, no fim de agosto, e permaneceria até o semestre seguinte. Frequentaria quaisquer cursos sobre teoria básica que fossem oferecidos, realizaria os exames obrigatórios e defenderia a sua dissertação antes do fim do prazo. Para sustentar a si mesma e a Maya, ela esperava achar uma posição como professora ou pesquisadora. "Algo nas áreas de estudos rurais, estudos sobre mulheres ou antropologia aplicada seria provavelmente o mais adequado", ela escreveu para o chefe do seu departamento, Alan Howard. Ela pediu a Dewey que ficasse atenta a um apartamento de dois quartos ou a um esquema de dividir residência perto de uma boa rota de ônibus ou a duas milhas do *campus*. Então, começou a se desfazer da sua vida em Jacarta — terminar as avaliações de várias doações, esvaziar a sua mesa no escritório, sair da sua casa, arrumar um novo lar para os seus bichos de estimação.

Ela pararia em Cingapura durante dois dias para fazer exames médicos. Faria uma última visita a Yogyakarta e a suas comunidades, quando Dewey a encontraria. Ann sugeriu a Dewey que deixasse passar a oportunidade de fazer a viagem de volta para o Havaí com ela e Maya. "Depois de quase nove anos na Indonésia, eu vou provavelmente precisar contratar uma caravana de camelos e um ou dois elefantes para levar toda a nossa bagagem para o avião, e tenho certeza de que você não quer ver todos os agentes da companhia aérea choramingando e estragando as suas roupas", ela escreveu. O frete do transporte marítimo da sua mudança, cerca de 1,5 tonelada, ela disse, "devia cobrir apenas a minha coleção de batique".

Na festa de despedida na casa de Yang Suwan em Kebayoran Baru, Yang pediu que Ann escolhesse alguma coisa da casa como presente. Durante o tempo em que elas conviveram, Yang decidiu trazer para Ann os artesanatos dos rincões da Indonésia que Ann não visitara. Ela admirava o conhecimento de Ann e nunca ousou dar-lhe nada que fosse de segunda categoria. Yang reuniu a sua própria coleção, também. Uma das peças mais bonitas era um sarongue feito por Masina, um artista de batique oriundo de Cirebon, na costa norte de Java, onde a mistura de influências javanesas, sudanesas e chinesas produziu uma rica cultura e um estilo distinto de batique. O modelo do sarongue era o *mega mendung*, ou nuvens de chuva em vermelho e azul, tingido naturalmente sob condições meteorológicas apropriadas. O sarongue permanecia estendido numa parede da casa. No dia da festa, a casa estava cheia de amigos de Ann — Julia Suryakusuma, Wahyono Martowikrido, Pete Vayda e muitos outros. Quando Yang ofereceu um objeto da casa, Ann virou sem hesitação e apontou para o sarongue, pendurado na parede atrás dela.

"Isto", ela disse.

Talvez Ann estivesse de olho no batique há um bom tempo, Yang pensou depois. Afinal, Ann sabia tudo o que você tinha em sua casa. Ann conhecia os seus amigos, também, Yang pensou, afetuosamente.

"Ela sabia que eu nunca poderia dizer não."

No começo de julho, uma companhia de navegação empacotou os bens de Ann: batiques, *ikats*, títeres *wayang*, esculturas de madeira, decorações de parede, um chapéu de aba larga usado por arrozeiros, dez caixas de livros, três arcas de madeira, uma mala de roupas, um sofá, cinco mesas, dois gabinetes, uma cama, todos de vime, utensílios de cozinha, um espelho e assim por diante. O peso total chegou quase ao limite de 1,5 tonelada.

Assim, ela e Maya foram para Honolulu, deixando a Indonésia para trás.

"Não seria surpresa para mim se ela ficasse para sempre", Sidney Jones, uma colega de Ann, contou-me uma tarde em Jacarta, onde ela ainda trabalhava depois de um quarto de século. "Tive a sensação de que ela estava apaixonada pelo lugar. É provavelmente a mesma coisa que eu sinto: há um período formativo particular em que a sua vida ocorre, é onde estão os seus amigos, é o lugar que você transformou em segunda casa. E que, por fim, se torna a sua primeira casa."

9

"Sobrevivendo e prosperando contra todas as expectativas"

Honolulu foi um retrocesso. Ann voltou à Universidade do Havaí, onde se matriculou pela primeira vez como estudante universitária 24 anos antes. Alugou um apartamento modesto de dois quartos em um prédio de blocos de concreto não muito diferente daquele que ela deixou em 1975. Maya foi aceita em Punahou, a escola na qual Barry entrou depois de voltar sozinho de Jacarta em 1971. Madelyn Dunham ajudou a completar a diferença entre o valor da bolsa parcial de Maya e a sua mensalidade.[1] Tal como antes, Ann estava vivendo a alguns quarteirões dos seus pais. Na universidade, ela fazia o curso de Alice Dewey em antropologia econômica, revendo matérias que com certeza aprendera. Sem nunca ter aprendido a dirigir, andava de ônibus ou a pé. Sem poupança, não estava na posição de comprar uma casa que servisse como base de futuras atividades, um abrigo para as suas coleções e um ponto de encontro para seus filhos e amigos — ou seja, uma casa parecida com a residência espaçosa e barulhenta em que havia crescido. O anonimato da vida urbana nos Estados Unidos, mesmo em Honolulu, parecia estranho depois do calor e da intimidade da vida de Ann em Jacarta. No pequeno domicílio para dois, estava sem empregados pela primeira vez em anos. Corajosa no estrangeiro, ela parecia vulnerável em casa. Queria que Maya, que perambulava por Jacarta à noite, voltasse para casa, em Honolulu, ao anoitecer. Ansiosa para sair com os amigos, Maya hesitava, preocupada com a mãe. "Ann parecia sozinha, talvez", Maya me contou. Ann adoraria ter companhia, Maya disse, mas tinha muito orgulho para se dar ao trabalho de achar uma. Na verdade, ela trabalhou na dissertação e planejou a sua fuga.

"Eu simpatizo com o seu desejo de voltar ao mundo real, escrevendo alguma coisa com impacto sobre mais pessoas", Ann escreveu para a sua amiga Julia Suryakusuma, que estava fazendo um trabalho de pós-graduação na Holanda. "Eu tomei a decisão de ficar no Havaí para que Maya possa se formar na universidade, mas estes dois anos e meio não estão sendo os mais excitantes da minha vida, preciso confessar."

Em 1º de janeiro de 1985, Ann abriu um caderno espiral que manteve durante o fim do período dela em Jacarta. Ela o tinha preenchido com listas enumeradas metodicamente sob títulos que incluem "Trabalho + Emprego", "Saúde e Solicitação" e "Pessoal e Viagem". Havia listas de pratos vegetarianos, tópicos sobre futuros artigos, calorias gastas por hora em várias atividades.

Uma lista de débitos, intitulada "Dívidas com camaradas", completava 15 anotações, incluindo "Punahou 1.784 dólares" e "2 mil dólares depositados na conta pela mamãe". Havia uma agenda escrita à mão de atividades diárias que pareciam ir de meditação às 5 da manhã e arrumação do apartamento às 7h30 até "ler c/ Maya" às 9 da noite e "ler e dormir" meia hora depois. "Lista de pessoas" continha 216 nomes numerados, sendo os primeiros cinco, na ordem, Maya, Adi, Bar, mamãe e papai.

O caderno sugeria uma mulher tentando com dificuldade se organizar, lutando para ser responsável com o dinheiro, procurando um emprego, pensando nos filhos, preocupando-se com o peso, refletindo a respeito do passado, especulando sobre o futuro. No ano-novo, ela abriu na página 103 do caderno e escreveu uma série de desafios, sem muita elaboração, com o título "Objetivos de longo prazo".

1. Terminar doutorado.
2. 60 mil dólares
3. ficar em forma
4. casar novamente
5. outra cultura
6. casa + propriedade
7. quitar dívidas (impostos)
8. memórias da Indon.
9. desenvolver (*ilmu batin*)[2]
10. criar Maya bem
11. continuar um diálogo construtivo c/ Barry
12. relações c/ amigos + família (corresp.)

Se Ann imaginou que concluiria a sua dissertação em nove meses, tal como contou à universidade, ela estava errada. Dezoito meses depois de voltar de Jacarta, havia passado nos exames finais, apresentando uma lista de problemas teóricos em antropologia e arqueologia que estava pronta para discutir. Mas a sua dissertação sobre cinco indústrias camponesas cresceu para quase 7 mil páginas. Estava duas vezes maior do que muitas teses de doutorado e bem longe do fim. "Mas vou concluir tudo e estar fora daqui quando Maya se formar em junho", Ann escreveu para Suryakusuma. Um ano depois, ela desejava ter escolhido um tema menos abrangente. Seu entusiasmo minguava. "Não sei se me importo tanto assim", disse novamente para sua amiga. "A criatividade se esgotou há muito tempo, e é só uma questão de terminar a porcaria." Esse não era um problema incomum. Apoio financeiro para estudante de pós-graduação em antropologia era difícil de obter. Empregos na área de desenvolvimento internacional iam aparecer, prometendo bons pagamentos e custeio das despesas. Estudantes de pós-graduação, sobrecarregados com dívidas no cartão de crédito, aceitavam, imaginando que poderiam finalizar a dissertação nos fins de semana. Repetidas vezes, Ann pediu paciência à universidade. "Lamento o atraso, mas espero que você, novamente, cuide das coisas para mim até eu voltar", ela escreveria anos depois para Dewey. Ben Finney, um membro da comissão examinadora da dissertação de Ann, se lembrou da chegada de esboços "disso e daquilo" e de Dewey "puxando os cabelos. 'É muito longo!'" Dewey recebeu pelo correio um cartão-postal, enviado por Ann, de uma pintura de Picasso, *Interior com uma garota desenhando*. Na pintura, uma mulher de cabelo castanho usando uma coroa de flores desenha alegremente em um papel de cor verde-limão. Outra mulher está debruçada sobre uma mesa próxima, escondendo o rosto. "Sem dúvida um grande Picasso o que eu escolhi no Museum of Modern Art", Ann escreveu na carta anexada. "Eu o chamo assim: 'Ann escrevendo sua dissertação em sua prancheta amarela enquanto Alice aguarda pacientemente (eu espero) ao fundo.'"

Os pais de Ann tinham um entendimento pequeno sobre as paixões profissionais da filha. Stanley, prestes a completar 70 anos, nunca achou um trabalho que adorasse. Aposentado como corretor de seguro, ele agora se dedicava a palavras cruzadas e a programas de jogos na televisão como *The Price Is Right* [O preço está correto]. Ele tinha a mesma frequência para começar projetos — fotografias, álbuns, árvore genealógica da família — quanto para abandoná-los. Tinha um imenso repertório de piadas, das quais a neta ria de cair no chão. Madelyn, ao contrário, adorava o próprio trabalho e o fazia bem. Quando Ann retornou ao Havaí em 1984, Madelyn havia se tornado a primeira mulher vice-presidente do Banco do Havaí. Seu casamento com Stanley não parecia, ao menos para quem via de fora, ter melhorado com a idade. Eles discutiam, acusavam-se e se refugiavam em quartos separados. Madelyn bebia. Por vezes, Ann contou a uma amiga, Madelyn alugava um quarto de hotel em Honolulu, onde passava as férias sozinha.[3] "Bem, você sabe como a mãe e o pai eram", Ann diria ao seu tio Ralph Dunham depois da morte do pai, alguns anos mais tarde. "Eles brigavam o tempo todo, mas se amavam de verdade." Ralph Dunham concordou: até onde sabia, eles não podiam viver um com o outro e um sem o outro. Ann algumas vezes se perguntava se Madelyn se lembrava de Stanley quando olhava para a filha inquieta e volúvel de cabelos escuros. "Eu não acho que os pais dela tenham lido a sua dissertação ou que soubessem do que se tratava", Maya me contou. "Havia uma boa parte da vida adulta dela que permanecia um mistério para eles. Havia uma diferença nos interesses, costumes e temperamento que era difícil de superar."

Ao mesmo tempo, Madelyn tornou possível que Ann vivesse a vida que escolhera.

"A nossa mãe era aquela que nos deu imaginação, linguagem, narrativas, todas essas coisas", Maya me contou. "E essas coisas são muito importantes. Mas eu acho que, se a minha avó não estivesse lá, na retaguarda, conferindo se tínhamos guardado uma poupança e pagado as mensalidades escolares, talvez me sentisse menos certa sobre a maneira como fui criada. Dessa forma, eu me senti livre para amar de modo desabrido a minha infância e o meu crescimento em lugares diferentes com línguas e sabores diversos. Em certo sentido, diria que a nossa avó deu à nossa mãe a liberdade para ser o que ela queria."

Tal como a lista de objetivos de longo prazo de Ann sugeria, ela não estava muito interessada em se acomodar. Em maio de 1986, menos de dois anos depois de retornar de Jacarta, ela se mudou para o Paquistão para trabalhar, por seis meses, como consultora de desenvolvimento em um programa de crédito rural em Punjab. No verão seguinte, ela estava em Illinois, apresentando um estudo em um encontro acadêmico e visitando Barry em Chicago. Em seguida, ela foi para Nova York visitar alguns amigos com Maya, que estava selecionando universidades. Dali, Ann voou para Londres, onde passaria três dias, a caminho do Paquistão. ("Alguma chance de você voar e ficar comigo em Londres?", ela perguntou a Suryakusuma em carta. "Seria ótimo se pudéssemos curtir Londres [...]. Se você ainda está planejando ir para a Índia em setembro, podemos nos encontrar em Délhi? Eu preferia ver você em Délhi a Bombaim, porque gosto mais de lá, mas Bombaim é uma possibilidade [...]. Você também podia vir para o Paquistão...") De volta ao Paquistão, ela passou três meses cumprindo o contrato de consultoria que iniciara um ano atrás, depois retornou para Honolulu, parando em Jacarta. A dissertação valeria a espera, Dewey acreditava. "Ela iria ficar sem dinheiro e arranjar trabalho", ela lembrou. "Sem encher linguiça. Ela estava reunindo mais dados. Por isso ia e vinha constantemente. Sabíamos que era o tipo de estudante que acabaria sabendo três vezes mais do que a gente em nossas especialidades. Então, a deixamos ir."

Ann levava Maya quando podia. Em 1986, elas viajaram para a Índia, a caminho do Paquistão, parando em Délhi, Agra e Jaipur. No Paquistão,

Maya ficou com Ann por três meses, estudou dança mongol e a acompanhou no trabalho de campo. Elas fizeram uma viagem de carro, durante seis dias, de Islamabad para a fronteira com a China, pela estrada do Karakoram, a rodovia pavimentada mais alta do mundo, seguindo pela garganta do rio Indo, passando pelas áreas tribais de pachtuns, gilgit-baltistanos e hunzas, até o local onde as cadeias montanhosas de Hindu Kush, Himalaia e Karakoram convergem. O Paquistão estava repleto de dificuldades, disse Michael Dove, um antropólogo norte-americano e amigo de Ann em Java, que trabalhou no Paquistão de 1985 a 1989 e a encontrou lá durante esse período. Bombas eram lançadas em mercados e perto da casa de Islamabad onde Dove e sua esposa viviam. Dove disse que ele e a esposa foram sequestrados por pachtuns armados na parte superior da garganta do rio Indo. "Era o oposto da Indonésia", ele recorda. "Era uma cultura difícil, muito mais violenta. Todos tinham uma arma." Nas áreas fronteiriças, indivíduos raptavam estrangeiros para conseguir dinheiro. Era complicado ser uma mulher ocidental sem marido no Paquistão. Até andar sozinha na rua era problemático.

Ann escreveu para Suryakusuma:

> O Paquistão oferece uma experiência interessante, mas eu não amo aqui do mesmo jeito que amo a Indonésia. Por um motivo, o nível de sexismo é quase inacreditável. Mesmo os atos mais inocentes, como pegar um elevador com um estranho, andar num carro dirigido por um homem ou falar com um colega no escritório, são objetos de suspeita. Uma vez que todos os casamentos são arranjados e os paquistaneses sexistas, muitas paquistanesas educadas escolheram ser solteiras (no Paquistão isso significa ser virgem para sempre!). Em geral, as pessoas são também muito puritanas, embora os intelectuais sejam um pouco menos. No entanto, fiz alguns bons amigos quando estive lá. Um deles era a minha assistente de trabalho de campo, uma jovem envolvida com uma organização feminista de Lahore.

Ann foi contratada para trabalhar na concepção e iniciação da fase piloto de um projeto de crédito para mulheres e uma casta de artesãos[4] patrocinado pelo Banco de Desenvolvimento Agrícola do Paquistão, a maior instituição do país para o desenvolvimento. Em Punjab, onde ela atuava, Ann observou que os moradores dos povoados se dividiam em três classes.[5] Famílias feudais e donas de propriedades viviam prodigamente nas vilas no alto das montanhas e enviavam os seus filhos para as melhores universidades estrangeiras. Pequenos proprietários viviam em um pequeno conjunto de residências cercado por um muro de barro e cultivavam pequenos lotes. Membros das castas dos artesãos, incluindo ferreiros, tecelões e outros trabalhadores manuais, produziam para as famílias proprietárias, com quem estavam em débito, em troca de matérias-primas e uma pequena porção de grãos. Alguns membros, no entanto, haviam cortado os seus laços com os senhores feudais. Eles estavam comprando matérias-primas e vendendo os seus produtos para os mercados. Ann entrevistou tecelões de tapetes, ceramistas, ferreiros, coureiros, alfaiates e outros durante o primeiro semestre da sua temporada. Ela falou com os gerentes de agências de bancos. Ela inspecionou compradores, fornecedores e intermediários em Lahore. Quando voltou um ano depois, conduziu cursos de treinamento para 65 instrutores, incluindo as primeiras mulheres, que trabalhariam com os artesãos. Também recomendou o aumento do empréstimo a mulheres de áreas rurais pobres. Ela contou a Dewey em uma carta que, durante mais de dois anos, o programa concedeu empréstimos para quase 1,5 mil famílias artesãs e famílias agrícolas sem terras ou quase sem. "Há algumas satisfações em um trabalho muito bem-feito sob circunstâncias adversas", disse.

Detalhes dos prazeres do Paquistão ela guardou para Suryakusuma, a sua amiga extravagante de Jacarta. Em uma carta datada de 28 de agosto de 1987, escreveu:

> Estou bem estabelecida na Canadian Resthouse, à margem de um rio na bonita Lahore... Eles não têm nenhum hóspede até o momento, então posso ficar aqui até pelo menos 10 de outubro ou talvez até mais. Enquanto isso, tenho todo o andar superior só para mim, com uma enorme varanda para o topo das árvores floridas, um campo de críquete e o canal mais afastado. É um lugar perfeito para, enrolada num cobertor, por volta das 6 da manhã,

sentar e meditar sobre nada além do céu entre mim e Deus. (Nossa, eu estou uma romântica melosa hoje.) É também um bom lugar para uma xícara de café com os amigos ao anoitecer, quando a temperatura esfria um pouco. Verões em Délhi e Lahore são ferozes, e todos com dinheiro vão para Londres ou para uma estância montanhosa, mas o tempo deve estar perfeito até o fim de setembro, quando você vem... Três ou quatro dias por semana vou de jipe de Lahore para a região do meu projeto, a quase uma hora e meia daqui. Eu passo o dia inteiro no meu escritório regional ou nas vilas onde há projetos, voltando para Lahore, quente e poeirenta, por volta das 19h. Tenho o costume de parar no Hilton, no meu caminho de casa, e mergulhar na piscina da cobertura para retirar a poeira. Depois de duas ou três sodas limonadas geladas, começo a me sentir gente de novo. Duas das minhas amigas paquistanesas são corajosas o suficiente para nadar lá ao anoitecer (enfrentando os olhares de todos os homens que acham que elas deveriam ser isoladas); por isso frequentemente não volto para casa até às 21h. Na vila, por outro lado, fiz bons amigos de uma família de ferreiros (seis rapagões e quatro garotas, todos muito "saudáveis" e fortes, como você poderia esperar de ferreiros rurais), e paro, algumas vezes por semana, para uma refeição ou chá (com muito açúcar e leite de búfala) com eles. Para variar, a minha vida é cheia de contrastes.

A abordagem de Ann em relação às questões espirituais era eclética. Ela meditava em monastérios budistas e fazia pequenas oferendas nas comunidades hindus que visitava. Quando ganhou uma cris feita para ela em Java, segundo Maya, ela seguiu o ritual de colocá-la sob o travesseiro — um processo pelo qual, acredita-se, a cris vai se comunicar com o seu dono através dos sonhos, que vão ser interpretados. "Era importante aquele reconhecimento de que todos tinham algo bonito para contribuir espiritualmente", Maya me contou. "Ela sempre nos aconselhava a ser muito receptivos, a ter um respeito profundo pelas religiões alheias, a reconhecer que cada religião tem algo bom a oferecer." De acordo com outros, ela era cética em relação às instituições religiosas e ao excesso cerimonial. Don Johnston, da Southern Baptist de Little Rock, Arkansas, e colega de Ann no começo dos anos 1990, afirmou que ela parecia, àquela época, estar aprendendo deísmo ou unitarianismo, a religião da igreja de Bellevue, em

Washington, que frequentou na adolescência. Deus, ela pensava, poderia ser encontrado na interseção de muitos sistemas de crença. "Como antropólogos, nós tendemos a falar da religião mais como uma prática ritual ou elemento da sociedade", disse Nina Nayar, que se tornou uma amiga próxima de Ann alguns anos depois. "Raramente conversamos sobre a fé em Deus. Eu não diria que Ann foi cristã, hindu ou budista. Não colocaria um rótulo nela. Mas ela tinha um interesse geral e, provavelmente, mais elementos espirituais do que a maioria das pessoas que afirmam ser religiosas ou crentes. Ela não se referiu uma vez sequer, em minha presença, a ser ateia ou agnóstica. Ela não era uma mulher de rótulos. A única designação que não rejeitava era a de antropóloga."

Em *A audácia da esperança*, Obama descreve sua mãe, apesar do seu alegado secularismo, como "a pessoa espiritualmente mais ativa que já conheci".[6] Sem textos religiosos ou autoridades externas, ela atuou para incutir nele os valores que muitos norte-americanos aprendem na escola dominical. Ela possuía também "um senso permanente de deslumbramento, uma reverência pela vida e sua natureza preciosa, passageira, que poderia ser apropriadamente descrita como devocional". Às vezes, ela o acordaria no meio da noite, quando criança, para observar a lua ou para que ele fechasse os olhos enquanto "andavam lado a lado, no crepúsculo, para escutar o sussurro das folhas... Ela via mistérios em todo lugar e extraía alegria na completa estranheza da vida".

No fim do verão de 1986, Ann conseguiu que Maya voasse para Jacarta, na volta do Paquistão para o Havaí, a fim de visitar o pai. Lolo Soetoro havia sido hospitalizado em Jacarta com doença hepática, diagnosticada uma década antes, quando Maya era criança. Embora os médicos fizessem Ann acreditar que a doença encurtaria a vida de Lolo, quando da sua hospitalização em Los Angeles, ele viveu mais outros sete anos.[7] Agora ele estava gravemente doente. Maya, que acabara de completar 16, voou sozinha para Jacarta, onde parentes a encontraram no aeroporto e a levaram para a casa do tio Trisulo. Lolo, após receber alta do hospital, passou uma semana com ela na casa de Trisulo. Ele estava mais falante do que nunca. Perguntou a ela sobre a escola, seus temas favoritos e amigos. Trouxe fotografias dele que desejava que ela guardasse. Foram momentos de carinho e ternura.

Mas aquele tempo em que passaram juntos pareceu esquisito para Maya. "Eu senti um ressentimento adolescente de que ele não esteve presente de modo mais significativo e que ele deixou a minha criação para mamãe", ela relembrou. "Era como se eu quisesse que ele se arrependesse daquilo." Mais tarde, ela se lamentaria por não ter ficado mais. Mas estava longe do Havaí há três meses e impaciente para regressar. Nunca lhe ocorreu que seu pai pudesse estar morrendo — e que ele soubesse disso. Ela lhe escreveu uma carta longa do Havaí e tentou enviá-la para chegar a tempo do seu aniversário, em 2 de janeiro. Ela desejava que tivessem uma relação mais significativa, contou na carta; queria conhecê-lo melhor. Mas a correspondência atrasou durante a agitação do Natal, ela me contou, e não chegou como planejado. No meio-tempo, um familiar ligou da Indonésia para comunicar que Lolo entrara em coma. Ele morreu no início de 1987.

A casa em Menteng Dalam, para a qual Maya e Ann retornaram do Havaí em 1975, foi herdada por Maya (e vendida anos depois, com a quantia sendo usada para ajudar a pagar a sua pós-graduação). No verão seguinte, a fim de salvaguardar os direitos de Maya, Ann parou em Jacarta na sua volta do Paquistão para casa. O imóvel foi alugado por Dick Patten, que ela conhecera enquanto trabalhava no projeto de planejamento provincial em Java Central, entre 1979 e 1980. Patten, que tinha extensa experiência em sistemas de crédito na Indonésia, foi atuar como consultor para um dos maiores bancos do país em um programa sem relação com as atividades que ele e Ann haviam desempenhado antes. A meta do novo programa, administrado pelo banco estatal chamado Bank Rakyat Indonesia, ou Banco do Povo Indonésio, fazia pequenos empréstimos em larga escala para residências rurais de baixa renda de todo o país. Em um tempo em que microfinanciamento não era uma palavra tão comum, o projeto do Bank Rakyat Indonesia, lançado no começo de 1984, teve um início notável. Até o fim de 1985, o banco havia concedido aproximadamente um milhão de pequenos empréstimos, cujos valores iam de alguns dólares a centenas de dólares. Logo seria lançada a meta de 120 mil novos empréstimos por mês.[8] O programa tinha o potencial de beneficiar pequenos empreendimentos iguais àqueles estudados por Ann como antropóloga e incentivados em seus anos na Ford. No verão de 1988, depois de Maya se formar em

Punahou e com planos de se inscrever na Barnard College no outono, Ann mudou-se novamente para Jacarta para trabalhar com Patten no que estava, rapidamente, se tornando o programa de microfinanciamento comercial mais bem-sucedido do mundo.

Mais uma vez, a sua dissertação teria de esperar.

"Aliás, estão me pagando bem e eu preciso abastecer a minha conta bancária de novo. (Isso é um exemplo de fervor revolucionário?)", ela escreveu para Suryakusuma em agosto de 1988. O programa de crédito surgiu das ruínas de um antigo esforço envolvendo empréstimos rurais. Durante os anos 1970, o Bank Rakyat Indonesia montou uma rede de 3.600 pequenas agências com o propósito de canalizar o crédito subsidiado do governo para rizicultores, resultado do empenho nacional de conquistar a autossuficiência de arroz. Em meados dos anos 1970, os empréstimos sob aquele programa alcançaram um pico, depois do qual perdas operacionais se avolumaram. Por isso, ele foi abortado, deixando o banco com uma rede extensa de escritórios cheios de funcionários sem ter muito o que fazer. Com o encorajamento do Ministério da Economia e recomendação do Instituto para o Desenvolvimento Internacional de Harvard, ao qual Dick Patten era afiliado, o banco tentou algo novo.

Desde o início, antropólogos moldaram o novo programa de crédito. Marguerite Robinson, uma antropóloga norte-americana que fez trabalho de campo na Índia e passou vinte anos lecionando, se juntou à instituição de Harvard e foi enviada para a Indonésia, a fim de trabalhar com o Ministério da Economia. James Fox, o antropólogo da Austrália que Ann conhecera em Jacarta no início dos anos 1980, atuou com Robinson e Patten aconselhando o banco. Através do trabalho de campo antropológico, incluindo o de Ann, eles sabiam que o cultivo de arroz era apenas uma das várias atividades econômicas nos povoados da Indonésia que precisavam de crédito para crescer. Também sabiam, dos estudos sobre as comunidades, que o crédito subsidiado pelo governo, sob o antigo sistema, chegava apenas a algumas parcelas dos camponeses. Ele carecia de um acesso mais amplo. Então, em parceria com o ministro da Economia, os consultores começaram a explorar um programa de microfinanciamento comercial sem subsídios. O banco iria emprestar dinheiro para qualquer atividade econômica razoável, não apenas para a rizicultura. Logo, o programa operaria sem o subsídio corrente; ao contrário, ele iria cobrar juros de mercado. A taxa do mercado era quase duas vezes maior que a antiga taxa. Mas, em sua maioria, os camponeses, se tomam dinheiro emprestado, o fazem de financeiras ou agiotas, que cobram até 100% de juros anuais. Mesmo com uma taxa de juros de 32%, argumentava-se, o novo programa seria um avanço.

O projeto decolou. Em dois anos, com a ajuda de um programa de micropoupanças, o projeto nascente de crédito geral era autossustentável. Até 1989, o banco tinha 2,7 milhões de cadernetas de poupança rurais e fez 6,4 milhões de empréstimos para 1,6 milhão de pessoas. O microfinanciamento se tornaria a maior e mais lucrativa operação do banco. Em 1999, Fox chamou o programa de "provavelmente o mais amplo e bem-sucedido desse tipo no mundo em desenvolvimento".[9]

Ann se uniu à equipe em 1988 e trabalhou, nos anos seguintes, como coordenadora de pesquisa e consultora sob três contratos separados, fornecidos pelo Banco Mundial e Agency for International Development, dos Estados Unidos. Ann tinha o que faltava a Patten — um conhecimento íntimo das vilas indonésias. Atuando com equipes do quadro de pesquisadores do banco, ela idealizou e implementou o que poderia ser descrito como pesquisas com clientes e de mercado, cujos resultados seriam usados para ajustar e medir o sucesso do programa de microfinanciamento. Àquela época, ela passou semanas viajando com as suas equipes por Java, Sumatra do Norte, Sulawesi do Sul e Bali, encontrando-se com gerentes de agências bancárias e entrevistando clientes por horas a fio. As equipes investigaram como os clientes usavam o dinheiro emprestado. Elas analisaram o seu impacto nas residências e nas taxas de emprego. Estudaram o pagamento de juros por gênero, estimaram o alcance da demanda não atendida e estipularam as taxas pelas quais os clientes poderiam manter ou atrasar o seu pagamento. Os consultores usaram os estudos — uma investigação original, pois havia poucos iguais a ela — para refinar o programa de microfinanciamento e convencer o banco a não só continuar o experimento, mas a expandi-lo com o aumento do limite dos empréstimos. A cada milhão de rupias emprestado, Ann contou a Kamardy Arief, o presidente do banco, a pesquisa mostrava que um emprego a mais era criado.

"Ann forneceu uma justificativa, vinda do trabalho de campo, para a introdução do microfinanciamento comercial", disse Don Johnston, que integrou o grupo de Harvard no começo dos anos 1990 e trabalhou em estreita colaboração com Ann e Patten. "Ela mostrava que isso era algo que beneficiava os clientes — e não algo que os bancos estavam fazendo por desespero. Eu e Dick ficamos livres para nos preocupar com o lado operacional. Estávamos munidos para lidar com os excluídos e tínhamos a informação que nos dava confiança de que a nossa abordagem básica e direção dos negócios estavam certas. Agora podíamos nos preocupar em lutar as batalhas internas [...] em manter a instituição nos trilhos."

O programa de microfinanciamento era um sucesso extraordinário. Em junho de 1990, faziam-se 115 mil empréstimos por mês, com o valor total de 50 milhões de dólares e uma média de 437 dólares.[10] Logo era a maior fonte de crescimento do banco. Durante a crise monetária no Extremo Oriente no fim dos anos 1990, quando a taxa de reembolso dos microempréstimos permanecia mais alta do que a dos clientes corporativos, médios e pequenos do banco, o programa ajudou a instituição a atravessar a crise.[11] Em 2009, o banco abriu mais de 4 mil agências pequenas na Indonésia.[12] Ele tinha 4,9 milhões de clientes de microcrédito e 19,5 milhões de micropoupadores.

"Se você trabalha com desenvolvimento, você é sortudo se, ao fim de 10, 20 ou 30 anos, é capaz de olhar para trás e dizer: 'Acho que fiz mais bem do que mal'", contou-me Richard Hook, então consultor do projeto do Bank Rakyat Indonesia. "A falta de sucesso é abundante. Com frequência você provoca efeitos colaterais, ainda que involuntariamente e com relutância. Esse projeto atendia às necessidades indonésias. Ele era baseado em uma grande instituição indonésia — um banco estatal comercial. Era administrado por indonésios. Nós éramos conselheiros externos. O conceito era fazer pequenos empréstimos para camponeses de baixa renda. O senso comum era de que você não será pago e aquelas pessoas não vão saber administrar uma dívida, elas eram muito inocentes para procedimentos sofisticados e conhecimento de crédito. Não acreditávamos nisso. E muitos indonésios também não. Trabalhamos juntos e fizemos o projeto funcionar. Isso foi uma grande alegria."

Patten era brilhante, criativo e não muito fácil de lidar. Akhtar Hameed Khan, um pioneiro do microcrédito que o conhecera no Paquistão Oriental nos anos 1960, certa vez o descreveu como "o melhor trabalhador para desenvolvimento que já encontrara".[13] Filho de um banqueiro bem-sucedido do Centro-Oeste, ele cresceu com um regime diário de carnes e batatas tão rígido, sua filha me contou, que passou a amaldiçoar batatas para sempre. Ele viveu boa parte da sua vida adulta no Paquistão Oriental, Gana e Indonésia — um longo caminho desde Norman, Oklahoma. Pai divorciado de três filhos, ele representava o papel do solteiro inveterado. Gostava de pessoas que não precisavam falar o tempo todo e odiava questões que começavam com "Você não acha..." Trabalhava arduamente e por vezes cochilava no chão do escritório. Por um tempo, viveu em uma casa com uma gaiola de dois andares que servia de lar para um gibão preto de Sumatra — até o macaco aterrorizar vários vizinhos e encontrar os cabos elétricos acima da rua, provocando um corte de energia na vizinhança. Patten era teimoso e incisivo, mas não sem compaixão. Depois de três meses como administrador do escritório, Flora Sugondo o fez chorar, dizendo que ela queria se demitir porque, trabalhando para Patten, se convencera de que era incapaz de fazer algo certo. Patten se desculpou, persuadiu-a a ficar e prometeu nunca mais tratá-la daquele jeito. Quando Johnston, um estudante de pós-graduação de economia em Harvard, chegou a Jacarta para uma temporada como assistente de pesquisa no escritório, Patten lhe deu um estudo para editar, e Johnston "marcou tudo com tinta vermelha", tal como ele descreveu. Patten ficou emocionado. Johnston era, de repente, o assistente de projeto permanente. "Quando cheguei lá, todos estavam tão felizes", Johnston me contou. "Eu era um dos poucos que podiam trabalhar produtivamente com Dick."

Ann também. Patten valorizava a habilidade de Ann de reconhecer o tipo de pesquisa útil para criar um programa de microfinanciamento. Eles partilhavam uma certa praticidade do Centro-Oeste e um fascínio pelo povo e cultura indonésios. Patten mantinha a casa de Menteng Dalam como uma espécie de hospedaria para consultores expatriados. Durante os intervalos em que Ann estava contratada e sem uma casa alugada, ela ficava ali. Ela tratava Patten como um tio predileto, disse Johnston, que vivia na casa. Por vezes, ela o chamava de pai adotivo. Poderia haver de 10 a 12 pessoas na mesa de jantar — carne de panela ou bolo de carne e sorvete de baunilha na sobremesa. Patten mantinha as luzes baixas e o rádio sintonizado na BBC. Ele gostava de Bach — "uma música de gangorra", como Ann a chamava com desprezo. Patten a considerava uma companhia agradável e divertida. Uma vez, ele me contou, Maya telefonou para Ann de Yogyakarta, onde ela estava de licença da universidade e trabalhando para uma agência de viagens que fazia passeios culturais por Java e Bali. Uma turista idosa e solteira, que era professora, conseguiu que um massagista cego fosse ao seu hotel. A mulher ficou histérica, acusou o massagista de molestá-la e demandou que o prendessem. Maya quis o conselho da mãe. "Primeiro, dê na professora uma bela e forte bofetada", Patten se lembrou de Ann dizer. "Depois vá à delegacia e garanta que nada aconteça com o massagista.'"

Ao recordar a história, Patten riu.

"É tão divertida e indicadora do jeito dela de pensar: *'Preocupe-se apenas com o massagista.'*"

A metodologia de Ann no trabalho de campo era meticulosa. Ela elaborava questionários extensos para serem usados como guia de entrevistas com clientes sobre assuntos que iam dos ciclos do capital de giro ao número de parentes empregados sem salário. Para assistentes de pesquisa inexperientes, ela anexava dicas convenientes. "O entrevistado já esteve antes em um banco?", era uma das questões. Se não, por que não? Se o entrevistado respondesse que tinha medo de banco, o entrevistador tinha de descobrir por quê. "Essa é uma questão importante; por isso tome o tempo que for necessário para discuti-la com o entrevistado", Ann escreveu. Outra questão pedia ao entrevistador que preenchesse uma tabela com dez colunas verticais sob os títulos "tipo de conta", "montante máximo guardado" e "utilização de saques". O entrevistador devia listar cada caderneta de poupança que o entrevistado tivesse tido nos últimos sete anos, assim como outros depósitos em associações de empréstimos e poupança, uniões de crédito e outras instituições. "Se o entrevistado tem qualquer tipo de economia, por exemplo num banco de arroz, anote isso também, mas acrescente uma rupia ao que ele disser", recomendavam as instruções de Ann.

Ela tinha uma capacidade incomum de adaptação. Pelos bancários ela era vista como profissional, metódica e um tanto excêntrica. Para os idosos indonésios, o sotaque e a dicção dela assumiam uma precisão que, segundo Don Johnston, soava vagamente holandesa. Ao chegar a uma vila pela primeira vez, ela se transformava em um querido dignitário visitante — seu porte real, suas joias prateadas brilhantes, sua comitiva a reboque. "Ela era claramente a abelha rainha da sua *entourage*", recorda Johnston. "Ao estar lá, eles percebiam: 'Oh, não é só uma estrangeira, mas uma estrangeira que pode falar bahasa, que sabe bastante sobre o que fazemos e que deseja falar sobre isso com a gente. Ela tem alguma conexão com esse banco, BRI, mas ela não é banqueira; por isso não preciso ficar receoso.'" Ela era hábil ao lidar com os comentários inevitáveis dos indonésios sobre as suas dimensões físicas. Quando um barqueiro manifestou hesitação com o fato de que as pessoas que embarcaram no seu bote iam fazê-lo afundar, Ann assumiu, bem-humorada, o papel de matriarca: "Como você ousa!" Havia um teatro envolvido, mas ela nunca era inautêntica. "Ann era uma pessoa genuinamente complexa com uma experiência de fato variada", disse Johnston. "Então, ela podia com legitimidade sacar diferentes experiências para estimular empatia com diversas pessoas." Isso as levava a se aproximar e a lhe contar as suas histórias de vida.

Em uma visita aos bancos das vilas do distrito de Sleman em 1988, Ann propôs um desvio rápido para a comunidade de Jitar, lar de um ferreiro de cris respeitado que ela conhecia. De acordo com o relato de Ann, ela viajava com três carros cheios de colegas do banco e funcionários de governos locais. Na casa do ferreiro, convidou o grupo a entrar para tomar chá. Membros do grupo, rindo alto e fazendo piadas infames minutos antes, ficaram em silêncio, sentaram-se formalmente e se dirigiram ao ferreiro, Pak Djeno, com profundo respeito e deferência. Quando Ann disse que queria comprar uma cris pequena, o ferreiro trouxe quatro adagas. "Um silêncio sepulcral sobreveio no cômodo, e mesmo os sussurros cessaram", Ann escreveu depois. Dali a quatro dias, os colegas discutiram o encontro. "O fato de eu conhecer um ferreiro de cris e ter comprado a cris também causou uma mudança no comportamento deles comigo. Eles começaram a me mostrar um pouco da deferência direcionada a Pak Djeno, falando

252 • JANNY SCOTT

com grande respeito e formalidade. De certo modo, um pouco daquele poder mágico conseguiu se impregnar em mim."[14]

Ann combinava a disciplina de um viciado em trabalho a uma cordialidade natural que os colegas indonésios e subordinados descreveram para mim como maternal. Ela não era praticante do "tempo elástico": se tinha um compromisso, nunca atrasava. No trabalho de campo, poderia começar às 9 da manhã e só terminar 13 horas depois. Ficava em uma entrevista bem depois de os colegas estarem prontos para seguir. Viajava com uma garrafa térmica e tomava o seu café puro, sem açúcar. "Café é o meu sangue", dizia; se ficasse doente, pediria café na veia. Raramente parecia dormir o suficiente. Ela testava primeiro em si mesma os questionários de pesquisa para sentir o que o entrevistado poderia sentir. Nunca arriscaria insultar o seu convidado recusando comida. Quando o gerente de uma agência em Sulawesi do Sul fez uma festa de aniversário surpresa, que incluía caraoquê, ela se arriscou corajosamente com *You Are My Sunshine*. Na cidade de Garut, ela voltou a sua atenção para uma garota de não mais de 17 anos que estava servindo o jantar para os membros da equipe no hotel. Ela lhe perguntou a respeito de família, casamento, educação. Quanto ela ganhava? Era o suficiente? Então, terminado o jantar, deu dinheiro à jovem.

Certa vez, um mal-entendido resultante de diferença cultural deixou Ann perplexa. Em uma visita a uma vila de Sulawesi em 1988, um oficial local irado perseguiu Ann e o seu grupo, esbravejando em uma língua que nenhum deles entendeu. Ele parecia acreditar que o pessoal falhou em obter a sua permissão para entrar na área. O confronto se acalmou depois de alguns residentes locais intervirem em defesa do grupo. Mas, tarde da noite, Ann permanecia sobressaltada e era incapaz de dormir. Ela pediu a um colega do banco, Tomy Sugianto, para acompanhá-la em um passeio fora do hotel onde estavam hospedados. Era por volta de uma da manhã, Sugianto me contou. Visivelmente exausta, Ann estava à beira das lágrimas. Parecia assombrada pela memória da fúria do oficial e qualquer mal-entendido que a tenha provocado. Sentiu-se injustamente acusada. "Ela queria apenas saber por que o homem estava tão furioso", Sugianto lembrou, "e o que nós tínhamos feito de errado."

Para os colegas mais novos, ela era Bu Ann — Bu significava uma abreviação afetuosa do honorífico *Ibu*, forma de tratamento respeitosa para mães, mulheres mais velhas e mulheres de status. Eles sentiam que Ann os tratava como família. Se saísse para almoçar em Jacarta, pediria comida extra para o seu motorista, Sabaruddin, e a família dele. Ela ajudou a pagar a cirurgia da sua filha de 5 anos e os reparos no telhado e nas portas da sua casa. Na cidade de Tasik Malaya, mostrou para a sua equipe que o chefe da vila, um homem de negócios bem-sucedido, havia começado como caixeiro-viajante — evidência de que tudo é possível. Para os assistentes de pesquisa mais jovens, enfatizava a correção, o rigor, a paciência, a equidade e a ausência de julgamento pelas aparências. "Não conclua antes de entender", Retno Wijayanti se lembrou de Ann dizer. "Depois de entender, não julgue."

Uma vez, ela atuou como cupido. No outono de 1989, o banco contratou Widayanti, uma mulher graciosa de 24 anos, vinda de Malang, em Java do Leste, que foi logo indicada para ajudar Ann e Don Johnston com um levantamento dos clientes potenciais para microfinanciamento. Rapidamente, Ann descobriu que Widayanti era uma cristã pentecostal. Johnston, filho de um músico de uma igreja em Little Rock, era batista. Widayanti começou a perceber que toda vez que questionava Ann sobre o levantamento, ela dizia: "Pergunte ao Don." Ann indagou se Widayanti sabia que Don tinha sido professor de escola dominical. Para Johnston, Ann falava bem da inteligência de Widayanti, do seu domínio do inglês, da sua honestidade e dos seus princípios sólidos. Para Flora Sugondo, uma gerente do escritório, Ann confidenciou que gostaria de ser o cupido de Johnston e Widayanti.

Em outubro de 1993, Ann era a convidada do casamento deles em Malang.

A qualidade *Ibu* era útil, Julia Suryakusuma me contou. "Ann era muito intelectual, mas não se exibia assim", ela disse. "A característica *Ibu* retirou a ameaça de ser pioneira, profissional e eficiente. Isso anulava a superioridade." Certas vezes, no entanto, Ann achava cansativo o papel de mãe adotiva. "Estou tão cansada de cuidar dos outros — por exemplo, todos os meus assistentes de pesquisa no BRI — que, na verdade, ficaria contente de receber um pouco de atenção de vez em quando", confessou em carta para Suryakusuma.

Não muito depois de Ann retornar à Indonésia em 1988, o marido de Suryakusuma, Ami Priyono, perguntou a um jovem jornalista indonésio que ele conhecia se poderia ajudar uma amiga de Priyono. Passados alguns dias, um secretário do escritório do Bank Rakyat Indonesia ligou para o jornalista, I. Made Suarjana, um repórter do semanário independente *Tempo*, em Yogyakarta, e marcou um horário para o encontro com Ann na Airlangga Guest House, também em Yogyakarta, onde ela deveria estar por conta de uma viagem pelo banco. Ao chegar ao hotel, Suarjana se assustou quando percebeu que a pessoa era caucasiana e mulher. Com aquele nome, Sutoro, ele esperava um indonésio. Eles se deram bem imediatamente. Logo, no tempo livre, ele estava levando Ann de carro para Kajar, a fim de ela atualizar a pesquisa para a dissertação. Às vezes, ela lhe pedia para visitar outras vilas em sua ausência. Eles jantavam juntos nas visitas dela a Yogyakarta, comiam *tempeh* e *sayur lodeh*, um cozido de berinjelas que ela adorava. Iam a exposições de batique e visitavam templos hindus do século XIX em Prambanan, no nordeste de Yogyakarta. No seu aniversário, ela pediu a Suarjana para ir a Candi Sukuh, um templo do século XV nas encostas íngremes e cobertas de pinheiros de Gunung Lawu, a mais de 900 metros acima do nível do mar, na fronteira de Java Central e Java do Leste. O templo, do qual Ann ouvira falar, mas nunca visitara, era conhecido, entre outras coisas, por suas esculturas cômicas, de estilo *wayang*, além de pênis de pedra e outros indicativos de que ali poderia ter sido um local de culto da fertilidade. As atrações do templo também incluíam o cenário de uma forja de pistão duplo, a mesma usada ainda em Kajar. Para ir ao templo, Ann conseguiu alugar um carro. Quando ele apareceu, ela e Suarjana acharam divertido descobrir que era um Mercedes branco — o veículo escolhido por funcionários do governo e por recém-casados.

Suarjana tinha 28 anos quando conheceu Ann — um ano mais velho do que Barry. Ann ia fazer 46. Para um indonésio, ele era alto, quase 1,82m, com uma face tensa e ossos da bochecha pronunciados que traziam

Mike Tyson, o boxeador campeão dos pesos-pesados, à memória de Ann. Ele era o quinto de sete filhos de um poeta, jornalista e político balinês, Made Sanggra, que foi um combatente nacionalista contra os holandeses. (O nome é pronunciado mah-dei.) Suarjana cresceu em Sukowati, um centro de artesanato em Bali onde a sua mãe tinha um negócio de compra e venda de roupas balinesas. A família era hindu. Criança, Suarjana aprendeu dança, escultura em madeira e música balinesas. Estudou língua e literatura indonésias na universidade, casou aos 20 e poucos anos e se tornou pai três anos antes de conhecer Ann. Ele me contou que a sua relação com ela era "romântico-intelectual", e assim permaneceria para sempre. A conexão era profunda e baseada em interesses comuns. Não havia limite para o que podiam falar, nem diferença que não pudessem superar. Ela se referia pouco a seu passado e, em uma visita a Honolulu, impediu que seu pai mostrasse a Suarjana fotos dela quando jovem. Ela nunca contou diretamente a sua idade para Suarjana. Quando a questão surgiu por acaso em uma conversa, ela se recusou a responder — depois lhe entregou o seu passaporte. A relação o transformou do ponto de vista intelectual. Talvez Ann tenha sido mudada menos por ele do que o contrário. Mas ele tinha certeza de que deixara uma marca.

Eles conversavam sobre cultura e arte indonésias, o papel dos gêneros em Bali, as razões para a produção declinante em Kajar. Os programas governamentais eram falhos na concepção ou na implementação? Havia uma relação entre os salários dos ministros e a corrupção? Ann era a erudita nas suas conversas; Suarjana, o cínico. Ela era racional; ele, visceral. "Made, *por favor*", reclamava, exasperada. Ela era também a otimista, com o pensamento voltado para soluções práticas. Não afirmava nada sem uma evidência para apoiar. Tinha o espírito de uma professora, a *jiwa guru*. Qualquer coisa que Ann soubesse e Suarjana não, ela se oferecia para ensiná-lo. Ela lhe deu um conjunto de quatro volumes sobre gramática inglesa e linguagem coloquial. "Quanto você estudou?", perguntava, invariavelmente. Ela aplicava questionários de surpresa. Corrigia os ensaios dele feitos num caderno espiral com tinta vermelha. Insistia para que cada um falasse a língua do outro. Se ele falasse em bahasa, ela se recusaria a responder. Ela o recomendou para uma oficina de jornalistas no East-West Center e pagou a sua mensalidade em um curso de inglês na Universidade do Havaí. Tendo-a como exemplo, Suarjana disse, ele aprendeu a ser receptivo e a reconhecer nuanças. Aprendeu a olhar para o batique diferentemente, também: na sua cabeça, a importância não era estritamente cultural e econômica. Entrelaçadas de modo inequívoco às peças de tecido estavam as vidas das pessoas que as criaram.

"Você é um excêntrico", Ann lhe dizia. Ele não tinha certeza do significado da palavra. Mas era um elogio, ele estava certo.

Se Ann tinha uma fraqueza era o fato de acreditar facilmente em estranhos. Na opinião dele, generosidade e compaixão levavam a melhor sobre o bom-senso financeiro. Certa vez, um homem veio até ela dizendo representar uma organização não governamental e pedindo dinheiro, Suarjana me contou. Ela lhe deu 2 milhões de rupias, ou aproximadamente 12 mil dólares, do seu próprio bolso — e nunca mais ouviu falar dele novamente. Ela não tinha uma preocupação muito especial com dinheiro. Uma vez, Suarjana sugeriu que o preço de um batique que ela estava considerando comprar em uma exposição era muito alto. "É apenas papel", ela disse casualmente, antes de permitir que ele discutisse sobre a compra com o argumento de que o dinheiro ia para o negociante e não para o artesão. Ela não era ambiciosa ou consumista, ao menos era o senso comum. Ela talvez tivesse gostado de aprender a dirigir para levar Suarjana de carro pelo Havaí sem depender do seu pai. Ou de comprar uma casa em Bali, onde seus amigos e filhos pudessem ficar. Quando o prazo final para a entrega da dissertação se aproximou, Suarjana ameaçou terminar a amizade se ela não a concluísse. Quando ela finalmente a terminou em 1992, e ele a parabenizou por isso, ela lhe contou: "Eu o fiz porque queria que continuássemos amigos."

Para aqueles que a conheciam bem, Ann parecia feliz com Suarjana. Rens Heringa, ela e Suarjana se encontraram para um jantar em Yogyakarta. "Tinha acabado de começar", Heringa relembrou. "Ela estava otimista e alegre, e foi muito divertido e bacana." Ann pediu espaguete, ao qual Suarjana se opôs, e brincou que aquele era o prato predileto dele. Ela chamou um cantor de rua para interpretar *Bésame mucho*.

Bésame, bésame mucho,
Como si fuera esta noche
La última vez.

Em uma carta para Suryakusuma, que estava cética em relação às intenções de Suarjana, Ann amenizou os seus sentimentos. "Eu nunca disse ser uma mulher apaixonada...", ela protestou. "Eu gosto muito dele. Ele ocupa um lugar no meu coração." Suryakusuma acreditava que Ann podia ser muito aberta, muito crédula. Em uma correspondência que Suryakusuma leu para mim em voz alta, mas não me deu, ela contou a Ann: "Você tem uma grande capacidade de amar, mas com frequência ama sem critério." ("Sei que eu, inclusive, me beneficio disso", Suryakusuma escreveu.) Ela relatou a Ann que uma das maiores satisfações de ser a sua amiga era que ela não julgava: "Você aceita as pessoas como são, com todos os defeitos." Mas, Suryakusuma disse, amiúde, o ponto forte de alguém é também a sua fonte de vulnerabilidade. A sua capacidade de amar, contou a Ann, deixa você desprotegida para ser usada pelos outros.

A atenção de um homem muito mais novo era lisonjeira, Heringa me contou, mas não era tão fácil assim. Indonésios faziam piadas sobre mulheres mais velhas que andavam com homens mais novos. Hotéis esperavam que os casais fossem casados. "Ann não dava a mínima", Heringa me contou. "Ela estava menos preocupada com o que pensavam do que eu. Ela não poderia se importar menos." Na primavera de 1990, Ann e Suarjana passaram vários meses juntos na Universidade do Havaí, onde Suarjana frequentava o curso de inglês. Eles viviam em um dormitório do East-West Center, onde, de acordo com Suarjana, tinham quartos separados. Ele cozinhava *soto* indonésio para os pais de Ann — um ensopado feito com brotos de feijão, cebolinha, macarrão, fatias de limão, pimenta, pedaços de ovos. Eles curtiram uma rápida temporada em Big Island. Ann relatou a Suryakusuma que apreciou a harmonia doméstica. Eles tiveram apenas uma briga — motivada pelo hábito de Suarjana de desligar o ventilador dela sem perguntar antes. Eles se divertiram ao colaborar nas pequenas tarefas e compras — novidade que, Ann confessou, a estava fatigando.

258 • JANNY SCOTT

"No fim das contas, Deus com certeza me fez para ser uma *Nyonya Besár*", ela escreveu para Suryakusuma com um autoconhecimento debochado, usando um termo para "dona de casa".

O emprego de Ann no Bank Rakyat Indonesia atrasou, mais uma vez, a conclusão da dissertação. No início de novembro de 1989, ela pediu a Dewey para interceder por ela junto à universidade. "Acabei de voltar de uma longa, extenuante viagem a Sumatra do Norte com a minha equipe de trabalho de campo", explicou. Houve atrasos no trabalho de campo, ela disse, "e foi necessário estar mais presente do que eu previra. Meus colegas são perspicazes, mas a maioria é formada em economia ou negócios e nunca trabalhou com camponeses". Em meados de dezembro, ela voltou ao Havaí para o Natal. Maya, cujo trabalho como guia de turismo chegara ao fim, retornou a Honolulu, hospedando-se com um professor da Universidade do Havaí e, temporariamente, servindo mesas num restaurante japonês. "Barry também vem para o Natal com uma namorada a tiracolo", Ann escreveu para Dewey. "Ele ainda está gostando da faculdade de direito e escrevendo sobre o direito da mulher ao aborto para a edição da *Law Review*." A comissão examinadora da dissertação, liderada por Dewey, e o chefe do departamento de antropologia concordaram em submeter um pedido de extensão para a divisão de pós-graduação. "Agora eu devo tomar algumas decisões difíceis, como pegar o meu diploma ou arrumar um novo trabalho", ela escreveu para Suryakusuma em janeiro. O Bank Rakyat Indonesia concordou a princípio em oferecer um contrato de dois anos, mas ela não sabia se o banco esperaria vários meses enquanto concluía a dissertação. "Minha família e amigos dizem para terminar a minha pós-graduação, mas há também considerações práticas se eu ficar vários meses fora do trabalho", ela escreveu. Entre elas estavam as pressões financeiras usuais. Para Dewey, Ann escreveu: "Estou enviando uma ordem de pagamento dos mil dólares que você me emprestou tempos atrás. Pode retirar os seus juros em batiques ou outros presentinhos quando eu voltar."

No início de 1991, Dewey persuadiu Ann a estreitar o foco da dissertação em metalurgia, com atenção particular para ferraria, forja de ferro e aço para criar ferramentas. Isso significava descartar quatro outras indústrias camponesas — produção de cestas e esteiras, cerâmica, têxteis e couro — sobre as quais Ann reunira dados ao longo de uma década e meia. Logo ela estava enviando os seus capítulos para Honolulu. "Desde que restringi o tema para ferraria e indústria de metais, tudo ficou muito melhor", escreveu para Dewey. O trabalho de Ann alugou uma casa para ela em seu antigo bairro, Kebayoran Baru. "Eu acho que, se fosse para Jogja, acabaria comendo *lesian* com Made em Jalan Malioboro todas as noites e nunca concluiria nada", ela contou a Dewey. (*Lesian* parece ser um erro de ortografia de *lesehan*, palavra javanesa que significa sentar no chão ou em um tapete, geralmente com as pernas dobradas para trás. *Makan lesehan* é comer nessa posição, com frequência em uma mesa baixa.) Em seu tempo livre, poderia não resistir a coletar ainda mais informações, dirigindo com Suarjana para Klaten, onde, ela exultou para Dewey, "há indústrias de ferro e fundição de latão que datam do período holandês (eles faziam peças de reposição para fábricas de açúcar e locomotivas). Absolutamente fascinante!" No outono seguinte, estava de volta ao Havaí por dois meses para terminar a sua dissertação. Em 10 de novembro, tendo de entregar a primeira versão no fim do mês, ela escreveu à mão uma breve anotação em indonésio para o seu ex-assistente de pesquisa, Djaka Waluja. Ela ouvira do chefe da vila em Kajar, por meio de Suarjana, que Waluja estivera ali. Se ele tivesse qualquer informação nova, Ann pedira, poderia lhe enviar?

A obra de Ann se estendia, no fim, por 1.043 páginas. Ela concluíra a dissertação, "Ferraria camponesa na Indonésia: Sobrevivendo e prosperando contra todas as expectativas", quase 20 anos depois de entrar na pós-graduação. Ela pagou em escambo a datilografia de ao menos uma cópia da primeira versão, Dewey se lembrava: com a mobília feita de ratã da casa em Kebayoran Baru.

Baseando-se em dados dos campos da arqueologia, história, metalurgia e antropologia cultural, Ann descreveu a ocupação tal como é vista pelos próprios ferreiros. Narra a história nascente das indústrias de metais na Indonésia, com a sua "linha ininterrupta" atando a cultura do início da Idade dos Metais aos ferreiros contemporâneos. Ela discutiu tecnologias metalúrgicas, tipos de fole e de forja. Examinou a posição de classe e o status social dos ferreiros. Dedicou cem páginas a Kajar e outras setenta às vilas de ferreiros nas regiões montanhosas de Minangkabau em Sumatra do Oeste, Tana Toraja em Sulawesi, Java Central, Bali e Sulawesi do Sul. Observou o futuro das indústrias de metais no contexto das tendências econômicas, criticou programas governamentais e examinou as implicações das suas descobertas para o desenvolvimento vindouro. Embora economistas e burocratas tenham previsto o fim das indústrias nos povoados desde o final do século XIX, ela constatou que o emprego nelas cresceu. Cientistas sociais que viam aquele aumento como um sinal de crise no setor agrícola assumiam, incorretamente, que agricultura era mais lucrativa do que outras ocupações. Na verdade, a metalurgia era mais rentável do que a agricultura em uma série de vilas que ela estudara. Por essa razão, camponeses consideravam a metalurgia a sua ocupação primária e a agricultura apenas secundária.

Perguntei a James Fox, um antropólogo respeitado que trabalhou na Indonésia por mais de 20 anos, o que ele achava da dissertação de Ann. Fox, que tem diplomas por Harvard e Oxford e lecionou em Duke, Cornell e Harvard, era professor na Escola de Pesquisa em Estudos da Ásia e do Pacífico da Universidade Nacional da Austrália quando falou comigo. Ele tinha a percepção de que a antropologia, como disciplina, era muito seguidora de modas: a teoria antropológica tinha uma vida útil de cinco anos, e estudantes de pós-graduação tendiam a gravitar em torno da teoria mais recente. Ann, disse-me ele, fez algo fora de moda. Ela produziu uma etnografia que, Fox acreditava, seria referência por muitos anos. "O livro de Ann vai ser um monumento no próximo século", ele disse. "Ao percorrê-lo, você tem um vislumbre da vida em certo período. Você não pode fazer isso com um monte de teoria antropológica. Isso é momentâneo. Pode ser estimulante, mas não é duradouro."

Quando a versão editada da dissertação foi publicada pela Duke University Press em 2009, Michael Dove, antropólogo de Yale e amigo de Ann de longa data, escreveu em uma resenha que o seu estudo de Kajar "era um dos estudos etnográficos mais ricos vindos de Java na geração passada.[15] Esse tipo de estudo de longo prazo, profundo, próximo da realidade, e que já foi norma em antropologia, é cada vez mais raro". Ann concluíra que o desenvolvimento nas vilas que estudara fora impedido não pela ausência de um espírito empreendedor, mas pela falta de capital — produto da política, não da cultura. "A Indonésia exemplifica a verdade de que, com frequência, os desfavorecidos precisam não de assistência, mas de jogo limpo, não de recursos mas de controle político sobre os recursos", Dove escreveu.

Ann assinou a dissertação como S. Ann Dunham. Na página de dedicatória, ela escreveu:

> Dedicado a Madelyn e Alice,
> que me apoiaram cada qual à sua maneira,
> e a Barack e Maya,
> que raramente reclamaram quando a sua mãe
> estava no trabalho de campo.

Em 8 de fevereiro de 1992, menos de duas semanas antes de Ann defender a sua tese, Stanley Dunham morreu. Um câncer de próstata fora diagnosticado mais de um ano antes. Sua condição piorara, seu irmão disse, a ponto de ele ficar incapaz de andar. Ele foi enterrado no National Memorial Cemetery of the Pacific, ou Cemitério Nacional de Punchbowl, uma ampla paisagem verde, de gramados bem-cuidados, pontilhada com lápides em direção ao oceano Pacífico. A morte dele abalou Ann duramente. As tensões entre os dois, que marcaram a juventude dela, haviam esfriado. Ela comentara, ao menos com alguns, que Stanley era a liga emocional da família. "Quando falava sobre a mãe, havia muita admiração", Don Johnston, seu colega, afirmou. "Mas claramente o seu vínculo emocional mais forte era com o pai."

Dois anos antes, Obama, aos 28 anos, fora eleito presidente da *Harvard Law Review* — "o primeiro presidente negro em mais de cem anos de publicação", segundo reportagem da Associated Press de 5 de fevereiro de 1990, um dia depois da eleição. Aquele primeiro artigo, no qual Obama não descarta um futuro na política, não fez menção aos seus pais. Um texto publicado pelo *The New York Times* no dia seguinte os mencionou brevemente — ex-funcionário do governo queniano e "uma antropóloga norte-americana em trabalho de campo na Indonésia". Uma extensa matéria do *The Boston Globe*, uma semana depois, entrou em detalhes. "O que parece motivar Barack Obama é sua forte identificação com o que ele chama de 'a típica experiência dos negros', aliada à missão de auxiliar a comunidade negra e promover justiça social", o *Globe* reportou. Ele descreveu "a sua trajetória incomum, da infância na Indonésia, onde cresceu, ele disse, 'solto', para a adolescência no Havaí, onde foi criado pelos avós". O artigo se deteve sobre a influência do pai de Obama, que nasceu no Quênia, "estudou em Harvard e Oxford e se tornou economista sênior do governo queniano". No colegial, Obama começou uma correspondência regular com seu pai, "cujo legado era a maior influência em sua vida, ideais e prioridades". Um dos bens mais valiosos de Obama, o artigo afirmou, era uma caderneta bancária que seu avô, um cozinheiro dos britânicos antes da independência queniana, foi obrigado a carregar. "Disse que, embora a sua ascendência seja metade branca, e ele tenha uma mistura de influências em sua vida, 'minha identificação com a típica experiência dos negros nos Estados Unidos era muito forte e muito natural e não era algo forçado ou difícil'." Sobre Ann, o artigo falou muito pouco além de "Sua mãe, que é branca, é uma antropóloga nascida no Kansas que trabalha como consultora de desenvolvimento na Indonésia".

Em uma reportagem ainda mais extensa do *Los Angeles Times*, um mês mais tarde, Ann é descrita simplesmente como "uma antropóloga norte-americana" e "uma mulher branca de Wichita, Kansas".

A posição marginal à qual Ann foi relegada nesses artigos não passou despercebida. Ela criou o filho, com a ajuda dos pais, depois de o pai dele ir para Harvard quando Obama tinha 10 meses de idade. Foi o seu único progenitor pelos primeiros 10 anos da sua vida. Voltou ao Havaí para viver com Obama quando ele estava na escola. Ela se mudou da Indonésia para o Havaí, onde esteve vários meses, durante o último ano escolar dele. Ainda assim, segundo os relatos, Obama cresceu "solto" na Indonésia e depois foi enviado para o Havaí, a fim de "ser criado pelos avós". Yang Suwan, uma antropóloga indonésia amiga de Ann, se lembrou de Ann retornar para Jacarta por volta do período de eleição na *Harvard*

UMA MULHER SINGULAR • 263

Law Review. Como sempre, ela estava extraordinariamente orgulhosa do filho. Mas, por outro lado, parecia desolada.

"Sua mãe é uma antropóloga", Ann contou a Yang, citando um artigo que lera. "Eu fui mencionada em uma sentença."

A nova namorada que Obama levou para o Natal anterior no Havaí era diferente de Ann. Uma jovem advogada de Chicago que Obama conhecera enquanto trabalhava, no verão, como associado da firma de advocacia de Sidley Austin, Michelle Robinson cresceu no sul de Chicago e voltou para lá depois de se formar na faculdade de direito. Seu pai, Fraser Robinson III, um descendente de escravos, atuou como trabalhador de manutenção e depois capataz de uma empresa de tratamento de água da cidade; sua mãe, Marian, cuidava da casa, de Michelle e de seu irmão quando eles eram jovens. A família era trabalhadora, religiosa e muito unida. Universitária de Princeton e estudante de direito de Harvard, Michelle Robinson foi ativa nas associações de estudantes negros. Ela se movia de modo sistemático por sua vida, tomando decisões sensatas e cuidadosamente refletidas, cada uma levando a outra. "Eu diria que Michelle é muito mais parecida com a nossa avó", Maya me contou. "E que a minha mãe e a minha avó são também opostas." Depois da visita no Natal, Ann relatou a Suryakusuma. "Ela é inteligente, muito alta (1,85 m), não muito bonita, mas bastante atraente", Ann escreveu sobre Robinson. "Ela tem um diploma por Princeton e um diploma de direito por Harvard. Mas passou boa parte da vida dela em Chicago." Ann, que se orgulhava de ter criado seus filhos para ter uma perspectiva global, descreveu Robinson como "um pouco provinciana e não tão internacional quanto Barry". Mas Ann gostava dela. "Ela é bacana, no entanto." Se Robinson e Obama casassem depois de ele se formar na faculdade de direito, Ann contou a Suryakusuma, ela não ficaria insatisfeita.

A graduação terminou conforme o previsto.

"Eu gostaria de ir à formatura, mas Barry e a sua namorada recomendaram que as famílias desistissem", Ann escreveu de Jacarta para Dewey. "Parece que os hotéis são um problema e que a formatura da faculdade de direito ocorre com a dos outros cursos, então você mal consegue ver o seu filho."

Quando Ann contou a Made Suarjana que Obama estava se formando na Harvard Law School [Faculdade de Direito de Harvard], ele disse: "Vai ser bilionário." Ann o corrigiu: não, ele quer retornar para Chicago e fazer trabalho voluntário. Porque Suarjana sabia que Obama estava interessado em política e entendia da vida pública norte-americana, ele disse, consciente: "Certo, então ele vai ser presidente."

Para sua surpresa, Ann começou a chorar.

Essa foi a única vez, ele me contou, em que a viu chorando. Ele não tinha certeza se o que a levara às lágrimas era a ideia de seu filho um dia concorrer à presidência. Ele achava que talvez fosse medo: o que significaria um homem com um pai africano concorrer como presidente em um país tomado pelo racismo, que Ann deve ter enfrentado quando se casou com o velho Obama? Talvez fosse instinto de proteção: todas as facetas da vida do candidato, profissional e pessoal, seriam desenterradas e sujeitas a escrutínio. Talvez fosse a antecipação da perda — a perda materna trazida por qualquer arrependimento que ela possa ter sentido quanto aos anos em que passaram apartados e pela distância entre ambos que inevitavelmente estava aumentando.

"Não, não agora", ela respondeu, de acordo com Suarjana. "Primeiro ele vai ser senador."

Suarjana se perguntou, depois, se eles já haviam conversado sobre aquilo. Se Obama seria "primeiro senador", talvez Obama e Ann tivessem discutido o próximo passo. Obama deve ter pensado sobre concorrer à presidência, Suarjana disse, ou Ann deve ter pensado sobre a sua candidatura. Que papel ela desempenhou em incutir aquela ambição? Suarjana se impressionara com o respeito com que Ann tratava Obama. Isso o lembrava do tratamento da mãe ao filho mais velho de uma família javanesa, preparando-o desde a tenra idade para herdar o papel de pai e espinha dorsal da família. A relação de Ann com Obama parecia diferente das relações entre mães e filhos que Suarjana vira nos filmes norte-americanos. Conversas entre ela e Obama, por vezes relatadas a Suarjana, ganhavam uma certa gravidade. Quando Ann narrava histórias sobre a filha, soava menos formal e mais relaxada. Isso fazia sentido, Suarjana pensou, porque Ann e Maya haviam convivido intimamente por muitos anos. Ainda assim, ele não poderia evitar a percepção da profunda admiração de Ann por seu filho.

Suas decisões de vida, parecia, carregavam um peso maior do que o usual.

"Ela se sentiu um tanto saudosa e triste por Obama ter se estabelecido em Chicago e escolhido o forte vínculo com a identidade negra", recordou Don Johnston, colega de Ann no Bank Rakyat Indonesia. Aquela identidade, ela sentia, "não era parte da infância dele". Ann achava que ele estava fazendo o que Johnston chamou de "uma escolha profissional" para se identificar como negro. "Seria muito forte dizer que ela se sentia rejeitada", ele disse. Mas ela percebia, em certo sentido, "que ele se distanciava cada vez mais dela".

Ao mesmo tempo, o exemplo de Ann podia ser discernido em algumas das escolhas de Obama. Barry deixara o Havaí para trás quando se estabelecera primeiro na cidade de Nova York e depois em Chicago — o mesmo que Ann fez quando tornou a Indonésia o centro de gravidade da sua vida. O trabalho dele como organizador comunitário fazia paralelo com parte do trabalho dela de consultoria para o desenvolvimento internacional. E, depois de todos os esforços de Ann para assegurar-lhe a melhor educação e imprimir nele a importância de desenvolver o seu potencial, ele prosperou em Harvard.

"Então, esse experimento do qual eu estava falando antes?", o presidente Obama disse quando conversamos, referindo-se ao confronto com a mãe durante o último ano do colegial. "Acontece que ela, na verdade, tinha algo em mente."

10

O frio de Manhattan

Ann, aos 50 anos, tinha um pé em cada hemisfério. Ela era uma cidadã norte-americana que viveu na Indonésia mais da metade da vida adulta. Tinha um doutorado da Universidade do Havaí baseado em um trabalho de duas décadas em Java. Tinha uma carreira na Ásia e uma família nos Estados Unidos. Sua mãe, Madelyn, a caminho de completar 70 anos, era uma viúva sozinha em Honolulu. Barack, aos 31, era um advogado em Illinois, escrevendo o seu primeiro livro e casado com uma mulher oriunda de Chicago. Maya, 22, estudava inglês na Universidade do Havaí. Ann ansiava por viver perto dos filhos, e começou a sonhar com netos. Mas poderia viver com mais conforto na Indonésia — com os salários e benefícios de consultora para o desenvolvimento — do que no Havaí, e seu trabalho tinha um grau de impacto na Indonésia que nunca seria igualado nos Estados Unidos. Desde que tivesse um emprego, poderia renovar seu visto e viver na Indonésia. Ela aventou a ideia de fazer ali a sua base permanente. Pensou sobre um dia ter uma casa em Bali, se conseguisse levantar o dinheiro; seria um lugar onde ela, seus filhos e amigos poderiam ficar. Mas, como estrangeira, não podia ter uma propriedade, só alugá-la. Entre os expatriados, ouviam-se histórias inquietantes de cancelamentos repentinos de aluguel, reivindicações de propriedade misteriosas e partidas precipitadas. Se pudesse garantir tudo o que fosse importante para ela em outro país, os riscos poderiam ser menores. Mas Ann não tinha condições de manter casas em dois lugares. Ela nunca desejou se apaixonar pela Indonésia com medo de acontecer alguma catástrofe com a qual não poderia lidar, ela contou a Garrett Solyom. Um funcionário consular norte-americano em Bali sentenciou, certa vez, aos Solyoms em tom de ameaça: "Se você está na idade em que não tem dinheiro nem contatos para ser capaz de sair daqui no momento em que precisar, não deveria ficar aqui."

Em meados de 1992, Ann tomou a decisão de voltar para os Estados Unidos. Barack ia se casar com Michelle Robinson na Trinity United Church of Christ em Chicago, no início de outubro — um evento pelo qual Ann esperava com grande prazer. Em uma visita a Chicago anterior ao casamento, ela entrou em contato com Mary Houghton, presidente do ShoreBank, uma holding que Houghton e outros fundaram, no começo dos anos 1970, para mostrar aos bancos que poderiam desempenhar um papel construtivo em bairros negros de baixa renda. Houghton, que deu consultoria a organizações de microfinanciamento, conhecera Ann em uma festa em Jacarta, no fim dos anos 1980, e se lembrava dela afetuosamente como "franca, incisiva, teimosa, feliz". Quando Ann a procurou, elas combinaram um encontro que Houghton definiu anos depois como um brunch sem assunto predefinido no centro de Chicago. O contrato de Ann em Jacarta iria terminar em janeiro. Ela mudaria para os Estados Unidos e precisaria de um emprego. Houghton a colocaria em contato com uma organização sem fins lucrativos na cidade de Nova York, cujos interesses pareciam se alinhar aos de Ann. Concebida durante a primeira Conferência Mundial sobre Mulheres, da Organização das Nações Unidas, em 1975, a instituição, chamada de Women's World Banking [Banco Mundial das Mulheres], tinha a função de promover a plena participação econômica das mulheres de baixa renda, ajudando-as a desenvolver negócios viáveis. Voltada para esse objetivo, ela oferecia apoio, treinamento e conselho para dezenas de organizações de microfinanciamento na Ásia, África, América

Latina e em outros lugares, que como retorno concediam crédito e outros serviços financeiros para mulheres produtoras e empreendedoras. O conselho original incluía Ela Bhatt, a fundadora da Self Employed Women's Association, que Ann encontrara pela primeira vez na viagem de reconhecimento para a Índia durante as primeiras semanas na Ford. O Women's World Banking era dirigido por mulheres e existia primeiramente para o benefício das mulheres.

Em meados de setembro, Ann recebeu uma carta do Women's World Banking, alertando-a para uma vaga de emprego. Prestes a embarcar em uma viagem de um mês para o Havaí, Ann enviou o seu currículo e uma carta em que pedia para ser considerada. Em Nova York, ela se encontrou com a presidente do Women's World Banking, Nancy Barry, em um restaurante francês perto dos escritórios da instituição em Manhattan. Nancy, formada pela Harvard Business School, na casa dos 40 anos, trabalhou para o Banco Mundial por 15 anos antes de se tornar presidente do Women's World Banking. Inteligente, carismática e determinada, ela era o produto, gostava de dizer, tanto da cultura descentralizada do Women's World Banking como do etos de comando e controle do "Banco Mundial dos Homens". No Women's World Banking, ela queria influenciar as políticas dos bancos ao redor do mundo para melhor servir os pobres. Nancy reconhecia que Ann tinha mais experiência com os desfavorecidos do que qualquer um no escritório do Women's World Banking. Ela também influenciava a formulação dos serviços oferecidos pelo Bank Rakyat Indonesia, que administrava o maior programa de microfinanciamento autossustentável do mundo. No primeiro encontro, Nancy achou o tamanho de Ann chocante, ela me contou. A equipe do "Wild Women's Banking", chamada assim às vezes, era tão jovem e atraente que, para muitos, isso sugeria que Nancy tinha um "problema de aparência". Mas ela estava impressionada pela independência, experiência e inteligência de Ann. Ela podia perceber que Ann tinha senso de humor, habilidade para rir de si mesma e charme para dobrar as pessoas. Por isso, Nancy lhe ofereceu uma função inédita: coordenadora de política e pesquisa. Em muitos países, políticas de governo e de banco favoreciam grandes negócios ao invés de pequenos e o setor formal ao invés do informal. Elas davam preferência a clientes homens, donos de propriedades, e não às mulheres, que não eram donas. Governos também impunham restrições às atividades de organizações independentes, como bloqueio de microcrédito, limite de financiamento, taxas de juros e provisões externas que podiam ser recebidas. A função de Ann seria ajudar o Women's World Banking e seus afiliados a persuadir os legisladores a mudar tudo aquilo. "Não é que tivéssemos uma posição para coordenadora de política", Barry me contou. "Mas na minha mente tínhamos uma agenda inteira à espera de implementação se encontrássemos a pessoa certa."

Mudar-se para Nova York pela primeira vez, com 50 anos, não foi fácil. Ann chegou a Manhattan no fim de janeiro de 1993, durante uma onda de frio tão implacável que seus pulmões doíam quando respirava. Três semanas depois da sua chegada, um caminhão-bomba explodiu na garagem subterrânea do World Trade Center, ferindo mil pessoas e matando seis. Ann, com um salário inicial de 65 mil dólares anuais, contava que iria encontrar um apartamento de dois quartos por cerca de 1.500 dólares mensais perto dos escritórios, na 40th Street. Mas, como os apartamentos de dois quartos tinham um aluguel de mais de 2 mil dólares, foi obrigada a ficar com um apartamento de um quarto asséptico, em um edifício de quarenta andares, perto da Organização das Nações Unidas, por 1.550 dólares. Deixou a maioria dos seus livros e pertences em um depósito do Havaí, pelo qual pagava 250 dólares por mês. (Um "inventário do guarda-roupa" que ela fez naquele tempo listava notáveis 48 saias, metade das quais era "P" e estava aparentemente sem uso.) O Women's World Banking pagou por duas semanas um hotel próximo ao escritório, enquanto Ann procurava um apartamento, mas ela permaneceu lá dez dias a mais, às próprias custas, esperando a aprovação de crédito necessária à assinatura do aluguel. Ela gastou 8 mil dólares em utensílios domésticos e mobília do Pier 1 Imports, e outros 1.500 dólares em roupas de inverno. Ela nunca havia usado meia-calça de malha, contou às amigas. A pequena poupança que acumulara minguou, e o débito no seu cartão de crédito aumentou. Com medo do sistema de metrô, ela gastava dinheiro com táxis.

"*Aduh! Aduh! Aduh!*", ela dizia, recorrendo a uma expressão indonésia de dor diante das multidões apressadas. Ann sentia saudade da Indonésia. O melhor restaurante indonésio de Nova York não era páreo para o *warung* mais humilde. Do seu quarto no 26º andar do hotel, olhava para o céu, lembrando a lua cheia de Bali e imaginando por que ela viajara para tão longe de Made Suarjana. Ela disse a si mesma que ficaria em Nova York por dois ou três anos, depois se mudaria para Bali. Suarjana poderia começar uma organização voltada para a sociedade civil ou uma editora e ela procuraria trabalho como consultora.

A vida no Women's World Banking era desgastante. As duas dúzias de funcionárias eram jovens, mulheres, solteiras e sem filhos. Guiadas por devoção à missão e pelo espírito imbuído desse ideal, elas trabalhavam muitas horas em um escritório cuja cultura, muitas delas se lembraram depois, tinha a intimidade e intensidade de uma família disfuncional. Nancy fixava o pagamento e os benefícios aos das demais organizações sem fins lucrativos; restringia, ela me contou, apenas as férias. O quadro de funcionários era internacional e bastante credenciado. Kellee Tsai, filha de imigrantes taiwaneses, veio direto do emprego de analista financeira no Morgan Stanley, abandonando suas pérolas e batom e esperando um bando de mulheres peludas em roupas antigas. Em vez disso, encontrou mulheres hiperarticuladas com saris e joias artesanais e festas de Natal num restaurante sofisticado do Upper West Side. A coordenadora de serviços e produtos financeiros era uma jovem australiana com MBA de Harvard que liderou na Etiópia o programa de assistência alimentar do governo da Austrália. A coordenadora regional para a África nasceu no Quênia e formou-se na Grã-Bretanha, sendo a primeira em sua família camponesa a entrar numa universidade. A coordenadora de comunicações, uma advogada britânica, cresceu no Paquistão e no Iraque, onde ela se lembra de ver a mãe fazendo, de biquíni, esqui aquático no rio Tigre. Outras funcionárias eram indianas, equatorianas, colombianas, canadenses, norte-americanas, hondurenhas, haitianas, ganenses. O calendário era cheio de conferências em capitais estrangeiras como Tóquio, Acra e Cidade do México. "De certa maneira, era uma das organizações mais disfuncionais em que trabalhei", disse Nina Nayar, assistente de Ann no Women's World Banking. "Mas eu nunca senti tanto afeto, paixão, excitação. Era como uma novela: você chorava, ria, celebrava, sentia saudade, amava, odiava as pessoas, e sabia desse psicodrama, mas era tão viciante que você tinha de estar lá todos os dias, às 3 da tarde, para ver aquela coisa."

O espaço do escritório era apertado. Apesar da sua importância, Ann dividia um cômodo pequeno e escuro nos fundos dos prédios com Kellee Tsai, alguns anos mais velha do que Maya. Acessível apenas por meio da área de processamento de texto, sem janelas, apelidada de "*bunker*", a sala tinha mesas de trabalho alinhadas e uma vista para a parede do prédio vizinho, a alguns metros de distância. O Women's World Banking não dava uma atenção muito grande para o desenvolvimento de ambientes de trabalho funcionais; se uma pessoa precisasse de algo, era melhor que buscasse por si mesma. Ann, pela primeira vez em muito tempo, estava sem uma secretária assistente. "Ela não poderia datilografar nem se fosse uma questão de vida ou morte", uma colega relembrou. E, no que se referia à tecnologia, ela era o oposto de autossuficiente. Um irlandês aspirante a dramaturgo, Donald Creedon, que trabalhou em Manhattan como porteiro antes de aprender produção e edição de textos no computador, era o "coordenador de computação". Ele dedicava o seu tempo a ajudar funcionários a mexer em seus computadores. Ann, envolvida com uma versão desatualizada de um programa de processamento de texto, precisava de assistência constante. Creedon, no *bunker*, a ouvia resmungando com frustração. "Aí ela chamava o meu nome — sem se mover", ele disse. "A expectativa era provavelmente: 'Você pode vir para digitar essa coisa. Porque eu preciso de ajuda.'"

O escritório de Ann se tornou um ímã para jovens colegas. Quando estava emperrada na escrita, ela certamente estaria lá — como um velho camponês, segundo Creedon —, contando histórias. Não apenas sobre as pessoas que conhecera, mundos que visitara ou absurdos que testemunhara. As histórias saíam da sua cabeça completas, muitas das quais permeadas pela sabedoria iluminadora dos mitos. Mulheres mais jovens encontravam desculpas para descer à área de processamento de texto e bater papo. Com os óculos pendurados no pescoço ou acomodados na ponta do nariz se esti-

272 • JANNY SCOTT

vesse lendo, Ann parecia perpetuamente prestes a sorrir. Ela era brincalhona e espirituosa. Usava as sobrancelhas escuras e bem-feitas para enfatizar, com um sorriso largo, uma pausa — às vezes, a dica de que ela fizera uma piada com alguém presente, que poderia demorar um ou dois minutos para entender. "Talvez por ser uma observadora, ela via como as coisas podiam ser ridículas", relembrou Brinley Bruton, uma jovem assistente de programa do escritório. "Eu me lembro de ela literalmente se inclinar para trás e limpar lágrimas dos olhos por rir demais. Ela era de soltar gargalhadas."

Uma das histórias de Ann — ao menos um colega se lembrou dela anos depois — tinha a ver com um grupo de camponesas da África e da Indonésia. Certa vez, Ann as convidou para juntas conversarem sobre suas vidas. Durante a discussão sobre similaridades e diferenças, as indonésias mencionaram um costume pouco usual: depois do parto, a mulher colocava um pacote de sal na vagina para lhe restaurar a firmeza. A prática era dolorosa, elas admitiram. Mas, acreditava-se, ajudava a conservar as mulheres "jovens" para os seus maridos. As africanas estavam incrédulas: por que uma mulher iria conscientemente infligir dor em si mesma? "As indonésias, segundo o relato de Ann, perguntaram: 'O que vocês fazem para continuar agradando os seus homens?'", lembrou a colega que estava presente. "As africanas rolaram de rir e disseram: 'Nós procuramos um homem maior!'"

De quando em quando, Ann era a antropóloga no trabalho de campo, e o Women's World Banking era a sua comunidade. Ela podia adquirir a essência de uma personalidade com uma anedota. "Ela não era o tipo que se daria bem em uma organização convencional, porque era muito direta nos seus pontos de vista e com frequência os apresentava com bom humor — um humor mordaz", Nancy Barry me contou. Ann nutria a ideia de escrever um livro de suspense com um assassinato, cuja narrativa se passaria nos encontros globais do Women's World Banking, durante os quais funcionários privados de sono, por causa de noites viradas em serviço, finalmente quase chegariam ao colapso. Dizia-se que um delegado retornou para o país de nascimento depois de um encontro global e imediatamente faleceu. Um tema recorrente nas conversas do escritório dizia respeito a quem seria a vítima do assassinato no livro de Ann, alguns dos colegas dela me contaram. Outros, no entanto, disseram que a vítima seria Nancy; apenas a identidade do assassino permanecia aberta para adivinhações. "Claro, poderia ser qualquer um", Ann confidenciou de modo conspiratório para Creedon. "Porque, Deus sabe, há várias pessoas que têm um motivo."

Muitas mulheres no escritório me contaram que, naquele tempo, elas queriam ser Ann. Sua assistente, Nina Nayar, uma mulher indiana então nos seus 20 e poucos anos, tinha um diploma em antropologia, um mestrado em estudos regionais com foco no sul da Ásia e experiência por trabalhar em Ahmedabad com a Self-Employed Women's Association. Filha de pais solícitos, mas protetores, Nayar me contou que Ann, pelo exemplo, a ensinou a viver. Para Nayar, Ann parecia indiferente às opiniões sociais sobre mulheres que trabalham, são solteiras, casaram fora da sua cultura ou tradição — mulheres que sonhavam longe e perseguiam os seus sonhos, e não tinham medo de buscar aventuras e conhecimento. Ann não parecia, ao menos para Nayar, acreditar que o casamento, como instituição, era essencial ou mesmo particularmente importante. O que importava era ter amado com paixão e profundidade, ter nutrido relações duradouras, ter vivido honestamente e sem fingimento. Ela nunca falava dos seus casamentos como erros ou fracassos; eles apenas se desenrolaram de maneira diferente da esperada. Tampouco era assombrada pelas decisões que tomou. "O passado era o seu passado", disse Wanjiku Kibui, uma colega queniana, a quem Ann afetuosamente se referia como sendo da família. "Mas isso não era uma prisão." Quando Nayar contou a Ann que pensava em nunca se casar, Ann sugeriu que Nayar estava simplesmente trocando um dogmatismo por outro. Ann a aconselhou a permanecer receptiva. Niki Armacost, que se tornou coordenadora de comunicações, falou de Ann o seguinte: "Ela era o oposto de alguém fechado em si mesmo. Era assim: 'Que interessante! Então é *assim* que essas pessoas vivem.' Eu acho que ela era uma pessoa de princípios, mas não de julgamentos. Ela tinha um conjunto de princípios, e tolerância era um deles. Mas não dava sermão sobre isso."

Viagens de negócios se tornaram viagens de trabalho de campo. Quando Ann e Nayar iam juntas, era a função de Nayar conseguir que

Ann tomasse café às 5 da manhã, assim que acordasse. Em Jacarta, Ann levou Nayar para os *kampungs*, e elas foram atrás das melhores comidas de rua: "Meu Deus, as minhas papilas gustativas voltaram, finalmente, a viver", Nayar se lembrou de ela dizer. Em outras cidades, elas saíram para museus de antropologia e de arte e para lojas especializadas em joias de prata: "Eu posso morrer de fome pelo resto do mês, mas tenho de comprar esta coisa de prata e turquesa", Ann disse, de acordo com Nayar. "Não é magnífica?" Vários colegas mais jovens sugeriram a Ann que deveriam viver juntos em Bali. "Nós falamos da casa de Alice Dewey e em seguida cogitamos: 'Ann, por que você não arruma uma casa em Bali onde iríamos fazer juntos a nossa dissertação?'", Nayar recordou. "'Você pode ser um dos nossos leitores. Vamos tomar conta de você e você, das nossas dissertações.' Ela achou a ideia brilhante." Ann era mentora de várias mulheres mais jovens, mas tinha os seus limites. Certa vez, no elevador, Brinley Bruton, que estava se arriscando na ficção, perguntou a Ann se ela leria uma de suas histórias. "O que era, na verdade: 'Quero que você leia e diga que é maravilhosa'", Bruton relembrou. Sem pedir desculpas, Ann se recusou. "Eu saí meio machucada", Bruton me contou. "Mas, olhando para trás, tenho respeito por ela. Ela não ia fingir."

Ann chegou ao Women's World Banking durante a longa preparação para a Quarta Conferência Mundial sobre Mulheres, das Nações Unidas, que seria realizada em Beijing, em setembro de 1995. Para instituições como o Women's World Banking, a conferência oferecia uma oportunidade para promover a sua agenda. Discussões sobre o status das mulheres tendiam a focar em questões como saúde, educação e direitos reprodutivos. Mas as mulheres formavam a maioria dos pobres economicamente ativos do mundo. Nas duas décadas anteriores, organizações começaram a oferecer serviços para mulheres produtoras e empreendedoras de baixa renda. Como resultado, suas empreitadas prosperaram e o papel da mulher na economia aumentou. Mesmo as principais instituições de microcrédito alcançavam apenas uma pequena fração das mulheres que poderiam ser beneficiadas.[1] O Women's World Banking tratava a conferência e o fórum paralelo para organizações não governamentais como uma chance para mudar as políticas de governos, bancos e doadores a fim de que serviços financeiros voltados aos desfavorecidos pudessem crescer. Ann argumentou com Nancy que o Women's World Banking devia desempenhar um papel na organização de um movimento das muitas instituições de microcrédito dispersas. Se a aliança de organizações pudesse concordar em uma agenda e demonstrar as contribuições das mulheres de baixa renda para o desenvolvimento econômico, isso poderia catapultar a questão do microcrédito para um plano proeminente da "plataforma de ação", que seria, no fim, endossado por quase duzentos países, esperava-se, representados em Beijing.

Nancy, cética quanto à sugestão de Ann de uma aliança, via as outras organizações como competidoras lutando pela benevolência de um número limitado de doadores. O Women's World Banking trabalhou duramente nos seus primeiros anos para ser diferente dos outros, definindo-se em parte pelo que não é, ou seja, não era como o Grameen Bank em Bangladesh, um dos maiores e mais bem-sucedidos intermediários financeiros focados em camponeses pobres; não era como a ACCION International, outra instituição de microcrédito com uma rede de parceiros que concedem empréstimos. Nancy, que estava no conselho do Women's World Banking durante esses primeiros anos, foi influenciada pelo que ela depois chamaria de "aquele tipo de mentalidade insular, faça isso sozinho, nós somos os melhores, nós somos diferentes". Duvidava que alguns grupos estariam dispostos a colaborar. Achava perda de tempo tentar congregar organizações com interesses divergentes. Em vez disso, preferia o que descreveu como uma abordagem mais unilateral, ou seja, uma em que o Women's World Banking estivesse no comando. "Isso me deixava nervosa", ela me contou. "Apesar de acreditar bastante na construção de alianças — alianças que nós lideramos, se você me entende."

Nancy era "uma pessoa muito difícil para se lidar", ela me contou, analisando aqueles anos com um grau de autoconhecimento e franqueza surpreendente. Ela crescera em uma família católica de Orange County, na Califórnia. Um tio era um padre que marchou com o líder sindical César Chávez. Uma tia-avó era freira. Formada em Stanford e na Harvard Business School, Nancy trabalhou na Tanzânia para a McKinsey &

Company, uma firma de consultoria administrativa, antes de ir para o Banco Mundial, onde ficou 15 anos. No Women's World Banking, ela estava focada em resultados. Tomava divergências como algo pessoal. Coisas pequenas — como uma palavra errada em um plano de negócios — poderiam tirá-la do sério. Achava que tinha de gerenciar todo mundo — os fundadores, os conselheiros, os afiliados. "O Women's World Banking não era o líder da rede", ela me contou. "*Eu* era o líder da rede. Eu era como o grande cérebro, e todos se alimentavam dele." Mulheres mais jovens da equipe, envolvidas na missão, tendiam a não desafiar Nancy. "Se você é um jovem de 25 anos e está trabalhando com alguém envolvido numa tarefa muito absorvente, com pessoas incrivelmente interessantes e com uma missão pela qual morreriam, você é um aprendiz por pelo menos dez anos", Nancy disse. "No momento em que completar esses dez anos, você vai saber, na verdade, que sou uma pessoa de bom coração e vai ter aprendido a lidar comigo. Mas, para Ann, que era muito determinada e obstinada, eu acho que não era divertido."

Ann não tinha receio de desafiar Nancy. Ela tinha pouca paciência com a brevidade que é útil e necessária no ambiente corporativo para vender uma ideia, e não estava disposta a fazer nenhuma afirmação — sobre, por exemplo, taxas de reembolso e mulheres — sem os dados para apoiá-la. Preferia reconhecer que não sabia, e depois procurar uma resposta. "Ela vendia uma ideia dizendo: 'Bem, nós não sabemos a resposta. Esse é o porquê de você nos financiar'", Nayar relembrou. "Não havia meio-termo. Em matéria de desenvolvimento, o acadêmico tem um papel muito limitado. Você não pode tolerar uma pesquisa de semanas ou meses. No mais das vezes, prazos são o nosso guia. Ann não se guiava por essas regras. Ela dizia: 'Se tenho de fazer isso, eu vou pesquisar, não vou lhe oferecer algo superficial. Se é para ter o meu nome nisso, tem de ser feito direito.' A gente ficava maluca. A gente tentava pressioná-la para que fizesse algo. Havia muito o seguinte: 'Ah, não, Ann. Para com isso.' Mas eu entendia. Ela nunca produziria nada de que não tivesse orgulho."

Os confrontos entre Ann e Nancy se tornaram, segundo Nayar, um duelo de titãs. "Eu tive o privilégio de participar de todas as reuniões delas", disse. "Era horrível. Eu posso compreender a Nancy, porque sou muito prática, ativa, resoluta. Mas eu também me sentia ligada à Mãe Ann." Nancy precisava de justificativa para as declarações de políticas da organização. "Por exemplo, 'Mulheres são bons clientes.' Está bem, quais são os meios para provar isso?", Nayar disse. "Ann queria escrever uma dissertação. E Nancy desejava apenas que dissessem: 'Por exemplo, isso, isso, isso.'" De acordo com Nayar, Ann dizia: 'Não posso sacar coisas e colocar em tópicos sem sentido. Eu preciso ter justificativas para todos os meus tópicos. Esse é um parágrafo!' E Nancy diz: 'Corta isso, corta isso.'" Colegas brincavam que Ann ficou na Ásia muito tempo. Ela tinha uma percepção diferente do tempo e, em vez de demonstrar, preferia debater ou discutir. Com o tempo, pareceu a Nayar, o conflito forçou Ann a ficar mais ostensiva e assertiva. "Ambas ficavam demoníacas quando adotavam um sentimento de superioridade", Nayar disse. "Deus não podia demovê-las. Eram duas mulheres muito enérgicas."

Em outras situações, Ann parecia se preocupar por não atender às expectativas de Nancy. "Nancy a cutucava: 'Você já terminou isso? Ou ainda está trabalhando?'", Kellee Tsai, colega de sala de Ann, relembrou. "Nancy a fazia chorar muitas vezes e isso era horrível."

Tal como Barry definiu: "Diante da minha estúpida obstinação, você tem de ser estupidamente obstinado para ter espaço." Cada pessoa no escritório tinha a sua abordagem própria. Wanjiku Kibui, a coordenadora regional para a África, chamava a atenção de Nancy de um jeito que Nancy apreciava, quando ela estava se "comportando mal". Niki Armacost, coordenadora de comunicações, esperaria uma hora melhor. "Ann ficava", Nancy relembra. "Ela ficava e lutava." Ela não arredou pé da questão sobre a aliança das organizações de microcrédito. Em uma série de longas e desagradáveis reuniões com Nancy, Ann insistiu que o Women's World Banking usasse a sua influência para fazer algo grande. Fazer o contrário seria mesquinho e egoísta. "Nós temos de ser adultos agora", Nancy se lembrou de Ann dizer. "Ela usou uma linguagem como essa." Intencionalmente ou não, Ann fez Nancy se sentir culpada: "Eu não acho que ela foi maldosa ou desagradável, mas ela não poderia ter sido mais direta a respeito do que estava em jogo e de por que aquilo era o certo."

No fim, Nancy transigiu. Em outubro de 1993, o Women's World Banking se juntou a duas dúzias de outras organizações de microcrédito para formar a International Coalition on Women and Credit [Coalizão Internacional sobre Mulheres e Crédito]. Seu objetivo era influenciar as opiniões de legisladores em uma série de conferências regionais preparatórias para Beijing. Membros da aliança iriam ministrar oficinas, divulgar os sucessos do microcrédito e das microempresas, dar recomendações políticas e influenciar delegados. Por fim, todos eles iriam se reunir em Beijing. Por insistência de Nancy, o Women's World Banking se tornou o secretariado da coalizão. Cabia a Ann, como coordenadora de pesquisa e políticas, ordenar os dados necessários às reivindicações que a aliança iria fazer e ser a negociadora líder das outras organizações.

Isso não era simples. As instituições não apenas competiam entre si, elas também discordavam a respeito da melhor aplicação dos serviços financeiros e do tipo de cliente mais importante a mirar. Agora, esperava-se que elas colocassem de lado as diferenças e perseguissem um objetivo comum. "Isso se transformou em uma infiltração", Nancy recordou. "Se você descreve todos esses encontros regionais e globais sob os auspícios da ONU durante um ou dois anos em preparação para Beijing — caos completo, todos os líderes de ONGs, estridentes, agindo à sua maneira, sem nenhum respeito. Se sou da saúde, eu não quero que o microcrédito ganhe primazia. Ann mostrou um ponto de contato a todos os membros da aliança que, em prol da saúde e da educação das pessoas, foram a esses encontros regionais, ao redor do mundo: 'As mulheres pobres têm de ter uma renda. Assim, elas podem pagar por educação.' A abordagem de baixo para cima, reunindo atores discordantes em prol de uma causa comum? Ela estava fazendo isso."

Ann acreditava no seu plano, disse Lawrence Yanovitch, diretor de políticas e pesquisas da Finca — também conhecida como Foundation for International Community Assistance, uma liderança entre os bancos voltados para comunidades da América Latina — e que também serviu no comitê executivo com Ann. Era assim a sua natureza: ela tinha um ego pequeno e se preocupava, em primeiro lugar, com os problemas. Nancy me contou: "Ela podia ser aquela senhora gorda de cabelos compridos e uma boêmia, mas tentava fazer a coisa certa pelas razões certas. E ela o fazia com grande inteligência e um rigor muito sólido em termos de preparação, metodologia e estratégia."

Ao mesmo tempo, a secretária-geral da conferência de Beijing solicitou ao Women's World Bank que estabelecesse um grupo de especialistas em mulheres e finanças, formado por quarenta representantes de redes de microcrédito, bancos de desenvolvimento, líderes governamentais e outros. Além de Nancy e Ann, o grupo incluía Dick Patten, amigo de Ann e colega de longa data; Ela Bhatt, da Self Employed Women's Association; Muhammad Yunus, fundador e diretor administrativo do Grameen Bank, que ganharia o prêmio Nobel da Paz em 2006; e Ellen Johnson-Sirleaf, que se tornaria presidente da Libéria. Em setembro de 1993, o Women's World Banking enviou a cada membro do grupo um questionário excepcionalmente detalhado sobre mulheres e microcrédito. O questionário trazia as marcas inequívocas do método de pesquisa de Ann — um total de 92 questões, algumas das quais suscetíveis de breves respostas. ("Eu acho que tivemos um conflito sobre o questionário", Nancy me contou. "Algo que eu sei fazer muito bem é moderar reuniões e criar um processo em que há um consenso muito robusto e detalhado. Eu sou orientada para resultados. Minha memória é que Ann teria adorado ter coletado mais coisas de todo mundo.") Duas centenas de páginas de respostas inundaram o escritório do Women's World Banking. Ann e Nina Nayar, em parceria com Nancy, as resumiram em um relatório provisório. Esse documento foi enviado para cada membro do grupo de especialistas, acompanhado de perfis das principais instituições de microempresas e uma análise dos orçamentos dos governos e do fluxo de doações. Por fim, o grupo de especialistas se reuniu por cinco dias em janeiro de 1994 a fim de discutir e endossar o relatório final e as recomendações — a estrutura para a construção de um sistema a favor dos pobres.

"Essa foi considerada uma grande realização no universo do microcrédito", relembrou Niki Armacost. "Ninguém falara de padrões comuns antes. Ninguém falara dos critérios necessários para avaliar as instituições de microcrédito, as restrições das políticas, os desafios a enfrentar ou o motivo da importância de emprestar dinheiro para mulheres. Nada disso havia sido colocado junto. Por isso, aquele era um documento seminal."

Fora do escritório, Ann estava cada vez mais preocupada com dinheiro e com a sua saúde. Quando se mudou para Nova York, ela havia entendido que não seria capaz de viver como em Jacarta. No entanto, esperava seguir em frente, segundo escreveu em um memorando para Nancy oito meses depois de aceitar o emprego, "modesta, mas decentemente, de maneira adequada para um adulto, capaz de atender às minhas obrigações familiares básicas e ainda guardar um montante para o Natal, as emergências ou o futuro". Isso não aconteceu. Depois de menos de um ano, ela estava gastando mais do que ganhava. Estava cada vez mais afundada em dívidas. Cobrados os impostos, ela esperava levar para casa apenas 41 mil dólares do seu salário inicial — quantia que, imaginava, ia diminuir no ano seguinte, quando poderia fazer menos isenções e deduções. Os pagamentos dos débitos crescentes do seu cartão de crédito dobraram para 600 dólares por mês. Em seu memorando para Nancy, ela pediu um aumento. "Para encurtar a história, nos sete meses em que estou no Women's World Banking, fui obrigada a exaurir as minhas finanças e agora estou apelando mais para o cartão de crédito, com gastos médios mensais de 500 dólares apenas para seguir em frente", ela escreveu.[2] "Não existe a possibilidade de poupar um centavo sequer. Claramente, não posso continuar dessa maneira, não importa quão dedicada eu seja ao Women's World Banking ou à sua missão."

Dinheiro não era a única preocupação de Ann. Ela estava mais gorda do que nunca, a sua pele, pálida e o seu abdome e a parte inferior das pernas, inchados. Quando andava qualquer distância, ofegava e sentia falta de ar. No verão de 1994, caminhar havia se tornado doloroso. Quando Maya e outros insistiram que fosse ao médico, ela parecia procrastinar e dar desculpas. Atribuía aqueles sintomas à menopausa. "Você, minha irmã, vai ver quando chegar à minha idade", ela disse para Wanjiku Kibui, sua colega queniana, rindo. Embora parecesse não ter medo de quase nada na vida, ela não se sentia confortável com médicos, sobretudo ginecologistas. Certa vez, ela contou a um amigo ter rejeitado a sugestão de um médico para fazer uma histerectomia, a fim de combater um problema de sangramento abundante. "Que indigno isso", o amigo se lembrou de ela dizer. A perspectiva da cirurgia parecia violar o seu senso de privacidade e autorrespeito. Ela também tinha medo mórbido de câncer. Em ao menos duas dúzias de vezes, Nayar recordou, Ann trazia o assunto à tona. "Se tiver de ser, será", ela afirmava à menor lembrança sobre o câncer — passando por uma faixa de alerta contra a doença ou discutindo uma nova política do plano de saúde em relação ao teste de Papanicolaou. "Se ele pega você, é para valer."

— A única coisa de que tenho medo para valer é de morrer de câncer — ela contou a Nayar.

— Por que você diz isso?

— Bem, meu pai morreu de câncer.

— Muitos pais morrem de câncer — Nayar lhe assegurou. — Você está numa categoria de alto risco. Tem de tomar precauções.

Era como se ela não desejasse saber, Nayar pensou, ou talvez ela soubesse, mas não quisesse ter a confirmação. À época da revisão do pacote de benefícios do Women's World Banking, Ann ficou especialmente agitada. Ela não tinha poupança e estava preocupada com a própria saúde. "Eu acho que ela percebeu que, se ficasse doente — ou mesmo se envelhecesse —, esse não seria o emprego que iria ajudá-la" disse Nayar. "E ela teria de pensar sobre isso para não depender dos seus filhos."

No fim de junho de 1994, Ann escreveu para Nancy uma carta, comunicando que se demitiria. Há meses vinha considerando a saída. Ela tinha a percepção, segundo Don Johnston, seu antigo colega de Jacarta, de que o Women's World Banking estava estagnado, "correndo para um monte de lugares diferentes, fazendo um monte de coisas diferentes, mas sem exercer um impacto realmente forte sobre o acesso das mulheres ao dinheiro onde quer que seja". Tendo enfim concluído a sua dissertação, queria publicá-la. Ela preparara um pedido de bolsa de pós-doutorado para cobrir a despesa de três meses na Indonésia, atualizando os dados da pesquisa, e de nove meses no East-West Center, revisando a dissertação para publicação. Mas ela havia sido procurada pela Development Alternatives Inc., a empresa em Bethesda, Maryland, que a contratara para o seu primeiro emprego como consultora de desenvolvimento 15 anos antes. A Development Alternatives desejava oferecer um projeto direcionado para o fortalecimento do Ministério de Estado Indonésio para o Papel da Mulher. Para ter uma chance de ganhar o contrato, a firma precisava de um certo tipo de líder para a equipe — idealmente uma mulher, fluente em indonésio, que combinasse autoridade e sensibilidade, e que fosse aceita pelo ministro e por seus subordinados. "Tinha de ser alguém basicamente indonésio, mas norte-americano", disse Bruce Harker, que trabalhava para a empresa de Bethesda desenvolvendo contratos de assistência técnica na Indonésia. Ele conhecera Ann em Java. Ela lhe parecia a única pessoa capaz de fazer o trabalho. Ele sabia que ela estava dividida sobre onde viver, Indonésia ou Estados Unidos. Mas quando a firma a contatou, pareceu entusiasmada com a oportunidade de emprego e ansiosa para voltar à Indonésia. O pagamento era 82.500 dólares, bem acima dos 69.550 dólares que ela estava ganhando, sem impostos, no primeiro ano no Women's World Banking. Além do plano de saúde, os benefícios incluíam uma verba para moradia e um carro. "Depois de muita agonia, e longas discussões com família e amigos nos Estados Unidos e na Indonésia, eu decidi aceitar a oferta", Ann escreveu para Nancy Barry. "Eu aproveitei a minha temporada em Nova York e acrescentei bastante à minha bagagem de conhecimento profissional, em particular nas áreas de trabalho com política e criação institucional de ONGs. Eu vou deixar o WWB com grande carinho pela instituição e pelas pessoas que trabalham aqui. Espero que haja oportunidades para nos encontrarmos e cooperarmos no futuro. (Quem sabe? Talvez nos encontremos todos em Beijing.)"

Ann parecia ter o sentimento de quem corria contra o tempo, Nayar me contou. Ann lhe disse: "Eu quero apenas ir para casa."

Antes de sair, Ann fez uma última viagem pelo Women's World Banking. Em julho, ela foi ao México para um encontro global dos parceiros da instituição. Parecia exausta com a viagem, mas participou das reuniões quando chegou. Nayar ficou perplexa com a habilidade de Ann de interagir com pessoas de culturas e regiões diferentes. "Não era só com os asiáticos", Nayar disse. "Era com os africanos, porque eles a viam com batas e ornamentos, ela se adequava perfeitamente ao estilo Mama — as africanas ocidentais com as suas estolas e tudo o mais." Nayar também recordou o efeito de Ann sobre os homens. Os organizadores mexicanos contrataram "uns modelos deslumbrantes, de cair o queixo", para atuar como recepcionistas para os milhares de mulheres. Ela sempre jogava charme, disse Nayar. Um brilho no seu olhar expressava, de modo eloquente, o seu interesse e satisfação em relação aos homens. "Aqueles garotos estavam comendo na palma da mão dela", Nayar relembrou. "Eles não olhavam para a gente, ficavam em volta da Ann. Eu acho que ela era, provavelmente, uma das mulheres mais sensuais que já conheci. Tamanho não importa, mas o que havia dentro. Ela transpirava feminilidade."

O recepcionista selecionado para o grupo de Ann era formado em antropologia, fluente em inglês e modelo nas horas vagas. Logo, ele, Ann e Nayar estavam num táxi, a caminho de uma escavação arqueológica. Ann levou Nayar para o Museu Frida Kahlo na Casa Azul, o lar em Coyoacán onde Kahlo cresceu e depois morou com Diego Rivera. No Museu Nacional de Antropologia, Ann parou em frente a uma exposição que ilustrava a evolução humana. "Havia a seção da África e a da Ásia", Niki Armacost me contou. "Ela estava falando da seção da África. A imagem pendurada na parede era de uma mulher africana incrivelmente curvilínea com um traseiro grande e redondo. E nós todas somos retas, sem formas. E ela disse: 'Você sabe, isso é muito interessante, porque, quando os exploradores brancos acharam essas mulheres africanas e as levaram para a Europa, foi aí que a diversão começou!'"

Em uma excursão para Teotihuacán, um vasto sítio arqueológico no nordeste da Cidade do México que era a maior cidade pré-colombiana até ser, de repente, misteriosamente abandonada, Ann queria subir na Pirâmide do Sol, uma das maiores do mundo. Preocupada com a saúde dela, Nayar sugerira a Pirâmide da Lua, porque era menor, mas oferecia vistas estonteantes da pirâmide maior e do traçado majestoso da Avenida dos Mortos. Tendo como pano de fundo uma montanha sagrada ao norte, as duas mulheres, com uma geração de diferença, subiram juntas. "Foi tão difícil para ela subir", Nayar relembrou. "Eu pensei mesmo que ela ia desistir ou cair. Não havia jeito, eu a deixei ir por conta própria. Ela tinha um pouco de medo de altura. Mas ia conseguir. E conseguiu."

Dois meses antes, Ann fora a uma especialista em obstetrícia, ginecologia e infertilidade no Upper East Side, em Manhattan. Ela chegou àquela médica por indicação de outra, já aposentada, com uma consulta marcada para um exame ginecológico. Ela contou à médica, Barbara Shortle, que tinha um histórico de cinco anos de menstruações irregulares e intensas, para as quais médicos anteriores lhe receitaram um tratamento de reposição hormonal. Por duas vezes, ela sofreu dilatação e curetagem, procedimentos habitualmente feitos para diagnosticar as causas de sangramento anormal. Os exames não apresentavam nada irregular. Shortle, que tinha um carinho particular pelo Havaí, se afeiçoou a Ann, mas também suspeitava que ela estivesse muito doente. Pelo volume do sangramento, Shortle suspeitava que ela tivesse câncer uterino, que poderia em muitos casos ser tratado com sucesso por cirurgia e radioterapia, dependendo do grau do tumor. Shortle anotou essa possibilidade em seus arquivos. Ela recomendou um exame médico, um teste de Papanicolaou, uma ultrassonografia pélvica, uma mamografia e, o mais importante para o diagnóstico, outra dilatação e curetagem, que poderiam ser úteis para revelar um câncer uterino. O procedimento teria de ser feito em um hospital e, por essa razão, tomaria boa parte do dia em um período crítico no Women's World Banking, quando a equipe estava especialmente ocupada. Ann foi em frente e fez o exame médico, o teste de Papanicolaou, a ultrassonografia pélvica e a mamografia, assim como uma ultrassonografia mamária, por sugestão do radiologista.

"Fiz todos os exames, exceto a dilatação e curetagem, que adiei por motivos relacionados ao trabalho", Ann escreveu a Shortle.[3] As duas só se falariam novamente um ano depois, por causa de uma exigência do plano de saúde.

11

Voltando para casa

No fim de novembro de 1994, o motorista de Ann, Sabaruddin, foi buscá-la na modesta casinha em uma rua estreita de Jacarta, onde ela estava morando desde que voltara à Indonésia. No carro usado que ela comprara com o dinheiro para o transporte dado pelo seu novo empregador, eles seguiram em direção ao sul, a caminho de Ciloto, uma cidade turística nas montanhas, a uma hora e meia da cidade. Por três meses, Ann e o seu grupo de consultores vinham se preparando para um retiro de três dias, em que os funcionários do Ministério de Estado para o Papel da Mulher confrontariam a sua missão — incluir um compromisso com a igualdade de gêneros no governo do quarto país mais populoso do mundo. Para alguns amigos, Ann tinha descrito a sua nova atribuição como um emprego dos sonhos. Mas ele logo havia se mostrado mais frustrante do que previra. A burocracia era vagarosa e difícil de mudar. Não havia dinheiro suficiente nos contratos de consultoria para cobrir todo o trabalho que Ann achava ser necessário para cumprir os objetivos propriamente. Em um mês ou dois, ela já estava exausta, trabalhando em excesso e sentindo-se mal. Bruce Harker, que supervisionava o projeto do escritório da Development Alternatives Inc. em Bethesda, foi surpreendido durante uma visita a

Jacarta, quando Ann, implorando a ele por mais dinheiro para o projeto, começou a chorar. No entanto, lá estava ela na primeira tarde do encontro em Ciloto, entregando um relatório sobre tendências internacionais para gênero e desenvolvimento. O número de pessoas que compareceram às oficinas foi um pouco menor que o esperado: até a ministra havia se ausentado, enviando uma mensagem explicando que tinha sido chamada ao palácio para um encontro com a esposa do presidente Suharto. Quando Ann deixou Ciloto, depois de um ou dois dias, aquela vaga inquietação sobre a sua saúde fora substituída por uma dor aguda no abdome que ela não era mais capaz de ignorar.

O emprego em Jacarta parecia bastante promissor na primavera anterior, quando ela ainda estava em Nova York. Com a aproximação da Conferência das Nações Unidas, em Beijing, o Banco Asiático de Desenvolvimento, um banco com foco internacional e sede nas Filipinas, decidiu fazer uma doação para o governo da Indonésia com o objetivo de fortalecer e aumentar a influência do Ministério de Estado para o Papel da Mulher. O banco tinha convidado empresas de consultoria para participar da licitação de um contrato de assistência técnica — consultoria para a elaboração de uma estratégia, treinamento de pessoal e criação de bases de dados para medir o impacto do ministério. Em uma articulação conjunta com uma empresa indonésia, com conexões com a família Suharto, a Development Alternatives Inc. participou da licitação e venceu. Mas, em negociações de última hora, a quantidade de dinheiro disponível para o líder da equipe das atividades foi reduzida, disse-me Harker. Sua empresa se tornou, na prática, o subempreiteiro, deixando Ann, a líder da equipe, trabalhando para uma empresa que não detinha o controle do orçamento. Desde o início, o processo foi complicado. Em Jacarta, Ann acabou trabalhando em um escritório escuro, sujo, no Ministério do Meio Ambiente, sem acesso fácil ao ministério para o qual prestava consultoria. Havia os agravantes tecnológicos de sempre, incluindo um serviço de telefonia celular que parecia não ter cobertura no escritório onde ela trabalhava. Os funcionários do ministério eram inexperientes — e, em alguns casos, desinteressados — em questões complexas envolvendo gênero. Recrutados de outros órgãos, muitos dos membros da equipe precisavam de treinamento — e podiam ser realocados, sem aviso prévio, em outro ministério. "Nós achávamos muito frustrante, porque não havia interesse", contou-me Mayling Oey-Gardiner, uma demógrafa que também era consultora do ministério. Sem um apoio maciço, disse ela, pouco poderia ser feito. Além disso, o desafio era enorme. As responsabilidades de Ann iam desde planejar o orçamento até elaborar uma avaliação sobre a atuação do ministério em um programa, com outros ministérios, de "divulgação" da importância da igualdade entre gêneros. Ela também era responsável por trabalhar com os governos locais em um plano para melhorar a cooperação com o Ministério das Mulheres. Cuidava, ainda, da preparação de uma série de relatórios, incluindo um final, que daria a direção futura para o ministério, sugerindo projetos adicionais para o banco de desenvolvimento. Nos empregos anteriores de Ann, quando era preciso arrumar dinheiro para atividades de trabalho, ele aparecia. Mas, desta vez, não era o caso. Então, quando Harker chegou a Jacarta, alguns meses depois do contrato, para fazer uma avaliação, Ann foi até ele, em desespero, para obter ajuda.

"As lágrimas foram uma surpresa", lembrou Harker. "Quem está acostumado a ver um colega de trabalho chorando em uma reunião privada por causa de uma divergência em relação ao orçamento? Ela deveria ter me contado que estava sob tamanho estresse. A minha conclusão seria a mesma com ela ou com qualquer um: esta é uma pessoa que está esgotada, extremamente frustrada e fazendo um enorme esforço. Até hoje, nesse episódio, eu não sei se havia problemas em sua vida pessoal que a deixaram especialmente preocupada com o lado das despesas pessoais. Havia uma questão que a levava às lágrimas. Eu não lembro mais o que era — a casa, o carro, não ter dinheiro suficiente para a gasolina. Eram essas pequenas coisas que eu, volta e meia, há muito tempo, tinha de pagar do meu próprio bolso. Fiquei surpreso com algumas delas."

Ann encontrou uma casa pequena, com pouca mobília, em um *kampung*, um bairro que parecia uma vila dentro da cidade, onde seus vizinhos eram, em grande parte, da Indonésia. A rua era tão estreita e o espaço, tão reduzido que Sabaruddin precisava ter uma precisão geométrica para estacionar o carro de Ann no lugar determinado. A casa tinha uma sala pequena, um quarto, um escritório, um banheiro e uma cozinha. Havia um quarto nos fundos para a única mulher que ela empregava como sua *pembantu*. (Em indonésio, a palavra significa "ajudante", mas é variavelmente traduzida como empregada doméstica ou governanta.) Rens Heringa considerava o lugar "uma casinha pequena e malcuidada", em um bairro muito diferente daqueles onde Ann tinha vivido antes. Gillie Brown, uma jovem britânica que a Development Alternatives Inc. tinha contratado em Jacarta para cuidar, entre outras coisas, da gestão e dos registros financeiros, chamou a casa de "um lugar incrivelmente humilde". Mas Ann não era como outros consultores — aqueles que não falavam indonésio, viviam em "casas inteligentes" e contavam com Brown para fazer acordos e negociações. Brown sentiu uma certa afinidade com Ann, embora fosse vinte anos mais jovem que ela. Brown havia deixado o Reino Unido com 20 e poucos anos, com o marido e os três filhos — na época, com três, dois anos de idade e um bebê de cinco semanas. Eles foram morar em uma vila em Bangladesh, depois em uma fazenda de arroz no sul da Somália. Com treinamento em engenharia, ela tinha se acostumado a trabalhar em ambientes profissionais dominados por homens. Para ela, a casa humilde parecia ser o que Ann queria — para viver rodeada de indonésios, comprando a sua comida nas ruas. Para Brown, Ann sentia que tinha ido para casa.

Alguns dos mais antigos amigos expatriados de Ann, incluindo Nancy Peluso, tinham voltado para os Estados Unidos. Mas ela retomou, de onde havia parado, a amizade com Julia Suryakusuma, Yang Suwan e outros. Made Suarjana, o jovem jornalista que Ann havia conhecido em Yogyakarta, em 1988, foi morar sozinho em Jacarta, em fevereiro, embora tenha se mudado com a esposa e os dois filhos para Bali, em dezembro seguinte. Ele encontrava Ann ocasionalmente em Jacarta, em 1994, segundo me disse. Quando lhe perguntei se achava que Ann teria gostado de construir uma vida ao lado dele, ele afirmou que ela sabia do seu casamento. Os seus amigos mais próximos, no entanto, não se lembravam de Ann lhes dizer que Suarjana tinha uma esposa. Eles disseram duvidar que ela soubesse. E acrescentaram que, se soubesse, ela devia acreditar que o casamento estava efetivamente acabado. Vários, inclusive Rens Heringa e Alice Dewey, usaram uma linguagem quase idêntica ao descrever o que Ann contara sobre o que havia acontecido com o seu relacionamento com Suarjana. "Ela sentia que, no fim das contas, a diferença de idade entre eles era muito grande", disse Heringa, que passou um tempo com Ann na Holanda, no final de 1993, e em Jacarta, no final de 1994 e início de 1995. "Os dois tiveram momentos maravilhosos, mas ela não queria impedi-lo de ter uma vida social plena na Indonésia. Porque Ann sabia que ia embora, mas o que iria acontecer com ele? Ela o mandou embora. Suarjana se casou."

Tarde da noite, durante a última semana de novembro de 1994, Bruce Harker, em sua cama em Potomac, Maryland, recebeu um telefonema de Ann de Jacarta. Ignorando a diferença de fuso horário, que bem conhecia, ela deve ter sentido que a ligação não podia esperar. Ela disse que estava sentindo dores abdominais há algum tempo e as dores tinham se tornado tão fortes durante o encontro em Ciloto que havia voltado a Jacarta para ver um médico. O médico, um ginecologista na clínica especializada no tratamento de expatriados, havia concluído que Ann tinha apendicite e lhe indicara um cirurgião no Hospital Pondok Indah, um centro médico de alta qualidade em uma vizinhança rica de Jacarta. Confrontada com a perspectiva de fazer uma cirurgia, Ann tentava decidir se permaneceria em Jacarta ou viajaria a Cingapura. Para procedimentos de rotina, muitos expatriados de longa data ficavam satisfeitos com os melhores hospitais da Indonésia. Eles não se consideravam estrangeiros o suficiente para desconfiar previamente de médicos indonésios. Além disso, Ann tinha amigos em Jacarta, bem como a sua *pembantu* e o seu motorista, para ajudá-la se ela ficasse. Mas outros expatriados, e até mesmo alguns indonésios, iam automaticamente para Cingapura para internação, sobretudo para coisas mais graves. Gillie Brown, que tinha levado a filha a Cingapura para uma apendicectomia, implorou a Ann que fosse também. "Considerei uma loucura pensar em permanecer no país", disse-me Brown. Por outro lado, Harker contou a Ann que, uma vez, passou por uma cirurgia no quadril, em Cingapura, que de tão malfeita teve de ser refeita, mais tarde, nos Estados Unidos. "A fim de ir para Cingapura, ela queria saber se haveria orçamento para a passagem aérea e acomodações", lembrou Harker. "Eu disse: 'Não podemos pôr no orçamento uma apendicectomia. Você tem plano de saúde, isso é garantido. Podemos cobrir a passagem aérea e oferecer algumas centenas de dólares."

Ann preferiu ficar em Jacarta. Em 28 de novembro de 1994, na véspera de seu 52º aniversário, um cirurgião no Pondok Indah removeu o seu apêndice. Três dias depois, ela voltou para casa para se recuperar sob os cuidados da empregada doméstica. A incisão cicatrizara imediatamente, ela diria em uma carta ao plano de saúde, alguns meses mais tarde, mas a dor abdominal havia voltado. O cirurgião pediu que ela tivesse paciência, porque a recuperação poderia levar vários meses. Quando a dor se tornou forte demais para suportar, ela retornou, duas vezes, à clínica médica, onde foi recebida por dois plantonistas e por um ginecologista com quem jamais havia se consultado. De acordo com o seu relato para o plano de saúde, os médicos da clínica disseram que ela tinha uma infecção abdominal e prescreveram um antibiótico. Depois de duas semanas e meia tomando o remédio, ela ainda não se sentia melhor. Nesse meio-tempo, ela havia voltado ao trabalho após uma semana de descanso em casa. Para alguns amigos, Ann disse simplesmente que a sua recuperação estava indo devagar. Em e-mails e conversas com Nina Nayar, ela não parecia convencida do diagnóstico. Estava letárgica e fraca. Quando comia, sentia-se imediatamente satisfeita. Ann contou a Dewey que um massagista, ao qual ela tinha ido, interrompeu o procedimento e se recusou a continuar. "O seu problema é sério", ele advertiu.

Em 13 de dezembro, Ann encontrou Rens Heringa na sala de reuniões de uma igreja protestante em Jacarta, onde Heringa estava hospedada. Ela havia chegado seis dias antes de uma visita de dois meses à Holanda. Ann estava perturbada de um jeito que Heringa jamais havia visto. Ela sentia dores constantes e era quase incapaz de digerir a comida. Chorando, afirmou estar certa de que o diagnóstico de apendicite estava errado. "Ela disse: 'Eu tenho câncer.' Eu disse: 'Ann, como você sabe?' Ela respondeu: 'Eu sinto.'" Ela lembrou a Heringa que o seu pai havia morrido de câncer — como se a doença fosse contagiosa ou hereditária. Heringa tentou tranquilizá-la.

Falou de sua recuperação de seis meses de uma apendicectomia, no final dos anos 1960, em Surabaya, em Java do Leste. Incentivou Ann a procurar uma segunda opinião, mas tentou, acima de tudo, acalmá-la. "Olha, isso é porque o seu pai acabou de morrer", Heringa se lembrou de ter dito. "Não enfie essas coisas na sua cabeça. Vá atrás de um diagnóstico. Mas tente não se deixar abater."

No dia de Natal, Heringa me disse, ela encontrou Ann e Made Suarjana para o almoço. A ocasião não era festiva. Ann, para quem a comida sempre fora uma fonte de grande prazer, praticamente não se alimentou. "Ela estava com dor, sem dúvida", Heringa lembrou. "Made estava tão preocupado quanto eu. Nós dois nos sentimos completamente impotentes." Cinco dias depois, Ann foi à festa de aniversário do historiador Ong Hok Ham. Três semanas depois, ela e Heringa combinaram de almoçar juntas, compromisso que a agenda de Heringa mostrou ter sido cancelado. "Não é estranho, porém, como nós continuamos a nossa rotina regular de encontros em restaurantes, quase negando o que estava acontecendo com ela?", Heringa me indagou, depois de olhar sua agenda. "É como se ela não soubesse para onde ir."

No final de janeiro, Bruce Harker, em Maryland, recebeu um segundo telefonema tarde da noite. Desta vez, Ann parecia assustada. Ela disse que havia feito a apendicectomia e tomado remédios durante o período de recuperação. Mas a dor no abdome havia voltado com ferocidade.

— Quão urgente é isso? — perguntou Harker.

— Urgente — disse Ann. — Eu tenho de sair daqui e ir para casa, no Havaí.

Ann estava com medo de embarcar em um voo para Honolulu sem saber se o seu patrão iria reembolsá-la pelo custo da passagem. Aos 52 anos de idade, ela não tinha o que Harker depois chamou de "o dinheiro do dane-se" — a liberdade financeira para fazer o que precisava e para se arriscar. Quando perguntou à sua colega mais jovem, Gillie Brown, se o projeto teria dinheiro suficiente para cobrir o voo, Brown recomendou que ela falasse com Harker. Quando Ann o fez, parecia decidida a ir embora. Harker compreendeu. Nessa situação, um residente estrangeiro, mesmo em um lugar que amasse, de repente passava a se sentir em um mundo de estranhos — não importa quanto carinho tivesse pela cultura e pelas pessoas.

"Você tem de fazer o que tem de fazer", Harker disse. "Eu não posso autorizar que você vá assim — não é algo que eu possa fazer sem alguma análise. Mas só porque eu não posso autorizar não significa que você não deva ir. Cá entre nós, dois amigos falando, eu não posso autorizá-la e lhe comprar uma passagem, mas, se for para casa, você estará tomando a decisão que lhe dá mais chances de conseguir um reembolso. Além disso, vai receber o tratamento que quer."

Ann saiu da Indonésia discretamente, guardando, na maior parte do tempo, os seus medos para si mesma. Quando se encontrou com Gillie Brown para lhe mostrar como deveria agir como líder da equipe, Ann lhe assegurou: "Você vai se sair bem. Vai ser apenas por umas duas semanas. Eu voltarei." Ela disse a Julia Suryakusuma, que adiara uma festa de aniversário planejada para Ann, que voltaria logo. "Não demore", disse Suryakusuma. "Você prometeu me ajudar com algumas coisas." Ann ligou para Made Suarjana e lhe disse simplesmente que ia para o Havaí fazer um exame geral, algo que lhe pareceu bastante razoável. Yang Suwan, que tinha planejado com Ann um jantar ou almoço em comemoração ao aniversário, ficou intrigada por não conseguir encontrá-la quando telefonou. A partir do fim de novembro, as ligações de Yang para a casa de Ann seguiam sem resposta. Uma vez, um homem atendeu ao telefone e explicou simplesmente que Ann tinha cancelado o aniversário. Em outra ocasião, ele contou que Ann estava muito doente, mas não disse o que ela tinha. Poucos dias depois, Yang ouviu falar que Ann não estava mais em Jacarta. Parecia estranho Ann não ter avisado, mas ela sempre frequentava círculos de amigos variados, porém separados. Talvez fosse assim que ela quisesse viver, imaginou Yang. Nesse caso, deveria respeitar os desejos de Ann.

Rens Heringa, no entanto, vislumbrou o terror de Ann. As duas mulheres tinham sido amigas íntimas por mais de uma década e tiveram muitas experiências em comum. Ambas haviam crescido no Ocidente e se casado com homens indonésios que conheceram na universidade.

Ambas seguiram seus maridos até a Indonésia, criaram os filhos lá e, mais tarde, se divorciaram. Ambas eram antropólogas com interesse em artesanato, sendo Heringa especializada em têxteis. Uma tinha visitado as vilas onde a outra havia feito o trabalho de campo. Elas tinham vários grupos de amigos em comum. Na tarde anterior ao dia em que Ann foi embora de Jacarta, sob uma chuva torrencial daquelas que sitiavam a cidade durante as temporadas chuvosas, Heringa foi de táxi até a casa de Ann. Para Heringa, era como se o mundo estivesse chorando. A pequena casa parecia desnuda. Havia caixotes embalados pela metade para o envio. "Foi horrível", disse-me Heringa. "Tínhamos certeza de que não nos veríamos outra vez. Ela estava muito mal. Foi triste, muito triste, porque tivemos de dizer adeus."

Em 25 de janeiro de 1995, 27 anos depois de chegar pela primeira vez à Indonésia com Barry para se juntar a Lolo, Ann deixava o país pela última vez. Madelyn Dunham a encontrou em Honolulu e cuidou para que ela fosse atendida na Straub Clinic and Hospital. Vários dias depois, ela foi recebida por um gastroenterologista que, após uma semana, concluiu que o seu problema não era gastrointestinal. Em seguida, ela foi encaminhada a um oncologista que, na segunda semana de fevereiro, diagnosticou a doença como câncer de ovário e de útero em terceiro estágio. De acordo com a correspondência entre ela e o plano de saúde, a doença parecia ter se espalhado para o abdome. Ela passou por uma histerectomia total e voltou para casa, o apartamento de Madelyn, no Dia dos Namorados,* para se recuperar sob os cuidados da mãe. Uma vez restabelecida dos efeitos imediatos da cirurgia, Ann iniciou uma série de seis meses de sessões de quimioterapia com o objetivo de, como ela descreveu, erradicar vestígios do câncer e evitar uma maior propagação.

Maya, que havia se formado na Universidade do Havaí, com um diploma de bacharel, passou o outono de 1994 viajando pelo sudoeste dos Estados Unidos e pelo México, na maior parte do tempo inacessível. Depois

---

*Nos Estados Unidos, o Dia dos Namorados é o Valentine's Day, Dia de São Valentim, celebrado em 14 de fevereiro, e não em 12 de junho, como no Brasil. [*N. dos T.*]

de machucar o joelho durante uma caminhada, ela passou vários dias em um bar no Grand Canyon, tomando café e lendo romances de William Faulkner, Tony Hillerman e Ernest J. Gaines. No bar, e usando um lápis, ela preencheu um formulário de inscrição para a pós-graduação na faculdade de educação da Universidade de Nova York (NYU). Vários meses depois, na Cidade do México, ela telefonou para a sua avó em Honolulu e descobriu que tinha sido aceita em um programa de mestrado. Ela se mudou para Nova York no fim de dezembro e conseguiu um emprego como garçonete que cobria as despesas com o aluguel. Depois de uma semana no trabalho, recebeu uma ligação de Madelyn. Ann havia voltado de Jacarta. A apendicite não era apendicite. Era câncer.

Barack, por sua vez, estava em Chicago, fazendo malabarismos para dar conta de diversas atividades simultâneas. Na época do diagnóstico da sua mãe, ele já estava formado há três anos na faculdade de direito e era sócio de um escritório de advocacia de Chicago, especializado em casos que envolviam a lei de direitos civis; ele dava aula em meio período na faculdade de direito da Universidade de Chicago; seu livro de memórias, *A origem dos meus sonhos*, que um agente literário o tinha encorajado a escrever após a eleição para a *Harvard Law Review*, teve a data da publicação marcada para agosto de 1995; e ele começara a se articular para possivelmente concorrer a um cargo público pela primeira vez. A acusação, em agosto de 1994, contra o deputado do Segundo Distrito de Illinois, Mel Reynolds,* havia levado a senadora estadual do distrito de Obama, Alice Palmer, a sondar a possibilidade de ocupar o assento de Reynolds. Na época em que Palmer anunciou a sua candidatura para o Congresso, em junho de 1995, Obama já havia lançado as bases de sua campanha para ocupar o lugar dela. Em 19 de setembro de 1995, ele anunciou oficialmente que estava embarcando na sua primeira campanha política — a candidatura a uma vaga no Senado pelo Estado de Illinois.

---

*Em agosto de 1994, Mel Reynolds foi acusado de abuso sexual contra uma jovem de 16 anos que fora voluntária durante a sua campanha, em 1992. Em 1995, ele foi considerado culpado e renunciou em outubro do mesmo ano. [*N. dos T.*]

Em Honolulu, Ann seguia em frente, corajosamente. Suas correspondências mostram que Barry a ajudou com os formulários e cartas do plano de saúde, logo depois da cirurgia. Depois de um curto período, ela se mudou para um apartamento no mesmo prédio, enquanto sua mãe tentava estimulá-la a voltar a viver normalmente. O seu cabelo caiu, mas, afora isso, ela parecia tolerar bem o tratamento. Ela foi a concertos e seminários na universidade, tendo adquirido uma coleção de turbantes e lenços coloridos. "Ela parecia alegre como sempre", disse Michael Dove, o antropólogo que Ann conhecera em Java e no Paquistão e que agora estava no East-West Center. "Até fisicamente ela estava igual, exceto, eu acho, por ter perdido o cabelo e estar usando um lenço." Quando o seu velho amigo Pete Vayda e a esposa chegaram ao Havaí, de férias, ela insistiu em ir com eles a um luau, uma festa havaiana tradicional. Ela participou de caminhadas na Ala Moana Beach Park com os Solyoms — e com Maya, quando ela veio visitá-la. Georgia McCauley, amiga dela de Jacarta que agora voltava ao Havaí, a encontrava toda semana. A irmã de Madelyn, Arlene Payne, telefonava regularmente da Carolina do Norte e, a pedido de Ann, enviava livros — a maioria de autores franceses, notadamente Proust e Sartre.

Ann também continuou trabalhando. Quando Alice Dewey passava pelo apartamento, encontrava Ann no computador. Gillie Brown enviou relatórios sobre o progresso do projeto em Jacarta para Ann editar. Ann dava conselhos sábios a Brown. Apesar da sua juventude e inexperiência, com a saída de Ann, Brown tinha assumido a função de líder da equipe. Ela era ambiciosa no trabalho e impaciente com o rígido código de comportamento feminino inculcado pelo governo Suharto. Em seu primeiro encontro com a ministra de Estado para o Papel da Mulher, Brown recebeu aquilo que ela mais tarde iria chamar de uma palestra sobre a importância do batom — que ela não estava usando. Como filha de um fazendeiro de Gales, ela sabia que os agricultores cuidavam bem de suas vacas por uma razão: vacas traziam renda. Brown achava que Suharto cuidava do bem-estar das mulheres indonésias do mesmo modo que um agricultor cuida do seu rebanho. Por isso, as estatísticas de saúde e educação para as mulheres na Indonésia eram tão boas. Quando ela reclamava para Ann que nada na Indonésia estava mudando, Ann ria. "Se você conseguir ver progresso em questões de gênero em um período de dez anos, é sinal de que está indo bem." Os conselhos de Ann para a jovem sobre como lidar com as pessoas eram práticos. "Ela sempre ria primeiro e dizia: 'Por que você não faz deste jeito?'", lembrou Brown. Com mulheres indonésias mais velhas, de mais alto status, Ann sugeriu que Brown recuasse. Ela podia prever, e Brown não, que a mudança acabaria por vir. "Não fique frustrada e infeliz", Ann parecia estar dizendo. Concentre-se naquilo em que você pode fazer a diferença. Aceite que o progresso leva tempo.

Discretamente, Ann também estimulou Brown a examinar as regras básicas da sua própria vida. Brown era casada, mãe de três filhos e a "fonte de rendimento complementar" da família — o papel para o qual mulheres casadas na Indonésia eram designadas pela lei, Brown me disse. Vinda de uma área conservadora de Gales Ocidental, ela sentia que já havia empurrado as barreiras até o limite. Se tivesse clamado por ainda mais independência — por coisas para si mesma, tais como uma carreira e uma identidade independente da de sua família —, teria se sentido egoísta. Ann inspirava Brown, em suas discussões por telefone e e-mail sobre os limites da vida das mulheres indonésias, a reconsiderar a própria vida. "Eu acho que Ann estava tentando dizer, do jeito mais sutil possível: 'Bem, na verdade, você tem essas restrições em sua própria vida...'", Brown me disse. "Acho que havia um respeito mútuo em tentarmos viver as nossas vidas de forma diferente. Era como se ela dissesse: 'Existe mais: existe você.'"

O pagamento de Ann por seu trabalho, em Jacarta, incluía o plano de saúde que cobria a maior parte dos custos de seu tratamento médico. Ela até havia feito um exame médico, a fim de se qualificar — exame esse que ela disse ter requerido seis visitas a consultórios diferentes em Jacarta. De volta ao Havaí, o hospital enviava a cobrança para o plano de saúde, deixando por conta de Ann o pagamento das taxas básicas do plano e das despesas que não faziam parte da cobertura, que, segundo ela, chegavam a várias centenas de dólares por mês. Para cobrir esses gastos, bem como o custo de vida, ela entrou com um pedido distinto pela apólice do seguro para invalidez. Essa apólice, no entanto, continha uma cláusula que permitia à companhia negar qualquer pedido relacionado a uma condição médica preexistente. Se até três meses antes de começar a trabalhar um paciente fosse a um médico ou recebesse tratamento para a doença que causou a incapacidade, o plano de saúde não reembolsaria o paciente.

No final de abril, um representante do plano de saúde CIGNA notificou Ann de que a empresa tinha começado a avaliar a sua reivindicação. (De acordo com o CIGNA, a apólice para pessoas incapacitadas foi subscrita pela Life Insurance Company of North America, uma subsidiária do CIGNA.) Nesse meio-tempo, o representante sugeriu que Ann tentasse descobrir se ela era elegível para benefícios do sistema de previdência social do governo. Ann já havia sido informada por funcionários da previdência social, em Honolulu, que não era elegível: ela não acumulara créditos suficientes nos últimos dez anos para se candidatar ao benefício de renda para incapacitados, e também era inelegível para os benefícios do programa de renda suplementar para pessoas incapacitadas ou com deficiência, porque ela possuía um ativo maior que 2 mil dólares, uma Conta Individual de Aposentadoria. Em resposta à carta do CIGNA, Ann enviou de volta cópias de cartas da previdência social e outra meia dúzia de documentos que o CIGNA havia solicitado com uma carta de quatro páginas que incluía uma cronologia detalhada da sua doença. "Durante os três meses anteriores à minha entrada na DAI, o único médico com que me consultei foi a dra. Barbara Shortle, uma ginecologista de Nova York", escreveu Ann. "A dra. Shortle fez um exame de rotina anual em maio de 1994, incluindo exame de Papanicolaou e um exame pélvico. Ela me indicou um laboratório para uma mamografia e uma ultrassonografia. Seguindo o conselho do radiologista do laboratório, eu também fiz uma mamografia. Nenhum desses exames indicou que eu tinha câncer. O exame pélvico indicou útero dilatado, mas essa é uma condição que eu já tinha há cerca de cinco anos."

A carta de Ann não mencionava um único procedimento, a dilatação e curetagem.

No fim de junho, o CIGNA não tinha tomado nenhuma decisão sobre o pedido de benefício para incapacitados de Ann. Um representante lhe disse que a empresa estava à espera de ouvir Shortle. Ann enviou, por fax, uma carta a Shortle, que ela não via desde a consulta, 13 meses antes. Explicou que estava sendo tratada de câncer de ovário no Havaí e o seu pedido de benefício para deficientes e incapacitados estava sob avaliação há meses, enquanto o CIGNA investigava se o câncer era uma condição preexistente. Ela disse que dera o nome de Shortle para o CIGNA, que, por sua vez, tinha enviado um fax a Shortle pedindo mais informações. Duas semanas depois, o CIGNA enviou outra carta para Ann, dirigida desta vez ao "sr." Dunham. Entre outras coisas, a carta dizia: "Se não recebermos as informações solicitadas ou algum retorno seu em 30 dias, a contar do recebimento desta carta, vamos considerar que você já não está reivindicando benefícios sob o seu Plano de Invalidez Permanente."

Em um dos vários rascunhos de resposta ao CIGNA, Ann escreveu, friamente, uma objeção àquele tratamento.

> Tendo em vista que eu enviei a vocês uma montanha de formulários e uma longa carta a respeito da minha doença, que é câncer de ovário, estou surpresa que vocês não estejam cientes de que eu sou uma mulher. Sei que é incomum para uma mulher ter o primeiro nome de um homem, mas eu tenho assinado as minhas correspondências para vocês com o meu nome do meio, Ann. Também nos falamos por telefone no mês passado. Sabendo, além disso, que o meu pedido está pendente há cinco meses, sou forçada a me perguntar se ele está recebendo a devida atenção.

Em meados de agosto, o CIGNA negou o pedido de Ann por causa da sua visita à ginecologista, em Nova York, dois meses e meio antes de ela começar a trabalhar em Jacarta. As anotações feitas por Shortle no consultório indicavam que ela estava formulando uma hipótese de câncer de útero, apesar de Ann dizer que Shortle jamais havia discutido essa hipótese com ela. Quando conversei com Shortle, ela disse que era bem possível que não tivesse mencionado a Ann ser essa a sua suspeita. "Sempre que você faz uma dilatação e curetagem em uma mulher que tem sangramentos eventuais, você está fazendo isso para afastar a hipótese de câncer do útero", disse. Mas, segundo ela, o procedimento pode ser terapêutico, bem como de diagnóstico. Naquele momento, não poderia dizer a uma paciente a sua opinião.

Ann pediu a revisão da recusa e informou ao CIGNA que estava transferindo o caso para os cuidados do "meu filho e advogado Barack Obama". Anos mais tarde, durante a campanha presidencial e até mesmo após a sua eleição, Obama faria referências à experiência da mãe, ainda que de forma resumida, ao defender a necessidade de uma reforma no sistema de saúde dos Estados Unidos. Embora muitas vezes ele tenha sugerido que o plano de saúde se recusara a dar cobertura a ela por causa de uma condição preexistente, parece, pela correspondência dela, que a recusa foi apenas para a cobertura por invalidez.

Ann, caracteristicamente, esperava pelo melhor. Se tudo corresse bem, a quimioterapia seria concluída até o final de agosto, e dois meses depois disso os efeitos colaterais cessariam. "Então, supondo que eu entre em remissão e a doença não volte, devo retornar ao trabalho em novembro", ela escreveu ao CIGNA em maio. Como ela precisaria de acompanhamento e de exames de sangue regularmente, seria difícil aceitar um compromisso internacional de longo prazo novamente. "Em vez disso, eu pretendo fazer trabalhos de curto prazo para a DAI, que me permitirão voltar ao Havaí para exames gerais de tempos em tempos", ela escreveu.

Quando os amigos lhe telefonavam, Ann muitas vezes evitava falar de sua doença. Em uma série de conversas com o irmão mais novo de Madelyn, Jon Payne, eles brincaram de disputar o título de ovelha negra da família, perguntando-se por que tinham perdido o contato. Para Made Suarjana, ligando de Bali, Ann insistiu em dizer que estava bem. Ele começou a notar, no entanto, que a sua voz soava diferente. Slamet Riyadi, um colega do Banco Rakyat Indonesia, se sentia desconfortável só de perguntar sobre a sua saúde. Em vez disso, ele lhe disse que iria orar por ela. Dick Patten saiu de uma conversa telefônica acreditando que Ann tinha vencido o câncer. Julia Suryakusuma recebeu uma carta de Ann que, ela só se permitiu entender mais tarde, era destinada a lhe dizer que a sua amiga estava morrendo. Quando Rens Heringa telefonou de Los

Angeles em uma viagem, vindo da Holanda, Ann implorou que ela fosse até o Havaí, mas Heringa não podia. Ann deixou claro para Heringa que sabia que nunca iria melhorar. Por que ela se forçava a continuar com a quimioterapia?, Heringa se perguntava. Ann se recusava a desistir da esperança. "Mesmo quando sabia estar gravemente doente, provavelmente não era uma questão de negação, mas de acreditar de fato que não estava pronta para morrer", disse Suryakusuma.

Ann Hawkins, que Ann conhecera 15 anos antes, nas montanhas acima de Semarang, na costa norte de Java, percebeu que Ann estava extremamente doente. Hawkins me disse que, com algumas pessoas, Ann parecia manter a conversa leve, para que pudesse pensar em coisas mais felizes. Mas Ann falou honestamente com Hawkins. "Ela realmente não costumava falar sobre a sua vida, mas eu sempre tive a sensação de que Ann se sentia muito privilegiada. Ela percebeu, sim, que a sua vida estava sendo interrompida. Mas, ao mesmo tempo, teve uma vida extraordinária... E acho que ela sabia disso. Eu acho que ela *mostrava* isso, na forma como tratava as outras pessoas. Ela sentiu uma enorme abundância — essa é a palavra — não só na sua própria existência, mas no mundo ao seu redor."

Hawkins esticou os braços para a frente, com as palmas das mãos viradas para cima.

"Eu vejo a Ann mais ou menos assim, com as mãos para fora, dando", ela disse. Segundo ela, eram gestos de generosidade, intensidade e compaixão.

No início de setembro, Ann disse adeus à sua amiga Georgia McCauley, que conhecia desde a época da Fundação Ford, quando também era amiga do marido de McCauley, David. Em suas visitas semanais ao longo dos meses anteriores, as duas mulheres tinham conversado muito sobre os seus filhos e raramente sobre a doença de Ann. Agora, os McCauleys estavam de mudança. "Foi difícil, porque nós duas meio que já sabíamos que não nos veríamos mais", Georgia McCauley lembrou. Ann dizia que acreditava que Barack ficaria bem: ele estava feliz e Ann achava que Michelle seria uma boa companheira. "Ela só estava preocupada com a Maya", lembrou McCauley. "Você vai tomar conta da Maya? Fique de olho na Maya."

"Ela estava dizendo algo muito profundo", McCauley me contou. "Mas era algo como o fim de uma conversa, como quando se está indo embora. Ninguém quer enfrentar o óbvio."

Ann tinha dito a McCauley muitas vezes que não queria que os filhos dela a vissem naquele estado. Mas, nas semanas que se seguiram, McCauley disse: "De vez em quando, eu me perguntava se talvez devesse ligar para o Barry, insistir com ele. Eu pedi a Maya para conversar com ele. Eu falei: 'Vocês todos precisam entender que isso vai acontecer muito em breve.' Mas eu não o conhecia bem o suficiente. Achei que era uma espécie de presunção minha dizer a ele o que fazer. Eu sei que eles se falavam. É uma questão difícil de lidar."

Em meados de setembro, Ann e Madelyn foram de avião para Nova York para uma série de consultas no Memorial Sloan-Kettering Cancer Center, considerado por muitos o centro especializado em câncer mais respeitado do país. Um oncologista no Sloan-Kettering tinha concordado em dar a Ann uma segunda opinião. Maya, trabalhando em tempo integral como professora enquanto fazia sua pós-graduação, encontrou a mãe e a avó no Aeroporto de La Guardia. Ann apareceu no terminal em uma cadeira de rodas, parecendo atordoada e assustada. Madelyn, a um mês de seu 73º aniversário, sofria de fortes dores nas costas. Elas traziam os registros médicos de Ann, raios X e lâminas da biópsia do tumor. Elas se instalaram no Hotel Barbizon, no leste de Manhattan, perto do hospital. Barack, de volta da sua turnê de lançamento do livro e a uma semana de anunciar a sua candidatura para o Senado do Estado de Illinois, chegou de Chicago, com Michelle. Nas primeiras duas consultas no Sloan-Kettering, Ann passou por exames físicos; ela entregou os registros para o médico e as biópsias do tumor para reavaliação do departamento de patologia. Depois, voltou ao hotel para esperar.

Maya e Ann caminharam pelo Central Park, compraram sorvete de iogurte, passearam à toa entre bancas brilhantes de peixes defumados e queijos no Zabar's, a lendária loja de alimentos na Broadway no Upper West Side. Assistiram a um filme de nenhum interesse particular para nenhuma das duas, Maya sentada ao lado da mãe, segurando a mão dela. Quando

UMA MULHER SINGULAR • 303

terminou, Maya perguntou a Ann o que havia achado do filme. Era uma boa distração, ela disse, do tumulto que estava dentro dela. Anos depois, Maya se lembraria das suas incertezas sobre a melhor forma de ajudar a mãe — se incentivá-la a falar sobre o que ela estava sentindo ou simplesmente ficar perto dela. Maya pensou que, se conseguisse apenas concluir o semestre na Universidade de Nova York e na escola onde lecionava, poderia voltar para casa, no Havaí, e ficar com a mãe o tempo que fosse preciso.

No dia 15 de setembro de 1995, o oncologista recebeu Ann uma segunda vez. Com base na reavaliação das células tumorais e nos padrões da doença, ele acreditava que o câncer de Ann era do útero, não do ovário, e estava em estágio quatro, e não três. Ele recomendou que o médico de Ann em Honolulu mudasse para uma quimioterapia com base em outra droga, adriamicina ou doxorrubicina. A taxa de sobrevivência para mulheres nas condições de Ann era baixíssima, ele alertou, e 60% das pacientes não reagiam positivamente às drogas que ele estava sugerindo. Mas, se funcionasse, Ann talvez pudesse ter esperança de retardar o reaparecimento da doença e teria um período relativamente sem sintomas.

De volta a Honolulu, o novo tratamento se provou fatigante. As conversas de Arlene Payne com a sua sobrinha se tornaram cada vez mais curtas. Ann nunca teve tendência a arrependimentos. Se ela se arrependia de algo nesse momento, não era de ter deixado a Indonésia mais cedo para obter tratamento médico, contou-me Payne. "Mas ela lutou durante o tempo que pôde. Depois, ela meio que desistiu e apenas viveu o resto da sua vida." A Quarta Conferência Mundial das Nações Unidas sobre as Mulheres foi realizada em Beijing. Pela avaliação do Women's World Banking, havia corrido bem. Grande parte da linguagem martelada no relatório do grupo de especialistas em mulheres e finanças, em que Ann tinha desempenhado um papel central, foi incorporada ao plano de ação endossado pelos delegados, em Beijing. Hillary Rodham Clinton, na época primeira-dama dos Estados Unidos, participou de um painel sobre microcrédito que o Women's World Banking ajudou a organizar. Pela primeira vez, o microcrédito parecia conquistar, com destaque, a atenção de todo o mundo. Nina Nayar, a jovem "protegida" de Ann no Women's

World Banking, retornou da China passando pela Índia, depois viajou até Honolulu para ver Ann. A juba de cabelos escuros de Ann tinha desaparecido. Mas ela estava arrumada, como sempre, para a ocasião. "O turbante se torna você", Nayar disse a ela, carinhosamente. "Eu acho que é ainda mais majestoso." Nayar recordou aquela visita contando que ela e Garrett Solyom enfiaram Ann na cadeira de rodas e partiram para uma última viagem de trabalho de campo. Afinal, era a primeira visita de Nayar ao Havaí. Elas fizeram piquenique ao pôr do sol e experimentaram as comidas havaianas favoritas de Ann. Depois de Ann insistir, elas subiram até o Nu'uanu Pali State Wayside, onde os ventos alísios sobem o penhasco formado pelo que resta do vulcão Ko'olau e rugem pelo meio das rochas do Pali Pass como se passassem por um funil. Lá, não muito longe de túneis por onde o tráfego atravessa a montanha e, de ponta a ponta de O'ahu, há uma vista panorâmica do verdejante vale Nu'uanu, da baía Kaneohe, e da cidade praiana de Kailua. Lutando com a cadeira de rodas contra o vento e tentando segurar o chapéu de Ann, Nayar e Solyom manobraram Ann até o ponto ideal. 'Foi o mesmo sentimento de chegar ao topo da pirâmide", disse Nayar. "Foi provavelmente um presente de despedida."

No início de novembro, durante uma ligação a cobrar para a sua mãe de um telefone público próximo ao *campus* da Universidade de Nova York, Maya percebeu que Ann parecia momentaneamente confusa.

"Sabe de uma coisa, mãe?", ela disse. "Estou indo. Eu vou dar um jeito. Vou fazer todos os trabalhos finais que faltam. Estou indo. Vejo você aí logo logo."

"Ela disse 'ok'", Maya recordou. "Eu falei que estava com medo. E ela retrucou: 'Eu também.' E então: 'Eu amo você.' E foi isso."

No dia 7 de novembro, Maya foi para Honolulu, sem saber o que iria encontrar. Ann estava inconsciente e magra. Para Maya, ela parecia estar faminta. Mas estava viva, como se tivesse esperado. Maya tomou o lugar de Madelyn ao lado da cama de Ann, no quarto do hospital, para que sua avó pudesse ir para casa. Então, ela começou a falar. Falou sobre tudo o que Ann tinha dado a ela, sobre como ela seria lembrada com amor. Maya tinha trazido consigo um livro de contos do folclore crioulo que estava lendo com os seus alunos como parte de um estudo dos mitos de origem. Começou a ler em voz alta. Em uma história, uma pessoa foi transformada em pássaro. Depois, o pássaro levantou voo.

"Eu lhe disse, finalmente, que ela deveria ir, que eu não queria vê-la assim", Maya lembrou. "E ela se foi cerca de quinze minutos depois."

Barack diria mais tarde que não estar ao lado da cama de sua mãe quando ela morreu foi o maior erro que cometeu.[1] Ele estava em casa, em Chicago, quando recebeu a notícia. Os dois tinham se visto pela última vez em Nova York, em setembro, e conversado, segundo ele me disse, vários dias antes da sua morte, quando ela ainda estava consciente. "Ela estava no Havaí, em um hospital, e nós não sabíamos o quão rápido seria, e eu não cheguei lá a tempo", disse ele ao *Chicago Sun-Times*, em 2004.

A notícia se espalhou com rapidez. Dick Patten soube quando estava na Birmânia, onde trabalhava em um projeto para o Programa de Desenvolvimento da Organização das Nações Unidas — tentando ajudar o povo birmanês, como ele viria a dizer mais tarde, sem ajudar o governo birmanês. Don Johnston, a quem Ann tinha discretamente indicado o caminho da felicidade doméstica, soube na Indonésia, durante o trabalho de campo. Made Suarjana, em sua máquina de escrever, em seu escritório em Bali, chorou quando Maya telefonou. Ele me disse que, em uma cerimônia privada, sua família fez orações para ajudar a entregar o espírito de Ann ao próximo mundo. No Colorado, Jon Payne pediu ao padre da sua igreja para incluir a sua sobrinha nas orações da congregação. Afinal de contas, até onde Payne sabia, Ann vinha fazendo o que os cristãos sempre disseram que os santos faziam — ajudar as pessoas. "Ela não era uma pessoa particularmente religiosa, se é que era religiosa", disse Payne. "Mas ela fez mais coisas pelas pessoas do que muitos cristãos fazem."

Em Jacarta, Julia Suryakusuma montou um altar improvisado com uma mesa e um espelho de Bali na sala da casa de Gillie Brown, em Jalan Gaharu, Cilandak. Ela colocou uma fotografia de Ann no centro, ao lado de velas, flores, esculturas em madeira, *ikat*, biscoitos e bolos tradicionais da Indonésia. Como uma oferenda, Suryakusuma me disse. Ela enviou panfletos anunciando um encontro em memória de Ann. Na tarde de 13 de novembro, mais de vinte amigos apareceram. Houve um período de silêncio, seguido por uma meditação guiada, com música, liderada por um iogue australiano ("muitas coisas de que, privadamente, Ann riria", contou-me Don Johnston, às gargalhadas). Wahyono Martowikrido, o arqueólogo que tinha ajudado a apresentar Ann aos mistérios e significados das estampas no setor dos têxteis javaneses e aos formatos das joias de prata, e Johnston, o batista do sul de Little Rock, Arkansas, estavam lá. Também estavam Ong Hok Ham, o historiador, Yang Suwan, a antropóloga, e várias mulheres que tentaram iniciar uma filial indonésia do Women's World Banking. Estavam mulheres da equipe de Ann do Ministério para o Papel da Mulher. Havia mensagens enviadas por Bruce Harker, por Sabaruddin, o motorista de Ann, e outros. Depois da meditação guiada, amigos de Ann se divertiram contando histórias e lembranças sobre ela. Quando todos foram embora, Gillie Brown sentou-se e escreveu uma carta para Madelyn, Barack e Maya, no Havaí, listando quem havia ido à cerimônia, em Jacarta. "Os espíritos de todas essas pessoas estarão com vocês hoje, no Havaí, quando vocês disserem adeus a Ann", ela escreveu.

Em Honolulu, eles se reuniram no jardim japonês atrás do East-West Center, a instituição que encarnava, mais do que qualquer outra, o espírito do tempo em que Ann havia se tornado adulta e os valores pelos quais ela viveu. Eles se reuniram perto do córrego, cujo curso errante sob as árvores era destinado a significar o progresso de uma vida. O grupo de várias dezenas de pessoas incluía Madelyn Dunham, Maya e Barack, Michelle, Alice Dewey, os Solyoms, Nancy Peluso, Ann Hawkins, Michael Dove, Benji Bennington e outros — amigos próximos da pós-graduação, do East-West Center, de Jacarta, de Yogyakarta, de Semarang, do Paquistão e de Nova York. Eles também relembraram histórias de Ann. Depois, seguiram em direção ao leste, saindo de Honolulu para a Kalaniana'ole Highway, a estrada cheia de ventos que serpenteia ao longo da costa sudeste da ilha de O'ahu. Seguiram por ela, passaram o desvio para a baía Hanauma, onde a costa fica mais selvagem e grandes placas rochosas se inclinam em direção à água cor de anil. Estacionaram em um mirante

UMA MULHER SINGULAR • 307

panorâmico e saltaram dos carros. Por trás de um muro baixo feito de rochas vulcânicas, o penhasco descia em direção a um ponto distante com o formato de uma tábua de passar, alongando a arrebentação. Ali, agarrando-se um ao outro contra o vento, Barack e Maya levaram as cinzas de sua mãe de 52 anos, através das rochas polidas pela água, e as lançaram para o agitado abraço do mar.

Epílogo

Nos dias seguintes à sua morte, os herdeiros de Bu Ann voltaram o seu olhar para o horizonte.

Kellee Tsai, que tinha deixado o Women's World Banking para fazer pós-graduação, com o apoio de Ann, passou dois anos, na China, em trabalho de campo. Ela escreveu uma dissertação de quinhentas páginas e se tornou professora de ciência política e diretora de estudos do Leste Asiático da Universidade Johns Hopkins. Mas se orgulhava de ser uma antropóloga enrustida, combinando, em seu trabalho, amplas análises estatísticas com centenas de entrevistas de campo; havia aprendido com Ann a impossibilidade de compreender os números sem falar com as pessoas e conhecê-las. Na China, conheceu um norte-americano com quem se casou e com quem agora tem dois filhos. Em sua dissertação, escreveu que a memória de Ann, ao lado da de um outro amigo, "me seguiu para o campo e de volta a ele. Ambos teriam examinado cada página, nota de rodapé e gráfico desta dissertação".

Para Nina Nayar, assistente de Ann no Women's World Banking, era hora de romper com o papel da boa filha indiana. "Perder Ann foi um grande impacto, um momento em que pensei: 'Bem, a vida é curta'", lembrou Nayar. "Você tem de fazer o que quer fazer agora." Depois de quase vinte anos no exterior, Nayar decidiu, contra a vontade de sua família, se estabelecer na Ásia, e não nos Estados Unidos. Não foi fácil retornar à Índia como uma mulher solteira, em idade de casar, com parentes ao redor. "Esta foi a influência que Ann teve", disse Nayar. "Ela não fez as coisas que os seus pais ou a sociedade achavam ser apropriadas." Nayar passou dois anos em Bangladesh, trabalhando na construção de uma rede virtual de microcrédito, e boa parte dos três anos seguintes no Camboja, como consultora em desenvolvimento do setor de microcrédito. Quando ela e eu nos falamos pela primeira vez, em 2008, Nayar estava em Cabul e voltara a sua atenção para o papel do microcrédito em países pós-conflito. Em meados de 2010, ela havia trabalhado em quase trinta países, a maioria na África e na Ásia. Também tinha abandonado a sua resolução de permanecer solteira. Em vez disso havia se casado com um homem cujos valores lembravam os de Ann. Ela disse ter certeza de que Ann teria aprovado.

Gillie Brown, colega de Ann em Jacarta, foi contratada pelo Banco Mundial em 1996, com o respaldo do trabalho feito como substituta de Ann no projeto para fortalecer o Ministério de Estado para o Papel das Mulheres. No momento em que Suharto caiu, em 1998, e os funcionários do Banco Mundial foram evacuados da Indonésia, Brown já planejava pedir demissão e se unir ao marido e aos filhos, que haviam retornado mais cedo à Grã-Bretanha. Mas, quando o banco lhe ofereceu um emprego em Washington, ela própria se surpreendeu ao aceitar. Deixou os filhos na Grã-Bretanha com o marido. Ela me disse que nunca teria considerado um passo como esse se não tivesse conhecido Ann. Talvez houvesse mais de um caminho para ser uma boa mãe, afinal. Os filhos de Ann pareciam estar bem.

Maya, que tinha 25 anos quando a mãe morreu, mergulhou na profissão dos seus antepassados do Kansas. Ela foi trabalhar em uma escola nova no Lower East Side de Manhattan, que atendia a uma população majoritariamente pobre e latina. A equipe era jovem, o trabalho, exigente, a curva de aprendizagem, íngreme. Ela levava seus alunos aos museus de Manhattan, a fim de ampliar seus horizontes, e ao presídio municipal em Rikers Island, em alguns casos, para visitar os pais. Perto do final de cada período de pagamento, ela fuçava os bolsos do casaco para ver se tinha dinheiro para pagar a passagem. Logo após a morte de Ann, Maya se perguntou se deveria permanecer no Havaí e ajudar sua avó. "Então, eu pensei: 'Oh, meu Deus, a minha mãe não iria querer isso'", ela disse. "Eu tenho 25 anos de idade. É hora de crescer realmente."

Muitos anos antes, Maya dissera a Ann que estava pensando em casamento. Na época, era cinco anos mais velha que Ann quando esta havia se casado com Barack Obama (pai). Maya se dedicava a conseguir o diploma de mestrado, mas mal havia começado uma carreira. De acordo com Maya, Ann a aconselhou a esperar. Se o casamento fosse o que ela realmente queria, deveria fazê-lo. Mas precisava se conhecer bem o suficiente para saber quem iria satisfazê-la a longo prazo. As mulheres têm escolhas, Ann lembrou. Elas haviam atravessado o movimento feminista, ela disse, mas continuaram agindo como se não tivessem opções. Precisavam se perguntar o que realmente queriam, depois correr atrás e conquistar.

"Ela lembrava que não havia nada errado em querer fazer as coisas de forma diferente", Maya me disse. "Isso era muito esclarecedor."

Em 2002, Maya conheceu o seu futuro marido no East-West Center. Konrad Ng, um estudante da pós-graduação em ciência política, meio-chinês, meio-canadense, compartilhava um escritório no centro com o professor de artes marciais de Maya. Ela se mudara de volta para Honolulu vários anos antes para ajudar a avó e dava aulas em uma escola e na universidade, enquanto fazia o seu doutorado. No ano seguinte, Maya e Konrad Ng se casaram. Após o nascimento da sua primeira filha, Maya terminou a sua dissertação — escrita entre as 10h da noite e as 2h da madrugada, ela me disse — e recebeu o seu diploma de doutorado. Começou a lecionar história e a montar o currículo de uma escola para meninas, onde desenvolveu uma aula de educação para a paz. Começou a escrever livros, incluindo um para crianças, *Ladder to the Moon* [Escada para a lua], em que Ann aparecia uma noite para a filha mais velha de Maya, Suhaila, e a conduzia, por uma escada dourada, até a lua.

— Como era a vovó Annie? — Suhaila pergunta à sua mãe na história.

— Ela era como a lua — responde a mãe. — Intensa, suave e curiosa.

Barack, por sua vez, foi eleito para o Senado pelo estado de Illinois em novembro de 1996, um ano após a morte de sua mãe. A edição original de *A origem dos meus sonhos*, que foi publicada em 1995 e vendeu cerca de 9 mil exemplares em capa dura,[1] saiu em brochura no ano seguinte e não foi impressa novamente.[2] Obama concorreu, sem sucesso, para o

Congresso em 2000 e, em seguida, venceu as primárias democratas para o Senado dos Estados Unidos em março de 2004. Quatro meses depois, fez o discurso principal na Convenção Nacional Democrata, em Boston — o discurso que tornou conhecida pela primeira vez, para milhões de norte-americanos, a história do seu pai e da sua mãe e o transformou em uma sensação política nacional quase da noite para o dia.

A notícia correu rapidamente entre as pessoas que haviam conhecido Ann.

"Você assistiu à Convenção Democrata?", um ex-aluno de Alice Dewey escreveu em um e-mail para Nancy Cooper, antropóloga e também ex-aluna de Dewey.

"Sim, eu vi", respondeu Cooper.

"Você viu aquele cara que fez o discurso principal?"

"Sim."

"Você sabe quem é ele?"

"Não, não sei."

"É o Barry. O Barry da Ann."

Amigo de Ann de Mercer Island, John Hunt havia feito a ligação entre os dois na sala VIP de uma companhia aérea, no Aeroporto Internacional de Los Angeles, no dia em que o *Los Angeles Times* publicou um perfil de duas mil palavras sobre o primeiro presidente negro da *Harvard Law Review*. Em Yogyakarta, Djaka Waluja e Sumarni, ex-assistentes de Ann no trabalho de campo, não tinham ideia do que havia acontecido com Barry até uma foto dele com Ann, Lolo e Maya aparecer na televisão indonésia em uma reportagem sobre Obama durante a campanha presidencial de 2008. Quando Linda Wylie, outra colega de classe de Ann de Mercer Island, ouviu um amigo fazer a conexão entre os dois, depois do discurso na convenção de 2004, ela foi atrás de um exemplar do livro de Obama. A semelhança entre ele e sua mãe parecia inconfundível.

"No minuto em que vi a imagem, senti vontade de chorar", disse Wylie.

Além da semelhança física, as pessoas que conheceram Ann tinham certeza de que reconheciam no filho a marca dos valores dela, a sua autoconfiança, a sua inteligência. Havia até traços do seu humor ácido. Muitos

312 • JANNY SCOTT

se lembraram do orgulho que ela sentia dele e lamentaram que ela não tivesse visto o seu sucesso. Alguns se perguntaram o que ela teria achado da escolha dele de entrar para a política. Nancy Cooper se lembrou, algum tempo depois, de um diálogo que travara com Ann, durante a campanha presidencial de 1988. O reverendo Jesse Jackson, concorrendo à candidatura democrata, havia discursado na Universidade do Havaí — um discurso a que Cooper assistira. Quando ela e Ann conversaram sobre isso, Cooper ficou surpresa com a animação de Ann com Jackson e a sua aliança multirracial Rainbow Coalition. Ann parecia, Cooper me disse, "ter algum tipo de envolvimento especial com aquilo". Quando Cooper lhe perguntou sobre isso, Ann lhe disse que o pai do seu filho era africano. "Então, para mim, foi como se uma luz tivesse acendido", Cooper me disse. "Até aquele ponto, tudo o que eu sabia sobre ela estava associado a Java... Nesse momento, ela estava realmente entusiasmada com a campanha de Jackson. Era quase como se ela conhecesse Jesse Jackson."

Dois meses depois do discurso de Obama, em 2004, em Boston, o Crown Publishing Group reeditou *A origem dos meus sonhos*, que se tornou um best-seller instantâneo. O editor da nova edição havia pedido a Obama que escrevesse um prefácio curto, trazendo a sua história ao presente. Nele, Obama resumiu rapidamente o que havia acontecido em sua vida e no mundo, desde o ano em que o livro fora publicado pela primeira vez, no verão de 1995, quando Ann estava morrendo. Ele encerrou o prefácio em memória de sua mãe, "a única constante em minha vida".

> Eu a vejo todos os dias em minhas filhas, a sua alegria, a sua capacidade de deslumbramento. Eu não vou tentar descrever o quão profundamente ainda lamento a sua morte. Sei que era o espírito mais gentil, mais generoso que eu já conheci, e o que há de melhor em mim eu devo a ela.[3]

Quando nos encontramos, em julho de 2010, Obama era presidente há um ano e meio. Havia sido um verão escaldante. O governo chacoalhara com a guerra no Afeganistão, o maior derramamento de óleo da história, uma recuperação econômica que parecia, na melhor das hipóteses, incerta.

Naquela manhã, porém, Obama assinara uma lei que representava uma grande reformulação do sistema de regulação financeira, resultado de uma série de reformas que propusera treze meses antes. No momento em que se acomodou em uma cadeira no Salão Oval, naquela tarde, ele parecia sinceramente exultante. Falou sobre a sua mãe com admiração, humor e um grau de sinceridade que eu não esperava. Houve, por vezes, em seu tom, uma certa indulgência, com gentileza. Talvez tenha sido o tom de alguém cuja paciência foi testada por uma pessoa que ele amava, até o ponto em que ele se afastara, a uma distância segura. Ou talvez tenha sido a sabedoria de um filho crescido vendo a sua mãe como uma pessoa irremediavelmente humana.

"Do jeito dela, ela era uma pessoa muito forte", disse Obama, quando perguntei sobre as limitações de Ann como mãe. "Resiliente, capaz de se recuperar de reveses, persistente — veja o fato de que, no fim das contas, ela acabou até terminando a sua dissertação. Mas, apesar de todos esses pontos fortes, ela não era uma pessoa organizada. E essa desorganização, você sabe, transbordou. Eu acho que, se não fosse por meus avós, que deram uma espécie de rede de segurança financeira, sendo capazes de levar a mim e a minha irmã até determinado ponto, eu acho que a minha mãe teria de tomar algumas decisões diferentes. E acho que, às vezes, ela tinha o sentimento de que 'bem, tudo vai dar certo, vai ficar tudo bem'. Mas o fato é que poderia não ter ficado tudo bem, se não tivesse sido pela minha avó, que era muito mais ordeira e muito mais conservadora — eu não estou dizendo politicamente, mas conservadora em termos de como você estrutura a sua vida — uma pessoa bem mais convencional. Se ela não estivesse lá para prover aquela estrutura, creio que as nossas vidas poderiam ter sido bem mais caóticas do que foram."

Desorganizado, indaguei, pode significar quase qualquer coisa — desde uma casa bagunçada até uma vida bagunçada.

"Todas as alternativas anteriores", disse ele.

Quando criança, o presidente continuou, ele não se importava que sua mãe não estivesse interessada em cuidar da casa, cozinhar ou em atividades domésticas tradicionais. Na verdade, ela costumava fazer piada com isso.

Mas, ao cuidar de assuntos financeiros, ela se punha em uma posição vulnerável e sempre "no limite". Ele atribuiu a luta pelo seu plano de saúde, no final de sua vida, "ao fato de que ela nunca tomava uma decisão em relação a um trabalho com base em receber dele um plano de saúde que fosse estável e seguro, ou uma pensão, ou poupança, ou coisas assim". A sua negligência com esses detalhes foi uma fonte de tensão entre ela e os seus pais, "porque eles sempre sentiam que tinham de intervir e prestar assistência para suavizar algumas das escolhas dela".

Mas ele disse que não usa as escolhas de sua mãe contra ela. Parte de ser um adulto está em passar a ver os pais como equivalentes, "como pessoas que têm as suas próprias forças, fraquezas, idiossincrasias, desejos". Ele disse não acreditar que os pais fossem bons para os seus filhos sendo infelizes. Se a sua mãe tivesse controlado o espírito aventureiro, não lhe teria proporcionado uma infância mais feliz. Do jeito que era, ela lhe deu o presente mais importante que um pai pode dar — "a presença de um amor incondicional que era tão grande que, com todas as perturbações de nossas vidas, me sustentou, inteiramente". As pessoas se perguntam sobre a sua calma e seu jeito estável, sem grandes alterações, afirmou o presidente. Ele creditou esse temperamento a uma característica de nascença e ao fato de que "desde muito pequeno, eu sempre senti que era amado e que minha mãe achava que eu era especial".

Olhando para trás, disse ele, muitas das escolhas de sua vida foram guiadas pelo exemplo dela. Sua decisão de entrar para o serviço público cresceu de valores incutidos por ela — "uma certeza de que a melhor coisa que você pode fazer no mundo é ajudar alguém, ser gentil, pensar sobre questões como pobreza e como você pode dar às pessoas uma oportunidade melhor. Então, eu não tenho dúvida de que várias das minhas escolhas profissionais estão enraizadas nela e no que ela achava ser importante". Por outro lado, a decisão de se estabelecer em Chicago para casar com uma mulher daquela cidade e traçar o objetivo de dar estabilidade às suas filhas foi, em parte, uma reação ao "movimento constante que era a minha infância. E isso não é necessariamente uma rejeição a ela, é apenas uma observação sobre mim e sobre como eu me encaixava, ou não, em certos ambientes.

"A minha mãe viveu uma clássica vida expatriada, e há aspectos dessa vida que são muito atraentes", disse Obama, passando a caracterizar a vida da mãe de um modo que parecia, de certa forma, subestimar a profundidade e a seriedade do seu compromisso com a Indonésia. "Tanto a minha irmã quanto eu, de uma maneira ou de outra, lutamos com o fato de que é divertido simplesmente levantar voo e viver em uma nova cultura, conhecer pessoas interessantes, aprender novas línguas e comer comidas estranhas. Você sabe, é uma vida cheia de aventuras. Então, o apelo disso me parece muito poderoso. Agora, o outro lado dessa moeda é que você sempre é uma espécie de 'estranho', sempre é meio que um observador. Há um elemento de que você não está plenamente comprometido com esse lugar, essa coisa. Não é muito, eu acho, rejeitar o que ela fez; eu entendi o apelo disso e ainda entendo. Mas foi uma escolha consciente da minha parte ponderar sobre a ideia de que ser um cidadão do mundo, mas sem nenhuma âncora, tinha tanto os seus benefícios quanto as suas limitações.

"De qualquer maneira, você estaria desistindo de alguma coisa. E eu escolhi desistir dessa outra coisa — em parte porque tive o que minha mãe me proporcionou quando criança, que foi muita aventura e uma grande visão do mundo".

Houve um momento durante a campanha ou a eleição, eu perguntei, em que a sua mente se voltou para a sua mãe — a pessoa que lhe deu os valores, a autoconfiança e a história de vida que se tornaram a base da sua ascensão política extraordinária?

"Tenho certeza de que houve uma série de momentos", disse ele. "Mas houve um..."

Era dia 3 de janeiro de 2008, a noite das primárias de Iowa, o primeiro grande passo no processo de escolha do candidato à presidência.

"Nós estávamos trinta pontos atrás nas pesquisas nacionais", disse ele. "Todo mundo duvidava que pudéssemos virar o jogo. E toda a nossa teoria nas prévias de Iowa era de que poderíamos criar esse novo grupo inteiro de frequentadores de prévias — pessoas que não tinham se envolvido em política antes, pessoas que haviam se tornado cínicas e indiferentes à política. Havia dúvidas, obviamente, de que um candidato afro-americano

316 • JANNY SCOTT

obteria os votos em um estado com maioria esmagadora de brancos. Mas aí, na noite da prévia, você chega a esse lugar de votação e vê aparecendo apenas gente com o perfil em que focamos. E eles são de todo tipo, sabe? Jovens, velhos, negros, brancos, hispânicos — assim é Des Moines."

Obama começou a rir com a lembrança daquela noite, com o rosto iluminado e abrindo um sorriso largo.

"Tinha um cara que parecia o Gandalf", continuou ele. "Ele tinha uma equipe. Havia instalado um pequeno monitor de vídeo — eu ainda não sei como fez isso — que repetia um dos meus comerciais de TV naquele troço. Você sabe, ele tinha uma longa barba branca, essas coisas? Mas o clima e a atmosfera eram de esperança, e com essa ideia de que podemos superar muito do que vínhamos carregando. Foi um momento maravilhoso. Naquela altura, nós nos demos conta de que ganharíamos naquela noite."

"Mas eu me lembro de dirigir, depois daquela prévia, e, em vez de pensar 'Será que a minha mãe ficaria orgulhosa de mim?', pensar: 'Puxa, acho que ela iria se divertir *estando* nesta prévia.' Era como se ela estivesse logo ali, em casa. Tudo estava imbuído do seu espírito de uma maneira que foi muito comovente para mim. Comecei a chorar naquele momento, de um jeito que não chorei na maior parte da campanha. Porque aquilo parecia capturar, de alguma forma, algo que ela havia me dado quando pequeno — e lá estava isso, manifestado de maneira grandiosa. Parecia que era para reivindicar as coisas em que ela acreditava e quem ela era."

Perguntei se ele poderia dizer o que havia naquela noite que parecia tão condizente com o espírito dela.

"Foi uma sensação de que, apesar das nossas diferenças superficiais, somos todos iguais, e há mais coisa boa do que ruim em cada um de nós. E que, você sabe, podemos atravessar o vácuo, tocar uns nos outros, acreditar uns nos outros e trabalhar juntos."

"Isso é, precisamente, a ingenuidade e o idealismo que faziam parte dela", ele acrescentou. "E isso é, eu suponho, o idealismo ingênuo que tenho em mim."

Agradecimentos

Eu comecei a trabalhar neste livro no fim da primavera de 2008, antes de Barack Obama ser indicado como o candidato democrata a presidente. Em um momento em que fazer isso poderia não parecer razoável, muitas pessoas acreditaram em mim e me deram o benefício da dúvida. No texto e nas notas, indiquei as cerca de duzentas pessoas que reservaram o seu tempo para me ajudar a entender o meu tema. Com algumas delas eu tenho uma dívida extra de gratidão por novos atos de generosidade e bondade; há outras pessoas, também, que me ajudaram de diferentes formas. Gostaria de agradecer a elas aqui.

A família de Ann Dunham vem em primeiro lugar. Eu não poderia começar a compreender a infância e a vida dos seus pais sem a cooperação e abertura de Charles Payne, Arlene Payne, Jon Payne e Ralph Dunham. Eu não subestimo a magnitude do que pedi a Maya Soetoro-Ng, cujas memórias e revelações foram um presente, agraciado com um equilíbrio encantador de franqueza, lealdade e discrição. Sou grata também ao seu irmão por ter dispensado um tempo para conversar comigo na Casa Branca e pela sinceridade e emoção com que ele o fez.

No Havaí, Alice Dewey, inspiração para gerações de antropólogos, compartilhou comigo a sua paixão contagiante por Java, a sua ampla sabedoria e inúmeros papéis e cartas. Garrett e Bron Solyom me permitiram acesso aos cadernos de campo e a uma extensa papelada, meticulosamente arquivados por Bron. Eles me alimentaram, me ofereceram um lugar para trabalhar e me explicaram os mistérios de Java, os quais certamente duvidaram que eu jamais iria compreender. Marguerite Robinson, em Brookline,

Massachusetts, me deu um tutorial brilhante sobre o desenvolvimento do microcrédito na Indonésia, bem como me apresentou, de maneira inestimável, para os seus ex-colegas no Banco Rakyat da Indonésia.

Em Jacarta, eu sou especialmente grata a Agus Rachmadi, do Banco Rakyat da Indonésia, por atuar como meu guia no banco, e a Kamardy Arief, ex-diretor executivo. Made Suarjana pediu dispensa do seu trabalho para viajar de Kalimantan do Leste para Yogyakarta e passar alguns dias comigo por lá, em Kajar e em outras aldeias onde Ann trabalhou. Julia Suryakusuma partilhou comigo a sua correspondência maravilhosamente esclarecedora com Ann. John McGlynn, o escritor norte-americano e tradutor de literatura indonésia, fez comigo um passeio inesquecível por um dos últimos bairros que se assemelham à Jacarta que Ann encontrou em 1967. Taluki Sasmitarsi me acompanhou até as aldeias e mercados e me levou na garupa da sua moto para Yogyakarta.

Kris Hartadi, chamado ao trabalho na última hora, depois de um outro tradutor ser colocado em quarentena, em Cingapura, durante a pandemia do vírus H1N1, fez dois dias consecutivos de interpretação simultânea em Yogyakarta. Tita Suhartono e Yan Matius, em Jacarta, ajudaram com a pesquisa e me deram conselhos práticos de valor inestimável. Nos Estados Unidos, Alan M. Stevens, um de dois coautores de um abrangente dicionário indonésio-inglês, generosamente traduziu documentos, revisou o meu manuscrito e lançou luzes sobre coisas como ortografia e pronomes de tratamento indonésios.

Na Fundação Ford, em Nova York, Tony Maloney e Marcy Goldstein tornaram possível para mim ler dezenas de documentos nos arquivos da instituição. Em Kansas, Kim Baker garimpou registro público em busca de pistas sobre as vidas dos antepassados de Ann Dunham. Michael J. Rosenfeld, autor de *The Age of Independence: Interracial Unions, Same-Sex Unions, and the Changing American Family* (Harvard University Press, 2007), me forneceu estatísticas sobre casamento inter-racial. Em Nova York, Steven Rattazzi manteve o meu computador funcionando e deu ao meu manuscrito uma aparência impecável. Catherine Talese assegurou permissão para o uso de certas fotografias. Jill Bokor e Sandy Smith deixaram disponível um ninho sereno e iluminado para que eu escrevesse.

No *The New York Times*, Bill Keller, Jill Abramson e Dick Stevenson me deram a oportunidade de escrever extensamente sobre Barack Obama a partir da primavera de 2007, pouco tempo após ele ter declarado a sua candidatura, e de continuar a fazê-lo por um ano. Rebecca Corbett, que editou essas matérias, não vacilou quando propus um desvio para tratar da mãe do candidato. Com base nessa reportagem, Sarah McGrath, da Riverhead Books, propôs um livro sobre Ann, e a Riverhead me concedeu o tempo e os meios para pesquisar sobre a sua vida em profundidade. Sarah provou ser uma editora tão incisiva e solícita quanto se poderia esperar. Sou grato a Geoff Kloske, da Riverhead, e a Sarah Stein. Scott Moyers, da Wylie Agency, instilou a grande confiança de que nada poderia dar errado. Arthur Gelb, ex-editor administrativo do *The New York Times*, encorajou o projeto desde o seu início.

Mia e Owen Ritter, que me ensinaram muito do pouco que eu entendo a respeito de ser mãe, toleraram as minhas ausências, tiveram interesse no meu trabalho e ofereceram alegria e alívio em forma de diversão. Quanto a Joe Lelyveld, a quem sou devedora por incontáveis motivos, vou dizer aqui, simplesmente, que ele me deu conselhos infalivelmente sábios, sardinhas perfeitamente grelhadas, grande felicidade e, o melhor de tudo, a si mesmo.

Notas

Trabalhos mencionados parcialmente nas notas são citados na íntegra na Bibliografia.

PRÓLOGO

1. A grafia de certas palavras indonésias mudou após a Indonésia ganhar da Holanda a sua independência, em 1949, e novamente por causa de um acordo ortográfico de 1972 entre o país e a Malásia. *Dj*, como em Djacarta, foi substituído por *J*, como em Jacarta. A letra *J*, como em Jogjakarta, se tornou *Y*, como em Yogyakarta. Nomes contendo *oe*, como Soeharto, agora são muitas vezes escritos com *u*, como em Suharto. No entanto, as formas antigas ainda são usadas em alguns nomes pessoais. Tanto "Soeharto" quanto "Suharto" são utilizados para nomear o ex-presidente da Indonésia. Após divorciar-se de Lolo Soetoro, Ann Dunham Soetoro manteve o seu último nome por alguns anos, enquanto ainda trabalhava na Indonésia, mas depois ela mudou a grafia para Sutoro. A filha, Maya Soetoro-Ng, optou por manter a forma indonésia tradicional do sobrenome.
2. Barack Obama, *A origem dos meus sonhos*, xii.
3. Barack Obama, *A audácia da esperança*, 205-206.
4. Entrevista com o presidente Obama, 21 de julho de 2010.

1. SONHOS DA SAVANA

Quanto à história do Kansas, contei com Craig Miner, professor de história na Wichita State University, e o seu livro *Kansas: The History of the Sunflower State, 1854-2000*. Em relação à história do Condado de Butler, recebi ajuda inestimável de Lisa Cooley, curadora de educação no Butler County History Center & Kansas Oil Museum, em El Dorado, e de Jay M. Price, professor associado de história na Wichita State University e autor de *El Dorado: Legacy of an Oil Boom*. Eu me beneficiei da leitura de *Augusta, Kansas 1868-1990*, de Burl Allison Jr., na biblioteca pública de Augusta, e de um trabalho inédito, *The Klan in Butler County*, de Roxie

UMA MULHER SINGULAR • 323

Olmstead, no arquivo da biblioteca do Butler County History Center. Kim Baker, um pesquisador baseado em Topeka, vasculhou em arquivos de jornais e registros públicos a história das famílias Dunham e Payne. A maioria do que eu escrevi sobre os primeiros anos de Stanley Dunham e Madelyn Payne veio de longas entrevistas com Ralph Dunham, irmão de Stanley, e Charles, Arlene e Jon Payne, irmãos de Madelyn. Uma prima dos Paynes, Margaret McCurry Wolf, também me auxiliou com a história da família. Clarence Kerns, Mack Gilkeson e Virginia Ewalt, contemporâneos de Stanley Dunham e Madelyn Payne, me ajudaram a entender o lugar e a época em que eles cresceram. Ian Dunham, o neto de Ralph Dunham, me ofereceu orientações valiosas.

1. Burl Allison Jr., *Augusta, Kansas 1868-1990* (Hillsboro, KS: Multi Business Press, 1993).
2. Jay M. Price, *El Dorado: Legacy of an Oil Boom*.
3. Barack Obama, *A origem dos meus sonhos*, 14.
4. Jack Wayne Traylor, "William Allen White's 1924 Gubernatorial Campaign", *Kansas Historical Quarterly*, 42, no. 2, 180-191.
5. Obama, *A origem dos meus sonhos*, 14.
6. Martin Shingler, "Bette Davis Made Over in Wartime: The Feminization of an Androgynous Star in *Now, Voyager* (1942)", *Film History*, 20 (2008), 269-280.
7. Obama, *A origem dos meus sonhos*, 19.

2. VIRANDO ADULTA EM SEATTLE

Este capítulo é baseado em grande parte em entrevistas e correspondências com Marilyn McMeekin Bauer, Susan Botkin Blake, Maxine Hanson Box, Bill Byers, John Hunt, Elaine Bowe Johnson, Stephen McCord, Jane Waddell Morris, Marilyn O'Neill, Raleigh Roark, Iona Stenhouse, Jim Sullivan, Kathy Powell Sullivan, Chip Wall, Jim Wichterman e Linda Hall Wylie. Também entrevistei Thomas Farner e Judy Farner Ware, cuja falecida irmã, Jackie Farner, era amiga de Stanley Ann. Sobre Madelyn e Stanley Dunham durante esse período, estou novamente em dívida com os seus irmãos Charles Payne, Arlene Payne, Jon Payne e Ralph Dunham. O reverendo dr. Peter J. Luton, ministro sênior na East Shore Unitarian Church, me ajudou com a história da igreja, assim como fez Judy Ware. O relato do caso contra John Stenhouse é baseado em informações dadas por sua filha Iona e em reportagens contemporâneas do *The Seattle Times*.

1. Obama, *A origem dos meus sonhos*, 16.

3. ORIENTE-OCIDENTE

Quanto às estatísticas sobre o Havaí em 1960, confiei no *State of Hawaii Data Book*, publicado em 1967 pelo Department of Planning and Economic Development. Na Universidade do Havaí e no East-West Center, li várias edições, publicadas em diferentes anos, do jornal estudantil *Ka Leo O Hawai'i*, e edições passadas da *Impulse*, revista publicada pelos contemplados com bolsa do East-West Center. No East-West Center, recebi a ajuda de Karen Knudsen, diretora do escritório de relações exteriores; Derek Ferrar, especialista em relações de mídia; e Phyllis Tabusa, especialista em pesquisa de informações. Jeannette "Benji" Bennington, agora aposentada pelo centro, forneceu revelações e histórias. Mia Noguchi, diretor de relações-públicas da universidade, e Stuart Lau, o secretário, me ajudaram com estatísticas e fatos. Usei entrevistas com ex-alunos, entre eles Bill Collier, Gerald Krausse, Sylvia Krausse, Jeanette Takamura, Mark Wimbush e Pake Zane. Em relação à família Dunham, me apoiei em entrevistas com Charles, Arlene e Jon Payne; Ralph Dunham e Maya Soetoro-Ng. Também usei informações tiradas de entrevistas com Marilyn Bauer, Maxine Box, Bill Byers, Takeshi Harada, Renske Heringa, Richard Hook, John Hunt, Kay Ikranagara, Kadi Warner e Linda Hall Wylie. No que concerne a Lolo Soetoro, falei com Benji Bennington, Bill Collier, Gerald e Sylvia Krausse, Kismardhani S-Roni, Maya Soetoro-Ng, Trisulo, Sonny Trisulo e Pete Vayda. Para cobrir os acontecimentos de 30 de setembro de 1965 e os efeitos posteriores na Indonésia, me baseei em *A Nation in Waiting: Indonesia's Search for Stability*, de Adam Schwarz, e *A History of Modern Indonesia*, de Adrian Vickers.

1. Obama, *A origem dos meus sonhos*, 21.
2. Ibid., 9.
3. Michael Dobbs, "Obama Overstates Kennedys' Role in Helping His Father," *The Washington Post*, 30 de março de 2008, A1.
4. *Ka Leo O Hawai'i*, 8 de outubro de 1959, 3.
5. *Honolulu Star-Bulletin*, 28 de novembro de 1959, 5.
6. "First African Enrolled in Hawaii Studied Two Years by Mail," *Ka Leo O Hawai'i*, 8 de outubro de 1959, 3.
7. Obama, *A origem dos meus sonhos*, 10.
8. Ibid., 22.
9. *Honolulu Star-Bulletin*, 20 de junho de 1962, 7
10. *A origem dos meus sonhos*, 26-27.
11. Ibid., 18.
12. Ibid., 19-20.
13. Ibid., 21.
14. Ibid., 17-18.

15. David Mendell, *Obama: From Promise to Power* (New York: Amistad, 2007), 29.
16. Obama, *A origem dos meus sonhos*, 125.
17. Ibid., 126.
18. Dan Nakaso, "Obama's Tutu a Hawaii Banking Female Pioneer," *Honolulu Advertiser*, 30 de março de 2008.
19. Os indonésios são chamados pelo primeiro nome, geralmente precedido de um título, nunca pelo sobrenome, se tiverem um. O equivalente em indonésio a *Sr.* é *Bapak*, que significa "pai", ou, na sua forma abreviada, *Pak*, como em Pak Soetoro. O título é uma expressão de respeito por posição, idade e outros atributos. Às vezes, o nome é encurtado, como em Pak Harto para Soeharto. O equivalente a *Sra.* é *Ibu*, que significa "mãe" ou "mulher casada", ou *Bu*, tal como em Bu Ann. No entanto, porque escrevi este livro em inglês e muitos dos nomes são ocidentais, eu tendo a empregar sobrenomes nas referências seguintes, por razões de coerência e quando é possível. No caso dos membros da família de Ann Dunham, muitas vezes usei os primeiros nomes.
20. Obama, *A origem dos meus sonhos*, 42.
21. Adam Schwarz, *A Nation in Waiting*, 21.
22. Ibid., 20.
23. Data indicada no pedido de passaporte preenchido por Ann Dunham no início de 1980, conforme mostram os seus documentos pessoais.

4. INICIAÇÃO EM JAVA

A descrição de Jacarta e da Indonésia no final dos anos 1960 e início de 1970 e detalhes da vida de Ann foram reconstruídos a partir de entrevistas com Halimah Bellows, Halimah Brugger, Elizabeth Bryant, Bill Collier, Stephen des Tombes, Michael Dove, Rens Heringa, Ikranagara, Kay Ikranagara, Samardal Manan, Wahyono Martowikrido, John McGlynn, Saman, Garrett e Bronwen Solyom, Sumastuti Sumukti e Yang Suwan. Também me baseei em *A History of Modern Indonesia*, de Adrian Vickers, e *A Nation in Waiting*, de Adam Schwarz. Para falar do emprego de Ann, sou grata a Irwan Holmes, Kay Ikranagara, Trusti Jarwadi, Leonard Kibble, Samardal Manan, Felina Pramono, Joseph Sigit, Sudibyo Siyam e Stephen des Tombes. Informações sobre o Institute for Management Education and Development também vieram dos arquivos da Fundação Ford. Para reconstruir os fatos sobre o trabalho de Lolo, contei com Trisulo, seu cunhado, e Sonny Trisulo, seu sobrinho. Revelações sobre Ann como mãe foram dadas pelos seus filhos, bem como por Richard Hook, Kay Ikranagara, Don Johnston, Saman, Julia Suryakusuma e Kadi Warner, entre outros.

1. Adrian Vickers, *A History of Modern Indonesia*, 158.
2. Schwarz, *A Nation in Waiting*, 33.

3. Obama, *A origem dos meus sonhos*, 43.
4. Ibid., 47.
5. Ibid., 42-43.
6. Ibid., 45.
7. Obama, *A audácia da esperança*, 205.
8. Obama, *A origem dos meus sonhos*, 49.
9. Koentjaraningrat, *Javanese Culture*, 122.
10. Obama, *A origem dos meus sonhos*, 47.
11. Ibid., 48.
12. Ibid., 54.
13. Obama, *A audácia da esperança*, 273.

5. INVASORES SERÃO COMIDOS

Para narrar os detalhes da viagem de ônibus de Ann em 1973, eu me baseei na sua carta a Bill Byers e em entrevistas com Jon Payne e Arlene Payne. As informações sobre a vida estudantil de Ann vieram de Benji Bennington, Evelyn Caballero, Alice Dewey, Mendl Djunaidy, Ben Finney, Jean Kennedy, John Raintree, Garrett e Bronwen Solyom, Kadi Warner e Brent Watanabe. Para as seções sobre as suas experiências em Jacarta e Yogyakarta em meados dos anos 1970, falei com Rens Heringa, Terence Hull, Kay Ikranagara, Wahyono Martowikrido, Nancy Peluso e Maya Soetoro-Ng. Eu também tive acesso a alguns dos registros acadêmicos de Ann e a sua correspondência com Alice Dewey.

1. Obama, *A origem dos meus sonhos*, 64.
2. Ibid., 67-69.
3. Ibid., 75.
4. Alice G. Dewey, *Peasant Marketing in Java*, xiv.
5. Koentjaraningrat, *Javanese Culture*, 176.
6. Bronwen Solyom, Symposium on Ann Dunham, Universidade do Havaí em Manoa, 12 de setembro de 2008.
7. Maya Soetoro-Ng, prefácio a *Surviving Against the Odds: Village Industry in Indonesia*, de S. Ann Dunham, ix-x.
8. Entrevista com Mendl W. Djunaidy, diretor associado, East-West Center, 7 de outubro de 2008.
9. Obama, *A origem dos meus sonhos*, 76-77.

6. NO CAMPO

A maioria do material deste capítulo vem das notas de Ann Dunham feitas no trabalho de campo, das propostas, dos trabalhos, dos projetos e da versão não publicada de sua dissertação "Peasant Blacksmithing in Indonesia: Surviving and Thriving Against

All Odds". Também me baseei em escritos de Garrett e Bronwen Solyom sobre a cris javanesa; em correspondências trocadas entre Ann Dunham e Alice Dewey; e em uma edição de 1974 de *Guide to Java*, de Peter Hutton e Hans Hoefer. Usei o material reunido em entrevistas com Clare Blenkinsop, Nancy Cooper, Alice Dewey, Michael Dove, Maggie Norobangun, presidente Obama, John Raintree, Khismardani S-Roni, Taluki Sasmitarsi, Maya Soetoro-Ng, os Solyoms, Sumarni e Djaka Waluja e em e-mails escritos por Haryo Soetendro.

1. Richard Bernstein, "Anthropologist, Retracing Steps After 3 Decades, Is Shocked by Change," *The New York Times*, 11 de maio de 1988.
2. S. Ann Dunham,"Women's Work in Village Industries on Java", estudo não publicado dos anos 1980.
3. Ann Dunham, "Occupational Multiplicity as a Peasant Strategy", primeira versão da dissertação.
4. S. Ann Dunham, "Peasant Blacksmithing in Indonesia: Surviving and Thriving Against All Odds", dissertação não publicada, 1992, 499.
5. Ibid., 556-560.
6. Ibid., 495.
7. Ibid., 533.
8. Dunham, "Women's Work in Village Industries on Java", 41.
9. Dunham, dissertação não publicada, vii-viii.
10. Obama, *A origem dos meus sonhos*, 94-96.

7. ORGANIZAÇÃO COMUNITÁRIA

O relato sobre os anos de Ann em Semarang e o seu trabalho no Projeto de Desenvolvimento Provincial é baseado em entrevistas com Clare Blenkinsop, Alice Dewey, Carl Dutto, Don Flickinger, Bruce Harker, Ann Hawkins, Richard Holloway, Sidney Jones, Dick Patten, Nancy Peluso, John Raintree, Jerry Mark Silverman, Maya Soetoro-Ng, Kadi Warner e Glen Williams. Para a breve história sobre os programas de crédito adiantados, eu também contei com *The Microfinance Revolution: Lessons from Indonesia*, de Marguerite S. Robinson, e *Progress with Profits: The Development of Rural Banking in Indonesia*, de Richard H. Patten e Jay K. Rosengard. O parágrafo final, sobre a Fundação Ford, é baseado em documentos dos arquivos da instituição.

1. Carta de Ann Sutoro para Hanna Papanek, 2 de julho de 1981.
2. Robinson, *The Microfinance Revolution: Lessons from Indonesia*, 115-118; Patten and Rosengard, *Progress with Profits*, 22-30.
3. Ibid., 31-35.

4. Maya Soetoro-Ng, prefácio a *Surviving Against the Odds: Village Industry in Indonesia*, de S. Ann Dunham, ix.
5. Memorando na documentação de Sidney Jones, 10 de marco 1980, PA 800-0893, arquivo da Fundação Ford.

8. A FUNDAÇÃO

Este capítulo se baseia na maior parte em informações da documentação mantida no arquivo da Fundação Ford. Além disso, tive acesso a algumas das anotações pessoais e de campo e à correspondência de Ann nesse período. Também me baseei em entrevistas com Terry Bigalke, Halimah Brugger, Bill Carmichael, Carol Colfer, Bill Collier, Alice Dewey, Michael Dove, Jim Fox, Adrienne Germain, Ann Hawkins, Rens Heringa, Richard Holloway, Kay Ikranagara, Tim Jessup, Sidney Jones, Tom Kessinger, David Korten, Frances Korten, David McCauley, Georgia McCauley, John McGlynn, Paschetta Sarmidi, Adi Sasono, Suzanne Siskel, Maya Soetoro-Ng, Saraswati Sunindyo, Julia Suryakusuma, Frank Thomas, Pete Vayda, Yang Suwan e Mary Zurbuchen. Algumas informações sobre a história do escritório da Ford em Jacarta foram extraídas de *Celebrating Indonesia: Fifty Years with the Ford Foundation 1953-2003*, publicado pela Fundação Ford em 2003.

1 Entrevista com Mary Zurbuchen, 30 de setembro de 2008.
2 "Recommendation for Grant Action", 18 de abril de 1985, PA 800-0893, arquivo da Fundação Ford, 4-5.
3. Carta de Ann Sutoro para Carol Colfer, 2 de fevereiro de 1981, PA 800-0893, arquivo da Fundação Ford.
4. Memorando na documentação de Ann D. Sutoro, 3 de novembro de 1981, PA 800-0893, arquivo da Fundação Ford.
5. Memorando aos participantes, de Ann Dunham Soetoro, Delhi Conference on Women's Programming, 18 de abril de 1982, PA 809-0878, arquivo da Fundação Ford.
6. Memorando na documentação de Ann D. Sutoro, 16 de março de 1984, PA 835-0145, arquivo da Fundação Ford, 2.
7. Entrevista com Sidney Jones, 1º de julho de 2009.
8. Entrevista com Saraswati Sunindyo, 17 de fevereiro de 2009.
9. Obama, *A origem dos meus sonhos*, 50.
10. Ibid., 126.
11. Ibid., 124.
12. Ibid., xi.
13. Ward Keeler, "Sharp Rays: Javanese Responses to a Solar Eclipse", *Indonesia*, 46 (outubro de 1988), 91-101.

14. Memorando na documentação de Mary S. Zurbuchen, 29 de outubro de 1998, PA 800-0893, arquivo da Fundação Ford, 6.

9. "SOBREVIVENDO E PROSPERANDO CONTRA TODAS AS EXPECTATIVAS"

O material para este capítulo foi fornecido por entrevistas com Jim Boomgard, Alice Dewey, Michael Dove, Ralph Dunham, Ben Finney, Jim Fox, Rens Heringa, Dick Hook, Mary Houghton, John Hunt, Don Johnston, Nina Nayar, Barack Obama, Dick Patten, Sarah Patten, Marguerite Robinson, Sabaruddin, Maya Soetoro-Ng, Garrett e Bronwen Solyom, Eric Stone, Made Suarjana, Julia Suryakusuma, Trisulo, Sonny Trisulo e Yang Suwan. A respeito do Bank Rakyat da Indonésia, falei com Sulaiman Arif Arianto, Kamardy Arief, Ch. Oktiva Susi E., Cut Indriani, Sriwiyono Joyomartono, Agus Rachmadi, Slamet Riyadi, Tomy Sugianto, Flora Sugondo e Widayanti e Retno Wijayanti. Também me baseei nas anotações pessoais e de campo de Ann Dunham, nas suas cartas para Dewey e Suryakusuma, nos seus relatórios sobre o banco, na sua dissertação não publicada e no seu *curriculum vitae*.

1. Entrevista com Maya Soetoro-Ng.
2. Isso parece se referir a desenvolvimento espiritual. *Ilmu batin* é uma frase indonésia para aprendizado esotérico ou misticismo.
3. Entrevista com Adi Sasono, 22 de janeiro de 2009.
4. Ann Dunham, *curriculum vitae*, 1993.
5. Dunham, "Peasant Blacksmithing in Indonesia: Surviving and Thriving Against All Odds," 877-879.
6. Obama, *A audácia da esperança*, 205.
7. Entrevista com Alice Dewey.
8. James J. Fox, "Banking on the People: The Creation of General Rural Credit in Indonesia", em Sandy Toussaint and Jim Taylor, eds., *Applied Anthropology in Australasia* (Perth: University of Western Australia Press, 1999).
9. Sobre a história do programa de microcrédito do Bank Rakyat da Indonésia, eu me baseei em *The Microfinance Revolution*, vol. 2: *Lessons from Indonesia*, de Marguerite S. Robinson; "Banking on the People," de James J. Fox; e *Progress with Profits: The Development of Rural Banking in Indonesia*, de Richard H. Patten e Jay K. Rosengard. Informações adicionais vêm de uma extensa entrevista com Kamardy Arief, ex-presidente do Bank Rakyat da Indonésia.
10. James J. Boomgard and Kenneth J. Angell, "Bank Rakyat Indonesia's Unit Desa System: Achievements and Replicability", em Maria Otero e Elisabeth Rhyne, eds., *The New World of Microenterprise Finance: Building Healthy Financial Institutions for the Poor* (West Hartford, CT: Kumarian Press, 1994).

11. Richard H. Patten, Jay K. Rosengard e Don E. Johnston Jr., "Microfinance Success Amidst Macroeconomic Failure: The Experience of Bank Rakyat Indonesia During the East Asian Crisis", *World Development*, 29, no. 6 (2001), 1057-1069.

12. Entrevista com Sulaiman Arif Arianto, diretor administrativo, Bank Rakyat da Indonésia, 14 de janeiro de 2009.

13. Entrevista com Mary Houghton, 14 de novembro de 2008.

14. Dunham, dissertação não publicada, 285.

15. Michael R. Dove, *Anthropological Quarterly*, 83, no. 2 (primavera de 2010), 449-454.

10. O FRIO DE MANHATTAN

Este capítulo se baseia em boa parte em entrevistas com Niki Armacost, Nancy Barry, Brinley Bruton, Donald Creedon, Susan Davis, Sri R. Dwianto, Ruth Goodwin Groen, Dewiany Gunawan, Sarita Gupta, Bruce Harker, Mary Houghton, Don Johnston, Celina Kawas, Dinny Jusuf, Wanjiku Kibui, Nina Nayar, Brigitta Rahayoe, Barbara Shortle, Maya Soetoro-Ng, Garrett e Bronwen Solyom, Made Suarjana, Monica Tanuhandaru, Kellee Tsai, Pete Vayda e Lawrence Yanovitch. Também tive acesso a alguns dos documentos e correspondência de Ann Dunham desse período. Amy Rosmarin disponibilizou um vídeo de uma apresentação profissional feita por Ann.

1. *What's New in Women's World Banking*, 2, no. 2 (maio de 1994).

2. Memorando de Ann Dunham Sutoro para Nancy Barry, 8 de setembro de 1993.

3. Carta de Ann Sutoro para Barbara E. Shortle, 18 de julho de 1995.

11. VOLTANDO PARA CASA

Este capítulo se apoia em entrevistas com James Boomgard, Gillie Brown, Alice Dewey, Michael Dove, Bruce Harker, Ann Hawkins, Rens Heringa, Don Johnston, Georgia McCauley, Ferne Mele, Nina Nayar, Mayling Oey-Gardiner, Dick Patten, Arlene Payne, Jon Payne, Nancy Peluso, Slamet Riyadi, Sabaruddin, Barbara Shortle, Maya Soetoro-Ng, Garrett e Bronwen Solyom, Made Suarjana, Julia Suryakusuma, Tanya Torres, Pete Vayda e Yang Suwan. Também tive acesso a alguns dos escritos e correspondência de Ann Dunham.

1. Scott Fornek, "Stanley Ann Dunham: 'Most Generous Spirit'", *Chicago Sun Times*, 9 de setembro de 2007. Em resposta a uma pergunta minha, o presidente Obama, por meio de um porta-voz, em 16 de dezembro de 2010, confirmou o relato do *Sun-Times* e disse que falou pela última vez com a sua mãe muitos dias antes da morte dela.

EPÍLOGO

Este epílogo contém material colhido em conversas com Gillie Brown, Nancy Cooper, John Hunt, Nina Nayar, presidente Obama, Maya Soetoro-Ng, Sumarni, Kellee Tsai, Djaka Waluja e Linda Wylie.

1. Entrevista com Peter Osnos, ex-editor da Times Books, 2 de março de 2008.
2. Entrevista com Philip Turner, ex-editor-chefe do *Kodansha Globe*, 4 de março de 2008.
3. Obama, *A origem dos meus sonhos*, xii.

Bibliografia

Bresnan, John. *At Home Abroad: A Memoir of the Ford Foundation in Indonesia, 1953-1973.* Jakarta: Equinox, 2006.

Dewey, Alice G. *Peasant Marketing in Java.* New York: Free Press of Glencoe, 1962.

Dunham, S. Ann. *Peasant Blacksmithing in Indonesia: Surviving and Thriving Against All Odds.* Honolulu: University of Hawai'i, 1992.

Dunham, S. Ann. *Surviving Against the Odds: Village Industry in Indonesia.* Durham, NC: Duke University Press, 2009.

Ford Foundation. *Celebrating Indonesia: Fifty Years with the Ford Foundation 1953-2003.* New York: Ford Foundation, 2003.

Hutton, Peter, e Hans Hoefer. *Guide to Java.* Hong Kong: Apa Productions, 1974.

Koentjaraningrat. *Javanese Culture.* Oxford: Oxford University Press, 1985.

Miner, Craig. Kansas: *The History of the Sunflower State, 1854-2000.* Lawrence: University Press of Kansas, 2002.

Obama, Barack. *A audácia da esperança.* Larousse do Brasil, 2007.

———. *A origem dos meus sonhos.* Editora Gente, 2008.

Patten, Richard H., e Jay K. Rosengard. *Progress with Profits: The Development of Rural Banking in Indonesia.* San Francisco: ICS Press for the International Center for Economic Growth and the Harvard Institute for International Development, 1991.

Price, Jay M. *El Dorado: Legacy of an Oil Boom.* Charleston, SC: Arcadia, 2005.

Robinson, Marguerite S. *The Microfinance Revolution,* vol. 2: *Lessons from Indonesia.* Washington, DC: The World Bank, 2002.

Schwarz, Adam. *A Nation in Waiting: Indonesia's Search for Stability.* Oxford: Westview Press, 2000.

Solyom, Garrett, e Bronwen, Solyom. *The World of the Javanese Keris.* Honolulu: Asian Arts Press, 1988.

Vickers, Adrian. *A History of Modern Indonesia.* Cambridge, England: Cambridge University Press, 2005.

Nota sobre as imagens

Nos últimos três anos, as pessoas me surpreenderam repetidamente com fotografias de Ann Dunham. Havia a foto de Ann, aos 44 anos, em um terraço de Manhattan — imagem que me fez pensar sobre ela pela primeira vez. Havia a foto de Ann em sarongue e *kebaya* emprestados, na Universidade do Havaí, com a idade de 21 anos. Em 2009, Samardal Manan apresentou uma foto em preto e branco, que remonta a 1969, com ela em frente a um prato de pulmão de vaca frito e crocante em um restaurante de Jacarta. Quando eu conheci Bill Byers, ele me mostrou uma foto de Ann em um *dashiki*, preservada há 35 anos. Colegas de estudo e trabalho, assistentes de campo, um motorista, um professor, protegidos, familiares e amigos desenterraram imagens guardadas em álbuns antigos, contidas em envelopes, deixadas pelos cantos. Ann guardou fotos também. Durante anos, ela documentou em imagens, bem como em escritos, o trabalho dos ferreiros e artesãos que estudara. Ela levou a sua câmera para viagens de campo, com equipes de colegas mais jovens, por lugares como Bali e Sulawesi. Algumas dessas fotos se tornaram parte da sua dissertação. Após a sua morte, muitas foram mantidas por seus amigos íntimos. Algumas das imagens deste livro foram divulgadas pelo comitê de campanha eleitoral de Obama em 2008. Mas a maioria foi disponibilizada por familiares e amigos de Ann Dunham, alguns dos quais preferiram não receber o crédito.

Este livro foi composto na tipologia Adobe
Garamond Pro, em corpo 11,5/15,5, e impresso
em papel off-white no Sistema Cameron da
Divisão Gráfica da Distribuidora Record.